制造/再制造供应链库存系统运作稳定性和鲁棒性研究

张建同　赵晓伟　著

感谢同济大学管理科学与工程上海市高峰学科资助

科学出版社

北　京

内 容 简 介

本书从供应链运作层面研究制造/再制造供应链库存系统的运作稳定性和鲁棒性问题，分析废旧产品回收渠道、消费者对新产品和再制造产品的异质需求以及原材料/零部件采购等对供应链系统的影响，同时考虑产品销售双渠道、消费者不满意退货和运作不确定性（时变需求和时变提前期）等因素，将模糊鲁棒控制的相关研究成果应用到制造/再制造供应链库存系统运作稳定性研究中，保证供应链系统的鲁棒稳定并降低供应链系统的运作风险，最终提高供应链的整体竞争力。

本书是管理科学与工程方向的研究生从事供应链库存管理领域研究的参考用书，同时也适合这一领域的高校教师、研究机构的工作人员及企业生产运营管理者阅读。

图书在版编目（CIP）数据

制造/再制造供应链库存系统运作稳定性和鲁棒性研究 / 张建同，赵晓伟著. —北京：科学出版社，2021.3

ISBN 978-7-03-062697-4

Ⅰ. ①制… Ⅱ. ①张… ②赵… Ⅲ. ①制造工业－供应链管理－库存－研究 Ⅳ. ①F407.405

中国版本图书馆 CIP 数据核字（2019）第 233793 号

责任编辑：邓 娴 / 责任校对：贾娜娜
责任印制：张 伟 / 封面设计：无极书装

科 学 出 版 社 出版
北京东黄城根北街 16 号
邮政编码：100717
http://www.sciencep.com

北京虎彩文化传播有限公司印刷
科学出版社发行 各地新华书店经销

*

2021 年 3 月第 一 版 开本：720 × 1000 B5
2021 年 3 月第一次印刷 印张：12 1/4
字数：247 000

定价：116.00 元

（如有印装质量问题，我社负责调换）

前　言

为了适应低碳经济的发展及抑制环境问题的加剧，逆向物流，尤其是制造/再制造供应链已经引起社会的高度关注。废旧产品的回收过程增加了供应链的动态性和复杂性，而且制造/再制造供应链中存在更多的不确定因素，如回收成本的不确定性、废弃品质量的不确定性和回收提前期的不确定性等。这些因素严重影响了整个供应链系统应对突发状况的能力，也限制了供应链的管理水平，加剧了供应链系统中存在的牛鞭效应。目前，在供应链系统运作层面，针对不确定性问题的研究有两类：一类是不确定优化问题，即研究在不确定环境下实现供应链系统的优化；另一类是库存系统运作稳定性问题，即研究在不确定环境下保持供应链系统的稳定性，供应链系统的稳定性是供应链系统正常运作的前提条件之一。截至目前，国内外学者主要研究了供应链系统不确定优化问题，相对较少的学者研究了供应链库存系统运作稳定性问题。

目前，针对具有多种提前期和不确定因素的制造/再制造供应链库存系统，传统控制理论的处理效果略显不足。而模糊控制理论由于具有控制器设计简单、适用于非线性系统以及鲁棒性强等特点，对系统运作过程中的内外不确定因素有较强的抑制作用，特别是对供应链系统柔性运作方面具有更强的有效性，柔性运作的提升能够使企业对个性化的市场需求迅速应变，并且在激烈的市场竞争中占据有利优势。

因此，基于上述分析，本书从供应链运作层面研究制造/再制造供应链库存系统的运作稳定性问题。本书包括制造/再制造供应链管理概论、考虑回收渠道的制造/再制造供应链模糊鲁棒控制研究、考虑消费者异质需求的制造/再制造供应链模糊鲁棒控制研究和考虑原材料/零部件采购的制造/再制造供应链模糊鲁棒控制研究四部分。

第一篇是制造/再制造供应链管理概论。其综述制造/再制造供应链的研究意义和发展现状，介绍制造/再制造供应链的基础理论和模糊鲁棒控制的相关理论，为后面的研究提供理论依据。

第二篇是考虑回收渠道的制造/再制造供应链模糊鲁棒控制研究。首先，针对再制造商在第三方逆向物流服务提供商（third-party reverse logistics provider，3PRLP）回收和制造商自行回收中选择回收渠道的情况，考虑多种运作不确定因素（如市场需求、再制造提前期等）对供应链系统的影响，建立一类基于供应链运作总成本切换的供应链库存系统基本模型；其次，考虑 3PRLP 和再制造商同时负责回收废旧产品，建立一类混合回收的制造/再制造供应链库存系统基本模型；再次，基于离散 Takagi-Sugeno（T-S）模糊控制系统，分别将上述两类模型转换为非线性制造/再制造供应链模糊模型，应用模糊鲁棒控制方法来降低运作不确定因素对供应链库存系统的影响，并分别给出相应基于库存状态的反馈控制策略，该策略不仅能够实现对牛鞭效应的抑制，而且能保证供应链的运作稳定性，提高供应链系统的鲁棒性；最后，采用数值算例与分析验证所应用方法的可行性和有效性。

第三篇是考虑消费者异质需求的制造/再制造供应链模糊鲁棒控制研究。首先，在混合回收供应链库存系统基本模型的基础上，考虑消费者异质需求对供应链的影响，建立一类含提前期的混合回收供应链库存系统基本模型；其次，考虑供应链经济性能约束等因素，构建一类相应的供应链库存系统动态模型，分析其经济性能，并在该模型的基础上考虑不确定因素，构建一类含多种不确定因素的供应链库存系统基本模型；再次，基于离散 T-S 模糊控制系统，分别建立供应链系统时滞模糊模型，提出新的模糊鲁棒控制方法，给出相应基于库存的控制策略；最后，与常规鲁棒控制方法对比，数值算例证明模糊鲁棒控制方法不仅可以更好地抑制牛鞭效应的负面影响，而且使供应链库存系统运作的总成本能够持续稳定。

第四篇是考虑原材料/零部件采购的制造/再制造供应链模糊鲁棒控制研究。首先，考虑原材料/零部件采购、回收产品分类等因素，建立一类含提前期的供应链库存系统基本模型；在该模型的基础上，考虑再制造提前期的时变性，构建含再制造时变提前期的供应链库存系统动态模型；进一步考虑供应链经济性能约束和生产提前期等因素，构建一类相应的制造/再制造供应链库存系统动态模型，并分析其经济性能；其次，利用 T-S 模糊理论，建立相应非线性制造/再制造供应链系统的模糊模型，为保证系统运作的稳定性，设计新的模糊鲁棒控制方法，给出相应基于库存的控制策略；最后，通过数值算例验证所给出的库存控制策略能够有效地抑制诸多不确定因素的干扰，表明所提出的库存控制策略具有的实用性和有效性。

本书的出版得到了同济大学经济与管理学院和上海海事大学物流科学与工程研究院的大力支持及同事的热情帮助，在此表示由衷的感谢。感谢张松涛教授所给的指导，感谢作者博士生团队提供的素材，感谢编辑认真地审稿，给出宝贵的修改意见。

本书只是作者在制造/再制造供应链模糊控制领域的初步研究探索。由于作者的水平有限，书中难免有不妥和疏漏之处，敬请广大读者批评指正。

作　者

2020 年 7 月 1 日于上海

目　　录

第一篇　制造/再制造供应链管理概论

第1章 绪　　论

1.1 制造/再制造供应链管理的缘起

目前，人类活动导致不断增长的资源需求与地球储存的有限资源供给之间的矛盾愈演愈烈，仅在 20 世纪，人类共消耗非可再生资源石油 1420 亿吨、钢铁 380 亿吨、铜 4.8 亿吨、煤 2650 亿吨、铝 7.6 亿吨[1]。为了缓解此矛盾，减少环境污染并提高非可再生资源利用率，许多发达国家在 20 世纪 80 年代提出了循环经济[2]的概念，不同于物质单向流动的传统经济[3]，循环经济强调资源的循环再利用，最大限度地提高资源利用率[4]。我国的经济发展面临很多问题，如人口基数大、人均资源不足、资源分配不均匀等，我国人均耕地面积仅为世界人均水平的 1/3，人均水资源为世界人均水平的 1/4，人均矿产资源占有量为世界人均水平的 1/2，人均能源消费量为世界人均水平的 40%[5]，这些问题限制了我国经济的持续稳定发展。另外，改革开放以来，我国经济的主要发展方式为粗放型，国内产出一个单位的价值所投入的资源量分别是日本、德国与美国的 11.5 倍、7.7 倍与 4.3 倍[6]。因此，在 2004 年我国政府提出建设资源节约型和环境友好型社会[7]，尽快突破“中等发达国家陷阱”。

随着科学技术的进步和全球竞争的加剧、现代管理思想和手段不断创新与发展，越来越多的企业开始通过运用供应链管理来达成企业内外环境的协同，实现一体化管理，以提高客户的满意度，提升企业的核心竞争力。从 20 世纪 90 年代开始，供应链及供应链管理[8-10]逐渐流行，并成为企业在全球市场增强竞争力的关键点。由于实践和研究侧重点的不同，在供应链管理概念的形成和发展过程中，陆续出现了需求链管理、需求流管理、价值链管理、价值网络和同步管理等概念[11]。随着全球资源消耗的加剧及对环境保护的倡导，很多经过消费后剩下的可再利用的废弃物逐渐被回收利用，并纳入正常的生产当中，从而形成一个制造/再制造系统。制造/再制造供应链是以前向供应链及其末端顾客的产品作为起点，经过退货、直接再利用、维修、再制造、回收原材料/零部件再循环或者废弃处理等逆向运作，所形成的包含物流、资金流和信息流的循环系统。制造/再制造供应链的一般结构框架如图 1.1 所示，它的目的是封闭处理废弃的物料，减少排放剩余废物，同时以较低的成本为顾客提供服务。

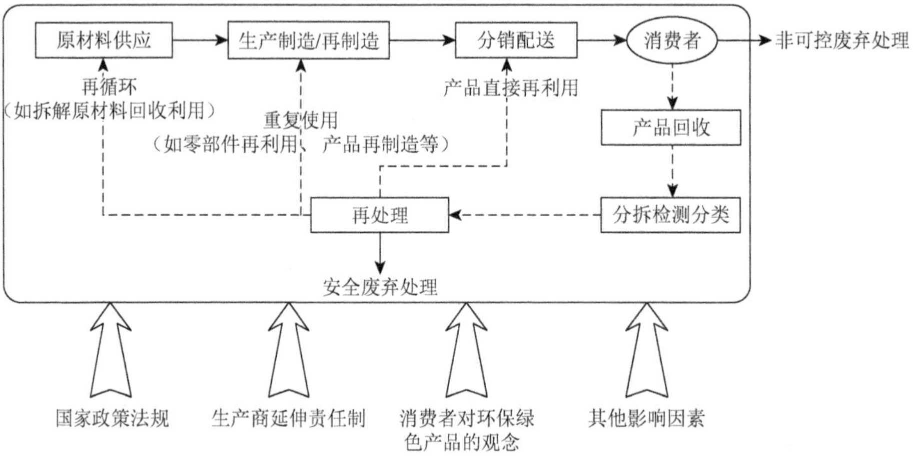

图 1.1　制造/再制造供应链的一般结构框架

随着针对制造/再制造问题研究的深入，国内外的一些学者提出了一种全新的管理思想——闭环供应链管理[12-18]，从而完善了供应链管理的研究内容，发展了供应链管理的理论体系，其中，闭环供应链中的制造/再制造系统[19-23]受到越来越多学者的关注。传统的供应链管理原则同样适用于制造/再制造供应链，同时制造/再制造供应链在结构、流向和运作上具有很多的不确定性，如再制造提前期的不确定性、成本参数的不确定性、回收产品质量的不确定性等，这些不确定因素将直接影响制造/再制造供应链的正常运行，因此，制造/再制造供应链管理无论从其广度还是其深度上都大大超越了传统供应链管理。另外，高效的制造/再制造供应链管理不仅可以带来直接效益（如已恢复产品的附加价值、库存和分销成本的降低、资源投入的减少等），实现废旧产品的再循环和再利用，而且可以通过有效地恢复处理，间接地给企业带来获利的新机遇（如环境法规的一致性、顾客满意度的提高及更紧密的顾客关系等），基于此，许多国家都在积极构建资源节约型、环境友好型社会，因此，制造/再制造供应链管理已成为供应链管理未来发展的必然趋势。

制造/再制造供应链节点企业面对日趋激烈的市场竞争、多样化的市场需求和不断完善的环保法律法规，目标的设定应该考虑如下两个方面：遵守政府相关政策法规和追求企业利润最大化。制造/再制造供应链的高效管理能够给制造企业带来直接经济效益（如资源采购量降低、库存储存量降低等）和间接经济效益（如顾客满意度提高等）[18]，例如，在欧美市场，超过 60%的墨盒被施乐公司回收再利用，仅在 1998 年和 1999 年，施乐公司的回收再利用行为就减少了 30 万吨的电子垃圾，节约了 45%～60%的制造成本[24]。

1.2 制造/再制造供应链管理及其重要性

制造/再制造供应链是以制造商和再制造商为核心的、面向制造业的闭环供应链[18, 25]，该供应链系统目前已引起众多学者的关注[26]。Fleischmann 等[27, 28]、Guide 和 Srivastava[29]、Krikke 等[30]较早地提出了闭环供应链相关理论，闭环供应链系统包括正向供应链与逆向供应链，形成原材料采购—产品销售—废旧产品回收的完整供应链循环[31]，另外，不同类型产品所形成的闭环供应链结构也有所区别[32]。

制造/再制造供应链中存在原材料/零部件采购、生产制造、销售、回收、再制造、废弃处理等环节，包括原材料/零部件提供商、制造商、分销商、市场顾客、回收处理商、政府和环保机构等不同利益主体，具体来讲，政府通过设立相关法律法规和采取相应经济手段保证废旧产品的循环再利用，例如，我国《废弃电器电子产品回收处理管理条例》规定生产者需缴纳处理基金，然后政府对合格的回收处理企业进行补贴；政府推广生产者责任延伸制度，强调生产企业应该承担电子废弃物回收、处理及再利用的责任。

废旧产品主要存在三种回收渠道：①制造商负责回收，即制造商自行建设废旧产品回收处理厂或者与其他制造商联盟合作建设回收处理厂，如 TCL 科技集团股份有限公司的附属公司（TCL 奥博环保发展有限公司）专门负责电视机的回收，日本多个电子电器产品制造集团共同出资合建电子废弃物回收处理公司[33]；②分销商负责回收，即分销商本身具有较好的渠道优势，如苏宁易购、国美电器和京东，不仅负责 TCL 产品的回收，同时也负责其他电子废弃物的回收；③3PRLP 负责回收，即再制造商委托 3PRLP 负责回收处理，3PRLP 负责回收的模式相较于其他回收模式比较有优势。第一，3PRLP 具有规模优势，能够降低回收成本。第二，制造商能够集中资源发展核心业务，因此，尤其是对中小企业而言，3PRLP 回收模式已经是主流[34-36]。因此，本书的主要研究对象是制造/再制造供应链库存系统，其中，制造商负责产品制造和部分废旧产品回收，分销商负责产品的销售，3PRLP 负责废旧产品回收处理。

1.2.1 制造/再制造供应链的含义

供应链的概念提出已经有很多年，虽然每个研究者的定义不完全相同，但美国供应链管理专业协会的定义仍被广泛接受。在该协会的定义中，供应链是指“为满足用户的需求，面对从生产点到消费点的原材料、在制品、产成品及相关信息高效率、低成本地进行计划、实施和控制的过程”。在这个定义中，供应链被明确地定义在正向上，即从生产点到消费点，物流的流动方向是从制造商到消费者。

而欧洲作为工业革命的发源地，经过数百年的工业化，虽然经济达到了一个相当发达的程度，但也付出了沉重的代价。这种代价突出表现在欧洲普遍存在的环境污染问题上。也正因如此，欧洲在对于经济与环境的关系上所持有的标准也最为严格，体现在物流上，就是日益严格的产品回收和再制造的立法。在这种情况下，一种完全不同于传统供应链的从供应商到客户流向的物流出现了，即原材料、在制品和产成品从供应链下游向上游的大规模流动，逆向供应链也应运而生。与对正向供应链的定义思路类似，美国供应链管理专业协会对逆向供应链的定义为："为了重新获取价值或者正确处理废物而对从消费点到生产点的原材料、在制品、产成品及相关信息高效率、低成本地进行计划、实施和控制的过程。"正向供应链是为了实现产品和服务价值的最大化，而逆向供应链则是为了发掘和利用缺陷品与废弃品的潜在价值[37]，最大化挽回预测偏差、运行失误等造成的产品损失。

传统的正向供应链和逆向供应链的有机结合便形成了制造/再制造供应链。一般而言，制造/再制造供应链可被定义为：为了实现或发掘价值而对原材料、在制品、产成品及相关信息高效率、低成本地进行计划、实施和控制的过程[38]。显然，其中包含了物流和信息流在整个制造/再制造供应链中的双向移动。

制造/再制造供应链是正向供应链和逆向供应链的有机结合，但并不是两者的简单相加。当前企业最关注的仍是正向供应链，对于逆向供应链的管理多处于一种应对法令要求和消费者要求的被动状态。在这种情况下，正向供应链与逆向供应链便成了两个互不相关的独立流程。这也是当前研究中最常见的情况。事实上，由于两者的关系密切，单独从某一个领域进行研究往往并不能得到全局的优化结果。因此，制造/再制造供应链概念的提出，便是从本质上对正向供应链和逆向供应链两个概念的提升[27, 28, 39-42]。

对正向物流的研究较丰富，因此在开始时，对制造/再制造供应链问题的研究多集中于正向供应链环节。然而，很快研究者便认识到正向与逆向供应链之间存在着非常紧密的关系，只有从整体上研究制造/再制造供应链才具有更加重要的意义[43]。

事实上，制造/再制造供应链中，正向供应链和逆向供应链是两个相互衔接的流程，它们共同组成了一个产品完整的生命周期。另外，在这个管理流程中，逆向供应链中所获得的信息将反作用于正向供应链，使正向供应链在下一轮运作中能够从制造/再制造供应链整体角度得到优化。正是这种反馈机制使得逆向供应链和正向供应链形成一个完整的有机整体，即制造/再制造供应链。

随着对再制造的认识，人们开始从产品的全生命周期重新认识产品，消费者关注的焦点开始由产品向服务转移[44]，很多行业开始向服务业的模式转变，比较典型的有产品租赁借模式。在这种情况下，必然会形成以产品全生命周期为基础的使用服务周期模式，即消费者所获得的是产品的使用权，而没有产品的最终处置权。每次消费者对产品的使用周期结束后，将其返回到制造商或再制造处理商，由他们对该产品进行最终处置，并使得可再利用产品或零部件进入下一轮使用周期。这种模式与传统的单周期产品寿命管理方式有很大的不同，产品从企业出发，最终又回到企业或相关企业的联合再制造中心，形成了一个闭环的供应链。从产品全生命周期角度而言，制造/再制造供应链流程如图 1.2 所示[45]。

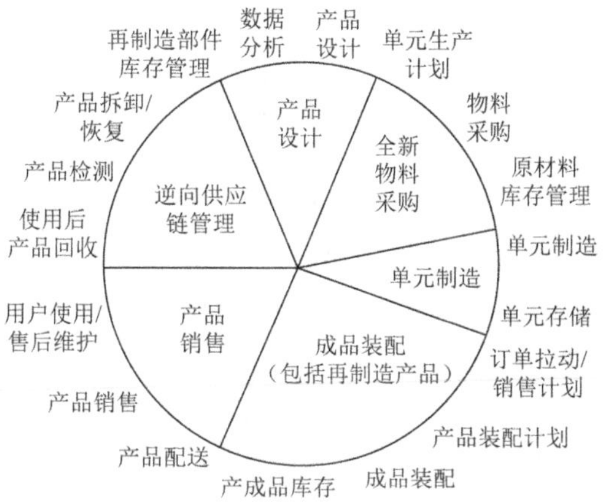

图 1.2 基于产品全生命周期的闭环供应链流程图

从产品的全生命周期来看，产品设计、全新物料采购、单元（成组的零部件）制造、成品装配和产品销售环节是传统的正向供应链。而逆向供应链则从使用后的产品回收开始，经过产品检测、产品拆卸/恢复、再制造部件库存管理几个环节。再制造后的产品重新进入销售渠道，再制造的部件则可能同时进入正向供应链制造和逆向供应链再制造环节。因此，从销售和物料采购角度，逆向供应链和正向供应链也是相交叉的。更为重要的是，通过对逆向供应链管理过程中所积累的大量数据进行分析，企业能够改进原有的产品设计，使产品能够实现面向再制造的可拆卸设计，实现整个制造/再制造供应链的最优化。因此，通过若干次循环，企业的制造/再制造供应链管理便会通过一种螺旋式上升的路径进行提升，而不是像传统供应链管理中所认为的稳态、静止的供应链管理。这种持续改进的管理模式是制造/再制造供应链的活力所在，也是其重要的社会经济意义和自身独特性的重要来源之一。

在制造/再制造供应链的产品全生命周期循环中，生产的模式与现有的理论模型有一定的不同。在考虑再制造的生产模式下，生产过程可分为两部分：

单元制造和成品装配。这就要求现有的产品生产应该建立在具有一定结构的单元之上，而不是建立在不分层次、过于零散的部件基础之上。在单元制造阶段形成若干可在不同产品上通用或某型号产品上专用的单元，这些单元的生产可以按照企业的生产计划进行推动式生产。当企业获得了相关产品的订单以后，再按照拉动式模式进行成品的装配作业。这里的成品装配既包括现有全新产品的装配，也包括可能的再制造产品的装配。这种两阶段生产模式体现了延迟策略，能够在保证反应速度的情况下，更准确地满足市场需求。

1.2.2 制造/再制造供应链的特征

与传统供应链不同，传统供应链只包含“生产—销售—使用—废弃”的开环过程，即从自然界获取资源，然后将废弃物返还自然界，而制造/再制造供应链则包含“生产—销售—使用—再利用”的整个过程，是能量和物质能够被多次利用的供应链。也正是由此造成闭环供应链与传统供应链特征的本质不同。

（1）制造/再制造供应链信息时空分布广泛。由于对顾客需求响应和现金流周转等方面的要求，正向供应链时间分布往往较短，且在空间上涉及顾客的信息也不多。而制造/再制造供应链则与此有着本质的不同。制造/再制造供应链中返回的产品的生命周期因产品而异，例如，冰箱和汽车等高达十年以上，其中耐消耗部件可能会被多次回收再利用。这就使得制造/再制造供应链中信息采集和存储的时间范围被空前延伸，且出现多个生命周期。在空间上也是如此。最终客户在使用过程中，很可能会使产品产生位移，而数据的采集就必然发生在更广泛的地理范围之内。随着当前全球供应链管理的思想在各个供应链中不断深化，制造/再制造供应链空间分布广泛的趋势更为明显。

（2）制造/再制造供应链信息不确定性高，且不易衡量。不确定性高是制造/再制造供应链与正向供应链最本质的区别之一。制造/再制造供应链中与产品回收及再处理相关的各种信息都具有明显的不确定性，如产品的损坏部件及损坏程度、产品回流的时间和数量等。因此制造/再制造供应链的运作对于信息采集和共享的依赖远大于正向供应链。另外，与正向供应链中所有同类零部件价值和质量都非常稳定不同，制造/再制造供应链涉及的回流产品拆卸后用于再制造的零部件彼此间的成本和质量都是不确定的。为了在回流产品处理时最大限度地再利用各部件的价值，制造/再制造供应链必须衡量并跟踪每个部件的价值损耗比，以确保再制造的技术经济合理性。这种部件价值损耗虽然意义重大，但却不易衡量，往往还需要人工判断的参与，从而给制造/再制造供应链信息采集带来了巨大的成本消耗和困难。

（3）制造/再制造供应链是基于产品而非类别的信息采集。正向供应链中所有同型号的产品和零部件都是同质的,因此在数据采集中只需要考虑到类别即可。然而在制造/再制造供应链中产品的返回情况各不相同，因此其信息跟踪必须深入到产品和零部件个体层次。同时，产品和零部件的生命续存时间又被大大拉长，从而给制造/再制造供应链信息采集带来了编码和数据存储上的巨大挑战。

（4）制造/再制造供应链对回流产品的再制造较传统新产品制造有本质的不同。制造/再制造供应链包含新产品的制造，但更难处理的是制造/再制造供应链中包含回收零部件的再制造。从供应链下游将产品回收后，再制造商经过检测后，需要对回收产品进行相关处理，包括再利用、维修、翻新、再制造、拆分和再循环。不同的处理方式对回收产品中价值的再利用程度有很大的差别。这种处理方式的判断一方面依赖于整个产品生命周期中信息的跟踪，另一方面则取决于相关人员的技术水平和经验。这种情况与正向供应链中产品和零部件处理的标准化流程有着本质的区别，也给再制造带来了巨大的冲击，对于进一步的生产制造更是如此。在再制造中，同样的产品生产时间可能不同，从而给再制造生产管理的节拍确定带来不利的影响，对于产品的成本预测更是难以控制。这对整个制造/再制造供应链的运作和管理都带来了巨大的挑战。

（5）制造/再制造供应链对协调的依赖性更高，难度也更大。供应链涉及多个不同的实体，而最终的产品和服务能否被消费者认可，实现价值变现，很大程度上取决于各参与实体间的紧密配合。制造/再制造供应链环节更长、参与的实体数量更多，因而对于供应链协调的依赖性也要高于传统供应链。同时，制造/再制造供应链各参与主体间作业的相互影响也更明显，例如，回收产品的拆卸及再利用难度和成本高低，很大程度上取决于原始产品制造企业的设计和全行业是否存在一致的规范，这就造成了制造/再制造供应链协调不仅仅是数据协调，还会延伸到业务协调层次，协调的难度也较传统供应链更高。这一点在制造/再制造供应链库存管理上表现尤为突出。

（6）回收商间的竞争对逆向供应链效率有着不可忽视的影响。正向供应链的各参与方很大程度上受供应链核心企业的控制，能够在一定程度上减少供应链内部负面的竞争影响。制造/再制造供应链中的逆向供应链环节则由于其特点，往往和正向供应链存在一定的脱节，加之当前核心企业对制造/再制造供应链管理的忽视，造成了逆向供应链环节的供应链内部竞争较为常见，从而给供应链的效率带来不利影响。对于制造/再制造供应链协调而言，回收商之间的竞争是制造/再制造供应链研究及建模时不可忽视的一个重要问题。

正是由于制造/再制造供应链的特点，在其管理对象上，其与传统供应链也存在明显的区别，如表 1.1 所示[46]。

表 1.1 制造/再制造供应链管理与传统供应链管理的区别

	制造/再制造供应链管理	传统供应链管理
计划	新增拆卸、回收以及再制造活动相对应的计划模块	主生产计划、能力资源计划、物料计划、采购计划、外协计划、生产作业计划
采购	与供应商是双向交易关系； 采购过程具有不确定性； 采购提前期、采购费用不确定； 采购需求具有不确定性； 采购过程还会涉及一系列测试、分类、分级活动	与供应商是单向交易关系； 采购过程是确定的； 采购提前期、采购费用比较稳定； 采购需求是确定的
生产	制造/再制造混合生产系统； 产品再生过程具有不确定性； 随机路径选择和再处理时间； 再生过程会涉及一系列拆分活动和再制造过程	物料需求不确定； 单一制造生产系统； 产品生产过程是确定的； 固定路径和比较稳定的生产时间； 生产过程主要涉及制造和装配活动； 物料需求是确定的
库存	库存类型：包括再制造的零部件、新的零部件、再制造的产品和制造生产的新产品、回收产品； 补货方式：通过外购原材料、零部件生产出新产品或通过回收废旧产品进行再制造来补充库存	库存类型：包括原材料、在制品和最终产品； 补货方式：通过外购原材料零部件生产出新产品来补充库存
销售	销售全新产品、再制造产品或零部件； 新增相应的销售策略来支持逆向物流活动	销售全新产品
财务	相应角色的复杂性带来其账目设置的复杂性； 根据物料的状态码定价	相应角色相对简单； 物料定价相对简单
质量	回收产品质量各异； 入库时质量状况要登记； 质量跟踪与控制复杂	只有合格产品才能入库； 质量跟踪与控制相对简单
物流	与供应商是双向交易关系； 分销商或 3PRLP 等中介也将成为新供应商； “正向逆向”的双向物流	与供应商是单向交易关系； 正向物流
信息流	对市场需求信息和逆向返回流信息进行预测； 需要与逆向渠道参与者紧密合作和信息交互	仅需要对最终产品的需求进行预测； 不存在与逆向渠道参与者的合作

由于制造/再制造供应链的独特性，在制造/再制造供应链协调时对信息协调的依赖性更高，同时制造/再制造供应链信息内容更丰富、实时性要求也更高。除正向供应链中的产品种类、数量、位置、价格等一般信息外，制造/再制造供应链因涉及最终产品的回收和再处理，还必须包括产品使用状态，如维修次数、材料属性，甚至包括设备温度、转速等。显然，这些数据很多都是实时变化的，对数据采集的要求非常高，缺少一个跨制造/再制造供应链的、科学的信息搜集和管理系统，制造/再制造供应链的协调也是难以进行的。

第 2 章　相关理论基础

本章主要介绍制造/再制造供应链鲁棒控制问题相关的基本理论与方法，主要包括制造/再制造供应链、T-S 模糊控制系统及鲁棒稳定条件等相关理论，并总结和分析国内外相关研究现状，本章为后续的研究奠定了理论与方法基础。

2.1　制造/再制造供应链概述

就企业管理而言，能否实现对制造/再制造供应链的高效管理，在一定程度上，能够影响到一个企业的生存和发展。所以，保证供应链运行的稳定性和平稳性可以使供应链的利益得到提高、使供应链的成本保持在较低水平，还可以使供应链的客户服务满意度得到提升。

一个系统若要正常运作，稳定性是其首要前提。供应链库存系统的运作稳定性是决定供应链绩效的基础。文献[6]给出了库存系统运作稳定性的概念界定：当库存系统处于初始稳定状态时，若需求（回收）等外部输入产生一个适当的阶跃扰动后，在一定时间内，系统中各节点的库存响应能够收敛到某一个固定水平上，则认为该库存系统是稳定的；反之，若各节点库存对干扰的响应随时间不断扩大或产生持续振荡，则认为该库存系统是不稳定的。

在此基础上，本书以控制论中的系统稳定性定义为基准，给出制造/再制造供应链系统运作稳定性的描述：当制造/再制造供应链系统处于初始稳定状态时，若顾客需求等外部输入产生扰动后，在一定的时间内，系统中各节点的库存响应能够收敛到某一个固定水平上，并且供应链系统的总成本在一定范围内趋于稳定，则认为该供应链系统是稳定的；反之，若各节点库存和供应链运作总成本对干扰的响应随时间不断扩大或产生持续振荡，则认为该供应链系统是不稳定的。

与动态系统稳定性概念非常相似的一个概念就是动态系统鲁棒性，它们实际上已经紧密相连[47]，但两者之间也有区别：从目的上讲，供应链系统稳定性侧重于在不确定干扰情况下，控制系统在一定范围内正常运作，而供应链系统鲁棒性则侧重于设计出一套结构或运作策略，使之能在任何不确定性发生的情况下保持系统的正常运作；从功能上讲，稳定性基本假设扰动为单一的，而鲁棒性则可以考虑多重扰动。目前，鲁棒性与稳定性概念都已在供应链管理领域有所应用，本书主要探讨制造/再制造供应链系统的运作稳定性和鲁棒性。

2.2　T-S 模糊控制系统

T-S 模糊模型容易表示复杂非线性系统的动态特征，是一种重要的建模工具[48-50]，具体来讲：①运用 T-S 模糊模型建立非线性系统不同区域的局部线性模型，即通过一组“IF…THEN…”规则组成的 T-S 模糊模型（其中的每一条规则代表非线性系统的一个子系统）来描述这个局部区域的动态特性；②利用模糊隶属度函数整合各局部模型，得到整体非线性系统模糊模型，即在局部线性化的基础上，运用模糊隶属度函数方法以任意精度逼近任何连续或离散函数[51]，实现系统全局的非线性；③分析复杂非线性系统的动态特征和性能，将线性控制理论中的稳定性分析和控制器设计方法应用到非线性系统中。

2.2.1　T-S 模糊控制系统的概述

T-S 模糊模型的规则描述如下：

$$\text{IF } x \text{ is } A,\ \text{THEN } y = f(x)$$

其中，函数 $f(x)$ 通常是一个线性函数。具有状态时滞的离散 T-S 模糊模型规则表示形式如下。

R^i：IF $z_1(k)$ is M_{i1} and … and $z_n(k)$ is M_{in}，THEN

$$\begin{cases} \boldsymbol{x}(k+1) = \boldsymbol{A}_i\boldsymbol{x}(k) + \boldsymbol{A}_{di}\boldsymbol{x}(k-\tau) + \boldsymbol{B}_i\boldsymbol{u}(k) \\ \boldsymbol{x}(k) = \boldsymbol{\varphi}(k), \quad i = 1,2,\cdots,r; k = -\tau,-\tau+1,\cdots,0 \end{cases} \tag{2.1}$$

其中，R^i、r 和 M_{in} 分别表示第 i 条模糊规则、规则数和模糊集合；$\boldsymbol{z}(k) = [z_1(k)\ z_2(k)\cdots z_n(k)]^{\mathrm{T}}$ 表示前件向量；$\boldsymbol{x}(k)$ 表示状态向量；$\boldsymbol{u}(k)$ 表示控制输入向量；$\boldsymbol{A}_i$、$\boldsymbol{A}_{di}$ 和 $\boldsymbol{B}_i$ 表示第 i 个子系统的系统矩阵；$0 < \tau < \infty$，表示滞后时间；$\boldsymbol{\varphi}(k)$ 表示一个离散的初始向量函数。

采用单点模糊化、加权平均反模糊化和乘积推理，可得模糊系统的整个状态方程如下：

$$\begin{cases} \boldsymbol{x}(k+1) = \dfrac{\sum_{i=1}^{r} h_i(\boldsymbol{z}(k))\left[\boldsymbol{A}_i\boldsymbol{x}(k) + \boldsymbol{A}_{di}\boldsymbol{x}(k-\tau) + \boldsymbol{B}_i\boldsymbol{u}(k)\right]}{\sum_{i=1}^{r} h_i(\boldsymbol{z}(k))} \\ \qquad\quad = \sum_{i=1}^{r} \mu_i(\boldsymbol{z}(k))\left[\boldsymbol{A}_i\boldsymbol{x}(k) + \boldsymbol{A}_{di}\boldsymbol{x}(k-\tau) + \boldsymbol{B}_i\boldsymbol{u}(k)\right] \end{cases} \tag{2.2}$$

其中，$h_i(z(k))=\prod_{j=l}^{n}M_{ij}(z_j(k))$；$\mu_i(z(k))=\dfrac{h_i(z(k))}{\sum_{i=1}^{r}h_i(z(k))}$；$h_i(z(k))$满足$h_i(z(k))\geqslant 0$，$\sum_{i=1}^{r}h_i(z(k))>0$，$i=1,2,\cdots,r$；$M_{ij}(z_j(k))$是$z_j(k)$关于模糊集合$M_{ij}$的隶属度函数，同时有$\mu_i(z(k))$满足$\mu_i(z(k))\geqslant 0$，$\sum_{i=1}^{r}\mu_i(z(k))=1$，$i=1,2,\cdots,r$。

由上述T-S模糊模型的模糊规则可知，T-S模糊控制系统是模糊规则的集合，每一个模糊规则对应一个子系统，一个模糊规则的前件向量是整个输入向量的子向量，而此模糊规则所得结论则表示子系统的局部输入输出关系，这种局部输入输出关系通常采用线性函数表示[52]，每一个模糊子系统通过模糊隶属度函数平滑地连接起来，构成整个T-S模糊控制系统，因此，T-S模糊控制系统适合表征复杂的非线性系统，已经得到越来越多的应用。

2.2.2　线性矩阵不等式

线性矩阵不等式（linear matrix inequality，LMI）一般是具有如下形式的表达式：

$$F(x)=F_0+x_1F_1+\cdots+x_mF_m \tag{2.3}$$

其中，$x_1,x_2,\cdots,x_m$是式（2.3）的决策变量；$\boldsymbol{x}=[x_1\ x_2\ \cdots\ x_m]^{\mathrm{T}}$是决策向量。

19世纪90年代，Lyapunov最早提出了一个特殊形式的LMI，即Lyapunov不等式（$\boldsymbol{A}^{\mathrm{T}}\boldsymbol{P}+\boldsymbol{P}\boldsymbol{A}<\boldsymbol{0}$），通过适当地处理转化，具有式（2.3）形式的LMI问题可以描述控制系统中的许多问题。

LMI系统的表达形式如下：

$$F_1(x)<0,F_2(x)<0,\cdots,F_k(x)<0 \tag{2.4}$$

令$\boldsymbol{F}(x)=\mathrm{diag}\left[F_1(x),F_2(x),\cdots,F_k(x)\right]$，则当且仅当$\boldsymbol{F}(x)<\boldsymbol{0}$，$F_1(x)<0$，$\cdots$，$F_k(x)<0$成立，所以，LMI系统可以利用单一的LMI表示。

2.2.3　并行分配补偿策略

目前，T-S模糊控制系统控制器的设计方法有多种，如试凑法、并行分配补偿（parallel distributed compensation，PDC）策略[53-57]等，PDC策略的前提规则与T-S模糊控制系统的前提规则相同，其控制器规则结构如下。

R^i：IF $z_1(k)$ is M_{i1} and ⋯ and $z_n(k)$ is M_{in}，THEN

$$\boldsymbol{u}(k)=\boldsymbol{K}_i\boldsymbol{x}(k),\quad i=1,2,\cdots,r \tag{2.5}$$

其中，$\boldsymbol{K}_i$ 表示第 i 个子系统的反馈增益矩阵，$\boldsymbol{K}_i$ 的求解过程即模糊控制器的设计过程。因此，T-S 模糊控制系统与 PDC 模糊控制器的对应关系如图 2.1 所示。

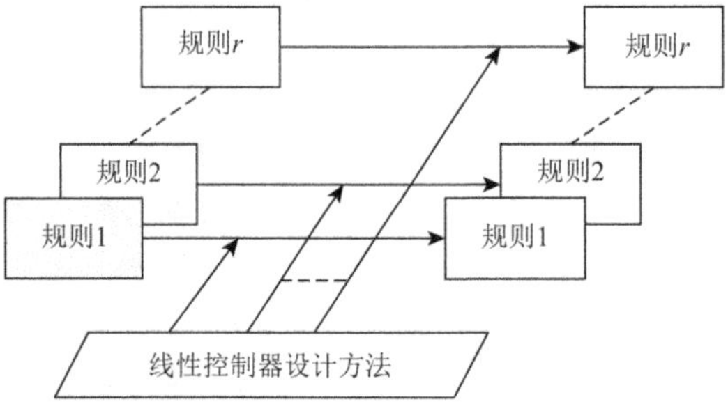

图 2.1　T-S 模糊控制系统与 PDC 模糊控制器的对应关系

采用 PDC 策略，T-S 模糊控制系统的整个控制器输出如下：

$$\boldsymbol{u}(k)=\frac{\sum_{i=1}^{r}h_i(\boldsymbol{z}(k))\left[\boldsymbol{K}_i\boldsymbol{x}(k)\right]}{\sum_{i=1}^{r}h_i(\boldsymbol{z}(k))}=\sum_{i=1}^{r}\mu_i(\boldsymbol{z}(k)) \tag{2.6}$$

将式（2.6）代入式（2.2），可得整个模糊控制系统的状态方程为

$$\boldsymbol{x}(k+1)=\sum_{i=1}\sum_{j=1}\mu_i(\boldsymbol{z}(k))\mu_j(\boldsymbol{z}(k))\left[(\boldsymbol{A}_i+\boldsymbol{B}_i\boldsymbol{K}_j)\boldsymbol{x}(k)+\boldsymbol{A}_{di}\boldsymbol{x}(k-\tau)\right] \tag{2.7}$$

2.2.4　双交叠模糊分划的定义

双交叠模糊分划的相关定义如下。

定义 2.1[58, 59]：论域 U 的一个双交叠模糊分划（two-overlapped fuzzy partition，TFP）模糊集组为 $\left\{F_j^s, s=1,2,\cdots,m_j\right\}$，如果此模糊集组在论域 U 上两两交叠，则称数值 m_j 为论域 U 上第 j 个输入变量的模糊分划数。

定义 2.2[58, 59]：向量 $\boldsymbol{x}^{\mathrm{T}}=[x_1\ x_2\ \cdots\ x_n]$ 为系统的某一状态输入，交叠规则组中包含的所有规则满足激活度 $\boldsymbol{w}_i>0$，包含规则数最多的交叠规则组称为最大交叠规则组。

定义 2.3[60, 61]：假如一个最大交叠规则组的集合包含数量最少的最大交叠规则组，而这些最少的最大交叠规则组包含模糊系统的所有规则，这些最少的最大交叠规则组的集合称为一个有效最大交叠规则组集，且该组集中的每个最大交叠规则组称为有效最大交叠规则组。

定理 2.1[58, 59]：如果模糊系统的各前件向量均采用双交叠模糊分划，则任一交叠规则组所包含的规则均包含于某一最大交叠规则组。

2.3　鲁棒稳定条件

鉴于产品全生命周期的不断缩短和更新换代速度的不断加快，制造/再制造供应链系统面对复杂多变的市场环境，存在多种提前期（生产提前期、再制造提前期、订购提前期等）和不确定因素（市场需求、成本参数等），这些因素影响整个供应链库存系统的正常运行，智能控制理论之一的鲁棒 H_∞ 控制能够有效地抑制多种提前期和不确定因素对供应链库存系统的负面影响，进而保证整个供应链系统持续、稳定运行。

制造/再制造供应链库存系统鲁棒 H_∞ 控制的运作管理意义是通过供应链库存系统中各节点企业的生产量、订购量、回收量或废弃处理量等控制变量 $\boldsymbol{u}(k)$ 来控制节点企业库存状态变量 $\boldsymbol{x}(k)$，抑制系统内部（成本参数的不确定性、回收的不确定性、企业生产能力所引起的生产参数不确定性、加工或配送过程中所引起的提前期不确定性、再制造提前期的不确定性等）和系统外部（顾客需求的不确定性等）的诸多不确定干扰因素造成的负面影响，使供应链库存系统运作总成本的偏差量 $\boldsymbol{z}(k)$ 鲁棒稳定。

本书引入参数 γ 来描述制造/再制造供应链库存系统对于外界不确定顾客需求的抑制程度，即

$$\frac{\|\text{制造/再制造供应链运作总成本}\|_2}{\|\text{外界顾客需求}\|_2}\leqslant\gamma \tag{2.8}$$

其中，$\|\cdot\|_2$ 是函数的 ℓ_2 范数[62]，它度量供应链系统运作过程中的成本和顾客需求，不等式（2.8）描述供应链系统输出能量与外部扰动能量之比的增益，相当于供应链系统外部输入需求 $\boldsymbol{w}(k)$ 的波动放大效应传导到输出成本 $\boldsymbol{z}(k)$ 时产生的系统增益，因此 γ 越小，系统的性能越好，而鲁棒控制策略能够使供应链系统持续、稳定运行。

实现制造/再制造供应链系统鲁棒稳定的条件如下：①若 $\boldsymbol{w}(k)\equiv\boldsymbol{0}$，供应链系统是渐近稳定的；②若 $\boldsymbol{w}(k)\neq\boldsymbol{0}$，在零初始值条件下，任何一个顾客需求均满足 $\|\boldsymbol{z}(k)\|_2\leqslant\gamma\|\boldsymbol{w}(k)\|_2$。

2.4　制造/再制造供应链中的不确定性

在供应链的每一级中都存在着不确定因素，而这些不确定因素正是引起供应

链管理困难的主要原因之一[63]。对传统供应链而言，不确定因素产生的根源主要来源于以下三个过程，即供应过程、制造过程、客户需求过程。但是，制造/再制造供应链由正向供应链和逆向供应链[28]构成，因此比传统供应链在结构、流向和运作上具有更多的不确定性[6, 64, 65]（图 2.2），制造/再制造供应链不确定性的来源还有回收过程，如回收产品质量的不确定性、回收数量的不确定性和再制造提前期等，这些不确定性将直接影响供应链系统的正常运行，加剧制造/再制造供应链中牛鞭效应的负面影响。在这些不确定因素中，顾客需求具有明显的时变性，再制造提前期由于回收产品质量水平不同也具有明显的时变性，这些时变性将增加供应链系统的动态性和复杂性，使得针对供应链系统的分析变得更加困难，而且在理论界和实业界中，针对具有时变特征的供应链系统的分析与控制一直是一个热点和难点问题。

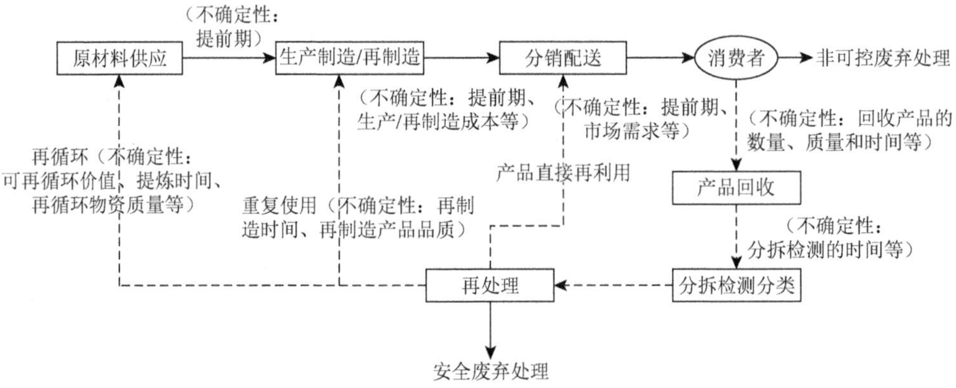

图 2.2　制造/再制造供应链系统中存在的不确定性

供应链的不确定性主要表现为两个方面：衔接不确定性与运作不确定性。前者是指企业之间（或部门之间）的不确定性，主要表现在合作性上；后者是指系统运作不稳定，由组织内部缺乏有效的控制机制所致，控制失效是组织管理不稳定的根源[66]，这两类不确定性会影响到供应链节点企业的库存策略。本书所关心的不确定性是指供应链系统的运作不确定性，而且是指制造/再制造供应链系统内部存在的、对供应链的性能有直接影响的、可以控制和管理的不确定性，而那些在供应链系统外、间接影响供应链性能的因素不在本书的研究范围内，如自然灾害和其他不可抗力的因素（如恐怖事件使得保险费用、运输费用、仓储保管费用等物流费用产生的波动）、经济波动的因素等。

另外，在制造/再制造供应链中，根据供应链节点企业中谁负责回收，可以将回收渠道的类型大致分为单独由制造商进行回收的模式、单独由分销商进行回收的模式和单独由 3PRLP 进行回收的模式。除上述回收渠道类型外，更多的企业选择混合回收渠道，混合回收渠道可以结合每个企业的回收优势，从而避免了单渠道回收时的一些劣势，让回收变得简单，且成本会相应降低，回收的废旧产品能再次利用的概率也会相应地提高[67]。例如，惠普、柯达或施乐等公司在自行回收废旧产品的同时，还会把自己不能进行或不能处理的回收业务交给 3PRLP 专门进行回收。然而，回收渠道的选择将进一步增加供应链系统的动态性和复杂性。

此外，随着电子商务的迅猛发展和广泛普及，制造商不仅以传统分销零售渠道销售产品，同时通过 Internet 直接销售产品，从而形成了产品销售的双渠道。另外，消费者一般对新产品和再制造产品采用不同的价值评估方法，从而导致他们对新产品和再制造产品具有不同的购买需求，并且相关法律和行业规范要求企业对再制造产品与新产品加以区分[68]，再制造企业必须重新考虑再制造产品与新产品的市场定位，如米其林轮胎公司[69]。因此，产品销售双渠道、消费者对新产品和再制造产品的异质需求进一步增加了制造/再制造供应链系统的动态性和复杂性。

制造/再制造供应链系统若过于敏感，则极易受到内外环境的影响，引起供应链发生动荡，这种动荡会沿着供应链的上下游方向扩散、放大，将影响到链上各成员企业的经营情况，可能会导致整个供应链的瓦解，需要很长一段时间才能重新形成一个稳定的供应链，甚至无法恢复，给供应链上所有企业和客户带来巨大的损失。因此，供应链系统稳定性受到越来越多的重视，尤其是制造/再制造供应链系统库存的稳定性。供应链系统库存量的动荡导致整个制造/再制造供应链系统库存成本的上升，整个供应链系统的协调性下降，而且会使外部顾客的满意度下降，最后使整个供应链的管理风险大大增加。另外，制造/再制造供应链的鲁棒性（制造/再制造供应链的鲁棒性是指供应链系统受到内外部不确定因素的干扰后仍能保持稳定运行的性能）也已成为确保整个供应链系统收益和持续运行的重要因素。所以，如何有效地维持整个供应链系统库存水平的稳定性且提高系统的鲁棒性是当代学者在供应链管理领域要解决的重点和难点之一。

目前被广泛研究和应用的鲁棒控制系统特别适合于控制制造/再制造供应链系统不确定因素的影响，鲁棒控制系统可以利用专家经验针对供应链系统不确定性构建相应规则，然后针对不同的规则状态，采用不同的控制策略，因而大大降低了供应链系统不确定因素对控制效果的影响，应用鲁棒控制系统研究供应链系统的鲁棒性具有十分重要的理论意义和实际应用价值。

综上所述，本书从供应链运作过程中存在的稳定性和鲁棒性问题出发，考虑供应链运作过程中的多种不确定性和运作情景，将不确定鲁棒控制的研究成果应用到相关研究中，减少相关因素的负面影响，提高供应链系统的鲁棒性和整体竞争力。

2.5 国内外研究现状分析

本书关注的是制造/再制造供应链库存系统的鲁棒控制问题，本章对近年来学术界在该方面的研究进展进行如下综述。

2.5.1 制造/再制造供应链

制造/再制造供应链管理是供应链管理中一个重要的研究领域[70-73]，大量文献[74, 75]从企业或供应链整体的成本/利润角度研究了制造/再制造供应链系统（如产品回收环境成本[76, 77]、环境效益[78]等），部分学者根据研究对象的差异分别研究了手机[79]、个人电脑[80]和冰箱[81]等产品供应链管理情况；部分学者根据国家或地域的差异分别研究了希腊[74]、瑞士[82]、德国[83]、荷兰[84]、中国[85]和日本[86]等国家的制造/再制造供应链管理情况；部分学者从政府的立法[87]、生产商延伸责任制[88]、消费者参与[89]等角度对制造/再制造供应链进行了相应的分析，例如，一些学者探讨了产品回收法规对制造商和社会福利的影响[90, 91]，文献[92]研究了两种不同法规政策的实施效果，这两种不同法规政策分别是政府强制规定企业提出最低回收率和政府向企业强制收取相关环境恢复费用，发现在一定条件下，政府向企业强制收取相关环境恢复费用不仅无法提高环境保护效率，反而对环境造成更严重的负面影响；文献[93]考虑了回收的两种情况：回收商负责回收产品和非营利组织负责回收产品，发现回收商负责回收产品的产品售价更低；文献[94]研究了供应链系统节点企业的回收成本分配问题，指出按回收率分配方式能够增加产品总生产量，提高供应链整体利润，并且实施回收法规会对企业的利润产生负面影响；文献[95]对比了单一生产者责任和联合生产者责任的影响，发现某些研究得出的在联合生产者责任下企业产品回收率更高的结论并不正确，在一定条件下，单一生产者责任下企业的产品回收率可能会高于联合生产者责任下企业的产品回收率。

目前，许多学者主要研究制造/再制造供应链管理的逆向物流部分[18, 96]，而忽视前向供应链部分，而且许多学者专注于供应链的短期行为，忽略供应链系统运作的动态过程。虽然文献[97]、[98]考虑了闭环供应链模型的动态性，但是这些文献或忽略了供应链系统运作中的某些特征（如原材料/零部件采购、回收产品分类等），或只考虑了某些特征（如不确定顾客需求等），忽略某些特征所得结果可能无法准确地描述真实供应链系统的行为，这是缘于这些特征可能影响现实供应链库存系统的动态运行。

2.5.2 供应链系统的不确定性

供应链系统中存在多种提前期和不确定因素，如供应商的供应提前期、产品生产和机器停工期、信息的延迟[99]、市场需求的不确定性、运输可靠性、供应零部件质量和交货可靠性[100]以及产品质量的不确定性。这些提前期和不确定因素导致供应链系统出现较大波动，即供应链系统的库存量、生产量、订购量等难以在一定时间内回归到正常状态，致使供应链节点企业出现库存积压或严重缺货的现象，影响供应链系统的正常运作，增加供应链系统的运作成本[101]。

针对顾客需求不确定问题，文献[102]研究了供应链多产品运输、多区域生产和库存规划问题；文献[103]研究了多产品、单阶段的供应链网络设计问题；文献[104]分析了一个石油生产国家原油组织供应链的运作；针对需求时变的情形，文献[105]、[106]认为导致顾客需求不确定性的主要因素为环境的不确定性以及需求预测的不确定性；文献[107]在时变需求的环境下分别探讨了等周期和非等周期补货情形下缺货时点的优化问题；文献[108]应用情景分析模型表示供应链中的时变需求，并将其转化为混合整数规划问题，然后利用分支定界法求解了全局最优解；文献[109]基于线性时变需求构建了两层次信用支付策略的供应链库存模型，并提供了寻求模型整体最优解的简单方法；文献[110]建立了季节性需求与时间和价格有关的最优采购和最优定价策略库存模型；但是，在供应链系统的实际运作过程中，不仅仅存在外部顾客需求的不确定性，其内部也存在很多的不确定因素，如供应不确定性、生产不确定性，以及运输、库存和容量扩充成本的不确定性等[111]。

2.5.3 供应链系统的提前期

提前期（生产提前期、再制造提前期、配送提前期等）是供应链系统的不确定因素，大量文献研究了提前期对供应链系统的影响，针对特定或者较小的提前期，文献[112]研究了生产库存模型的稳定性；针对不同的提前期要求，文献[113]研究了一类库存控制系统的稳定性；针对确定的提前期，文献[114]研究了供应链系统的鲁棒控制；针对不确定的提前期，文献[115]研究了供应链系统的鲁棒控制；但是，以上文献仅考虑了一类提前期对供应链系统的影响，而在供应链系统实际运作过程中存在多种提前期，这些提前期将共同影响供应链系统的运作稳定性。

对于提前期时变的情形，文献[116]利用爱尔朗函数模拟时变的提前期；文献[117]在三角形模糊随机时变提前期和确定需求情况下，建立了连续盘点存储策略的模糊随机最小成本模型，并设计了三角形模糊随机时变提前期的连续盘点存储策略算法；文献[118]在供应链库存的自适应控制中，针对时变的提前期，应用内模控制方法进行了实时辨识，数值算例验证了所提出的方法可改善库存控制系统的性能。

对于市场需求和提前期时变的情形，文献[119]利用三角模糊数表示时变需求和时变提前期，并应用风险厌恶因子量化决策者在补货阶段对库存风险的态度；文献[120]考虑了供应链系统中存在随机时变需求和随机时变提前期，运用微元法对（Q，r）库存成本模型进行了精确建模，并使用遗传算法进行了数值算例分析。

以上文献未考虑供应链系统中成本参数的不确定性，而在供应链的实际运作过程中，随着顾客需求和提前期的时刻变化，供应链系统中的成本参数也将改变。

2.5.4　废旧产品回收渠道

文献[42]在单一制造商和单一分销商市场结构的基础上，根据回收方的差异提出了四种回收渠道，再制造商根据需求选择适当的回收渠道。而在现实生活中，由于回收过程很复杂，企业都积极地采取“双管齐下”的策略，混合回收越来越受到学者的重视。文献[121]首次给出了混合回收渠道的概念，并且重点研究了制造商和分销商同时进行回收的情况；文献[122]、[123]在考虑混合回收的情况下，应用博弈理论建立了闭环供应链的模型；文献[124]采用重复博弈理论，基于混合回收的情况，分别讨论了四种不同的市场结构下，再制造商提出回收市场结构成立的条件；文献[125]以再制造系统为研究对象，并基于 LMI 给出了控制该再制造系统的鲁棒策略；在此基础上，文献[126]～[128]建立了三种混合回收的闭环供应链模型，并应用模糊鲁棒控制方法对供应链中牛鞭效应的负面影响进行了抑制；文献[129]在分析混合回收的模式时，考虑了三种情况，第一种情况是考虑了分销商和制造商共同进行废旧产品回收的情况，第二种情况是考虑了分销商和 3PRLP 共同进行废旧产品回收的情况，第三种情况是考虑了制造商和 3PRLP 共同进行废旧产品回收的情况。

以上研究中，大部分文献忽视了混合回收的复杂性，即制造/再制造供应链系统中存在的更多不确定因素和提前期因素。而在现实的混合回收供应链中，会有各种不确定因素和提前期干扰整个供应链的运作，而这些不确定性和提前期同样会使供应链系统加剧牛鞭效应的负面影响。

2.5.5　制造/再制造供应链结构设计

制造/再制造供应链的结构设计对供应链系统的运作绩效起着极其重要的作

用，由于供应链系统中回收物品的种类以及处理方式存在一定区别，制造/再制造供应链系统结构也各不相同，目前，大多数研究将回收分为再循环、再制造和再利用，实际还包括消费者不满意退货这一类型。

制造/再制造供应链系统主要由供应商、制造商、分销商、回收商与消费者组成，需要首先考虑成员间的关系、系统的功能等问题，文献[130]、[131]认为构建逆向供应链回收系统之前需要考虑流通企业的再生或再制造功能和能力，但是在设计供应链系统结构过程中只考虑了缺货对成本最优设计的影响，没有考虑产品的整个生命周期，忽视了持续性发展等问题；文献[132]从企业战略的角度（战略决策、战术决策和运营决策）提出了逆向供应链系统设计框架；文献[133]从经济、环保、供应链渠道等角度提出了闭环供应链系统结构的设计原则；文献[134]从供应链绩效的角度指出了闭环供应链系统设计与传统供应链系统设计的区别；文献[135]、[136]分别从确定和不确定角度研究了在建筑废弃物中回收再利用沙子的网络结构设计问题；文献[137]研究了美国电子设备再制造公司的供应链网络结构设计问题。

制造/再制造供应链系统结构设计主要涉及废旧产品回收与网络设计、生产计划与管理等。

1. 制造/再制造供应链的废旧产品回收与网络设计

关于废旧产品回收系统的研究，文献[131]根据供应链系统成员企业在再制造过程中承担的角色不同，构建了不同的回收系统；文献[42]根据废旧产品回收主体的区别，提出了制造商负责回收、分销商负责回收和3PRLP负责回收的三种回收模式，得出了不同回收模式下的供应链利润、回收产品率等优化结果；在文献[42]的基础上，文献[138]研究了行业垄断制造商与两个竞争分销商的供应链回收渠道决策问题；文献[139]～[141]考虑了零部件回收再利用的情况，研究了闭环供应链系统设计原则，分析了生产商、分销商和3PRLP在不同回收模式下的批发价、零售价、回收产品率和利润情况；文献[35]考虑了生产商延伸责任制的约束条件，提出了废旧产品的三种回收模式，分别为生产商负责回收、生产商联合体负责回收和3PRLP负责回收，分析了不同回收模式下的零售价和生产商利润情况；文献[142]研究了分销商负责废旧产品回收的双层再制造/制造集成物流网络模型；文献[143]研究了在双边垄断的市场结构中制造商回收渠道的决策问题；文献[144]分析了垃圾箱回收和每户回收两种回收模式的适用条件与利润。

目前，大量文献研究了制造/再制造供应链中废旧产品回收时间、质量和数量不确定的问题，典型的处理方法是对回收的废旧产品执行生产和控制的权变计划[41, 145]、减少错误回收[146]和分类处理等。针对回收废旧产品质量级别的差异，文献[147]发现此差异会导致再制造成本的不同，找到了实现成本节约的临界条件；文献[148]、[149]发现回收产品质量级别的差异会导致回收价格和再制造成本的不同，分析了最优回收价格和再制造产品的最优销售价格；文献[150]假设回收产品的质量等级满足随机分布，回收产品存在两种回收方式：一是在二手市场上直接再销售，二是通过再制造后再销售，分析了这两种回收产品处理方式对企业回收及其利润产生的影响；文献[151]研究了回收产品质量等级和回收地域不确定性对闭环供应链系统利润的影响；文献[152]考虑了制造和再制造产品不同质的情况，构建了相应的数学规划模型，此模型考虑了运输、检验和分类成本，研究结果表明，回收率和修复率严重影响系统的总成本和生产批量。

2. 制造/再制造供应链的生产计划与管理

制造/再制造供应链系统中存在大量的不确定因素，从回收产品零部件拆解及物料需求计划等角度出发，文献[153]考虑市场需求与回收产品质量的不确定性，假设再制造零部件单向替代新生产零部件，新产品单向替代再制造产品，针对制造/再制造供应链系统中的再制造生产动态批量问题，建立了模糊混合整数线性规划模型，运用遗传算法进行求解；文献[154]考虑制造商负责产品回收的情况，针对资源有限条件下具有确定回收量的生产计划问题，构建并分析了一个线性规划模型；文献[155]研究了制造/再制造供应链系统中并购和生产计划的相互关系，分析了系统参数对收购价格和生产数量的影响，确定了最优动态收购定价和生产策略。

消费者对新产品和再制造产品具有不同的价值评估方法，对新产品和再制造产品具有异质需求，从新产品和再制造产品是否可以相互替代的角度出发，文献[156]考虑了有限地回收废旧产品供应再制造生产，研究了新产品和再制造产品扩散到潜在市场的路径特点；文献[157]构建了供应链系统产品的横向交互库存补货模型，并运用鲁棒 H_∞ 控制有效地抑制了牛鞭效应；从新产品可用再制造产品进行单向替代的角度出发，文献[158]建立了最优生产决策模型；在文献[158]的基础上，文献[159]考虑了不允许缺货和不考虑废弃处理的情况，探讨了制造/再制造供应链系统多产品最优生产计划问题；从再制造产品可用新产品进行单向替代的角度出发，文献[115]建立了考虑时滞不确定性和需求不确定性的制造/再制造供应链动态模型；文献[160]构建了不确定环境下再制造批量生产计划的目标规划模型。

因此，制造/再制造供应链系统具有如下基本特征：①供应链系统目标的多样性，包括满足供应、降低成本、兼顾环保等；②供应链系统的高度复杂性，即供应链系统内部和外部存在多种不确定因素（顾客需求、提前期、回收产品质量、回收再处理时间等），而且这些因素相互影响，增加了系统的复杂性；③废旧产品回收“从多到少”的特性，即供应链系统废旧产品回收是从多个地区向少数地区汇聚的；④供应链系统的供需失衡本性，即由于回收产品存在回收质量、时间和数量的不确定性，废旧产品的供应常常与再制造商的需求不匹配。

2.5.6　制造/再制造供应链与控制理论

制造/再制造供应链系统实际运作过程中存在多种不确定性，无法建立精确的制造/再制造供应链数学模型，而控制理论显然为解决供应链系统的动态稳定性问题提供了可能。目前，很多学者运用控制理论（经典控制、最优控制、鲁棒控制、模型预测控制等理论）来研究制造/再制造供应链系统中的动态稳定性问题[161-165]。

许多学者应用经典控制理论和现代控制理论研究供应链库存控制问题，文献[166]于 1952 年首次在简单供应链系统中运用了自动控制理论；文献[167]运用最优控制理论解决了供应链再制造系统中废旧产品库存控制问题；文献[168]、[169]运用控制理论中的传递函数技术建立了制造/再制造供应链系统模型；文献[170]构造了闭环供应链系统牛鞭效应传递函数，建立了多级库存系统 z 域模型；文献[171]针对单品种产品的回收库存系统，研究了有缺货赔偿的随机最优控制问题；文献[172]、[173]在随机需求的情况下研究了再制造闭环供应链系统的最优控制问题；文献[174]研究了具有特殊结构的闭环供应链的最优控制问题。

相较于经典控制理论[175, 176]、最优控制理论[177-179]和模型预测控制理论[180, 181]，鲁棒控制理论[182]在控制制造/再制造供应链动态稳定性上具有更大的优势，而且在运用鲁棒控制理论控制供应链系统时，供应链系统切换规则的差异会引起系统运作波动，如总成本波动、库存波动等，这些波动会严重影响供应链系统的运作效果，而 T-S 模糊控制系统能够通过模糊隶属度函数实现供应链系统的柔性切换，并使系统达到稳定的时间变短。近年来，许多学者运用鲁棒控制理论来研究制造/再制造供应链库存系统的动态稳定性问题，文献[183]考虑再制造闭环供应链系统的再制造时滞、废弃时滞和需求不确定性，建立了相应的供应链库存系统动态模型，提出了基于库存水平的鲁棒 H_∞ 控制策略和 LMI 算法；文献[184]考虑市场需求、时滞和再制造参数等不确定因素，研究了再制造闭环供应链动态运作与控制问题；文献[185]提出了闭环供应链系统的最优库存补货控制策略，抑制不确定因素对供应链系统的影响；文献[65]针对闭环供应链库存系统运作过程中存在的不确定参数与提前期，提出了相应的鲁棒 H_∞ 控制策略；文献[186]、[187]提出了顾客需求扰动最差条件下制造商平滑生产 H_∞ 控制策略，抑制单一产品再制造供应链系统的牛鞭效应；文献[188]考虑生产和分销提前期、需求和回收不确定性等问题，构建了闭环供应链库存系统模型，提出了相应鲁棒 H_∞ 控制策略；文献[189]考虑了两个闭环供应链跨链合作的交叉库存补充动态模型，分析了集群式闭环供应链系统的鲁棒运作问题；文献[97]、[190]构建了制造商自行回收和 3PRLP 回收切换的闭环供应链动态模型，在此基础上，文献[191]考虑了再制造提前期的时变性；文献[126]、[127]以混合回收闭环供应链为研究对象，研究了抑制闭环供应链系统牛鞭效应的方法；文献[192]建立了由 3PRLP 负责回收的闭环供应链混合库存动态模型，研究发现，综合考虑制造/再制造混合鲁棒控制策略能够保证成品库存具有较小的波动，从而减少库存管理成本。

2.5.7 基于 T-S 模糊模型的模糊控制研究

目前，基于 T-S 模糊模型的模糊控制理论是处理复杂不确定动态系统的有力工具之一，文献[50]在 1985 年提出了 T-S 模糊模型，并通过此模型建立了模糊控制系统与线性控制系统间的联系，文献[193]在 1995 年首次提出了运用 PDC 策略来设计模糊控制器，并首次提出了运用 LMI 方法获得系统稳定性的充分条件。

国内外学者研究了时滞对系统稳定性的影响，并取得了一定的研究成果，早在 1936 年，文献[194]已经开始相关研究，随着模糊控制理论的发展，很多学者已经运用模糊控制理论和方法研究非线性时滞系统：文献[195]～[197]运用过去的控制输入或过去的状态，基于 LMI[195]、Riccati 方程[196]以及约简[197]等方法设计了记忆控制器；文献[198]提出了仅具有状态时滞的不确定模糊离散系统时滞依赖鲁棒控制方法；文献[199]提出了基于 T-S 模糊模型的非线性系统保性能控制、非脆弱控制、鲁棒镇定以及鲁棒性能分析方法；文献[200]研究了一类具有时变状态时滞的离散模糊系统模糊控制器设计问题；文献[201]采用模糊 Lyapunov 函数方法，研究了具有时滞和模糊观测器的模糊系统 H_∞ 稳定问题；文献[202]运用分段模糊 Lyapunov 函数方法，研究了带有时滞的模糊系统稳定控制和模糊控制器设计问题。上述文献仍存在某些问题：文献[195]～[197]只考虑了时滞为常数的情况，而且设计的控制器也较复杂；文献[200]～[202]忽视了系统的不确定性。

因此，本书考虑多种提前期和多种不确定性，首先，改进文献[199]、[203]中的算法，降低其求解难度；其次，基于 T-S 模糊模型，利用模糊 Lyapunov-Krasovskii 函数方法和 PDC 策略，设计反馈控制器，提出和证明使系统渐近稳定的充分条件。因此，本书拟将改进和提出的新算法应用在具有多种不确定因素的制造/再制造供应链系统中，以实现供应链系统持续稳定地运行。

2.5.8 国内外研究现状评述

通过以上国内外相关文献综述可知，目前运用控制理论研究制造/再制造供应链库存系统不确定因素控制问题已取得了一定的成果，但是鉴于制造/再制造供应链系统自身的特点（复杂性和动态性等），针对制造/再制造供应链系统运作稳定性和鲁棒性的研究相对较少，控制理论在供应链稳定性研究中的应用还不是很完善，并且在实际供应链系统运作过程中尚存在许多新的要素，仍有很多问题值得进一步研究，主要体现在以下几方面。

（1）近年来，关于废旧产品回收的相关研究很多，研究多从宏观角度出发，着重强调废旧产品回收现状、回收必要性及相关法律法规的介绍和影响，但是从供应链和企业运作层面出发的相关研究较少。

（2）目前，国内外学者对新产品和再制造产品差异化的研究只考虑价格与品质决策的影响，很少考虑消费者对新产品和再制造产品的异质需求对供应链系统的影响，而且比较缺乏回收废旧产品质量对供应链系统运作影响的研究。

（3）在供应链系统运作层面，目前大部分文献主要研究传统供应链库存管理系统的不确定优化、鲁棒优化、鲁棒控制和运作稳定性，比较缺乏制造/再制造供应链多级库存系统的运作稳定性和鲁棒性研究，并且未能进一步讨论稳定区域内供应链系统的响应特征，所以，研究制造/再制造供应链多级库存系统的运作稳定性和鲁棒性具有理论意义。

（4）在实际制造/再制造供应链系统中存在多种不确定因素，如顾客需求、生产提前期、再制造提前期、成本因素等，这些不确定因素对供应链系统的干扰恢复问题可被视为系统的稳定性恢复问题，目前此问题有多种解决方式，其中，最符合供应链管理特点的是以制造/再制造供应链系统扰动最小化为目标的干扰管理方法，而在制造/再制造供应链库存系统中运用干扰管理比较少见。

第二篇　考虑回收渠道的制造/再制造供应链模糊鲁棒控制研究

目前，产品通过双渠道销售[188]，双渠道是指线上渠道和线下渠道，线上渠道是指制造商直接依托网络进行的产品销售渠道，线下渠道是指通过传统实体店进行的产品销售渠道。制造/再制造供应链在运作过程中存在多种不确定因素，这些不确定因素主要来源于以下四个方面：供应过程、制造过程、客户需求过程和回收过程，如市场需求不确定性、生产成本不确定性、再制造时间不确定性、回收成本不确定性、回收率不确定性等。这些不确定因素将直接影响供应链库存系统的正常运行，因此，稳定性和鲁棒性成为确保制造/再制造供应链库存系统收益和持续运行的重要因素，并成为供应链管理研究中最具挑战性的课题之一。

另外，在制造/再制造供应链库存系统的实际运作过程中，产品的回收过程包括废旧产品回收再制造和消费者不满意退货[187, 204]，回收渠道包括 3PRLP 回收、制造商自行回收或混合回收，再制造商根据自身需求选择适当的回收渠道。

本篇考虑产品销售双渠道、消费者不满意退货、制造商和分销商库存存在安全库存值和期望库存值等实际情况，针对供应链系统存在的市场需求、成本参数、回收率等多种不确定因素和再制造提前期，构建不确定环境下制造/再制造供应链库存系统状态转移模型：①构建基于成本切换的制造/再制造供应链切换模型，该模型包括基于供应链运作总成本的切换向量、3PRLP 回收子系统和制造商自行回收子系统；②构建出制造商和 3PRLP 同时进行混合回收的供应链动态模型；③运用模糊系统中的模糊隶属度函数，降低供应链系统中各种不确定干扰因素对动态系统的冲击和影响，利用模糊 Lyapunov-Krasovskii 函数方法和 PDC 策略，以 LMI 的形式提出使系统渐近稳定的充分条件并设计切换律，使供应链中不同子系统之间的切换能够呈现柔性，避免供应链系统库存水平和运作总成本出现较大波动，实现整个系统的稳定运行。

第3章　3PRLP回收的制造/再制造供应链动态模型及其模糊鲁棒控制

3.1　引　　言

近年来，随着全球资源的日益匮乏和人类环保意识的不断增强，逆向物流，尤其是基于再制造的制造/再制造供应链已经引起社会的高度关注[11-14]。基于再制造的制造/再制造供应链既包括正向渠道又包括逆向渠道，其中，在正向渠道的实际运作过程中，随着电子商务时代的到来，产品销售渠道模式已经由单一的传统分销渠道模式转向由传统分销渠道与 Internet 直接渠道相结合的双源渠道模式，这种双源渠道模式是一种极具应用前景的制造/再制造供应链渠道模式[83,84]；在逆向渠道的实际运作过程中，制造商对废旧产品的回收再制造，不仅是保护人类生存环境和符合法律法规的需要，也是降低产品生产成本的需要，因此，制造/再制造供应链管理已逐渐成为制造商获得竞争优势的重要工具[74]。在制造商实际生产过程中，制造商库存存在安全库存值、期望库存值和最大库存值，在不同的库存值区间内，制造商采取不同的生产策略。因此，与传统供应链相比，基于再制造的制造/再制造供应链在流向和运作上具有更多的不确定性，如顾客对 Internet 直接渠道的偏好程度的不确定性、回收产品再制造率和废弃率的不确定性、新产品生产时滞的不确定性、产品再制造时滞的不确定性、外部需求的不确定性、成本参数的不确定性等，这些不确定因素将直接影响制造/再制造供应链的正常运行，因此，鲁棒性成为确保制造/再制造供应链收益和持续运行的重要因素，并成为制造/再制造供应链研究中最具挑战性的课题之一。

目前，针对制造/再制造供应链系统的不确定性问题，众多国内外学者应用控制理论对其进行了深入研究，并取得了诸多的研究成果。文献[23]～[25]较全面地综述了控制理论应用于制造/再制造供应链的研究情况；文献[26]研究了再制造系统废旧产品回收的最优控制策略；文献[27]、[36]、[38]～[43]研究了一系列制造/再制造供应链动态模型，并提出了制造/再制造供应链动态模型的鲁棒 H_∞ 控制策略。虽然上述文献在一定程度上对制造/再制造供应链系统的控制问题进行了研究，但也各自存在一些不足之处：①文献[27]、[38]～[40]、[43]均未考虑 Internet 环境下制造/再制造供应链产品销售的双源渠道模式；②文献[27]、[38]、[39]均只考虑了库存时滞（库存时滞是由再制造的时间延迟形成的），文献[42]在仿真分析中只考虑了生产时滞，文献[40]、[41]、[43]均未考虑时滞；③文献[26]、[27]、[36]、[38]～[43]均未考虑制造商根据其实际库存量选择其新产品生产策略的实际情况；④上述文献对基于再制造的制造/再制造供应链的不确定性问题涉及较少。另外，截至目前，应用智能控制理论之一的模糊控制理论进行制造/再制造供应链鲁棒控制的研究未见报道。

本章在前述研究的基础上，主要进行了以下几项工作：①改进文献[42]中的制造/再制造供应链模型，建立基于再制造的不确定制造/再制造供应链动态模型，此模型考虑 Internet 环境下产品销售的双源渠道模式、制造商实际库存量对其新产品生产策略的影响和更多的不确定因素；②应用模糊控制理论，提出基于再制造的不确定制造/再制造供应链控制策略。

3.2 3PRLP 回收的制造/再制造供应链动态模型构建

文献[42]针对制造/再制造供应链运作过程中存在不确定性的问题，建立了双源渠道制造/再制造供应链动态模型，但是文献[42]未考虑库存时滞和制造商实际库存量对其新产品生产策略的影响，并且文献[42]只考虑了少量的不确定因素。本章在文献[42]的基础上，考虑基于再制造的制造/再制造供应链的库存时滞、制造商实际库存量对其新产品生产策略的影响和多种不确定因素，建立一个基于再制造的不确定制造/再制造供应链动态模型，此模型如图 3.1 所示。

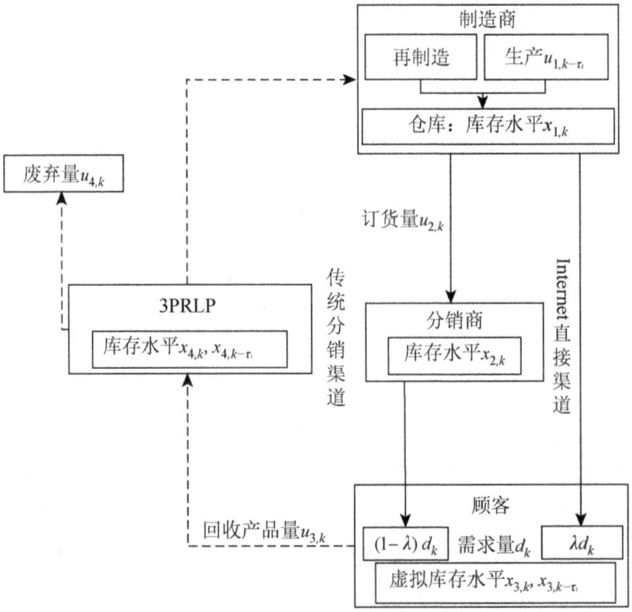

图 3.1 基于再制造的不确定制造/再制造供应链动态模型

由图 3.1 可知，基于再制造的不确定制造/再制造供应链动态模型的产品销售渠道包括两种类型：一种是传统的分销渠道，即制造商将产品直接供应给分销商，分销商再将产品销售给顾客；另一种是 Internet 环境下的直接渠道，即制造商通过电子商务，直接把产品销售给顾客。通过上述两种产品销售渠道的结合，顾客的实际需求即可得到满足。同时，此不确定制造/再制造供应链系统存在 3PRLP 从事物料回收而不是制造商直接回收的系统结构。因此，此不确定制造/再制造供应链动态模型的制造商、分销商、3PRLP 的实际库存和顾客虚拟库存状态方程分别为

$$\begin{cases} x_{1,k+1} = x_{1,k} + (\alpha_1 + \Delta\alpha_1)x_{4,k} + (\alpha_2 + \Delta\alpha_2)x_{4,k-\tau_1} + \delta u_{1,k-\tau_2} - u_{2,k} - (\lambda + \Delta\lambda)d_k \\ x_{2,k+1} = x_{2,k} + u_{2,k} - (1 - \lambda - \Delta\lambda)d_k \\ x_{3,k+1} = x_{3,k} - (\beta_1 + \Delta\beta_1)x_{3,k} - (\beta_2 + \Delta\beta_2)x_{3,k-\tau_1} + d_k - u_{3,k} \\ x_{4,k+1} = x_{4,k} - (\alpha_1 + \Delta\alpha_1)x_{4,k} - (\alpha_2 + \Delta\alpha_2)x_{4,k-\tau_1} + u_{3,k} - u_{4,k} \end{cases} \tag{3.1}$$

其中，$x_{1,k}$、$x_{2,k}$、$x_{3,k}$和$x_{4,k}$分别是k时刻制造商的实际库存、分销商的实际库存、顾客的虚拟库存和 3PRLP 的实际库存，均为状态变量；$x_{3,k-\tau_1}$和$x_{4,k-\tau_1}$分别是具有时滞τ_1的顾客虚拟库存和 3PRLP 的实际库存，库存时滞τ_1由再制造的时间延迟形成；$u_{1,k-\tau_2}$是具有时滞τ_2的制造商生产新产品的生产量；$u_{2,k}$是k时刻分销商的订购量；$u_{3,k}$和$u_{4,k}$分别是k时刻 3PRLP 废旧产品的回收量和对回收物料的废弃处理量；d_k是k时刻的顾客需求，为不确定扰动变量；时滞参数$\tau_i(0 \leqslant \tau_i < \infty, i = 1,2)$是时滞独立的；$\delta$是制造商通过运用战略联盟或战略合作伙伴关系策略，在不同的生产阶段所获得的新产品与制造商自行生产（再制造）的新产品的比值；λ是顾客对 Internet 直接渠道的偏好系数，$0 < \lambda < 1$；α_1和α_2是再制造率；β_1和β_2是废弃率；$\Delta\alpha_1$、$\Delta\alpha_2$、$\Delta\beta_1$和$\Delta\beta_2$均为相应的不确定参数，并且$0 < \alpha_i < 1$，$0 < \beta_i < 1$，$0 < \alpha_i + \beta_i + \Delta\alpha_i + \Delta\beta_i \leqslant 1 (i = 1,2)$。式（3.1）描述了伴随时间$k$的增加制造商实际库存、分销商实际库存、顾客虚拟库存及 3PRLP 实际库存的动态变化过程。

基于再制造的不确定制造/再制造供应链的运作总成本为

$$\begin{aligned} z_k = {} & (c_{h1} + \Delta c_{h1})x_{1,k} + (c_{h3} + \Delta c_{h3})x_{4,k} + (c_o + \Delta c_o)[(\beta_1 + \Delta\beta_1)x_{3,k} + (\beta_2 + \Delta\beta_2)x_{3,k-\tau_1}] \\ & + (c_p + \Delta c_p)u_{4,k} + (c_n + \Delta c_n)u_{1,k-\tau_2} + (c_r + \Delta c_r)[(\alpha_1 + \Delta\alpha_1)x_{4,k} + (\alpha_2 + \Delta\alpha_2)x_{4,k-\tau_1}] \\ & + (c_t + \Delta c_t)u_{3,k} + (c_m + \Delta c_m)(\delta - 1)u_{1,k-\tau_2} + (c_{h2} + \Delta c_{h2})x_{2,k} \end{aligned} \tag{3.2}$$

其中，z_k是制造/再制造供应链的运作总成本，为输出变量；c_{h1}、c_{h2}和c_{h3}分别是制造商、分销商和 3PRLP 的单位库存成本；c_o是顾客进行物料废弃处理的单位成本；c_p是 3PRLP 进行物料废弃处理的单位成本；c_n是制造商生产新产品的单位生产成本；c_r是制造商再制造生产产品的单位成本；c_t是 3PRLP 从顾客处

回收物料的单位回收成本；c_m 是制造商从其他制造商处购买新产品的单位成本；Δc_{h1}、Δc_{h2}、Δc_{h3}、Δc_o、Δc_p、Δc_n、Δc_r、Δc_t 和 Δc_m 均是相应的不确定成本参数。式（3.2）描述了 k 时刻制造/再制造供应链的运作总成本是废弃处理成本、库存成本、再制造成本、新产品生产成本、制造商从其他制造商处购买新产品的成本、回收成本等之和。

根据此模型，制造商针对其实际库存量不断变化的情况，采取不同的生产策略：①制造商库存存在安全库存值为 D_0、期望库存值为 D_1 和最大库存值为 $D_{\max}$。当制造商的实际库存量小于其安全库存值时，制造商除进行新产品生产和物料回收再制造之外，还可以运用战略联盟或战略合作伙伴关系策略，从其他制造商处购买新产品来暂时满足消费者的需求；②当制造商的实际库存量小于其期望库存值并且大于其安全库存值时，制造商同时进行新产品生产和物料回收再制造；③当制造商的实际库存量高于其期望库存值并且小于其最高库存值时，制造商只进行物料回收再制造。制造商从开始生产新产品到货物入库，其交货延迟为 τ_2 $(0\leqslant\tau_2<\infty)$（单位：周）。

基于再制造的不确定制造/再制造供应链动态模型可以用 T-S 模糊控制系统进行建模，所构建的制造/再制造供应链模糊模型可表示如下。

Plant Rule i：

IF $x_{1,k}$ is M_1^i，THEN

$$\begin{cases}\boldsymbol{x}(k+1)=(\boldsymbol{A}_{0i}+\Delta\boldsymbol{A}_{0i})\boldsymbol{x}(k)+(\boldsymbol{A}_{di}+\Delta\boldsymbol{A}_{di})\boldsymbol{x}(k-\tau_1)+\boldsymbol{B}_{0i}\boldsymbol{u}(k)\\ \qquad\qquad +\boldsymbol{B}_{di}\boldsymbol{u}(k-\tau_2)+(\boldsymbol{B}_{wi}+\Delta\boldsymbol{B}_{wi})\boldsymbol{d}(k)\\ \boldsymbol{z}(k)=(\boldsymbol{C}_{0i}+\Delta\boldsymbol{C}_{0i})\boldsymbol{x}(k)+(\boldsymbol{C}_{di}+\Delta\boldsymbol{C}_{di})\boldsymbol{x}(k-\tau_1)\\ \qquad\qquad +(\boldsymbol{D}_{0i}+\Delta\boldsymbol{D}_{0i})\boldsymbol{u}(k)+(\boldsymbol{D}_{di}+\Delta\boldsymbol{D}_{di})\boldsymbol{u}(k-\tau_2)\end{cases} \tag{3.3}$$

$$\boldsymbol{x}(k)=\boldsymbol{0},-\max\{\tau_1,\tau_2\}\leqslant k<0,\boldsymbol{x}(0)=\boldsymbol{x}_0,i=1,2,\cdots,r$$

其中，系统（3.3）采用偏差量描述，即应用实际运作量与标称量之差进行描述。在系统(3.3)中，$\boldsymbol{x}(k)=[x_{1,k}^{\mathrm{T}}\ \ x_{2,k}^{\mathrm{T}}\ \ x_{3,k}^{\mathrm{T}}\ \ x_{4,k}^{\mathrm{T}}]^{\mathrm{T}}$ 是 k 时刻的库存量，是状态向量；$\boldsymbol{x}(k-\tau_1)$ 是具有时滞 τ_1 的库存状态；$\boldsymbol{u}(k)=[u_{1,k}^{\mathrm{T}}\ \ u_{2,k}^{\mathrm{T}}\ \ u_{3,k}^{\mathrm{T}}\ \ u_{4,k}^{\mathrm{T}}]^{\mathrm{T}}$ 是 k 时刻的控制向量；$\boldsymbol{u}(k-\tau_2)$ 是具有时滞 τ_2 的控制向量；$\boldsymbol{d}(k)$ 是 k 时刻的外部需求，是外部输入变量；$\boldsymbol{z}(k)$ 是 k 时刻制造/再制造供应链的运作总成本，是输出变量；$\boldsymbol{M}_1^i(i=1,2,\cdots,r)$ 是制造商库存的隶属度函数，r 是模糊推理规则数；$\boldsymbol{A}_{0i}$、$\boldsymbol{A}_{di}$、$\boldsymbol{B}_{0i}$、$\boldsymbol{B}_{di}$、$\boldsymbol{B}_{wi}$、$\boldsymbol{C}_{0i}$、$\boldsymbol{C}_{di}$、$\boldsymbol{D}_{0i}$ 和 $\boldsymbol{D}_{di}$ 分别是方程中相应维数的参数矩阵；$\Delta\boldsymbol{A}_{0i}$、$\Delta\boldsymbol{A}_{di}$、$\Delta\boldsymbol{B}_{wi}$、$\Delta\boldsymbol{C}_{0i}$、$\Delta\boldsymbol{C}_{di}$、$\Delta\boldsymbol{D}_{0i}$ 和 $\Delta\boldsymbol{D}_{di}$ 均是相应的不确定参数矩阵。由于系统（3.3）采用偏差量描述，库存和成本输出偏差量是在标称量附近波动的数值，可能是正值或负值。

注 3.1：$\delta-1$ 只取非负数，若 $\delta-1<0$，则令 $\delta-1=0$。

3.3　3PRLP 回收的制造/再制造供应链的模糊鲁棒控制

3.3.1　3PRLP 回收的制造/再制造供应链系统的鲁棒研究

基于再制造的不确定制造/再制造供应链模糊鲁棒控制运作管理的意义就是运用制造/再制造供应链系统的控制向量 $\boldsymbol{u}(k)$（包括新产品生产量 $u_{1,k}$、分销商的订购量 $u_{2,k}$、3PRLP 废旧产品的回收量 $u_{3,k}$ 和对回收物料的废弃处理量 $u_{4,k}$）控制制造/再制造供应链系统的状态向量 $\boldsymbol{x}(k)$（包括制造商的实际库存 $x_{1,k}$、分销商的实际库存 $x_{2,k}$、顾客的虚拟库存 $x_{3,k}$ 和 3PRLP 的实际库存 $x_{4,k}$），使制造/再制造供应链成本参数的不确定性扰动（$\Delta\boldsymbol{C}_{0i}$、$\Delta\boldsymbol{C}_{di}$、$\Delta\boldsymbol{D}_{0i}$ 和 $\Delta\boldsymbol{D}_{di}$）、外部输入的不确定性扰动（$\boldsymbol{d}(k)$）、再制造率的不确定性扰动（$\Delta\alpha_i$）、废弃率的不确定性扰动（$\Delta\beta_i$）、顾客对 Internet 直接渠道的偏好系数的不确定性扰动（$\Delta\lambda$）和时滞 $(\tau_1、\tau_2)$ 的不确定性扰动得到抑制，进而制造/再制造供应链系统能够鲁棒运行，且使制造/再制造供应链运作总成本偏差量 $\boldsymbol{z}(k)$ 达到一个较为理想的结果。本章采用 γ 来描述控制向量 $\boldsymbol{u}_k$ 对于上述扰动的抑制程度，即 $\|\boldsymbol{z}(k)\|_2/\|\boldsymbol{d}(k)\|_2 \leqslant \gamma\boldsymbol{I}$，$\gamma$ 越大则说明系统的性能越差，其中，$\|\cdot\|_2$ 表示函数的 ℓ_2 范数，其实质就是运作过程中成本、再制造率、废弃率、顾客需求等偏差量的波动，它描述了制造/再制造供应链运作能量的平均值。$\|\boldsymbol{z}(k)\|_2/\|\boldsymbol{d}(k)\|_2$ 则描述了制造/再制造供应链系统运作过程中总成本能量与顾客实际需求能量之比的增益，即制造/再制造供应链从需求变量 $\boldsymbol{d}(k)$ 到输出成本 $\boldsymbol{z}(k)$ 产生的系统增益，这也是外部需求扰动 d_k 的波动放大效应传导到输出成本 $\boldsymbol{z}(k)$ 时的增益，而模糊鲁棒控制将使 $\|\boldsymbol{z}(k)\|_2/\|\boldsymbol{d}(k)\|_2$ 的值达到理想状态。

由于基于 T-S 模糊模型的控制系统有着优于常规控制手段的品质，下面将模糊鲁棒控制策略应用到制造/再制造供应链之中，即对系统在制造商存在安全库存值、期望库存值和最大库存值、不确定成本参数、时滞、再制造率、废弃率和外部需求等条件时进行生产控制，使制造/再制造供应链运作总成本达到一个相对较小的结果。

3.3.2　具有双时滞的不确定离散闭环系统的模糊鲁棒控制

对于基于再制造的不确定制造/再制造供应链模糊模型（3.3），本章采用文献[51]给出的不确定离散模糊系统模糊鲁棒控制方法对其进行控制。引入描述不确定结构的常数矩阵 $\boldsymbol{H}_{1i}$、$\boldsymbol{H}_{2i}$、$\boldsymbol{E}_{xbi}$ 和 $\boldsymbol{E}_{zdi}$（$i=1,2,\cdots,r$，$b=1,2,5$，$d=1,2,3,4$），以及具有 Lebesgue 可测元素的时变不确定矩阵 $\boldsymbol{F}_{1i}(k)$ 和 $\boldsymbol{F}_{2i}(k)$，并且矩阵 $\boldsymbol{F}_{1i}(k)$ 和 $\boldsymbol{F}_{2i}(k)$ 满足如下形式：$\boldsymbol{F}_{1i}^{\mathrm{T}}(k)\boldsymbol{F}_{1i}(k)\leqslant \boldsymbol{I}$，$\boldsymbol{F}_{2i}^{\mathrm{T}}(k)\boldsymbol{F}_{2i}(k)\leqslant \boldsymbol{I}$。将不确定矩阵转变为如下的范数有界形式：$[\Delta\boldsymbol{A}_{0i}(k)\ \ \Delta\boldsymbol{A}_{di}(k)\ \ \Delta\boldsymbol{B}_{wi}(k)]=\boldsymbol{H}_{1i}\boldsymbol{F}_{1i}(k)[\boldsymbol{E}_{x1i}\ \ \boldsymbol{E}_{x2i}\ \ \boldsymbol{E}_{x5i}]$,$[\Delta\boldsymbol{C}_{0i}(k)\ \ \Delta\boldsymbol{C}_{di}(k)\ \ \Delta\boldsymbol{D}_{0i}(k)\ \ \Delta\boldsymbol{D}_{di}(k)]=\boldsymbol{H}_{2i}\boldsymbol{F}_{2i}(k)[\boldsymbol{E}_{z1i}\ \ \boldsymbol{E}_{z2i}\ \ \boldsymbol{E}_{z3i}\ \ \boldsymbol{E}_{z4i}]$。针对文献[51]中的定理 6.2.2，本章对其进行简化，所改进的算法如定理 3.1 所示。

定理 3.1：对于线性离散时间模糊时滞系统（3.3），假设在任何 k 时刻，被激活的模糊规则数小于或等于 $s(1<r\leqslant s)$，若给定常数 $\lambda>0$ 和性能指标（3.6），且存在对称正定矩阵 $\boldsymbol{X}$、$\boldsymbol{N}_1$、$\boldsymbol{R}_2$，对称半正定矩阵 $\boldsymbol{M}_1$、矩阵 $\boldsymbol{Y}_i$ 以及标量 $\varepsilon_{ij}>0$ $(i,j=1,2,\cdots,r)$，对所有可允许的不确定性，下列矩阵不等式成立：

$$\begin{bmatrix}
\boldsymbol{\Omega}_1 & * & * & * & * & * & * & * & * & * \\
\boldsymbol{0} & -\boldsymbol{N}_1 & * & * & * & * & * & * & * & * \\
\boldsymbol{0} & \boldsymbol{0} & -\boldsymbol{R}_2 & * & * & * & * & * & * & * \\
\boldsymbol{0} & \boldsymbol{0} & \boldsymbol{0} & -\gamma^2\boldsymbol{I} & * & * & * & * & * & * \\
\boldsymbol{G}_{ii} & \boldsymbol{A}_{di}\boldsymbol{X} & \boldsymbol{B}_{di}\boldsymbol{Y}_i & \boldsymbol{B}_{wi} & \boldsymbol{\eta}_{1ii} & * & * & * & * & * \\
\boldsymbol{L}_{ii} & \boldsymbol{C}_{di}\boldsymbol{X} & \boldsymbol{D}_{di}\boldsymbol{Y}_i & \boldsymbol{0} & \boldsymbol{0} & \boldsymbol{\eta}_{2ii} & * & * & * & * \\
\boldsymbol{X} & \boldsymbol{0} & \boldsymbol{0} & \boldsymbol{0} & \boldsymbol{0} & \boldsymbol{0} & -\boldsymbol{Q}^{-1} & * & * & * \\
\boldsymbol{Y}_i & \boldsymbol{0} & \boldsymbol{0} & \boldsymbol{0} & \boldsymbol{0} & \boldsymbol{0} & \boldsymbol{0} & -\boldsymbol{R}^{-1} & * & * \\
\boldsymbol{U}_{ii} & \boldsymbol{E}_{x2i}\boldsymbol{X} & \boldsymbol{0} & \boldsymbol{E}_{x5i} & \boldsymbol{0} & \boldsymbol{0} & \boldsymbol{0} & \boldsymbol{0} & -\varepsilon_{ii}\boldsymbol{I} & * \\
\boldsymbol{V}_{ii} & \boldsymbol{E}_{z2i}\boldsymbol{X} & \boldsymbol{E}_{z4i}\boldsymbol{Y}_i & \boldsymbol{0} & \boldsymbol{0} & \boldsymbol{0} & \boldsymbol{0} & \boldsymbol{0} & \boldsymbol{0} & -\varepsilon_{ii}\boldsymbol{I}
\end{bmatrix}<\boldsymbol{0} \quad (3.4)$$

$$\begin{bmatrix}
\boldsymbol{\Omega}_2 & * & * & * & * & * & * & * & * & * & * & * \\
\boldsymbol{0} & -\boldsymbol{N}_1 & * & * & * & * & * & * & * & * & * & * \\
\boldsymbol{0} & \boldsymbol{0} & -\boldsymbol{R}_2 & * & * & * & * & * & * & * & * & * \\
\boldsymbol{0} & \boldsymbol{0} & \boldsymbol{0} & -\gamma^2\boldsymbol{I} & * & * & * & * & * & * & * & * \\
\frac{\boldsymbol{G}_{ij}+\boldsymbol{G}_{ji}}{2} & \frac{\boldsymbol{A}_{di}\boldsymbol{X}+\boldsymbol{A}_{dj}\boldsymbol{X}}{2} & \frac{\boldsymbol{B}_{di}\boldsymbol{Y}_j+\boldsymbol{B}_{dj}\boldsymbol{Y}_i}{2} & \frac{\boldsymbol{B}_{wi}+\boldsymbol{B}_{wj}}{2} & \boldsymbol{\eta}_{1ij} & * & * & * & * & * & * & * \\
\frac{\boldsymbol{L}_{ij}+\boldsymbol{L}_{ji}}{2} & \frac{\boldsymbol{C}_{di}\boldsymbol{X}+\boldsymbol{C}_{dj}\boldsymbol{X}}{2} & \frac{\boldsymbol{D}_{di}\boldsymbol{Y}_j+\boldsymbol{D}_{dj}\boldsymbol{Y}_i}{2} & \boldsymbol{0} & \boldsymbol{0} & \boldsymbol{\eta}_{2ij} & * & * & * & * & * & * \\
\boldsymbol{X} & \boldsymbol{0} & \boldsymbol{0} & \boldsymbol{0} & \boldsymbol{0} & \boldsymbol{0} & -\boldsymbol{Q}^{-1} & * & * & * & * & * \\
\frac{\boldsymbol{Y}_i+\boldsymbol{Y}_j}{2} & \boldsymbol{0} & \boldsymbol{0} & \boldsymbol{0} & \boldsymbol{0} & \boldsymbol{0} & \boldsymbol{0} & -\boldsymbol{R}^{-1} & * & * & * & * \\
\frac{\boldsymbol{U}_{ij}}{2} & \frac{\boldsymbol{E}_{x2i}\boldsymbol{X}}{2} & \boldsymbol{0} & \frac{\boldsymbol{E}_{x5i}}{2} & \boldsymbol{0} & \boldsymbol{0} & \boldsymbol{0} & \boldsymbol{0} & -\varepsilon_{ij}\boldsymbol{I} & * & * & * \\
\frac{\boldsymbol{V}_{ij}}{2} & \frac{\boldsymbol{E}_{z2i}\boldsymbol{X}}{2} & \frac{\boldsymbol{E}_{z4i}\boldsymbol{Y}_j}{2} & \boldsymbol{0} & \boldsymbol{0} & \boldsymbol{0} & \boldsymbol{0} & \boldsymbol{0} & \boldsymbol{0} & -\varepsilon_{ij}\boldsymbol{I} & * & * \\
\frac{\boldsymbol{U}_{ji}}{2} & \frac{\boldsymbol{E}_{x2j}\boldsymbol{X}}{2} & \boldsymbol{0} & \frac{\boldsymbol{E}_{x5j}}{2} & \boldsymbol{0} & \boldsymbol{0} & \boldsymbol{0} & \boldsymbol{0} & \boldsymbol{0} & \boldsymbol{0} & -\varepsilon_{ji}\boldsymbol{I} & * \\
\frac{\boldsymbol{V}_{ji}}{2} & \frac{\boldsymbol{E}_{z2j}\boldsymbol{X}}{2} & \frac{\boldsymbol{E}_{z4j}\boldsymbol{Y}_i}{2} & \boldsymbol{0} & \boldsymbol{0} & \boldsymbol{0} & \boldsymbol{0} & \boldsymbol{0} & \boldsymbol{0} & \boldsymbol{0} & \boldsymbol{0} & -\varepsilon_{ji}\boldsymbol{I}
\end{bmatrix}<\boldsymbol{0},$$

$i=1,2,\cdots,r$

（3.5）

其中，$\boldsymbol{\Omega}_1 = -\boldsymbol{X} + (d_2 - d_1 + 1)\boldsymbol{N}_1 + \boldsymbol{N}_2 + (s-1)\boldsymbol{M}_1$；$\boldsymbol{\Omega}_2 = -\boldsymbol{X} + (d_2 - d_1 + 1)\boldsymbol{N}_1 + \boldsymbol{N}_2 + \boldsymbol{M}_1$；$\boldsymbol{G}_{ij} = \boldsymbol{A}_{0i}\boldsymbol{X} + \boldsymbol{B}_{0i}\boldsymbol{Y}_j$；$\boldsymbol{L}_{ij} = \boldsymbol{C}_{0i}\boldsymbol{X} + \boldsymbol{D}_{0i}\boldsymbol{Y}_j$；$\boldsymbol{U}_{ij} = \boldsymbol{E}_{x1i}\boldsymbol{X}$；$\boldsymbol{V}_{ij} = \boldsymbol{E}_{z1i}\boldsymbol{X} + \boldsymbol{E}_{z3i}\boldsymbol{Y}_j$；$\boldsymbol{\eta}_{1ii} = -\boldsymbol{X} + \varepsilon_{ii}\boldsymbol{H}_{1i}\boldsymbol{H}_{1i}^{\mathrm{T}}$；$\boldsymbol{\eta}_{2ii} = -\boldsymbol{I} + \varepsilon_{ii}\boldsymbol{H}_{2i}\boldsymbol{H}_{2i}^{\mathrm{T}}$；$\boldsymbol{\eta}_{1ij} = -\boldsymbol{X} + \varepsilon_{ij}\boldsymbol{H}_{1i}\boldsymbol{H}_{1i}^{\mathrm{T}} + \varepsilon_{ji}\boldsymbol{H}_{1j}\boldsymbol{H}_{1j}^{\mathrm{T}}$；$\boldsymbol{\eta}_{2ij} = -\boldsymbol{I} + \varepsilon_{ij}\boldsymbol{H}_{2i}\boldsymbol{H}_{2i}^{\mathrm{T}} + \varepsilon_{ji}\boldsymbol{H}_{2j}\boldsymbol{H}_{2j}^{\mathrm{T}}$。

模糊时滞系统（3.3）存在鲁棒 H_∞ 保性能控制律，控制律增益为 $\boldsymbol{K}_i = \boldsymbol{Y}_i\boldsymbol{X}^{-1}$ $(i = 1, 2, \cdots, r)$ 且相应的系统性能指标上界满足

$$J_1 < \boldsymbol{x}_0^{\mathrm{T}}\boldsymbol{X}^{-1}\boldsymbol{x}_0 \tag{3.6}$$

3.4 仿真分析

本章以某钢铁公司的一条制造/再制造供应链为研究对象，设计基于钢材回收再制造的不确定制造/再制造供应链系统的模糊鲁棒控制仿真实验。设 $x_{1,k}$ 可测，并对 $x_{1,k}$ 分别取如图 3.2 所示的三个模糊隶属度函数（$\bar{D}_0$、$\bar{D}_1$、$\bar{D}_{\max}$ 分别为安全库存值、期望库存值和最大库存值的偏差量描述）。

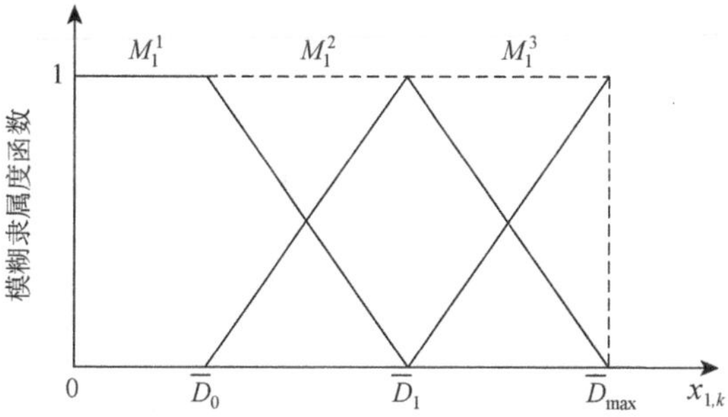

图 3.2　模糊隶属度函数

因此，基于钢材回收再制造的不确定制造/再制造供应链系统用 T-S 模糊模型表示如下。

Plant Rule 1：

IF $x_{1,k}$ is M_1^1，THEN

$$\begin{cases} \boldsymbol{x}(k+1) = (\boldsymbol{A}_{01} + \Delta\boldsymbol{A}_{01})\boldsymbol{x}(k) + (\boldsymbol{A}_{d1} + \Delta\boldsymbol{A}_{d1})\boldsymbol{x}(k-\tau_1) + \boldsymbol{B}_{01}\boldsymbol{u}(k) + \boldsymbol{B}_{d1}\boldsymbol{u}(k-\tau_2) + (\boldsymbol{B}_{w1} \\ \qquad + \Delta\boldsymbol{B}_{w1})\boldsymbol{d}(k) \\ \boldsymbol{z}(k) = (\boldsymbol{C}_{01} + \Delta\boldsymbol{C}_{01})\boldsymbol{x}(k) + (\boldsymbol{C}_{d1} + \Delta\boldsymbol{C}_{d1})\boldsymbol{x}(k-\tau_1) + (\boldsymbol{D}_{01} + \Delta\boldsymbol{D}_{01})\boldsymbol{u}(k) \\ \qquad + (\boldsymbol{D}_{d1} + \Delta\boldsymbol{D}_{d1})\boldsymbol{u}(k-\tau_2) \end{cases}$$

Plant Rule 2：

IF $x_{1,k}$ is M_1^2，THEN

$$\begin{cases} \boldsymbol{x}(k+1)=(\boldsymbol{A}_{02}+\Delta\boldsymbol{A}_{02})\boldsymbol{x}(k)+(\boldsymbol{A}_{d2}+\Delta\boldsymbol{A}_{d2})\boldsymbol{x}(k-\tau_1)+\boldsymbol{B}_{02}\boldsymbol{u}(k)+\boldsymbol{B}_{d2}\boldsymbol{u}(k-\tau_2) \\ \qquad +(\boldsymbol{B}_{w2}+\Delta\boldsymbol{B}_{w2})\boldsymbol{d}(k) \\ \boldsymbol{z}(k)=(\boldsymbol{C}_{02}+\Delta\boldsymbol{C}_{02})\boldsymbol{x}(k)+(\boldsymbol{C}_{d2}+\Delta\boldsymbol{C}_{d2})\boldsymbol{x}(k-\tau_1)+(\boldsymbol{D}_{02}+\Delta\boldsymbol{D}_{02})\boldsymbol{u}(k) \\ \qquad +(\boldsymbol{D}_{d2}+\Delta\boldsymbol{D}_{d2})\boldsymbol{u}(k-\tau_2) \end{cases}$$

Plant Rule 3：

IF $x_{1,k}$ is M_1^3， THEN

$$\begin{cases} \boldsymbol{x}(k+1)=(\boldsymbol{A}_{03}+\Delta\boldsymbol{A}_{03})\boldsymbol{x}(k)+(\boldsymbol{A}_{d3}+\Delta\boldsymbol{A}_{d3})\boldsymbol{x}(k-\tau_1)+\boldsymbol{B}_{03}\boldsymbol{u}(k)+\boldsymbol{B}_{d3}\boldsymbol{u}(k-\tau_2) \\ \qquad +(\boldsymbol{B}_{w3}+\Delta\boldsymbol{B}_{w3})\boldsymbol{d}(k) \\ \boldsymbol{z}(k)=(\boldsymbol{C}_{03}+\Delta\boldsymbol{C}_{03})\boldsymbol{x}(k)+(\boldsymbol{C}_{d3}+\Delta\boldsymbol{C}_{d3})\boldsymbol{x}(k-\tau_1)+(\boldsymbol{D}_{03}+\Delta\boldsymbol{D}_{03})\boldsymbol{u}(k) \\ \qquad +(\boldsymbol{D}_{d3}+\Delta\boldsymbol{D}_{d3})\boldsymbol{u}(k-\tau_2) \end{cases}$$

仿真参数如下：

$$\boldsymbol{A}_{01}=\boldsymbol{A}_{02}=\boldsymbol{A}_{03}=\begin{bmatrix}1&0&0&\alpha_1\\0&1&0&0\\0&0&1-\beta_1&0\\0&0&0&1-\alpha_1\end{bmatrix},\quad \boldsymbol{A}_{d1}=\boldsymbol{A}_{d2}=\boldsymbol{A}_{d3}=\begin{bmatrix}0&0&0&\alpha_2\\0&0&0&0\\0&0&-\beta_2&0\\0&0&0&-\alpha_2\end{bmatrix}$$

$$\boldsymbol{B}_{01}=\boldsymbol{B}_{02}=\boldsymbol{B}_{03}=\begin{bmatrix}0&-1&0&0\\0&1&0&0\\0&0&-1&0\\0&0&1&-1\end{bmatrix},\quad \boldsymbol{B}_{d1}=\begin{bmatrix}2&0&0&0\\0&0&0&0\\0&0&0&0\\0&0&0&0\end{bmatrix},\quad \boldsymbol{B}_{d2}=\begin{bmatrix}1&0&0&0\\0&0&0&0\\0&0&0&0\\0&0&0&0\end{bmatrix}$$

$$\boldsymbol{B}_{d3}=\begin{bmatrix}0&0&0&0\\0&0&0&0\\0&0&0&0\\0&0&0&0\end{bmatrix},\quad \boldsymbol{E}_{x2i}=\begin{bmatrix}0&0&0&0.02\\0&0&0&0\\0&0&0.01&0\\0&0&0&0.02\end{bmatrix},\quad \boldsymbol{E}_{x1i}=\begin{bmatrix}0&0&0&0.01\\0&0&0&0\\0&0&0.02&0\\0&0&0&0.01\end{bmatrix}$$

$$\boldsymbol{B}_{w1}^{\mathrm{T}}=\boldsymbol{B}_{w2}^{\mathrm{T}}=\boldsymbol{B}_{w3}^{\mathrm{T}}=[-\lambda,-(1-\lambda),1,0],\ \boldsymbol{C}_{01}=\boldsymbol{C}_{02}=\boldsymbol{C}_{03}=[c_{h1}\quad c_{h2}\quad c_o\beta_1\quad c_{h3}+c_r\alpha_1]$$

$$\boldsymbol{C}_{d1}=\boldsymbol{C}_{d2}=\boldsymbol{C}_{d3}=[0\quad 0\quad c_o\beta_2\quad c_r\alpha_2],\ \boldsymbol{D}_{01}=\boldsymbol{D}_{02}=\boldsymbol{D}_{03}=[0\quad 0\quad c_t\quad c_p]$$

$$\boldsymbol{D}_{d1}=[c_m+c_n\quad 0\quad 0\quad 0],\ \boldsymbol{D}_{d2}=[c_n\quad 0\quad 0\quad 0],\ \boldsymbol{D}_{d3}=[0\quad 0\quad 0\quad 0]$$

$$\boldsymbol{E}_{z1i}=[0.01\quad 0.02\quad 0.01\quad 0.015],\ \boldsymbol{E}_{z2i}=[0\quad 0\quad 0.01\quad 0.02]$$

$$\boldsymbol{E}_{z3i}=[0\quad 0\quad 0.01\quad 0.02],\ \boldsymbol{H}_{1i}=0.1\boldsymbol{I},\ \boldsymbol{H}_{2i}=0.1\boldsymbol{I},\ \boldsymbol{E}_{x5i}^{\mathrm{T}}=[0.01\quad 0.02\quad 0\quad 0]$$

$$\boldsymbol{F}_{1i}(k)=\sin k\boldsymbol{I},\ \boldsymbol{F}_{2i}(k)=\cos k\boldsymbol{I},\ \boldsymbol{E}_{z4i}=[0.01\quad 0\quad 0\quad 0],\quad i=1,2,3$$

设计如下的模糊状态反馈控制器。

Plant Rule 1：

IF $x_{1,k}$ is M_1^1， THEN $\boldsymbol{u}(k)=\boldsymbol{K}_1\boldsymbol{x}(k)$。

Plant Rule 2：

IF $x_{1,k}$ is M_1^2，THEN $\boldsymbol{u}(k)=\boldsymbol{K}_2\boldsymbol{x}(k)$。

Plant Rule 3：

IF $x_{1,k}$ is M_1^3，THEN $\boldsymbol{u}(k)=\boldsymbol{K}_3\boldsymbol{x}(k)$。

其中，$\boldsymbol{K}_i(i=1,2,3)$ 为待定的状态反馈增益矩阵。

对模型的参数作如下设定：再制造率为α_1=0.85，α_2=0.2；废弃率为β_1=0.12，β_2=0.05，顾客对 Internet 直接渠道的偏好系数为λ=0.6。制造商单位库存成本为$c_{h1}=0.01$，分销商单位库存成本$c_{h2}=0.1$，3PRLP 单位库存成本为$c_{h3}=0.01$；新产品单位制造成本$c_n=0.06$；再制造产品单位生产成本$c_r=0.01$；顾客进行物料废弃处理的单位成本$c_o=0.06$；制造商从其他制造商处购买新产品的单位成本$c_m=0.11$；3PRLP 从顾客处回收物料的单位回收成本$c_t=0.03$；3PRLP 进行物料废弃处理的单位成本$c_p=0.01$（单位：$\times10^5$ 元/吨）。$\boldsymbol{Q}=\mathrm{diag}[0.1,0.1,0.1,0.1]$，$\boldsymbol{R}=0.1\boldsymbol{I}$，在不同的生产阶段制造商获得的新产品与制造商自己生产的新产品的比值分别为δ_1=2，δ_2=1，δ_3=0。制造商库存的安全库存值、期望库存值和最大库存值分别为D_0=20，D_1=50，$D_{\max}$=80，其相应的偏差量描述分别为$\bar{D}_0=-20$，$\bar{D}_1=10$，$\bar{D}_{\max}=40$（单位：$\times10^6$ 吨）。给定$s=2$，应用 MATLAB 软件 LMI 工具箱中的 feasp 求解器求解，计算用时 6.1409s，得到$t_{\min}=-0.0015$。由计算结果可知状态反馈增益矩阵分别为

$$\boldsymbol{K}_1=\begin{bmatrix}-0.0068 & -0.0020 & -0.0091 & -0.0037\\ -0.0187 & -0.4603 & -0.1571 & 0.0414\\ 0.0794 & -0.2452 & 0.4717 & 0.0409\\ 1.0572 & 0.7172 & 0.1895 & 1.0681\end{bmatrix}$$

$$\boldsymbol{K}_2=\begin{bmatrix}-0.0090 & -0.0029 & -0.0120 & -0.0051\\ -0.0203 & -0.4608 & -0.1530 & 0.0395\\ 0.0796 & -0.2408 & 0.4770 & 0.0422\\ 1.0561 & 0.7149 & 0.1900 & 1.0666\end{bmatrix}$$

$$\boldsymbol{K}_3=\begin{bmatrix}-0.0124 & -0.0041 & -0.0162 & -0.0072\\ -0.0215 & -0.4594 & -0.1498 & 0.0381\\ 0.0741 & -0.2387 & 0.4778 & 0.0390\\ 1.0565 & 0.7131 & 0.1903 & 1.0667\end{bmatrix}$$

此时，制造/再制造供应链系统对不确定因素干扰的抑制率为$\gamma=1$。

下面对在不同的需求和不同的时滞情况下基于再制造的不确定制造/再制造供应链的模糊鲁棒控制进行仿真研究。假设外部不确定需求分别为正态随机

分布需求（即满足正态分布 $d_{1k}\sim N(9.5,0.2^2)$ 的随机数）和复杂噪声扰动（即 $d_{1k}=\varepsilon_1\omega_{1,k}+\varepsilon_2\omega_{2,k}+\varepsilon_3\omega_{3,k}$，式中，$\varepsilon_1=\varepsilon_2=\varepsilon_3=0.3$，$\omega_{1,k}\sim N(9.5,0.2^2)$，$\omega_{2,k}\sim N(9,0.2^2)$，$\omega_{3,k}\sim U[9,10]$）。根据钢材回收数据，回收物料再制造时滞和新产品生产时滞分别取 τ_1=1、τ_2=1 或者 τ_1=3、τ_2=3（单位：×10 天）。另外，设初始值为 $x_{1,0}=10$，$x_{2,0}=x_{3,0}=x_{4,0}=0$；标称值为 $\overline{x}_{1,k}=25$，$\overline{x}_{2,k}=20$，$\overline{x}_{3,k}=20$，$\overline{x}_{4,k}=15$（单位：×10^6 吨）；制造/再制造供应链中自行生产的固定成本 $P=4.5$（单位：×10^8 元）。假设不确定再制造率 $\Delta\alpha_i$、废弃率 $\Delta\beta_i$ 和顾客对 Internet 直接渠道的偏好系数 $\Delta\lambda$ 均满足正态随机分布 $N(0.001,0.1^2)(i=1,2)$，不确定成本参数 Δc_r、Δc_n 均满足正态随机分布 $N(0.002,0.1^2)$，Δc_{h1}、Δc_{h2}、Δc_{h3}、Δc_o、Δc_t、Δc_p、Δc_m 均满足正态随机分布 $N(0.001,0.1^2)$，则仿真结果如图 3.3～图 3.10 所示。

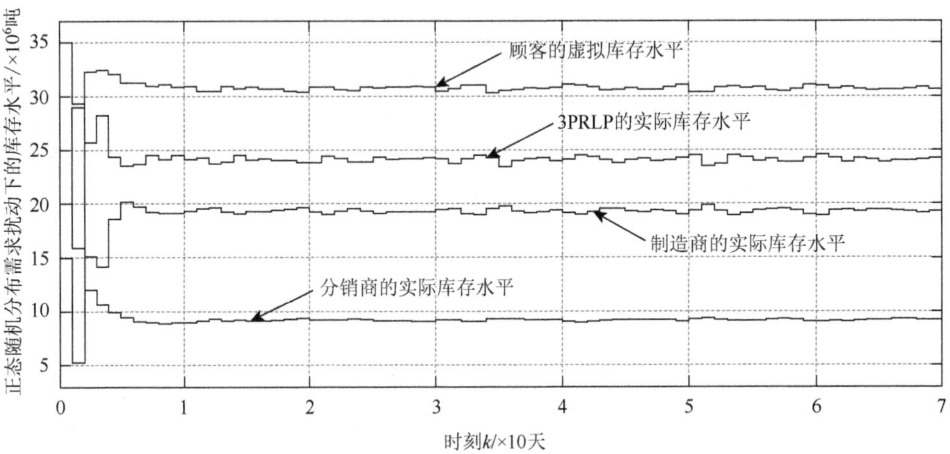

图 3.3　$\tau_1=1$、$\tau_2=1$ 时正态随机分布需求扰动下的库存状态

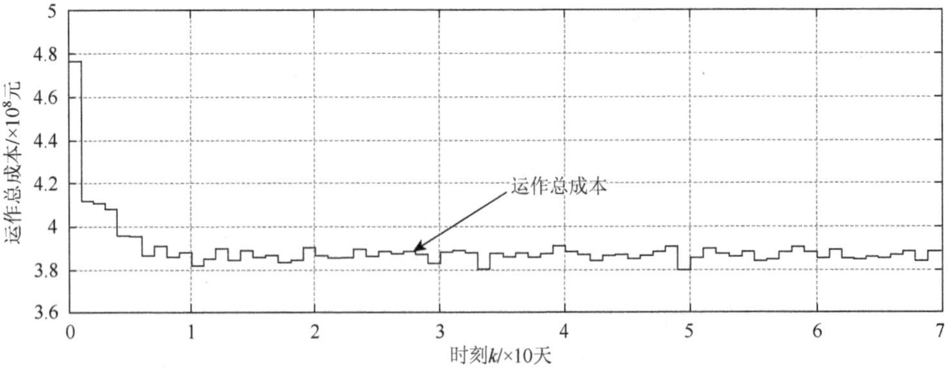

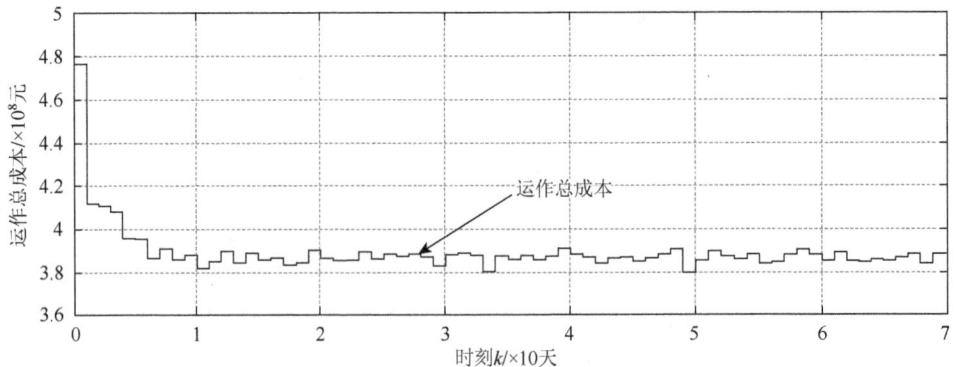

图 3.4　$\tau_1=1$、$\tau_2=1$ 时正态随机分布需求扰动下的运作总成本

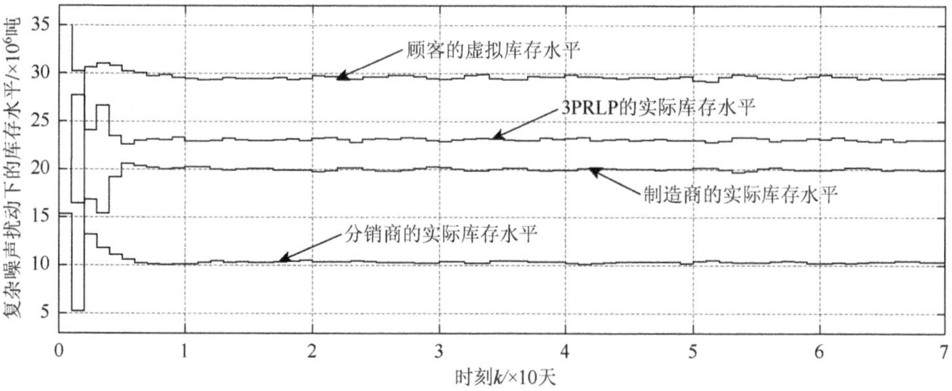

图 3.5　τ_1=1、τ_2=1 时复杂噪声扰动下的库存状态

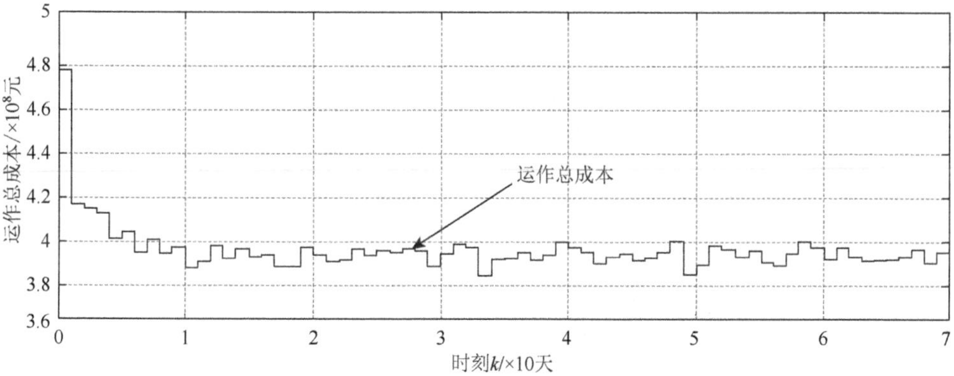

图 3.6　τ_1=1、τ_2=1 时复杂噪声扰动下的运作总成本

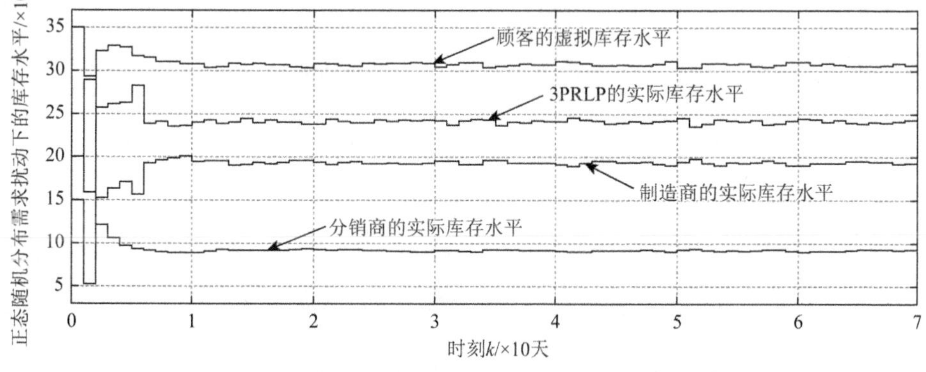

图 3.7　τ_1=3、τ_2=3 时正态随机分布需求扰动下的库存状态

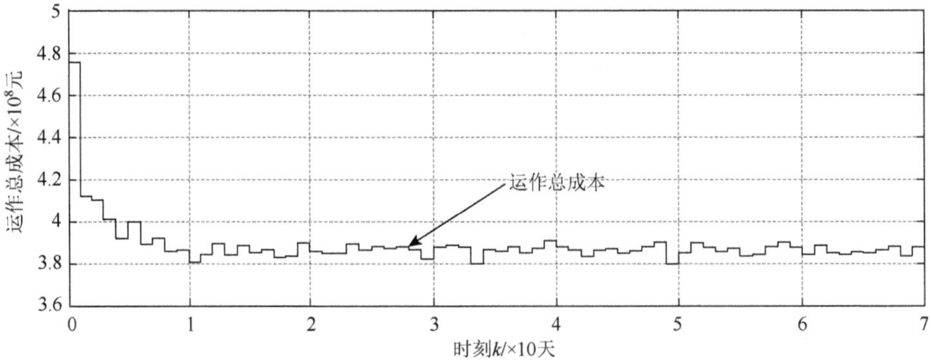

图 3.8 τ_1=3、τ_2=3 时正态随机分布需求扰动下的运作总成本

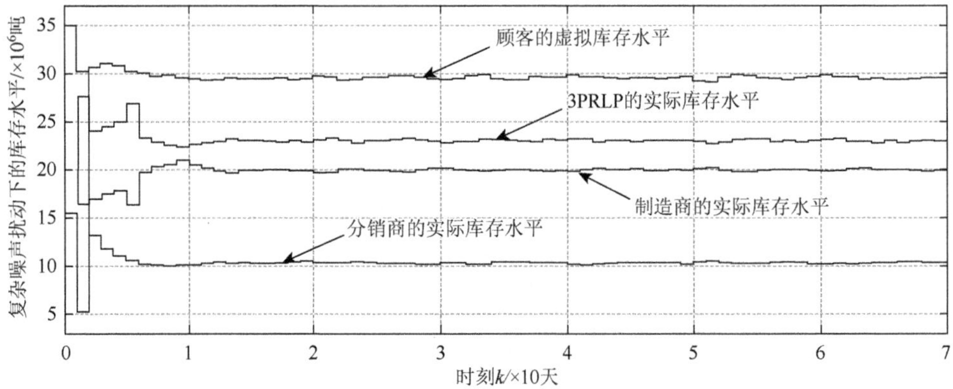

图 3.9 τ_1=3、τ_2=3 时复杂噪声扰动下的库存状态

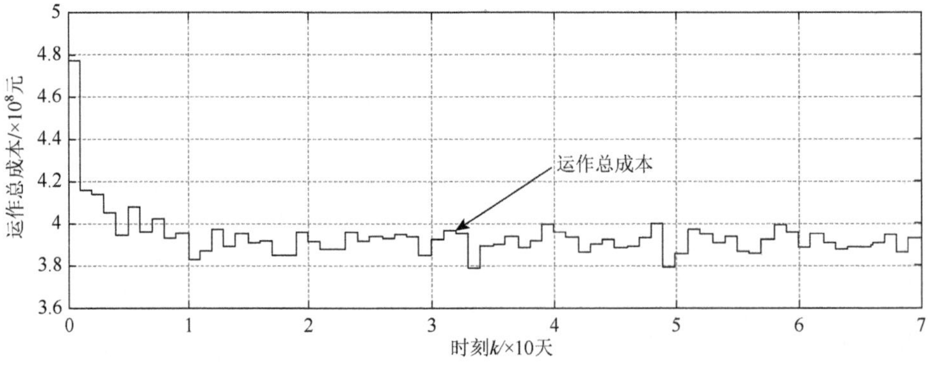

图 3.10 τ_1=3、τ_2=3 时复杂噪声扰动下的运作总成本

从仿真结果可以得出，根据模糊鲁棒控制策略得到的生产、订货、回收及废

弃控制量 $\boldsymbol{u}(k)$ 不仅能抑制正态随机分布需求扰动和复杂噪声扰动，而且能抑制生产时滞、再制造时滞、外部输入需求、成本参数、再制造率、废弃率等多种不确定因素对动态系统的影响，使该系统稳定运作。

3.5 本章小结

本章考虑了制造商实际库存量对其新产品生产策略的影响、再制造时滞和多种不确定因素，如需求扰动、成本参数、再制造率、废弃率以及顾客对 Internet 直接渠道的偏好系数等，建立了基于再制造的不确定制造/再制造供应链动态模型，设计了系统模糊鲁棒控制律，进行了基于再制造的不确定制造/再制造供应链的计算和仿真。仿真结果表明，所设计的控制律不仅能使制造/再制造供应链系统中的多种不确定性干扰得到有效抑制，而且能使制造/再制造供应链总成本达到有效状态。

第 4 章　制造商自行回收的制造/再制造供应链动态模型及其模糊鲁棒控制

4.1　引　　言

第 3 章的仿真结果表明，所设计的控制律不仅能使制造/再制造供应链系统中的多种不确定性干扰得到有效抑制，而且能使制造/再制造供应链的总成本达到有效状态。由第 3 章的讨论可知，废旧产品的回收方为 3PRLP，且再制造时滞是非时变的，若废旧产品的回收方为制造商，且再制造时滞是时变的，那么制造/再制造供应链系统的运作总成本是否会保持稳定？

针对这些问题，第 4 章将考虑制造商自行从事废旧产品回收再制造和再制造时滞为时变的情况。文献[27]、[36]、[38]～[43]研究了几类供应链动态模型，分别提出了供应链动态模型的鲁棒 H_∞ 控制策略及其牛鞭效应抑制策略，但是这些模型[27, 36, 38-43]的时滞均为定常时滞，而对于基于再制造的具有时变时滞的不确定制造/再制造供应链模型，目前尚无研究成果出现，并且，截至目前，相关文献均未考虑具有时变时滞的不确定制造/再制造供应链模型。

本章在前述研究的基础上，主要进行以下几项工作：①改进文献[39]中的制造/再制造供应链模型，建立基于再制造的具有时变时滞的不确定制造/再制造供应链动态模型，此模型考虑制造商存在安全库存值和期望库存值的情况和再制造时滞的时变性以及多种不确定性，如制造/再制造供应链成本参数、再制造率和废弃率；②应用模糊控制理论，提出基于再制造的具有时变时滞的不确定制造/再制造供应链的控制策略。

4.2　制造商自行回收的制造/再制造供应链动态模型构建

文献[39]针对制造/再制造供应链运作过程中存在时滞和不确定参数干扰的问题，建立了具有再制造时滞和不确定外部需求的制造/再制造供应链动态模型，但是文献[39]所构建的制造/再制造供应链动态模型中的再制造时滞是非时变的，并且没有考虑生产成本、废弃成本、再制造率和废弃率的不确定性。因此，本章在文献[39]的基础上，考虑制造/再制造供应链成本参数不确定性、再制造率和废弃率的不确定性、再制造时滞的时变性以及制造商存在安全库存值和期望库存值的情况，建立一个基于再制造的具有时变时滞的不确定制造/再制造供应链动态模型，该模型如式（4.1）所示：

$$\begin{cases} x_{1,k+1} = x_{1,k} + (\alpha_1 + \Delta\alpha_1)x_{2,k} + (\alpha_2 + \Delta\alpha_2)x_{2,k-\tau(k)} + u_k - d_k \\ x_{2,k+1} = x_{2,k} - (\alpha_1 + \Delta\alpha_1)x_{2,k} - (\alpha_2 + \Delta\alpha_2)x_{2,k-\tau(k)} - (\beta_1 + \Delta\beta_1)x_{2,k} \\ \qquad - (\beta_2 + \Delta\beta_2)x_{2,k-\tau(k)} + d_k \end{cases} \tag{4.1}$$

其中，$x_{1,k}$ 和 $x_{2,k}$ 分别是 k 时刻制造商的实际库存和顾客的虚拟库存值，均为状态变量；$x_{2,k-\tau(k)}$ 是具有时变时滞 $\tau(k)$ 的顾客虚拟库存值，库存时滞 $\tau(k)(0 \leqslant \tau(k) < \infty)$ 是由再制造的时间延迟形成的；d_k 是 k 时刻的顾客需求；u_k 是控制变量，为制造商生产新产品的生产量；α_1 和 α_2 是再制造率；β_1 和 β_2 是废弃率，均为定常参数；$\Delta\alpha_1$、$\Delta\alpha_2$、$\Delta\beta_1$ 和 $\Delta\beta_2$ 均为相应的不确定参数，并且 $0 < \alpha_i < 1$，$0 < \beta_i < 1$，$0 < \alpha_i + \beta_i + \Delta\alpha_i + \Delta\beta_i \leqslant 1\ (i = 1,2)$。式（4.1）描述了伴随时间 k 的增加，制造商实际库存和顾客虚拟库存的动态变化过程。

基于再制造的具有时变时滞的不确定制造/再制造供应链的运作总成本为

$$z_k = (c_h + \Delta c_h)x_{1,k} + (c_o + \Delta c_o)(\beta_1 + \Delta\beta_1)x_{2,k} + (c_n + \Delta c_n)u_k + (c_r + \Delta c_r)(\alpha_1 + \Delta\alpha_1)x_{2,k} \tag{4.2}$$

其中，z_k 是输出变量，为制造/再制造供应链的运作总成本；c_h 是制造商单位库存成本；c_o 是废弃处理单位成本；c_n 是制造商生产新产品的单位生产成本；c_r 是再制造生产产品的成本；Δc_h、Δc_o、Δc_n、Δc_r 均是对应的不确定成本参数。式（4.2）描述了 k 时刻制造/再制造供应链总成本是废弃处理单位成本、制造商单位库存成本、再制造生产产品成本、生产新产品的单位生产成本等之和。

根据上述制造/再制造供应链模糊模型，制定控制规则如下：①当制造商的实际库存量高于安全库存值（安全库存值为 D_0）且小于制造商希望库存量保持的期望值（期望库存值为 D_1）时，制造商停止生产新产品，只是进行废旧产品回收再制造；②当实际库存量小于安全库存值时，制造商同时进行新产品生产和废旧产品回收再制造以解决供应不足的问题。这里的扰动变量、控制变量和状态变量均为系统变量偏差，即运用实际系统与标称系统变量之差的偏差系统描述制造/再制造供应链动态运作过程。

基于再制造的具有时变时滞的不确定制造/再制造供应链系统可以用 T-S 模糊时滞模型进行建模，所构建的制造/再制造供应链模糊模型可表示如下。

Plant Rule i：

IF $x_{1,k}$ is M_1^i，THEN

$$\begin{cases} x(k+1)=(A_i+\Delta A_i)x(k)+(A_{di}+\Delta A_{di})x(k-\tau(k))+B_{1i}u(k)+B_{2i}d(k) \\ z(k)=(C_i+\Delta C_i)x(k)+(U_i+\Delta U_i)u(k) \end{cases} \tag{4.3}$$
$$x(k)=\varphi(k),\quad k\in[-h_2,0],i=1,2,\cdots,r$$

其中，式（4.3）采用偏差量描述，即应用实际运作量与标称量之差进行描述。在式（4.3）中，$x^{\mathrm{T}}(k)=[x_{1,k}\ \ x_{2,k}]$ 是 k 时刻的库存量，是状态向量；$x(k-\tau(k))$ 是具有时变时滞 $\tau(k)$ 的库存状态；$u^{\mathrm{T}}(k)=[u_k,0]$ 是 k 时刻生产的控制向量；$d(k)$ 是 k 时刻的外部需求，是外部输入向量；$z(k)$ 是 k 时刻控制系统的控制输出向量；$M_1^i\ (i=1,2,\cdots,r)$ 是制造商库存的隶属度函数，r 是模糊推理规则数；A_i、A_{di}、B_{1i}、B_{2i}、C_i 和 U_i 分别是方程中相应维数的参数矩阵；ΔA_i、ΔA_{di}、ΔC_i 和 ΔU_i 是方程中相应维数的不确定参数矩阵。由于式（4.3）采用偏差量描述，库存和成本输出偏差量是在标称量附近波动的数值，可能是正值或负值。

4.3 制造商自行回收的制造/再制造供应链的模糊鲁棒控制

4.3.1 制造商自行回收的制造/再制造供应链系统的鲁棒研究

基于再制造的具有时变时滞的不确定制造/再制造供应链模糊鲁棒控制的运作管理意义就是运用新产品生产量 $u(k)$ 控制制造商的实际库存 $x_{1,k}$ 和顾客的虚拟库存 $x_{2,k}$，使供应链成本参数的不确定性扰动 ΔC_i、外部输入向量的不确定性扰动 $d(k)$、再制造率的不确定性扰动 $\Delta\alpha_i$、废弃率的不确定性扰动 $\Delta\beta_i$ 和时变时滞 $\tau(k)$ 的不确定性扰动得到抑制，进而制造/再制造供应链系统能够鲁棒运行，且使制造/再制造供应链的运作总成本能够持续稳定地保持在较低的水平上。应用参数 γ 来描述新产品生产量 $u(k)$ 对于上述扰动的抑制程度，即 $\|z(k)\|_2/\|d(k)\|_2\leqslant\gamma I$，那么，$\gamma$ 越大则说明系统的性能越差，其中，$\|\cdot\|_2$ 表示函数的 ℓ_2 范数，它描述了供应链运作能量的平均值。$\|z(k)\|_2/\|d(k)\|_2$ 则描述了制造/再制造供应链系统运作过程中总成本能量与顾客实际需求能量之比的增益，即制造/再制造供应链从需求变量 $d(k)$ 到输出成本 $z(k)$ 产生的系统增益，这也是外部需求扰动 $d(k)$ 的波动放大效应传导到输出成本 $z(k)$ 时的增益，而模糊鲁棒控制将使 $\|z(k)\|_2/\|d(k)\|_2$ 的值小于等于 γI。

由于 T-S 模糊控制系统有着优于常规控制手段的品质，下面将模糊鲁棒控制策略应用到制造/再制造供应链之中，即对系统在制造商存在安全库存值、期望库存值、时变时滞、不确定成本参数、再制造率、废弃率和外部需求条件时进行生产控制，使制造/再制造供应链运作总成本达到一个相对较小的结果。

4.3.2　具有时变时滞的不确定离散闭环系统的模糊鲁棒控制

对于基于再制造的具有时变时滞的不确定制造/再制造供应链模糊模型(4.3)，本书采用文献[55]给出的不确定离散模糊系统模糊鲁棒控制方法对其进行控制。引入描述不确定结构的常数矩阵$\boldsymbol{L}_{\boldsymbol{A}_i}$、$\boldsymbol{L}_{\boldsymbol{A}_{di}}$、$\boldsymbol{L}_{\boldsymbol{C}_i}$、$\boldsymbol{L}_{\boldsymbol{U}_i}$、$\boldsymbol{E}_{\boldsymbol{A}_i}$、$\boldsymbol{E}_{\boldsymbol{A}_{di}}$、$\boldsymbol{E}_{\boldsymbol{U}_i}$和$\boldsymbol{E}_{\boldsymbol{C}_i}$（$i=1,2$），矩阵$\boldsymbol{F}_{\boldsymbol{A}_i}(k)$、$\boldsymbol{F}_{\boldsymbol{A}_{di}}(k)$、$\boldsymbol{F}_{\boldsymbol{C}_i}(k)$和$\boldsymbol{F}_{\boldsymbol{U}_i}(k)$为未知时变矩阵，并假设：$\boldsymbol{F}(k)=\mathrm{diag}\left[\boldsymbol{F}_{\boldsymbol{A}_i}(k),\boldsymbol{F}_{\boldsymbol{A}_{di}}(k),\boldsymbol{F}_{\boldsymbol{C}_i}(k),\boldsymbol{F}_{\boldsymbol{U}_i}(k)\right]$，并满足如下形式：$\boldsymbol{F}^{\mathrm{T}}(k)\boldsymbol{F}(k)\leqslant\boldsymbol{I}$，将不确定矩阵转变为$\boldsymbol{C}_i+\Delta\boldsymbol{C}_i=\boldsymbol{C}_i+\boldsymbol{L}_{\boldsymbol{C}_i}\boldsymbol{F}_{\boldsymbol{C}_i}(k)\boldsymbol{E}_{\boldsymbol{C}_i}$，$\boldsymbol{A}_i+\Delta\boldsymbol{A}_i=\boldsymbol{A}_i+\boldsymbol{L}_{\boldsymbol{A}_i}\boldsymbol{F}_{\boldsymbol{A}_i}(k)\boldsymbol{E}_{\boldsymbol{A}_i}$，$\boldsymbol{A}_{di}+\Delta\boldsymbol{A}_{di}=\boldsymbol{A}_{di}+\boldsymbol{L}_{\boldsymbol{A}_{di}}\boldsymbol{F}_{\boldsymbol{A}_{di}}(k)\boldsymbol{E}_{\boldsymbol{A}_{di}}$。本书改进了文献[55]中的定理2.8的算法，简化扰动变量和控制变量的不确定参数矩阵，给出了式（4.3）的模糊鲁棒控制算法，所给出的算法如定理4.1所示。

定理4.1：给定$\gamma>0$和常数α、β、ρ，如果存在矩阵$\boldsymbol{P}_i>\boldsymbol{0}$、$\boldsymbol{Q}_{0i}>\boldsymbol{0}$、$\boldsymbol{Q}_{1i}>\boldsymbol{0}$、$\boldsymbol{S}_{0i}>\boldsymbol{0}$、$\boldsymbol{S}_{1i}>\boldsymbol{0}$、$\boldsymbol{E}_{ij}>\boldsymbol{0}$和$\boldsymbol{H}_{mn}$、$\boldsymbol{X}_{vi}$、$\boldsymbol{M}_i$、$\boldsymbol{F}$（$i=1,2,\cdots,r$，$v=1,2,3,4$，$1\leqslant m\leqslant n\leqslant r$）使如下LMI成立：

$$\begin{bmatrix} \frac{1}{2}\left(\boldsymbol{G}_{lkjip}+\boldsymbol{G}_{lkjpi}\right) & \boldsymbol{V}_{ip}\boldsymbol{E}_{ip} & \boldsymbol{V}_{pi}\boldsymbol{E}_{pi} & \frac{\boldsymbol{N}_{ip}^{\mathrm{T}}}{2} & \frac{\boldsymbol{N}_{pi}^{\mathrm{T}}}{2} \\ * & -\boldsymbol{E}_{ip} & \boldsymbol{0} & \boldsymbol{0} & \boldsymbol{0} \\ * & * & -\boldsymbol{E}_{pi} & \boldsymbol{0} & \boldsymbol{0} \\ * & * & * & -\boldsymbol{E}_{ip} & \boldsymbol{0} \\ * & * & * & * & -\boldsymbol{E}_{pi} \end{bmatrix}<\boldsymbol{0} \tag{4.4}$$

$$\begin{bmatrix} \boldsymbol{H} & \boldsymbol{X}_i \\ * & \boldsymbol{Z}_j \end{bmatrix}>\boldsymbol{0} \tag{4.5}$$

i, j, k, l, $p=1,2,\cdots,r$，$i\geqslant p$，那么不确定模糊系统（4.3）可由并行分布补偿控制器镇定并且满足H_∞抑制条件：$\|\boldsymbol{z}(k)\|_2\leqslant\gamma\|\boldsymbol{d}(k)\|_2$，其控制器由式（4.6）可得

$$\boldsymbol{K}_i=\boldsymbol{M}_i\boldsymbol{F}^{-\mathrm{T}} \tag{4.6}$$

其中：

$$\boldsymbol{G}_{lkjip}=\begin{bmatrix} \boldsymbol{G}_{11}+h_2\boldsymbol{H}_{11} & \boldsymbol{G}_{12}+h_2\boldsymbol{H}_{12} & \boldsymbol{G}_{13}+h_2\boldsymbol{H}_{13} & \boldsymbol{G}_{14}+h_2\boldsymbol{H}_{14} & \boldsymbol{G}_{15} & \boldsymbol{F}\boldsymbol{C}_i^{\mathrm{T}}+\boldsymbol{M}_p^{\mathrm{T}}\boldsymbol{U}_i^{\mathrm{T}} \\ * & \boldsymbol{G}_{22}+h_2\boldsymbol{H}_{22} & \boldsymbol{G}_{23}+h_2\boldsymbol{H}_{23} & \boldsymbol{G}_{24}+h_2\boldsymbol{H}_{24} & \boldsymbol{G}_{25} & \boldsymbol{0} \\ * & * & \boldsymbol{G}_{33}+h_2\boldsymbol{H}_{33} & \boldsymbol{G}_{34}+h_2\boldsymbol{H}_{34} & \boldsymbol{G}_{35} & \boldsymbol{0} \\ * & * & * & \boldsymbol{G}_{44}+h_2\boldsymbol{H}_{44} & \boldsymbol{G}_{45} & \boldsymbol{0} \\ * & * & * & * & \boldsymbol{G}_{55} & \boldsymbol{D}_i^{\mathrm{T}} \\ * & * & * & * & * & -\boldsymbol{I} \end{bmatrix}$$

$G_{11}=P_j-P_i+(h_2-h_1+1)Q_{0i}+Q_{1i}+X_{1i}+X_{1i}^{\mathrm{T}}+(A_iF^{\mathrm{T}}-F^{\mathrm{T}}+B_iM_p)+FA_i^{\mathrm{T}}-F+M_p^{\mathrm{T}}B_i^{\mathrm{T}}$，$G_{12}=-X_{1i}+X_{2i}^{\mathrm{T}}+A_{di}F^{\mathrm{T}}+(\alpha FA_i^{\mathrm{T}}-\alpha F+\alpha M_p^{\mathrm{T}}B_i^{\mathrm{T}})$，$G_{22}=-Q_{0k}+\alpha FA_i^{\mathrm{T}}+\alpha A_{di}F^{\mathrm{T}}-X_{2i}^{\mathrm{T}}-X_{2i}$，$G_{13}=X_{3i}^{\mathrm{T}}+(\beta FA_i^{\mathrm{T}}-\beta F+\beta M_p^{\mathrm{T}}B_i^{\mathrm{T}})$，$G_{23}=-X_{3i}^{\mathrm{T}}+\beta FA_{di}^{\mathrm{T}}$，$G_{33}=-Q_{1l}$，$G_{14}=P_j+X_{4i}^{\mathrm{T}}-F^{\mathrm{T}}+(\rho FA_i^{\mathrm{T}}-\rho F+\rho M_p^{\mathrm{T}}B_i^{\mathrm{T}})$，$G_{24}=-X_{4i}^{\mathrm{T}}-\alpha F^{\mathrm{T}}+\rho FA_{di}^{\mathrm{T}}$，$G_{34}=-\beta F^{\mathrm{T}}$，$G_{44}=P_j+h_2Z_i-\rho F+\rho F^{\mathrm{T}}$，$G_{15}=B_{2i}$，$G_{25}=\alpha B_{2i}$，$G_{35}=\beta B_{2i}$，$G_{45}=\rho B_{2i}$，$G_{55}=-\gamma^2I$，$X_i^{\mathrm{T}}=[X_{1i}\ \ X_{2i}\ \ X_{3i}\ \ X_{4i}]$

$$H=\begin{bmatrix}H_{11}&H_{12}&H_{13}&H_{14}\\ *&H_{22}&H_{23}&H_{24}\\ *&*&H_{33}&H_{34}\\ *&*&*&H_{44}\end{bmatrix},\quad V_{ip}=\begin{bmatrix}L_{A_i}&L_{A_{di}}&0&0&0&0&0\\ \alpha L_{A_i}&\alpha L_{A_{di}}&0&0&0&0&0\\ \beta L_{A_i}&\beta L_{A_{di}}&0&0&0&0&0\\ \rho L_{A_i}&\rho L_{A_{di}}&0&0&0&0&0\\ 0&0&0&0&0&0&0\\ 0&0&0&L_{C_i}&0&0&L_{U_i}\end{bmatrix}$$

$$N_{ip}=\begin{bmatrix}E_{A_i}F^{\mathrm{T}}&0&0&0&0&0\\ 0&E_{A_{di}}F^{\mathrm{T}}&0&0&0&0\\ 0&0&0&0&0&0\\ E_{C_i}F^{\mathrm{T}}&0&0&0&0&0\\ 0&0&0&0&0&0\\ 0&0&0&0&0&0\\ E_{U_i}K_p&0&0&0&0&0\end{bmatrix},\quad E_{ip}=\begin{bmatrix}\varepsilon_{ip}I&0&0&0&0&0&0\\ *&\varepsilon_{ip}I&0&0&0&0&0\\ *&*&\varepsilon_{ip}I&0&0&0&0\\ *&*&*&\varepsilon_{ip}I&0&0&0\\ *&*&*&*&\varepsilon_{ip}I&0&0\\ *&*&*&*&*&\varepsilon_{ip}I&0\\ *&*&*&*&*&*&\varepsilon_{ip}I\end{bmatrix}$$

4.4　仿 真 分 析

本章以某钢铁公司的一条制造/再制造供应链为研究对象，设计基于钢材回收再制造的具有时变时滞和多种不确定性的模糊鲁棒控制仿真实验。假设该钢铁公司的实际库存 $x_{1,k}$ 可测，并对 $x_{1,k}$ 分别取如图 4.1 所示的两个模糊隶属度函数

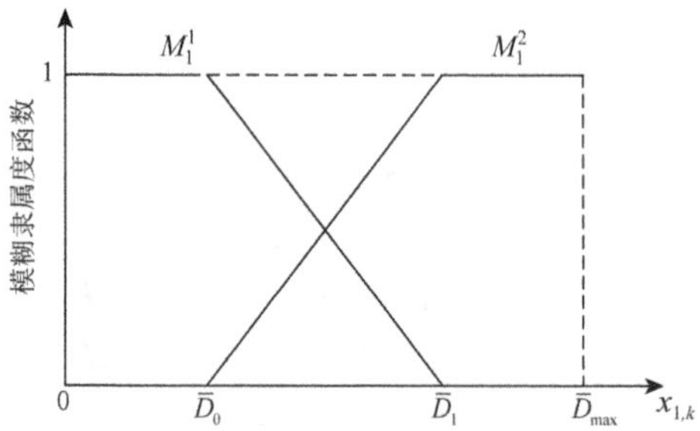

图 4.1　模糊隶属度函数

（$\bar{D}_0$、$\bar{D}_1$、$\bar{D}_{\max}$ 分别为安全库存值、期望库存值和最大库存值的偏差量描述）。

因此，基于钢材回收再制造的具有时变时滞的不确定制造/再制造供应链系统用 T-S 模糊模型表示如下。

Plant Rule 1：

IF $x_{1,k}$ is M_1^1， THEN

$$\begin{cases} \boldsymbol{x}(k+1) = (\boldsymbol{A}_1(k) + \Delta\boldsymbol{A}_1(k))\boldsymbol{x}(k) + (\boldsymbol{A}_{d1}(k) + \Delta\boldsymbol{A}_{d1}(k))\boldsymbol{x}(k-\tau(k)) + \boldsymbol{B}_{11}(k)\boldsymbol{u}(k) \\ \qquad + \boldsymbol{B}_{21}(k)\boldsymbol{d}(k) \\ \boldsymbol{z}(k) = (\boldsymbol{C}_1(k) + \Delta\boldsymbol{C}_1(k))\boldsymbol{x}(k) + (\boldsymbol{U}_1(k) + \Delta\boldsymbol{U}_1(k))\boldsymbol{u}(k) \end{cases}$$

Plant Rule 2：

IF $x_{1,k}$ is M_1^2， THEN

$$\begin{cases} \boldsymbol{x}(k+1) = (\boldsymbol{A}_2(k) + \Delta\boldsymbol{A}_2(k))\boldsymbol{x}(k) + (\boldsymbol{A}_{d2}(k) + \Delta\boldsymbol{A}_{d2}(k))\boldsymbol{x}(k-\tau(k)) + \boldsymbol{B}_{12}(k)\boldsymbol{u}(k) \\ \qquad + \boldsymbol{B}_{22}(k)\boldsymbol{d}(k) \\ \boldsymbol{z}(k) = (\boldsymbol{C}_2(k) + \Delta\boldsymbol{C}_2(k))\boldsymbol{x}(k) + (\boldsymbol{U}_2(k) + \Delta\boldsymbol{U}_2(k))\boldsymbol{u}(k) \end{cases}$$

仿真参数如下：

$$\boldsymbol{A}_1 = \begin{bmatrix} 1 & \alpha_1 \\ 0 & 1-\alpha_1-\beta_1 \end{bmatrix}, \boldsymbol{A}_{d1} = \begin{bmatrix} 0 & \alpha_2 \\ 0 & -\alpha_2-\beta_2 \end{bmatrix}, \boldsymbol{B}_{11} = \begin{bmatrix} 1 & 0 \\ 0 & 0 \end{bmatrix}$$

$$\boldsymbol{B}_{21}^{\mathrm{T}} = [-1,1], \boldsymbol{C}_1 = [c_h \quad c_o\beta_1 + c_r\alpha_1]$$

$$\boldsymbol{U}_1 = [c_n \quad 0],\ \boldsymbol{A}_2 = \begin{bmatrix} 1 & \alpha_1 \\ 0 & 1-\alpha_1-\beta_1 \end{bmatrix},\ \boldsymbol{A}_{d2} = \begin{bmatrix} 0 & \alpha_2 \\ 0 & -\alpha_2-\beta_2 \end{bmatrix},\ \boldsymbol{B}_{12} = \boldsymbol{0},\ \boldsymbol{B}_{22}^{\mathrm{T}} = [-1,1],\ \boldsymbol{U}_2 = \boldsymbol{0}$$

$$\boldsymbol{C}_2 = [c_h\ c_o\beta_1 + c_r\alpha_1],\ \boldsymbol{L}_{A_i} = 0.01\boldsymbol{I},\ \boldsymbol{L}_{A_{di}} = 0.03\boldsymbol{I},\ \boldsymbol{L}_{C_i} = 0.02\boldsymbol{I},\ \boldsymbol{L}_{U_i} = 0.03\boldsymbol{I},\ \boldsymbol{E}_{A_i} = 0.1\boldsymbol{I}$$

$$\boldsymbol{E}_{A_{di}} = 0.1\boldsymbol{I},\ \boldsymbol{E}_{U_i} = 0.1\boldsymbol{I},\ \boldsymbol{E}_{C_i} = 0.1\boldsymbol{I},\ \boldsymbol{F}_{A_i}(k) = \sin k\boldsymbol{I},\ \boldsymbol{F}_{A_{di}}(k) = \cos k\boldsymbol{I},\ \boldsymbol{F}_{C_i}(k) = \sin k\boldsymbol{I}$$

$$\boldsymbol{F}_{U_i}(k) = \sin k\boldsymbol{I}(i=1,2)$$

设计模糊状态反馈控制器如下。

Plant Rule 1：IF $x_{1,k}$ is M_1^1， THEN $\boldsymbol{u}(k) = \boldsymbol{K}_1\boldsymbol{x}(k)$ 。

Plant Rule 2：IF $x_{1,k}$ is M_1^2， THEN $\boldsymbol{u}(k) = \boldsymbol{K}_2\boldsymbol{x}(k)$ 。

其中， $\boldsymbol{K}_i(i=1,2)$ 为待定的状态反馈增益矩阵。

结合某钢铁公司经营情况的调查统计数据可知：$\alpha = 0.2$ ，$\beta = 0.1$ ，$\rho = 0.8$ ，再制造率 $\alpha_1 = 0.94$ ， $\alpha_2 = 0.1$ ；废弃率 $\beta_1 = 0.01$ ， $\beta_2 = 0.01$ 。制造商单位库存成本为 $c_h = 0.1$ ；新产品单位制造成本 $c_n = 0.1$ ；再制造产品单位生产成本 $c_r = 0.4$ ；废弃处理单位成本 $c_o = 0.1$（单位：$\times 10^5$ 元/吨）。$\bar{D}_0 = -20$ ，$\bar{D}_1 = 10$ ，$\bar{D}_{\max} = 40$（单位：$\times 10^6$ 吨）。应用 MATLAB 软件 LMI 工具箱中的 feasp 求解器求解，计算用时 682.155092s，得到 $t_{\min} = -4.6481\times 10^{-4}$ 。由计算结果可知状态反馈增益矩阵分别为

$$\boldsymbol{K}_1=\begin{bmatrix}-0.0649 & 0.0067\\ 0.0067 & -0.0027\end{bmatrix},\quad \boldsymbol{K}_2=\begin{bmatrix}-0.1188 & 0.0137\\ 0.0137 & -0.0102\end{bmatrix}$$

此时，制造/再制造供应链系统对不确定因素干扰的抑制率为$\gamma=1$。

下面对在不同的需求情况下基于再制造的具有时变时滞的不确定制造/再制造供应链模糊鲁棒控制进行模糊鲁棒控制仿真研究。假设外部不确定需求分别为正态随机分布需求（即满足正态分布 $d_{1k}\sim N(9.5,0.2^2)$ 的随机数）和复杂噪声扰动（即 $d_{2k}=\varepsilon_1\omega_{1,k}+\varepsilon_2\omega_{2,k}+\varepsilon_3\omega_{3,k}$，其中，$\varepsilon_1=\varepsilon_2=\varepsilon_3=0.3$，$\omega_{1,k}\sim N(9.5,0.2^2)$，$\omega_{2,k}\sim N(9,0.2^2)$，$\omega_{3,k}\sim U\ [9,10]$）。根据钢材回收数据，再制造时滞满足均匀分布（即满足均匀分布 $\tau(k)\sim U(0,3)$ 的随机数，单位：天）。设初始值为$x_{1,0}=10$，$x_{2,0}=0$；标称值为$\bar{x}_{1,k}=25$，$\bar{x}_{2,k}=5$（单位：$\times10^6$ 吨），假设废弃率和回收率$\Delta\alpha_i$、$\Delta\beta_i\ (i=1,2)$均满足正态随机分布$N(0.002,0.1^2)$，Δc_r、Δc_n均满足正态随机分布$N(0.003,0.1^2)$，Δc_h、Δc_o均满足正态随机分布$N(0.002,0.1^2)$，则仿真结果如图 4.2～图 4.5 所示，其中，图 4.2 和图 4.3 为正态随机分布需求扰动下的系统仿真图，图 4.4 和图 4.5 为复杂噪声扰动下的系统仿真图。

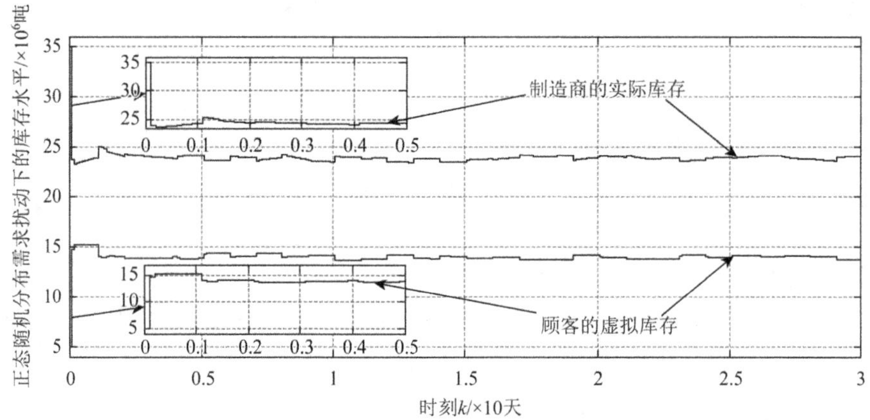

图 4.2　正态随机分布需求扰动下的库存状态

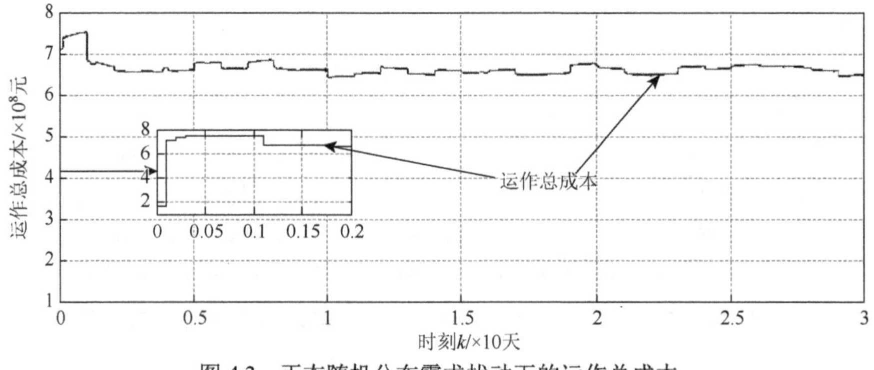

图 4.3　正态随机分布需求扰动下的运作总成本

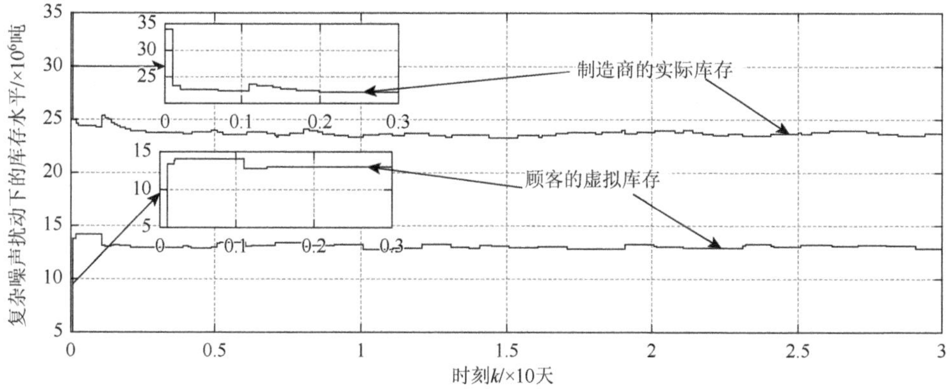

图 4.4　复杂噪声扰动下的库存状态

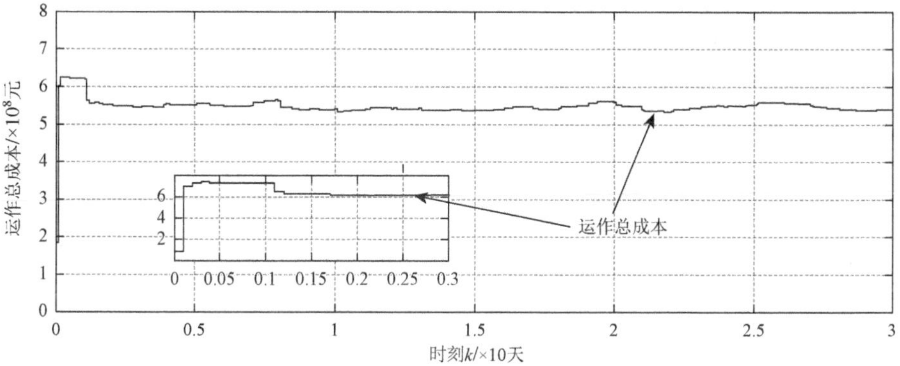

图 4.5　复杂噪声扰动下的运作总成本

系统仿真结果表明，在不同顾客需求扰动的情况下，随着时间的变化，制造商的库存情况和制造/再制造供应链系统运作总成本没有出现明显的波动，有效抑制了制造/再制造供应链不确定性的影响，实现了系统成本的鲁棒稳定运行，改进了制造/再制造供应链系统的运作绩效。根据本章所提出的模糊鲁棒控制策略得到的不确定离散制造/再制造供应链模糊系统的生产控制量 $\boldsymbol{u}(k)$ 不仅能抑制顾客的正态随机分布需求扰动和复杂噪声扰动，还能抑制多种不确定性和时变时滞对动态系统的影响，使该系统持续稳定运作。

4.5　本 章 小 结

在第 3 章研究结论的基础上，本章考虑了制造商再制造时变时滞、顾客需求扰动，以及再制造率、废弃率和制造商成本参数的不确定性，建立了基于再制造的具有时变时滞的不确定制造/再制造供应链动态模型，并针对该模型设计了系统模糊鲁棒控制律，最后进行了仿真研究。仿真结果表明，所设计的控制律能使制造/再制造供应链系统中的多种不确定性干扰及再制造的时变时滞得到有效抑制，从而使制造/再制造供应链的总成本能够持续稳定地保持较低状态。进一步的研究方向是考虑在多条销售和回收渠道情况下，对具有多个时变时滞的不确定制造/再制造供应链系统进行模糊鲁棒控制。

第5章 考虑回收渠道切换的制造/再制造供应链库存运作稳定性研究

再制造商出于降低废旧产品回收成本的考虑，根据回收渠道的不同，切换采用 3PRLP 回收再制造策略和自行回收再制造策略，即再制造商选择成本较低的回收渠道进行废旧产品回收再制造。在以上运作机理条件下，本章构建基于回收渠道切换的制造/再制造供应链动态模型。

5.1 考虑回收渠道切换的制造/再制造供应链动态模型构建

下面讨论考虑回收渠道切换的制造/再制造供应链库存系统动态模型。

5.1.1 3PRLP 从事废旧产品回收的制造/再制造供应链动态模型

在文献[205]的基础上，考虑消费者不满意退货、制造商库存存在安全库存值和期望库存值以及多种不确定因素（顾客需求、成本参数、再制造率、废弃率、消费者不满意退货率、再制造提前期等不确定因素），建立一类基于回收渠道切换的供应链动态模型，此模型如图 5.1 所示。

由图 5.1 可知，制造商、分销商、3PRLP 的实际库存和顾客虚拟库存状态方程分别为

$$\begin{cases} x_{1,k+1} = x_{1,k} + (\alpha_1 + \Delta\alpha_1)x_{4,k} + (\alpha_2 + \Delta\alpha_2)x_{4,k-d} + u_{1,k} \\ \qquad\quad + (\mu + \Delta\mu)\lambda x_{3,k} - u_{2,k} - \lambda w_{1,k} \\ x_{2,k+1} = x_{2,k} + u_{2,k} + (\mu + \Delta\mu)(1-\lambda)x_{3,k} - (1-\lambda)w_{1,k} \\ x_{3,k+1} = x_{3,k} - (\beta_1 + \Delta\beta_1)x_{3,k} + w_{1,k} - u_{3,k} - (\mu + \Delta\mu)x_{3,k} \\ x_{4,k+1} = x_{4,k} - (\alpha_1 + \Delta\alpha_1)x_{4,k} - (\alpha_2 + \Delta\alpha_2)x_{4,k-d} - u_{4,k} + u_{3,k} \end{cases} \tag{5.1}$$

其中，$x_{1,k}$ 是 k 时刻制造商的实际库存量，$x_{2,k}$ 是分销商的实际库存量，$x_{3,k}$ 是顾客的虚拟库存水平，$x_{4,k}$ 是 3PRLP 的实际库存量，均为状态变量；$x_{4,k-d}$ 是具有再制造提前期 $d(0 \leqslant d < \infty)$ 的 3PRLP 实际库存量；$w_{1,k}$ 是不确定扰动变量，为 k 时刻的顾客需求；$u_{1,k}$ 是新产品的生产量，$u_{2,k}$ 是分销商的订购量，$u_{3,k}$ 是

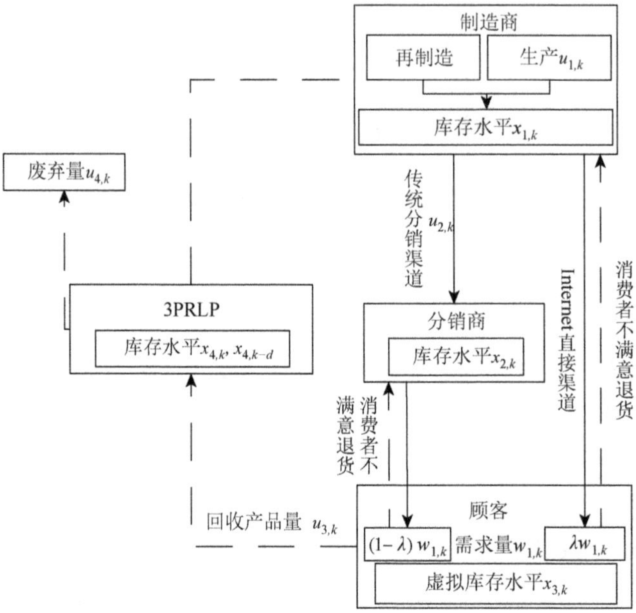

图 5.1　3PRLP 从事废旧产品回收的供应链动态模型

3PRLP 的回收量，$u_{4,k}$ 是废弃处理量，均为控制变量；λ 是顾客对网络直接渠道的偏好系数；μ 是消费者不满意退货率；α_1 和 α_2 是再制造率，β_1 和 β_2 是废弃率，$0<\alpha_i<1$，$0<\beta_i<1$；$\Delta\alpha_1$、$\Delta\beta_1$、$\Delta\alpha_2$、$\Delta\beta_2$ 和 $\Delta\mu$ 是相关的不确定参数，满足 $0<\alpha_i+\beta_i+\mu+\Delta\alpha_i+\Delta\beta_i+\Delta\mu\leqslant 1\ (i=1,2)$。

图 5.1 所示的 3PRLP 从事废旧产品回收的供应链运作总成本为

$$\begin{aligned}P_k &= (c_{h1}+\Delta c_{h1})x_{1,k}+(c_{h2}+\Delta c_{h2})x_{2,k}+(c_{h3}+\Delta c_{h3})x_{4,k}\\&\quad+(c_o+\Delta c_o)(\beta_1+\Delta\beta_1)x_{3,k}+(c_r+\Delta c_r)(\alpha_1+\Delta\alpha_1)x_{4,k}\\&\quad+(c_t+\Delta c_t)u_{3,k}+(c_m+\Delta c_m)(\mu+\Delta\mu)\lambda x_{3,k}\\&\quad+(c_q+\Delta c_q)(\mu+\Delta\mu)(1-\lambda)x_{3,k}+(c_n+\Delta c_n)u_{1,k}+(c_p+\Delta c_p)u_{4,k}\end{aligned}\tag{5.2}$$

其中，P_k 是供应链回收再制造运作总成本，为输出变量；c_{h1} 是制造商的单位库存成本；c_{h2} 是分销商的单位库存成本；c_{h3} 是 3PRLP 的单位库存成本；c_n 是制造商生产新产品的单位生产成本；c_p 是 3PRLP 废弃处理单位成本；c_r 是再制造产品的单位成本；c_o 是顾客市场废弃处理单位成本；c_t 是 3PRLP 从顾客处回收电子废弃物的单位成本；c_m 是制造商承担消费者不满意退货的单位退货成本；c_q 是分销商承担消费者不满意退货的单位退货成本；Δc_{h1}、Δc_{h2}、Δc_{h3}、Δc_r、Δc_t、Δc_o、Δc_m、Δc_q、Δc_p 和 Δc_n 是相关的不确定成本参数。

5.1.2　制造商自行从事废旧产品回收的制造/再制造供应链动态模型

考虑制造商的安全库存值和期望库存值对生产策略的影响，以及供应链系统中的多种不确定因素（顾客需求、成本参数、再制造率、废弃率、再制造提前期等不确定因素），建立一类制造商自行回收废旧产品再制造的供应链动态模型，此模型如图 5.2 所示。

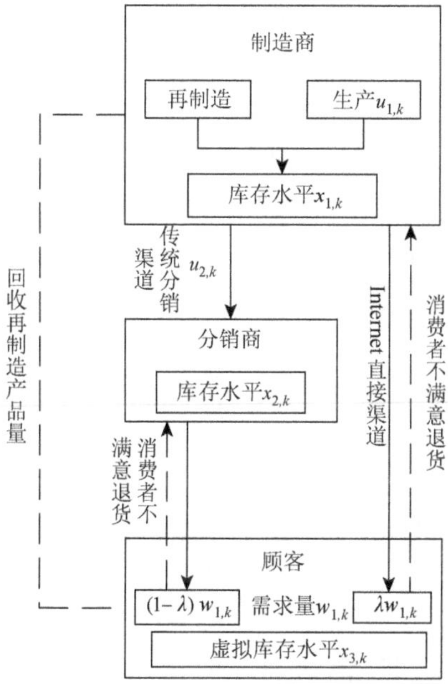

图 5.2　制造商自行回收废旧产品再制造的供应链动态模型

由图 5.2 可知，在制造商自行回收废旧产品的供应链系统中，制造商、分销商和顾客虚拟库存状态方程分别为

$$\begin{cases} x_{1,k+1}=x_{1,k}+(\alpha_3+\Delta\alpha_3)x_{3,k}+(\mu+\Delta\mu)\lambda x_{3,k}+u_{1,k}-u_{2,k}-\lambda w_{1,k} \\ x_{2,k+1}=x_{2,k}+u_{2,k}+(\mu+\Delta\mu)(1-\lambda)x_{3,k}-(1-\lambda)w_{1,k} \\ x_{3,k+1}=x_{3,k}-(\beta_3+\Delta\beta_3)x_{3,k}-(\alpha_3+\Delta\alpha_3)x_{3,k}+w_{1,k}-(\mu+\Delta\mu)x_{3,k} \end{cases} \tag{5.3}$$

图 5.2 所示的制造商自行回收废旧产品再制造的供应链系统的运作总成本为

$$\begin{aligned} W_k=&(c_{h1}+\Delta c_{h1})x_{1,k}+(c_{h2}+\Delta c_{h2})x_{2,k}+(c_o+\Delta c_o)(\beta_3+\Delta\beta_3)x_{3,k} \\ &+(c_k+\Delta c_k)(\alpha_3+\Delta\alpha_3)x_{3,k}+(c_m+\Delta c_m)(\mu+\Delta\mu)\lambda x_{3,k} \\ &+(c_n+\Delta c_n)u_{1,k}+(c_q+\Delta c_q)(\mu+\Delta\mu)(1-\lambda)x_{3,k} \end{aligned} \tag{5.4}$$

其中，W_k 为制造商在 k 时刻自行回收废旧产品再制造的运作总成本，为输出变量；

c_k 为制造商自行从事废旧产品回收再制造的单位再制造成本；Δc_k 为相关的不确定成本参数。

根据式（5.1）和式（5.3）描述的制造/再制造供应链系统基本库存模型，制造商将根据库存量的变化情况采取如下生产策略：①当制造商的产品库存量小于其安全库存值（D_0）时，制造商通过正常生产和回收电子废弃物再制造满足分销商的产品需求；②当制造商的库存量大于其安全库存值而小于其期望库存值时，制造商停止生产新产品，只是回收废旧产品再制造，避免增加库存成本。

建立基于制造/再制造供应链系统运作总成本的切换信号 $\sigma(\boldsymbol{z}(k))=(\sigma_1(\boldsymbol{z}(k)),\sigma_2(\boldsymbol{z}(k)))$，且满足

$$\sigma_i(\boldsymbol{z}(k))=\begin{cases}1, & \boldsymbol{z}(k)\in\Omega_1\\ 0, & \boldsymbol{z}(k)\in\Omega_2\setminus\Omega_1\end{cases}$$

其中，$\Omega_1\bigcup\Omega_2=R\setminus\{0\}$ 且 $\Omega_1\bigcap\Omega_2=\varnothing$，$\varnothing$ 是空集。$\sigma_i(\boldsymbol{z}(k))=1$ 表示第 i 个子系统处于激活状态，其余 $\sigma_j(\boldsymbol{z}(k))=0(i\neq j)$。在本章中，切换向量维数为 $N=2$。定义一个切换函数 switch（s），当 $s>0$ 时，switch（s）= 1，否则，switch（s）= 0，其中，s 是系统的切换成本。

首先假设 3PRLP 从事废旧产品回收再制造的成本比制造商自行回收再制造的成本节约 S_k，则 $S_k=P_k-W_k$，令 $\Omega_1=\{\boldsymbol{z}\in R^4\,|\,\boldsymbol{z}^{\mathrm{T}}(W-P)\boldsymbol{z}\geqslant 0,\boldsymbol{z}\neq\boldsymbol{0}\}$，$\Omega_2=\{\boldsymbol{z}\in R^4\,|\,\boldsymbol{z}^{\mathrm{T}}(P-W)\boldsymbol{z}\geqslant 0,\boldsymbol{z}\neq\boldsymbol{0}\}$，则 $\Omega_1\bigcup\Omega_2=R^4\setminus\{0\}$。给出切换率 $\sigma(\boldsymbol{z}(k))$，当 $\sigma(\boldsymbol{z}(k))=\mathrm{switch}(P-W)=1$ 时，切换到 3PRLP 回收再制造子系统；当 $\sigma(\boldsymbol{z}(k))=\mathrm{switch}(W-P)=1$ 时，切换到制造商自行回收再制造子系统。

5.2　考虑回收渠道切换的制造/再制造供应链鲁棒控制策略

考虑不确定离散 T-S 切换模糊时滞系统，即

R_σ^l：IF x_1 is $M_{\sigma 1}^l$，…，x_p is $M_{\sigma p}^l$，THEN

$$\begin{cases}\boldsymbol{x}(k+1)=(\boldsymbol{A}_{\sigma i}+\Delta\boldsymbol{A}_{\sigma i})\boldsymbol{x}(k)+(\boldsymbol{A}_{d\sigma i}+\Delta\boldsymbol{A}_{d\sigma i})\boldsymbol{x}(k-d)\\ \qquad\qquad +(\boldsymbol{B}_{\sigma i}+\Delta\boldsymbol{B}_{\sigma i})\boldsymbol{u}_\sigma(k)+(\boldsymbol{\varGamma}_{\sigma i}+\Delta\boldsymbol{\varGamma}_{\sigma i})\boldsymbol{w}(k)\\ \boldsymbol{z}(k)=(\boldsymbol{C}_{\sigma i}+\Delta\boldsymbol{C}_{\sigma i})\boldsymbol{x}(k)+(\boldsymbol{D}_{\sigma i}+\Delta\boldsymbol{D}_{\sigma i})\boldsymbol{u}_\sigma(k)+(\boldsymbol{D}_{w\sigma i}+\Delta\boldsymbol{D}_{w\sigma i})\boldsymbol{w}(k)\end{cases}\tag{5.5}$$

$$\boldsymbol{x}(k)=\boldsymbol{\varphi}(k),k\in[-d,0],i=1,2,\cdots,N_\sigma$$

其中，$M_{\sigma j}^l$ 为第 σ 个切换子系统中的模糊集合；R_σ^l 为第 l $(l=1,2,\cdots,N_\sigma)$ 条模糊规则；N_σ 为第 σ 个切换子系统的模糊规则数；$\boldsymbol{x}=[x_1\ x_2\ \cdots\ x_p]^{\mathrm{T}}\in R^p$ 是模糊系统前件向量；$\boldsymbol{x}(k)\in R^n$ 是状态向量；$\boldsymbol{x}(k-d)\in R^q$ 是提前期为 d 的状态向量；$\boldsymbol{u}_\sigma(k)\in R^m$ 是系统的控制输入向量；$\boldsymbol{w}(k)\in R^l$ 是外部扰动向量；$\boldsymbol{z}(k)\in R^j$ 是模糊系统的输出向量；$\boldsymbol{\varphi}(k)$ 是初始函数；$\boldsymbol{A}_{\sigma i}$、$\boldsymbol{A}_{d\sigma i}$、$\boldsymbol{B}_{\sigma i}$、$\boldsymbol{\varGamma}_{\sigma i}$、$\boldsymbol{C}_{\sigma i}$、$\boldsymbol{D}_{\sigma i}$ 和 $\boldsymbol{D}_{w\sigma i}$ 是适当维数的常数矩阵；$\Delta\boldsymbol{A}_{\sigma i}$、

$\Delta \boldsymbol{A}_{d\sigma i}$、$\Delta \boldsymbol{B}_{\sigma i}$、$\Delta \boldsymbol{\Gamma}_{\sigma i}$、$\Delta \boldsymbol{C}_{\sigma i}$、$\Delta \boldsymbol{D}_{\sigma i}$ 和 $\Delta \boldsymbol{D}_{w\sigma i}$ 是适当维数的不确定矩阵，是系统中的不确定参数；分段常值函数 $\sigma = \sigma(\boldsymbol{z}(k)) \in M = \{1,2,\cdots,l\}$ 表示一个依赖于输出的切换序列信号，当 $\sigma(\boldsymbol{z}(k)) = i$ 时，表示切换到第 i 个子系统，这里的扰动变量、控制变量、状态变量均为系统变量偏差，即运用标称系统与实际系统变量之差的偏差系统描述制造/再制造供应链动态运作过程。

对于依赖系统输出向量 $\boldsymbol{z}(k)$ 的切换信号 $\sigma = \sigma(\boldsymbol{z}(k))$，设 $\{\Omega_1, \Omega_2, \cdots, \Omega_l\}$ 是 R^j 的一个分割，即 $\bigcup_{i=1}^{l} \Omega_i = R^j \setminus \{0\}$，且 $\Omega_i \bigcap \Omega_j = \varnothing \ (i \neq j)$，则由 Ω_1，Ω_2，$\cdots$，Ω_l 决定的切换信号为 $\sigma = \sigma(\boldsymbol{z}(k)) = r$，当 $\boldsymbol{z}(k) \in \Omega_r$ 时，由函数

$$\boldsymbol{v}_r(\boldsymbol{z}(k)) = \begin{cases} 1, & \boldsymbol{z}(k) \in \Omega_r \\ 0, & \boldsymbol{z}(k) \notin \Omega_r, \ r \in M \end{cases}$$

来刻画这一切换信号，当且仅当 $\sigma = \sigma(\boldsymbol{z}(k)) = r$ 时，$\boldsymbol{v}_r(\boldsymbol{z}(k)) = 1$。利用函数 $\boldsymbol{v}_r(\boldsymbol{z}(k))$，整个不确定离散模糊切换系统（5.5）可以等价地表示为

$$\begin{cases} \boldsymbol{x}(k+1) = \sum_{r=1}^{l} \sum_{i=1}^{N_i} \boldsymbol{v}_r(\boldsymbol{z}(k)) \mu_{ri}(x) \big[(\boldsymbol{A}_{ri} + \Delta \boldsymbol{A}_{ri}) x(k) + (\boldsymbol{A}_{dri} + \Delta \boldsymbol{A}_{dri}) \boldsymbol{x}(k-d) \\ \qquad + (\boldsymbol{B}_{ri} + \Delta \boldsymbol{B}_{ri}) \boldsymbol{u}_r(k) + (\boldsymbol{\Gamma}_{ri} + \Delta \boldsymbol{\Gamma}_{ri}) \boldsymbol{w}(k) \big] \\ \boldsymbol{z}(k) = \sum_{r=1}^{l} \sum_{i=1}^{N_i} \boldsymbol{v}_r(\boldsymbol{z}(k)) \mu_{ri}(x) \big[(\boldsymbol{C}_{ri} + \Delta \boldsymbol{C}_{ri}) \boldsymbol{x}(k) + (\boldsymbol{D}_{ri} + \Delta \boldsymbol{D}_{ri}) \boldsymbol{u}_r(k) \\ \qquad + (\boldsymbol{D}_{wri} + \Delta \boldsymbol{D}_{wri}) \boldsymbol{w}(k) \big] \end{cases} \tag{5.6}$$

其中，$\mu_{ri}(x) = \dfrac{\prod_{j=1}^{p} M_{rj}^{i}(x_j)}{\sum_{i=1}^{N_r} \prod_{j=1}^{p} M_{rj}^{i}(x_j)}$，$0 \leqslant \mu_{ri}(x) \leqslant 1$，$\sum_{i=1}^{N_r} \mu_{ri}(x) = 1$，$M_{rj}^{i}(x_j)$ 表示 x_j 属于模糊集合 M_{rj}^{i} 的隶属度。

对于已知的不确定离散切换模糊时滞系统（5.6），每个切换子系统的模糊反馈控制为

$$K_{\sigma}^{l}：\text{IF } x_1 \text{ is } M_{\sigma 1}^{l}, \cdots, x_p \text{ is } M_{\sigma p}^{l} \text{ THEN } \boldsymbol{u}_{\sigma}(k) = \boldsymbol{K}_{\sigma i} \boldsymbol{x}(k)$$

整个控制为

$$\boldsymbol{u}(k) = \sum_{r=1}^{l} \sum_{i=1}^{N_r} \boldsymbol{v}_r(\boldsymbol{z}(k)) \mu_{ri}(x) \boldsymbol{K}_{ri} \boldsymbol{x}(k) \tag{5.7}$$

其中，$\boldsymbol{K}_{ri}$ 为控制器增益矩阵。

将式（5.7）代入式（5.6），得到不确定离散切换模糊时滞系统的全局模型为

$$\begin{cases} \boldsymbol{x}(k+1)=\sum_{r=1}^{l}\sum_{i=1}^{N_r}\sum_{j=1}^{N_r}\boldsymbol{v}_r(\boldsymbol{z}(k))\mu_{ri}(x)\mu_{rj}(x)\{[(\boldsymbol{A}_{ri}+\Delta\boldsymbol{A}_{ri})+(\boldsymbol{B}_{ri}+\Delta\boldsymbol{B}_{ri})\boldsymbol{K}_{rj}]\boldsymbol{x}(k) \\ \qquad +(\boldsymbol{A}_{dri}+\Delta\boldsymbol{A}_{dri})\boldsymbol{x}(k-d)+(\boldsymbol{\varGamma}_{ri}+\Delta\boldsymbol{\varGamma}_{ri})\boldsymbol{w}(k)\} \\ \boldsymbol{z}(k)=\sum_{r=1}^{l}\sum_{i=1}^{N_r}\sum_{j=1}^{N_r}\boldsymbol{v}_r(\boldsymbol{z}(k))\mu_{ri}(x)\mu_{rj}(x)\{[(\boldsymbol{C}_{ri}+\Delta\boldsymbol{C}_{ri})+(\boldsymbol{D}_{ri}+\Delta\boldsymbol{D}_{ri})\boldsymbol{K}_{rj}]\boldsymbol{x}(k) \\ \qquad +(\boldsymbol{D}_{wri}+\Delta\boldsymbol{D}_{wri})\boldsymbol{w}(k)\} \end{cases} \tag{5.8}$$

给出如下假设和引理。

假设 5.1： 参数不确定矩阵是范数有界的，即

$$\begin{cases} [\Delta\boldsymbol{A}_{ri} \quad \Delta\boldsymbol{A}_{dri} \quad \Delta\boldsymbol{B}_{ri} \quad \Delta\boldsymbol{\varGamma}_{ri}]=\boldsymbol{H}_{1ri}\boldsymbol{F}_{1ri}(k)[\boldsymbol{E}_{rx1i} \quad \boldsymbol{E}_{rx2i} \quad \boldsymbol{E}_{rx3i} \quad \boldsymbol{E}_{rx4i}] \\ [\Delta\boldsymbol{C}_{ri} \quad \Delta\boldsymbol{D}_{ri} \quad \Delta\boldsymbol{D}_{wri}]=\boldsymbol{H}_{2ri}\boldsymbol{F}_{2ri}(k)[\boldsymbol{E}_{rz1i} \quad \boldsymbol{E}_{rz2i} \quad \boldsymbol{E}_{rz3i}] \end{cases}$$

其中，$\boldsymbol{H}_{1ri}$、$\boldsymbol{H}_{2ri}$、$\boldsymbol{E}_{rxbi}$、$\boldsymbol{E}_{rzci}$（$b=1,2,3,4$，$c=1,2,3$，$i=1,2,\cdots,N_r$）是已知的实常数矩阵；$\boldsymbol{F}_{1ri}(k)$ 和 $\boldsymbol{F}_{2ri}(k)$ 是具有 Lebesgue 可测元素的时变不确定矩阵，并满足 $\boldsymbol{F}_{1ri}^{\mathrm{T}}(k)\boldsymbol{F}_{1ri}(k)\leqslant\boldsymbol{I}$，$\boldsymbol{F}_{2ri}^{\mathrm{T}}(k)\boldsymbol{F}_{2ri}(k)\leqslant\boldsymbol{I}$。

引理 5.1[205]**：** 对于具有适当维数的矩阵 $\boldsymbol{Q}$、$\boldsymbol{H}$ 和 $\boldsymbol{E}$（$\boldsymbol{Q}$ 为对称矩阵），若矩阵 $\boldsymbol{F}(k)$ 满足 $\boldsymbol{F}^{\mathrm{T}}(k)\boldsymbol{F}(k)\leqslant\boldsymbol{I}$，有 $\boldsymbol{Q}+\boldsymbol{H}\boldsymbol{F}(k)\boldsymbol{E}+\boldsymbol{E}^{\mathrm{T}}\boldsymbol{F}^{\mathrm{T}}(k)\boldsymbol{H}^{\mathrm{T}}<0$，当且仅当存在某个 $\varepsilon>0$，使得 $\boldsymbol{Q}+\varepsilon^2\boldsymbol{H}\boldsymbol{H}^{\mathrm{T}}+\varepsilon^{-2}\boldsymbol{E}^{\mathrm{T}}\boldsymbol{E}<0$ 时。

定理 5.1： 若存在实数 $\beta_{r\lambda}\geqslant 0$ 或者 $\beta_{r\lambda}\leqslant 0$（$r,\lambda=1,2,\cdots,l$）、矩阵 $\boldsymbol{K}_{rij}$ 及正定矩阵 $\boldsymbol{P}_r$ 和 $\boldsymbol{T}_r$ 使得

$$\begin{bmatrix} \overleftrightarrow{\boldsymbol{\Omega}}_{rij} & \boldsymbol{\varXi}_{rij}^{\mathrm{T}} & \boldsymbol{\varPsi}_{rij} \\ \boldsymbol{\varXi}_{rij} & -\varepsilon_{rij}^2\boldsymbol{I} & \boldsymbol{0} \\ \boldsymbol{\varPsi}_{rij}^{\mathrm{T}} & \boldsymbol{0} & -\varepsilon_{rij}^{-2}\boldsymbol{I} \end{bmatrix}<0 \tag{5.9}$$

成立，其中：

$$\boldsymbol{\varPsi}_{rij}=\begin{bmatrix} \boldsymbol{0} & \boldsymbol{0} & \boldsymbol{0} & \boldsymbol{0} & \boldsymbol{0} & \boldsymbol{0} & \boldsymbol{0} & \boldsymbol{0} & \boldsymbol{0} & \boldsymbol{0} & \boldsymbol{0} & \boldsymbol{0} \\ \boldsymbol{H}_{1ri} & \boldsymbol{H}_{1rj} & \boldsymbol{0} & \boldsymbol{0} & \boldsymbol{0} & \boldsymbol{0} & \boldsymbol{0} & \boldsymbol{0} & \boldsymbol{0} & \boldsymbol{0} & \boldsymbol{0} & \boldsymbol{0} \\ \boldsymbol{0} & \boldsymbol{0} & \boldsymbol{H}_{2ri} & \boldsymbol{H}_{2rj} & \boldsymbol{0} & \boldsymbol{0} & \boldsymbol{0} & \boldsymbol{0} & \boldsymbol{0} & \boldsymbol{0} & \boldsymbol{0} & \boldsymbol{0} \\ \boldsymbol{0} & \boldsymbol{0} & \boldsymbol{0} & \boldsymbol{0} & \boldsymbol{0} & \boldsymbol{0} & \boldsymbol{0} & \boldsymbol{0} & \boldsymbol{0} & \boldsymbol{0} & \boldsymbol{0} & \boldsymbol{0} \\ \boldsymbol{0} & \boldsymbol{0} & \boldsymbol{0} & \boldsymbol{0} & \boldsymbol{H}_{1ri} & \boldsymbol{H}_{1rj} & \boldsymbol{0} & \boldsymbol{0} & \boldsymbol{0} & \boldsymbol{0} & \boldsymbol{0} & \boldsymbol{0} \\ \boldsymbol{0} & \boldsymbol{0} & \boldsymbol{0} & \boldsymbol{0} & \boldsymbol{0} & \boldsymbol{0} & \boldsymbol{0} & \boldsymbol{0} & \boldsymbol{0} & \boldsymbol{0} & \boldsymbol{0} & \boldsymbol{0} \\ \boldsymbol{0} & \boldsymbol{0} & \boldsymbol{0} & \boldsymbol{0} & \boldsymbol{0} & \boldsymbol{0} & \boldsymbol{0} & \boldsymbol{0} & \boldsymbol{H}_{1ri} & \boldsymbol{H}_{1rj} & \boldsymbol{0} & \boldsymbol{0} \\ \boldsymbol{0} & \boldsymbol{0} & \boldsymbol{0} & \boldsymbol{0} & \boldsymbol{0} & \boldsymbol{0} & \boldsymbol{0} & \boldsymbol{0} & \boldsymbol{0} & \boldsymbol{0} & \boldsymbol{H}_{2ri} & \boldsymbol{H}_{2rj} \end{bmatrix}$$

$$
\boldsymbol{\Xi}_{rij}=\begin{bmatrix}
\boldsymbol{E}_{rx1i}\boldsymbol{X}_r+\boldsymbol{E}_{rx3i}\boldsymbol{N}_{rj} & \boldsymbol{0} & \boldsymbol{0} & \boldsymbol{0} & \boldsymbol{0} & \boldsymbol{0} & \boldsymbol{0} & \boldsymbol{0}\\
\boldsymbol{E}_{rx1j}\boldsymbol{X}_r+\boldsymbol{E}_{rx3j}\boldsymbol{N}_{ri} & \boldsymbol{0} & \boldsymbol{0} & \boldsymbol{0} & \boldsymbol{0} & \boldsymbol{0} & \boldsymbol{0} & \boldsymbol{0}\\
\boldsymbol{E}_{rz1i}\boldsymbol{X}_r+\boldsymbol{E}_{rz2i}\boldsymbol{N}_{rj} & \boldsymbol{0} & \boldsymbol{0} & \boldsymbol{0} & \boldsymbol{0} & \boldsymbol{0} & \boldsymbol{0} & \boldsymbol{0}\\
\boldsymbol{E}_{rz1j}\boldsymbol{X}_r+\boldsymbol{E}_{rz2j}\boldsymbol{N}_{ri} & \boldsymbol{0} & \boldsymbol{0} & \boldsymbol{0} & \boldsymbol{0} & \boldsymbol{0} & \boldsymbol{0} & \boldsymbol{0}\\
\boldsymbol{0} & \boldsymbol{0} & \boldsymbol{0} & \boldsymbol{E}_{rx2i}\boldsymbol{T}_r & \boldsymbol{0} & \boldsymbol{0} & \boldsymbol{0} & \boldsymbol{0}\\
\boldsymbol{0} & \boldsymbol{0} & \boldsymbol{0} & \boldsymbol{E}_{rx2j}\boldsymbol{T}_r & \boldsymbol{0} & \boldsymbol{0} & \boldsymbol{0} & \boldsymbol{0}\\
\boldsymbol{0} & \boldsymbol{0} & \boldsymbol{0} & \boldsymbol{0} & \boldsymbol{0} & \boldsymbol{0} & \boldsymbol{0} & \boldsymbol{0}\\
\boldsymbol{0} & \boldsymbol{0} & \boldsymbol{0} & \boldsymbol{0} & \boldsymbol{0} & \boldsymbol{0} & \boldsymbol{0} & \boldsymbol{0}\\
\boldsymbol{0} & \boldsymbol{0} & \boldsymbol{0} & \boldsymbol{0} & \boldsymbol{0} & \boldsymbol{E}_{rx4i} & \boldsymbol{0} & \boldsymbol{0}\\
\boldsymbol{0} & \boldsymbol{0} & \boldsymbol{0} & \boldsymbol{0} & \boldsymbol{0} & \boldsymbol{E}_{rx4j} & \boldsymbol{0} & \boldsymbol{0}\\
\boldsymbol{0} & \boldsymbol{0} & \boldsymbol{0} & \boldsymbol{0} & \boldsymbol{0} & \boldsymbol{E}_{rz3i} & \boldsymbol{0} & \boldsymbol{0}\\
\boldsymbol{0} & \boldsymbol{0} & \boldsymbol{0} & \boldsymbol{0} & \boldsymbol{0} & \boldsymbol{E}_{rz3j} & \boldsymbol{0} & \boldsymbol{0}
\end{bmatrix}
$$

$$
\overrightarrow{\boldsymbol{\Omega}}_{rij}=\begin{bmatrix}
-4\boldsymbol{X}_r+\sum\limits_{\lambda=1,\ \lambda\neq r}^{l}\beta_{r\lambda}(\boldsymbol{P}_\lambda-\boldsymbol{P}_r) & * & * & * & * & * & * & * & *\\
\boldsymbol{\Phi}_{rij} & -\frac{1}{3}\boldsymbol{X}_r & * & * & * & * & * & * & *\\
\boldsymbol{\Upsilon}_{rij} & \boldsymbol{0} & -\frac{1}{2}\boldsymbol{I} & * & * & * & * & * & *\\
\boldsymbol{0} & \boldsymbol{0} & \boldsymbol{0} & -4\boldsymbol{T}_r & * & * & * & * & *\\
\boldsymbol{0} & \boldsymbol{0} & \boldsymbol{0} & \boldsymbol{K}_{rij} & -\frac{1}{3}\boldsymbol{X}_r & * & * & * & *\\
\boldsymbol{0} & \boldsymbol{0} & \boldsymbol{0} & \boldsymbol{0} & \boldsymbol{0} & -4\gamma^2\boldsymbol{I} & * & * & *\\
\boldsymbol{0} & \boldsymbol{0} & \boldsymbol{0} & \boldsymbol{0} & \boldsymbol{0} & \boldsymbol{I}_{rij} & -\frac{1}{3}\boldsymbol{P}_r^{-1} & * & *\\
\boldsymbol{0} & \boldsymbol{0} & \boldsymbol{0} & \boldsymbol{0} & \boldsymbol{0} & \boldsymbol{J}_{rij} & \boldsymbol{0} & -\frac{1}{2}\boldsymbol{I} & *\\
\boldsymbol{X}_r & \boldsymbol{0} & \boldsymbol{0} & \boldsymbol{0} & \boldsymbol{0} & \boldsymbol{0} & \boldsymbol{0} & \boldsymbol{0} & -\frac{1}{4}\boldsymbol{T}_r
\end{bmatrix}
$$

$\boldsymbol{\Phi}_{rij}=\boldsymbol{A}_{ri}\boldsymbol{X}_r+\boldsymbol{B}_{ri}\boldsymbol{N}_{rj}+\boldsymbol{A}_{rj}\boldsymbol{X}_r+\boldsymbol{B}_{rj}\boldsymbol{N}_{ri}$，　$\boldsymbol{K}_{rij}=\boldsymbol{A}_{dri}\boldsymbol{T}_r+\boldsymbol{A}_{drj}\boldsymbol{T}_r$，　$\boldsymbol{\Upsilon}_{rij}=\boldsymbol{C}_{ri}\boldsymbol{X}_r+\boldsymbol{D}_{ri}\boldsymbol{N}_{rj}+\boldsymbol{C}_{rj}\boldsymbol{X}_r+\boldsymbol{D}_{rj}\boldsymbol{N}_{ri}$，　$\boldsymbol{J}_{rij}=\boldsymbol{D}_{wri}+\boldsymbol{D}_{wrj}$，　$r,\lambda=1,2,\cdots,l$，则控制增益 $\boldsymbol{K}_{ri}=\boldsymbol{N}_{ri}\boldsymbol{X}_r^{-1}$，切换率 $\sigma=\sigma(z(k))\in M=\{1,2,\cdots,l\}$，且不确定离散切换模糊时滞系统全局渐近稳定。

证明：选取 Lyapunov 函数 $\boldsymbol{V}(\boldsymbol{x}(k))=\boldsymbol{x}^{\mathrm{T}}(k)\boldsymbol{P}_r\boldsymbol{x}(k)+\sum\limits_{\tau=1}^{d}\boldsymbol{x}^{\mathrm{T}}(k-\tau)\boldsymbol{S}_r\boldsymbol{x}(k-\tau)$，令

$\dot{\boldsymbol{A}}_{ri}=\boldsymbol{A}_{ri}+\Delta\boldsymbol{A}_{ri}$，$\dot{\boldsymbol{B}}_{ri}=\boldsymbol{B}_{ri}+\Delta\boldsymbol{B}_{ri}$，$\dot{\boldsymbol{A}}_{dri}=\boldsymbol{A}_{dri}+\Delta\boldsymbol{A}_{dri}$，$\dot{\boldsymbol{\Gamma}}_{ri}=\boldsymbol{\Gamma}_{ri}+\Delta\boldsymbol{\Gamma}_{ri}$，$\dot{\boldsymbol{C}}_{ri}=\boldsymbol{C}_{ri}+\Delta\boldsymbol{C}_{ri}$，

$\dot{\boldsymbol{D}}_{ri}=\boldsymbol{D}_{ri}+\Delta\boldsymbol{D}_{ri}$，$\dot{\boldsymbol{D}}_{wri}=\boldsymbol{D}_{wri}+\Delta\boldsymbol{D}_{wri}$，则

$$
\begin{aligned}
&\overline{V}(\boldsymbol{x}(k))=V(\boldsymbol{x}(k+1))-V(\boldsymbol{x}(k))+\boldsymbol{z}^{\mathrm{T}}(k)\boldsymbol{z}(k)-\gamma^2\boldsymbol{w}^{\mathrm{T}}(k)\boldsymbol{w}(k)\\
&\leqslant\frac{1}{4}\sum_{r=1}^{l}\sum_{i=1}^{N_r}\sum_{j=1}^{N_r}V_r\mu_{ri}\mu_{rj}\Bigg\{\boldsymbol{x}^{\mathrm{T}}(k)\Bigg[3\left(\dot{\boldsymbol{A}}_{ri}+\dot{\boldsymbol{B}}_{ri}\boldsymbol{K}_{rj}+\dot{\boldsymbol{A}}_{rj}+\dot{\boldsymbol{B}}_{rj}\boldsymbol{K}_{ri}\right)^{\mathrm{T}}\boldsymbol{P}\left(\dot{\boldsymbol{A}}_{ri}+\dot{\boldsymbol{B}}_{ri}\boldsymbol{K}_{rj}+\dot{\boldsymbol{A}}_{rj}+\dot{\boldsymbol{B}}_{rj}\boldsymbol{K}_{ri}\right)_r\\
&\quad-4\boldsymbol{P}_r+4\boldsymbol{S}_r+2\left(\dot{\boldsymbol{C}}_{ri}+\dot{\boldsymbol{D}}_{ri}\boldsymbol{K}_{rj}+\dot{\boldsymbol{C}}_{rj}+\dot{\boldsymbol{D}}_{rj}\boldsymbol{K}_{ri}\right)^{\mathrm{T}}\left(\dot{\boldsymbol{C}}_{ri}+\dot{\boldsymbol{D}}_{ri}\boldsymbol{K}_{rj}+\dot{\boldsymbol{C}}_{rj}+\dot{\boldsymbol{D}}_{rj}\boldsymbol{K}_{ri}\right)\Bigg]\boldsymbol{x}(k)\\
&\quad+\boldsymbol{x}^{\mathrm{T}}(k-d)\left[3\left(\dot{\boldsymbol{A}}_{dri}+\dot{\boldsymbol{A}}_{drj}\right)^{\mathrm{T}}\boldsymbol{P}\left(\dot{\boldsymbol{A}}_{dri}+\dot{\boldsymbol{A}}_{drj}\right)_r-4\boldsymbol{S}_r\right]\boldsymbol{x}(k-d)\\
&\quad+\boldsymbol{w}^{\mathrm{T}}(k)\left[3\left(\dot{\boldsymbol{\Gamma}}_{ri}+\dot{\boldsymbol{\Gamma}}_{rj}\right)^{\mathrm{T}}\boldsymbol{P}_r\left(\dot{\boldsymbol{\Gamma}}_{ri}+\dot{\boldsymbol{\Gamma}}_{rj}\right)+2\left(\dot{\boldsymbol{D}}_{wri}+\dot{\boldsymbol{D}}_{wrj}\right)^{\mathrm{T}}\left(\dot{\boldsymbol{D}}_{wri}+\dot{\boldsymbol{D}}_{wrj}\right)-4\gamma^2\right]\boldsymbol{w}(k)\Bigg\}\\
&=\frac{1}{4}\sum_{r=1}^{l}\sum_{i=1}^{N_r}\sum_{j=1}^{N_r}V_r\mu_{ri}\mu_{rj}\boldsymbol{\xi}^{\mathrm{T}}(k)\begin{bmatrix}\boldsymbol{G}_{11}&0&0\\0&\boldsymbol{G}_{22}&0\\0&0&\boldsymbol{G}_{33}\end{bmatrix}\boldsymbol{\xi}(k)<0
\end{aligned}
\tag{5.10}
$$

其中：

$$
\begin{aligned}
\boldsymbol{G}_{11}=&3\left(\dot{\boldsymbol{A}}_{ri}+\dot{\boldsymbol{B}}_{ri}\boldsymbol{K}_{rj}+\dot{\boldsymbol{A}}_{rj}+\dot{\boldsymbol{B}}_{rj}\boldsymbol{K}_{ri}\right)^{\mathrm{T}}\boldsymbol{P}_r\left(\dot{\boldsymbol{A}}_{ri}+\dot{\boldsymbol{B}}_{ri}\boldsymbol{K}_{rj}+\dot{\boldsymbol{A}}_{rj}+\dot{\boldsymbol{B}}_{rj}\boldsymbol{K}_{ri}\right)-4\boldsymbol{P}_r+4\boldsymbol{S}_r\\
&+2\left(\dot{\boldsymbol{C}}_{ri}+\dot{\boldsymbol{D}}_{ri}\boldsymbol{K}_{rj}+\dot{\boldsymbol{C}}_{rj}+\dot{\boldsymbol{D}}_{rj}\boldsymbol{K}_{ri}\right)^{\mathrm{T}}\left(\dot{\boldsymbol{C}}_{ri}+\dot{\boldsymbol{D}}_{ri}\boldsymbol{K}_{rj}+\dot{\boldsymbol{C}}_{rj}+\dot{\boldsymbol{D}}_{rj}\boldsymbol{K}_{ri}\right)
\end{aligned}
$$

$$
\boldsymbol{\xi}(k)=\left[\boldsymbol{x}^{\mathrm{T}}(k)\quad \boldsymbol{x}^{\mathrm{T}}(k-d)\quad \boldsymbol{w}^{\mathrm{T}}(k)\right]^{\mathrm{T}},\ \boldsymbol{G}_{22}=3\left(\dot{\boldsymbol{A}}_{dri}+\dot{\boldsymbol{A}}_{drj}\right)^{\mathrm{T}}\boldsymbol{P}_r\left(\dot{\boldsymbol{A}}_{dri}+\dot{\boldsymbol{A}}_{drj}\right)-4\boldsymbol{S}_r
$$

$$
\boldsymbol{G}_{33}=3\left(\dot{\boldsymbol{\Gamma}}_{ri}+\dot{\boldsymbol{\Gamma}}_{rj}\right)^{\mathrm{T}}\boldsymbol{P}_r\left(\dot{\boldsymbol{\Gamma}}_{ri}+\dot{\boldsymbol{\Gamma}}_{rj}\right)+2\left(\dot{\boldsymbol{D}}_{wri}+\dot{\boldsymbol{D}}_{wrj}\right)^{\mathrm{T}}\left(\dot{\boldsymbol{D}}_{wri}+\dot{\boldsymbol{D}}_{wrj}\right)-4\gamma^2
$$

由式（5.10）可知，如果矩阵不等式

$$
\begin{bmatrix}\boldsymbol{G}_{11}&\boldsymbol{0}&\boldsymbol{0}\\\boldsymbol{0}&\boldsymbol{G}_{22}&\boldsymbol{0}\\\boldsymbol{0}&\boldsymbol{0}&\boldsymbol{G}_{33}\end{bmatrix}<0
\tag{5.11}
$$

成立，则有 $\overline{V}(\boldsymbol{x}(k))<\boldsymbol{0}$ 。

根据 Schur 补[206]方法，可将不等式（5.11）转化为

$$
\begin{bmatrix}
-4\boldsymbol{P}_r+4\boldsymbol{S}_r & \dot{\boldsymbol{H}}_{rij}^{\mathrm{T}} & \dot{\boldsymbol{\Theta}}_{rij}^{\mathrm{T}} & \boldsymbol{0} & \boldsymbol{0} & \boldsymbol{0} & \boldsymbol{0} & \boldsymbol{0} \\
\dot{\boldsymbol{H}}_{rij} & -\frac{1}{3}\boldsymbol{P}_r^{-1} & \boldsymbol{0} & \boldsymbol{0} & \boldsymbol{0} & \boldsymbol{0} & \boldsymbol{0} & \boldsymbol{0} \\
\dot{\boldsymbol{\Theta}}_{rij} & \boldsymbol{0} & -\frac{1}{2}\boldsymbol{I} & \boldsymbol{0} & \boldsymbol{0} & \boldsymbol{0} & \boldsymbol{0} & \boldsymbol{0} \\
\boldsymbol{0} & \boldsymbol{0} & \boldsymbol{0} & -4\boldsymbol{S}_r & \dot{\boldsymbol{A}}_{rij}^{\mathrm{T}} & \boldsymbol{0} & \boldsymbol{0} & \boldsymbol{0} \\
\boldsymbol{0} & \boldsymbol{0} & \boldsymbol{0} & \dot{\boldsymbol{A}}_{rij} & -\frac{1}{3}\boldsymbol{P}_r^{-1} & \boldsymbol{0} & \boldsymbol{0} & \boldsymbol{0} \\
\boldsymbol{0} & \boldsymbol{0} & \boldsymbol{0} & \boldsymbol{0} & \boldsymbol{0} & -4\gamma^2\boldsymbol{I} & \dot{\boldsymbol{I}}_{rij}^{\mathrm{T}} & \dot{\boldsymbol{J}}_{rij}^{\mathrm{T}} \\
\boldsymbol{0} & \boldsymbol{0} & \boldsymbol{0} & \boldsymbol{0} & \boldsymbol{0} & \dot{\boldsymbol{I}}_{rij} & -\frac{1}{3}\boldsymbol{P}_r^{-1} & \boldsymbol{0} \\
\boldsymbol{0} & \boldsymbol{0} & \boldsymbol{0} & \boldsymbol{0} & \boldsymbol{0} & \dot{\boldsymbol{J}}_{rij} & \boldsymbol{0} & -\frac{1}{2}\boldsymbol{I}
\end{bmatrix} < \boldsymbol{0} \quad (5.12)
$$

其中，$\dot{\boldsymbol{H}}_{rij}=\dot{\boldsymbol{A}}_{ri}+\dot{\boldsymbol{B}}_{ri}\boldsymbol{K}_{rj}+\dot{\boldsymbol{A}}_{rj}+\dot{\boldsymbol{B}}_{rj}\boldsymbol{K}_{ri}$；$\dot{\boldsymbol{\Theta}}_{rij}=\dot{\boldsymbol{C}}_{ri}+\dot{\boldsymbol{D}}_{ri}\boldsymbol{K}_{rj}+\dot{\boldsymbol{C}}_{rj}+\dot{\boldsymbol{D}}_{rj}\boldsymbol{K}_{ri}$；$\dot{\boldsymbol{A}}_{rij}=\dot{\boldsymbol{A}}_{dri}+\dot{\boldsymbol{A}}_{drj}$；$\dot{\boldsymbol{I}}_{rij}=\dot{\boldsymbol{\Gamma}}_{ri}+\dot{\boldsymbol{\Gamma}}_{rj}$；$\dot{\boldsymbol{J}}_{rij}=\dot{\boldsymbol{D}}_{wri}+\dot{\boldsymbol{D}}_{wrj}$。

根据假设 5.1，应用引理 5.1 和 Schur 补[206]方法，由式（5.12）可得

$$
\begin{aligned}
&\boldsymbol{\Omega}_{rij}+\boldsymbol{H}_{qrij}\boldsymbol{F}_{qrij}\boldsymbol{E}_{qrij}+\boldsymbol{E}_{qrij}^{\mathrm{T}}\boldsymbol{F}_{qrij}^{\mathrm{T}}\boldsymbol{H}_{qrij}^{\mathrm{T}} \leqslant \boldsymbol{\Omega}_{rij}+\varepsilon_{rij}^{2}\boldsymbol{H}_{qrij}\boldsymbol{H}_{qrij}^{\mathrm{T}}+\varepsilon_{rij}^{-2}\boldsymbol{E}_{qrij}^{\mathrm{T}}\boldsymbol{E}_{qrij} \\
&=\begin{bmatrix}
\boldsymbol{\Omega}_{rij} & \boldsymbol{\Xi}_{rij}^{\mathrm{T}} & \boldsymbol{\Psi}_{rij} \\
\boldsymbol{\Xi}_{rij} & -\varepsilon_{rij}^{2}\boldsymbol{I} & \boldsymbol{0} \\
\boldsymbol{\Psi}_{rij}^{\mathrm{T}} & \boldsymbol{0} & -\varepsilon_{rij}^{-2}\boldsymbol{I}
\end{bmatrix} < \boldsymbol{0}
\end{aligned} \quad (5.13)
$$

其中：

$$
\boldsymbol{F}_{qrij}=\mathrm{diag}\left[\boldsymbol{F}_{1ri},\boldsymbol{F}_{1rj},\boldsymbol{F}_{2ri},\boldsymbol{F}_{2rj},\boldsymbol{F}_{1ri},\boldsymbol{F}_{1rj},\boldsymbol{F}_{2ri},\boldsymbol{F}_{2rj},\boldsymbol{F}_{1ri},\boldsymbol{F}_{1rj},\boldsymbol{F}_{2ri},\boldsymbol{F}_{2rj}\right]
$$

$$
\boldsymbol{\Omega}_{rij}=
\begin{bmatrix}
-4\boldsymbol{P}_r+4\boldsymbol{S}_r & * & * & * & * & * & * & * \\
\dot{\boldsymbol{H}}_{rij} & -\frac{1}{3}\boldsymbol{P}_r^{-1} & * & * & * & * & * & * \\
\dot{\boldsymbol{\Theta}}_{rij} & \boldsymbol{0} & -\frac{1}{2}\boldsymbol{I} & * & * & * & * & * \\
\boldsymbol{0} & \boldsymbol{0} & \boldsymbol{0} & -4\boldsymbol{S}_r & * & * & * & * \\
\boldsymbol{0} & \boldsymbol{0} & \boldsymbol{0} & \dot{\boldsymbol{A}}_{rij} & -\frac{1}{3}\boldsymbol{P}_r^{-1} & * & * & * \\
\boldsymbol{0} & \boldsymbol{0} & \boldsymbol{0} & \boldsymbol{0} & \boldsymbol{0} & -4\gamma^2\boldsymbol{I} & * & * \\
\boldsymbol{0} & \boldsymbol{0} & \boldsymbol{0} & \boldsymbol{0} & \boldsymbol{0} & \dot{\boldsymbol{I}}_{rij} & -\frac{1}{3}\boldsymbol{P}_r^{-1} & * \\
\boldsymbol{0} & \boldsymbol{0} & \boldsymbol{0} & \boldsymbol{0} & \boldsymbol{0} & \dot{\boldsymbol{J}}_{rij} & \boldsymbol{0} & -\frac{1}{2}\boldsymbol{I}
\end{bmatrix} < \boldsymbol{0}
$$

不失一般性，若 $\beta_{r\lambda}\geqslant 0$，则对任意输出向量 $z(k)\in R^j\setminus\{0\}$（其中，输出向量 $z(k)$ 由 σ 个输出变量（标量）组成），构造集合 $\overline{\Omega}_1=\Omega_1$，…，$\overline{\Omega_r}=\Omega_r-\bigcup_{i=1}^{r-1}\overline{\Omega_i}$，…，则存在 $\bigcup_{i=1}^{l}\overline{\Omega_i}=R^j\setminus\{0\}$，且 $\overline{\Omega_i}\cap\overline{\Omega_j}=\varnothing$ $(i\neq j)$，$\varnothing$ 是空集。因此，切换率被设计成为 $\sigma(z(k))=r$，$z(k)\in\overline{\Omega_r}$ 的形式。

定义函数

$$\boldsymbol{v}_r(\boldsymbol{z}(k))=\begin{cases}1, & z(k)\in\Omega_1\\ 0, & z(k)\in\Omega_2\setminus\Omega_1\end{cases}$$

即当且仅当 $\sigma(z(k))=r$ 时，函数 $\boldsymbol{v}_r(\boldsymbol{z}(k))=1$。

将系统（5.5）模糊切换系统渐近稳定的条件，转换为求解LMI问题。对式（5.13）分别右乘和左乘对角矩阵 $\mathrm{diag}\left[\boldsymbol{P}_r^{-1},\boldsymbol{I},\boldsymbol{I},\boldsymbol{S}_r^{-1},\boldsymbol{I}\right]$，令 $\boldsymbol{X}_r=\boldsymbol{P}_r^{-1}$，$\boldsymbol{T}_r=\boldsymbol{S}_r^{-1}$，$\boldsymbol{N}_{ri}=\boldsymbol{K}_{ri}\boldsymbol{X}_r$，然后利用矩阵的 Schur 补性质分解，即可得到 LMI。

由模糊 Lyapunov 函数方法可知，矩阵不等式（5.9）成立，即 $\forall\boldsymbol{z}(k)\neq\boldsymbol{0}$，$\overline{V}(\boldsymbol{x}(k))<\boldsymbol{0}$，并且控制器增益为 $\boldsymbol{K}_{ri}=\boldsymbol{N}_{ri}\boldsymbol{X}_r^{-1}$，由此可知，对于所设计的控制器和切换律，不确定闭环系统（5.5）渐近稳定。当 $\beta_{r\lambda}\leqslant 0$ 时，同理可得。综上，定理 5.1 得证。

5.3　数值算例与分析

随着科技水平的持续提高，电子电器产品已经变得越来越普及，更新换代速度越来越快，电子废弃物数量与日俱增，2013 年美国报废的电子产品将近 314 万吨[207]；2014 年欧盟电子废弃物达到 4180 万吨[208]；2015 年我国电视机、电冰箱、洗衣机、房间空调器、微型计算机的年报废量分别达到 3015 万台、1705 万台、1545 万台、2432 万台、3742 万台[209]，更换下来的废旧手机约 1 亿部[210]。电子废弃物具有双重特性，即危害性和资源性：一方面，电子废弃物存在严重的潜在危险，若处置不当，将引发严重的环境问题，严重威胁人类健康的生活环境；另一方面，电子废弃物具有较大的资源属性，是“城市矿产”中最为重要的组成部分，具有较大的经济价值。

鉴于电子废弃物的双重特性，如何最合理地利用电子废弃物资源，最大限度地降低电子废弃物的环境污染风险，实现企业经济效益的最大化，已成为政府、企业和学者关注的热点。各国政府高度重视电子废弃物回收处理问题，纷纷采取制定优惠政策、实施强有力的环保法律法规、保障充足的资金等措施。我国政府通过立法、回收处理试点实践等措施合理地利用电子废弃物资源，如《中华人民共和国固体废物污染环境防治法》（2020 年 4 月 29 日修订）等。

本章以某电视机制造公司供应链为研究对象，设计基于电子废弃物回收成本切换的模糊鲁棒控制数值算例与分析，此实验考虑不确定因素，这些不确定因素来源于制造过程（成本参数）、客户需求过程（顾客需求）和回收过程（再制造提前期、成本参数、再制造率和废弃率）。假设 $x_{1,k}$ 可测，$x_{1,k}$ 的模糊隶属度函数如图 5.3 所示（$\bar{D}_0$、$\bar{D}_1$、$\bar{D}_{\max}$ 分别为安全库存值、期望库存值和最大库存值的偏差量描述）。

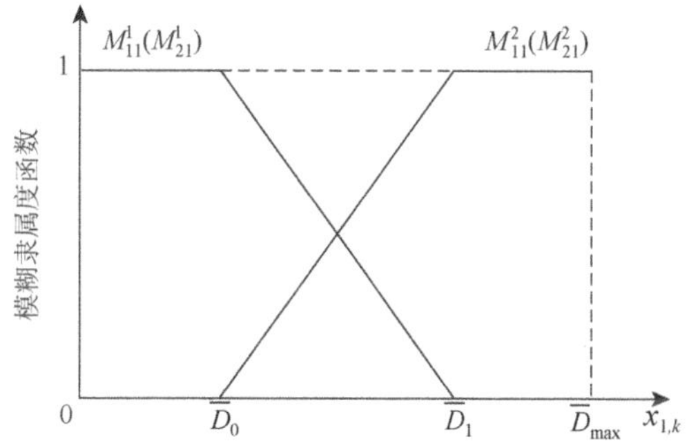

图 5.3　模糊隶属度函数

电子废弃物回收再制造的供应链系统 T-S 模糊模型如下。

子系统 1：

R_1^1：IF $x_{1,k}$ is M_{11}^1，THEN

$$\begin{cases} \boldsymbol{x}(k+1)=(\boldsymbol{A}_{11}+\Delta\boldsymbol{A}_{11})\boldsymbol{x}(k)+(\boldsymbol{A}_{d11}+\Delta\boldsymbol{A}_{d11})\boldsymbol{x}(k-d)+(\boldsymbol{B}_{11}+\Delta\boldsymbol{B}_{11})\boldsymbol{u}_1(k) \\ \qquad +(\boldsymbol{\Gamma}_{11}+\Delta\boldsymbol{\Gamma}_{11})\boldsymbol{w}(k) \\ \boldsymbol{z}(k)=(\boldsymbol{C}_{11}+\Delta\boldsymbol{C}_{11})\boldsymbol{x}(k)+(\boldsymbol{D}_{11}+\Delta\boldsymbol{D}_{11})\boldsymbol{u}_1(k)+(\boldsymbol{D}_{w11}+\Delta\boldsymbol{D}_{w11})\boldsymbol{w}(k) \end{cases}$$

R_1^2：IF $x_{1,k}$ is M_{11}^2，THEN

$$\begin{cases} \boldsymbol{x}(k+1)=(\boldsymbol{A}_{12}+\Delta\boldsymbol{A}_{12})\boldsymbol{x}(k)+(\boldsymbol{A}_{d12}+\Delta\boldsymbol{A}_{d12})\boldsymbol{x}(k-d)+(\boldsymbol{B}_{12}+\Delta\boldsymbol{B}_{12})\boldsymbol{u}_1(k) \\ \qquad +(\boldsymbol{\Gamma}_{12}+\Delta\boldsymbol{\Gamma}_{12})\boldsymbol{w}(k) \\ \boldsymbol{z}(k)=(\boldsymbol{C}_{12}+\Delta\boldsymbol{C}_{12})\boldsymbol{x}(k)+(\boldsymbol{D}_{12}+\Delta\boldsymbol{D}_{12})\boldsymbol{u}_1(k)+(\boldsymbol{D}_{w12}+\Delta\boldsymbol{D}_{w12})\boldsymbol{w}(k) \end{cases}$$

子系统 2：

R_2^1：IF $x_{1,k}$ is M_{21}^1，THEN

$$\begin{cases} \boldsymbol{x}(k+1)=(\boldsymbol{A}_{21}+\Delta\boldsymbol{A}_{21})\boldsymbol{x}(k)+(\boldsymbol{A}_{d21}+\Delta\boldsymbol{A}_{d21})\boldsymbol{x}(k-d)+(\boldsymbol{B}_{21}+\Delta\boldsymbol{B}_{21})\boldsymbol{u}_2(k) \\ \qquad +(\boldsymbol{\Gamma}_{21}+\Delta\boldsymbol{\Gamma}_{21})\boldsymbol{w}(k) \\ \boldsymbol{z}(k)=(\boldsymbol{C}_{21}+\Delta\boldsymbol{C}_{21})\boldsymbol{x}(k)+(\boldsymbol{D}_{21}+\Delta\boldsymbol{D}_{21})\boldsymbol{u}_2(k)+(\boldsymbol{D}_{w21}+\Delta\boldsymbol{D}_{w21})\boldsymbol{w}(k) \end{cases}$$

R_2^2：IF $x_{1,k}$ is M_{21}^2，THEN

$$\begin{cases} \boldsymbol{x}(k+1)=(\boldsymbol{A}_{22}+\Delta\boldsymbol{A}_{22})\boldsymbol{x}(k)+(\boldsymbol{A}_{d22}+\Delta\boldsymbol{A}_{d22})\boldsymbol{x}(k-d)+(\boldsymbol{B}_{22}+\Delta\boldsymbol{B}_{22})\boldsymbol{u}_2(k) \\ \qquad +(\boldsymbol{\Gamma}_{22}+\Delta\boldsymbol{\Gamma}_{22})\boldsymbol{w}(k) \\ \boldsymbol{z}(k)=(\boldsymbol{C}_{22}+\Delta\boldsymbol{C}_{22})\boldsymbol{x}(k)+(\boldsymbol{D}_{22}+\Delta\boldsymbol{D}_{22})\boldsymbol{u}_2(k)+(\boldsymbol{D}_{w22}+\Delta\boldsymbol{D}_{w22})\boldsymbol{w}(k) \end{cases}$$

参数设置如下：

$$\boldsymbol{x}(k)=[x_{1,k} \quad x_{2,k} \quad x_{3,k} \quad x_{4,k}]^{\mathrm{T}};\ \boldsymbol{u}_{\sigma}(k)=[u_{1,k} \quad u_{2,k} \quad u_{3,k} \quad u_{4,k}]^{\mathrm{T}}$$

$$\boldsymbol{D}_{11}=[c_n \quad 0 \quad c_t \quad c_p];\ \boldsymbol{D}_{w11}=\boldsymbol{D}_{w12}=\boldsymbol{D}_{w21}=\boldsymbol{D}_{w22}=\boldsymbol{0};\ \boldsymbol{A}_{d11}=\boldsymbol{A}_{d12}=\begin{bmatrix} 0 & 0 & 0 & \alpha_2 \\ 0 & 0 & 0 & 0 \\ 0 & 0 & 0 & 0 \\ 0 & 0 & 0 & -\alpha_2 \end{bmatrix}$$

$$\boldsymbol{B}_{11}=\begin{bmatrix} 1 & -1 & 0 & 0 \\ 0 & 1 & 0 & 0 \\ 0 & 0 & -1 & 0 \\ 0 & 0 & 1 & -1 \end{bmatrix};\boldsymbol{\Gamma}_{11}=\boldsymbol{\Gamma}_{12}=\boldsymbol{\Gamma}_{21}=\boldsymbol{\Gamma}_{22}=\begin{bmatrix} -\lambda & 0 & 0 & 0 \\ -(1-\lambda) & 0 & 0 & 0 \\ 1 & 0 & 0 & 0 \\ 0 & 0 & 0 & 0 \end{bmatrix}$$

$$\boldsymbol{A}_{11}=\boldsymbol{A}_{12}=\begin{bmatrix} 1 & 0 & \mu\lambda & \alpha_1 \\ 0 & 1 & \mu(1-\lambda) & 0 \\ 0 & 0 & 1-\beta_1-\mu & 0 \\ 0 & 0 & 0 & 1-\alpha_1 \end{bmatrix};\ \boldsymbol{B}_{12}=\begin{bmatrix} 0 & -1 & 0 & 0 \\ 0 & 1 & 0 & 0 \\ 0 & 0 & -1 & 0 \\ 0 & 0 & 1 & -1 \end{bmatrix}$$

$$\boldsymbol{C}_{11}=\boldsymbol{C}_{12}=[c_{h1} \quad c_{h2} \quad c_o\beta_1+c_m\mu\lambda+c_q\mu(1-\lambda) \quad c_{h3}+c_r\alpha_1]$$

$$\boldsymbol{D}_{12}=[0 \quad 0 \quad c_t \quad c_p];\boldsymbol{D}_{21}=[c_n \quad 0 \quad 0 \quad 0];\ \boldsymbol{A}_{21}=\boldsymbol{A}_{22}=\begin{bmatrix} 1 & 0 & \alpha_3+\mu\lambda & 0 \\ 0 & 1 & \mu(1-\lambda) & 0 \\ 0 & 0 & 1-\beta_3-\alpha_3-\mu & 0 \\ 0 & 0 & 0 & 0 \end{bmatrix}$$

$$\boldsymbol{B}_{21}=\begin{bmatrix} 1 & -1 & 0 & 0 \\ 0 & 1 & 0 & 0 \\ 0 & 0 & 0 & 0 \\ 0 & 0 & 0 & 0 \end{bmatrix};\boldsymbol{B}_{22}=\begin{bmatrix} 0 & -1 & 0 & 0 \\ 0 & 1 & 0 & 0 \\ 0 & 0 & 0 & 0 \\ 0 & 0 & 0 & 0 \end{bmatrix}$$

$$\boldsymbol{C}_{22}=\boldsymbol{C}_{21}=[c_{h1} \quad c_{h2} \quad c_o\beta_3+c_k\alpha_3+c_m\mu\lambda+c_q\mu(1-\lambda) \quad 0];\ \boldsymbol{D}_{22}=\boldsymbol{0};\ \boldsymbol{E}_{rx1i}=0.02$$

$$\boldsymbol{E}_{rx2i}=0.09;\ \boldsymbol{E}_{rx3i}=0.08;\ \boldsymbol{E}_{rx4i}=0.07;\quad \boldsymbol{A}_{d21}=\boldsymbol{A}_{d22}=\boldsymbol{0};\ \boldsymbol{H}_{1ri}=0.1;\ \boldsymbol{H}_{2ri}=0.1$$

$$\boldsymbol{E}_{rz1i}=0.1;\ \boldsymbol{E}_{rz2i}=0.09;\boldsymbol{E}_{rz3i}=0.08;\boldsymbol{F}_{1ri}=\sin x,\boldsymbol{F}_{2ri}=\cos x(\sigma,r,i=1,2)$$

设计如下的状态反馈控制器。

R_1^1：IF $x_{1,k}$ is M_{11}^1，THEN $\boldsymbol{u}_1(k)=\boldsymbol{K}_{11}\boldsymbol{x}(k)$

R_1^2： IF $x_{1,k}$ is M_{11}^2， THEN $\boldsymbol{u}_1(k)=\boldsymbol{K}_{12}\boldsymbol{x}(k)$

R_2^1： IF $x_{1,k}$ is M_{21}^1， THEN $\boldsymbol{u}_2(k)=\boldsymbol{K}_{21}\boldsymbol{x}(k)$

R_2^2： IF $x_{1,k}$ is M_{21}^2， THEN $\boldsymbol{u}_2(k)=\boldsymbol{K}_{22}\boldsymbol{x}(k)$

其中， $\boldsymbol{K}_{\sigma i}\in R^{m\times n}(\sigma,i=1,2)$ 为状态反馈增益矩阵。

对模型的参数作如下设定：$\beta_{12}=0.5$，$\beta_{21}=12$，$\varepsilon_{rij}^{-2}=1\ (r,i,j=1,2)$，$\lambda=0.67$，$\mu=0.02$，$\alpha_1=0.4$，$\alpha_2=0.01$，$\alpha_3=0.95$，$\alpha_4=0.2$，$\beta_1=0.5$，$\beta_2=0.01$，$\beta_3=0.01$，$\beta_4=0.01$； $c_{h1}=0.01$， $c_{h2}=0.1$， $c_{h3}=0.01$， $c_n=0.2$， $c_p=0.01$， $c_r=0.01$，$c_o=0.05$， $c_t=0.01$， $c_k=0.01$， $c_m=0.02$， $c_q=0.01$（单位：$\times10^4$ 元/件）。供应链系统的固定成本 $P=4.5$（单位：$\times10^8$ 元）。设定不确定抑制参数为 $\gamma=0.9$，运用 MATLAB 软件得到 $t_{\min}=-5.0950\times10^{-6}$ 。计算得状态反馈控制策略分别为

$$\boldsymbol{T}_1=\begin{bmatrix}191.2595 & 7.8102 & -13.3047 & -16.5583\\ 7.8102 & 164.4250 & -9.1600 & -6.0871\\ -13.3047 & -9.1600 & 200.8786 & 15.5447\\ -16.5583 & -6.0871 & 15.5447 & 238.8433\end{bmatrix}$$

$$\boldsymbol{T}_2=\begin{bmatrix}168.6168 & 3.4534 & -2.7694 & -4.5947\\ 3.4534 & 155.6224 & -1.5907 & -1.9484\\ -2.7694 & -1.5907 & 158.6595 & 6.6616\\ -4.5947 & -1.9484 & 6.6616 & 170.4500\end{bmatrix}$$

$$\boldsymbol{P}_1=\begin{bmatrix}0.2681 & 0.2187 & 0.0364 & 0.0977\\ 0.2187 & 0.3915 & 0.0565 & 0.0893\\ 0.0364 & 0.0565 & 0.0505 & 0.0042\\ 0.0977 & 0.0893 & 0.0042 & 0.0554\end{bmatrix},\boldsymbol{P}_2=\begin{bmatrix}1.3124 & 1.2624 & 1.1166 & 0.0741\\ 1.2624 & 1.4395 & 1.1409 & 0.0674\\ 1.1166 & 1.1409 & 1.1355 & -0.0027\\ 0.0741 & 0.0674 & -0.0027 & 0.0490\end{bmatrix}$$

$$\boldsymbol{K}_{11}=\begin{bmatrix}-0.6914 & -0.4018 & -0.0422 & -0.3523\\ -0.2094 & -0.8774 & -0.0414 & -0.0928\\ 0.8771 & 1.4192 & 0.3781 & 0.3754\\ 1.6443 & 2.1426 & 0.2163 & 1.1211\end{bmatrix}$$

$$\boldsymbol{K}_{12}=\begin{bmatrix}-1.2965 & -0.6650 & -0.1508 & -0.6056\\ 0.1588 & -0.7137 & -0.0288 & 0.0639\\ 0.4827 & 1.1123 & 0.3502 & 0.2549\\ 2.0507 & 2.9346 & 0.3049 & 1.4546\end{bmatrix}$$

$$\boldsymbol{K}_{21}=\begin{bmatrix}-0.9796 & -0.9183 & -0.9538 & 0.0000\\ -0.4547 & -1.2505 & -0.3623 & 0.0161\\ -1.2893 & -0.5979 & -1.2635 & -0.0777\\ 0.0187 & 1.1624 & 0.4690 & -0.4436\end{bmatrix}$$

$$
\boldsymbol{K}_{22}=\begin{bmatrix} -1.1812 & -1.0727 & -1.1423 & 0.0007 \\ 0.1330 & -0.6598 & 0.2156 & 0.0159 \\ -0.1671 & 0.6021 & -0.1363 & -0.0675 \\ -0.2217 & 0.8494 & 0.2224 & -0.4419 \end{bmatrix}
$$

下面，针对顾客需求的时变性，对制造/再制造供应链切换模糊系统进行鲁棒控制数值算例与分析，其中，假设外部不确定需求分别为正弦分布需求扰动（$w_{1k}=\sin k+1$）和突变型顾客需求扰动，即宽脉冲型突变需求扰动（$w_{2k}=\begin{cases}0.51, & 5\leqslant t\leqslant 10\\ 0.01, & \text{其他}\end{cases}$），$t$ 为时间（单位：天），再制造提前期为 $d=1$（单位：×10 天）。根据电子废弃物的回收数据，设初始设定值为 $x_{1,0}=5$，$x_{2,0}=0$，$x_{3,0}=0$，$x_{4,0}=0$；标称值为 $\bar{x}_{1,k}=22$，$\bar{x}_{2,k}=16$，$\bar{x}_{3,k}=20$，$\bar{x}_{4,k}=18$；偏差值为 $\bar{D}_0=-20$，$\bar{D}_1=10$，$\bar{D}_{\max}=40$（单位：×10³ 件）。数值算例结果如图 5.4～图 5.9 所示。

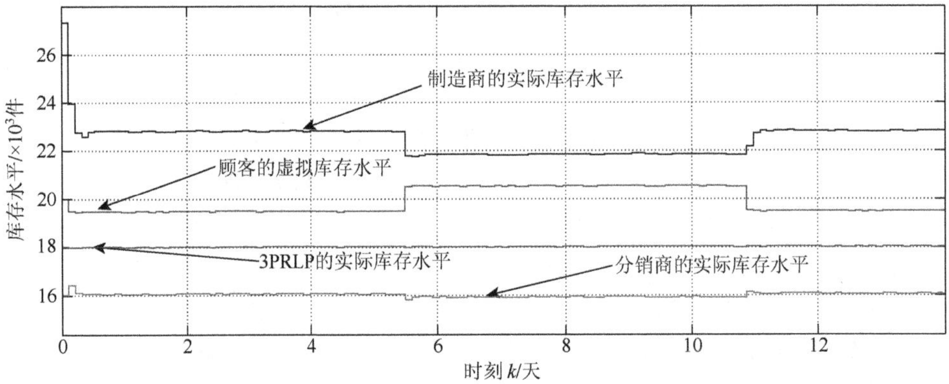

图 5.4　宽脉冲型突变需求扰动下供应链的库存状态

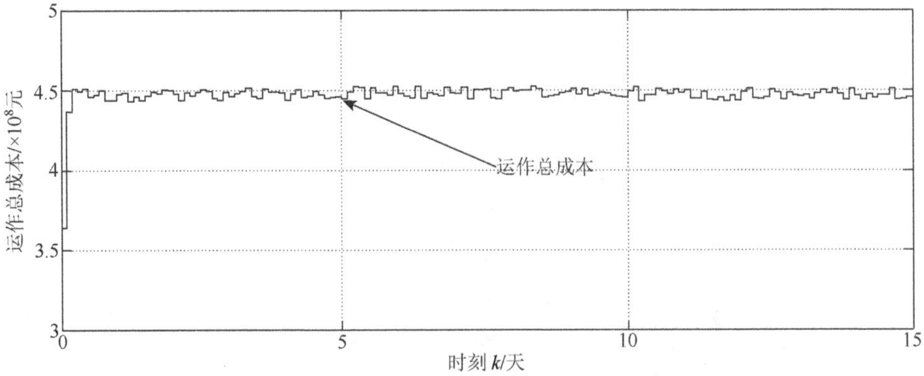

图 5.5　宽脉冲型突变需求扰动下供应链的运作总成本

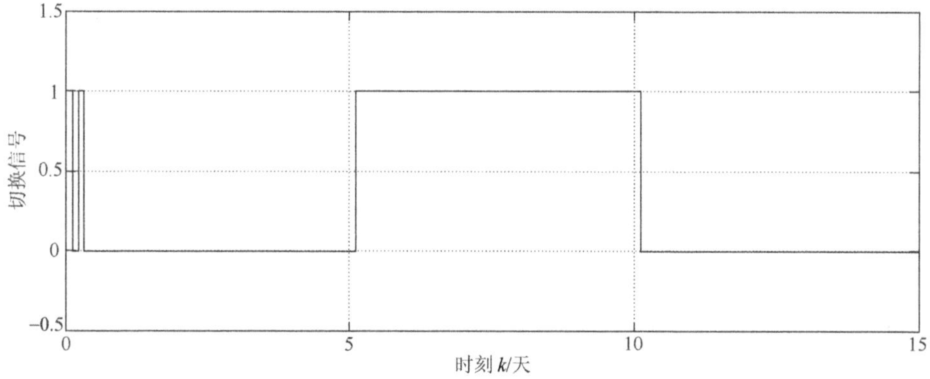

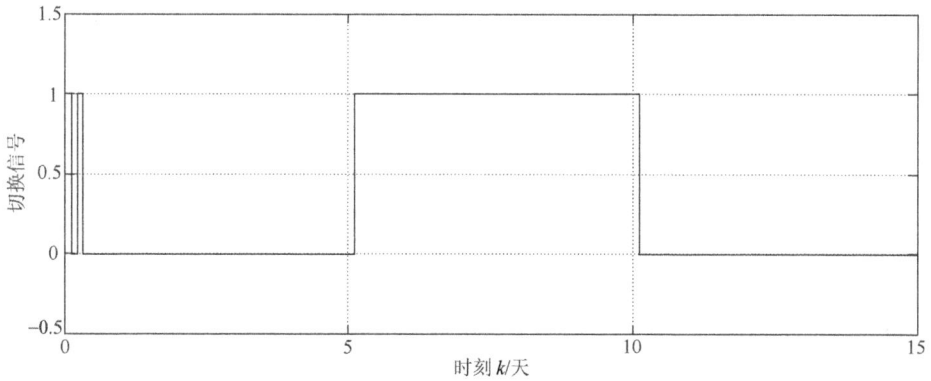

图 5.6　宽脉冲型突变需求扰动下切换信号

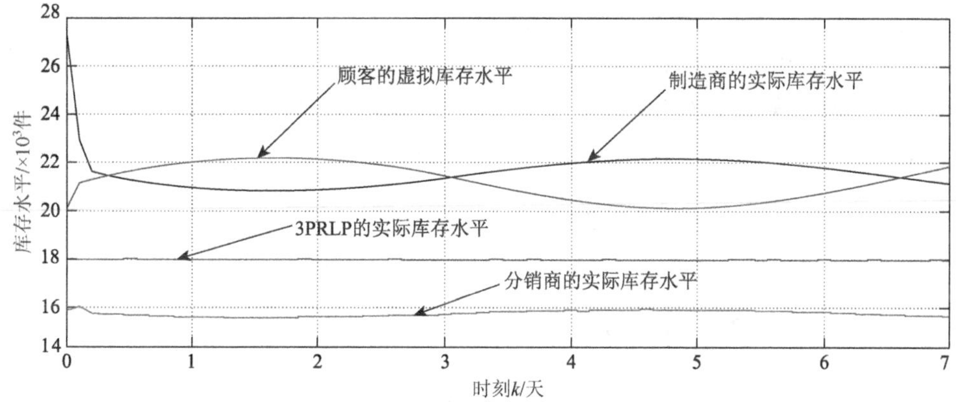

图 5.7　正弦分布需求扰动下供应链的库存状态

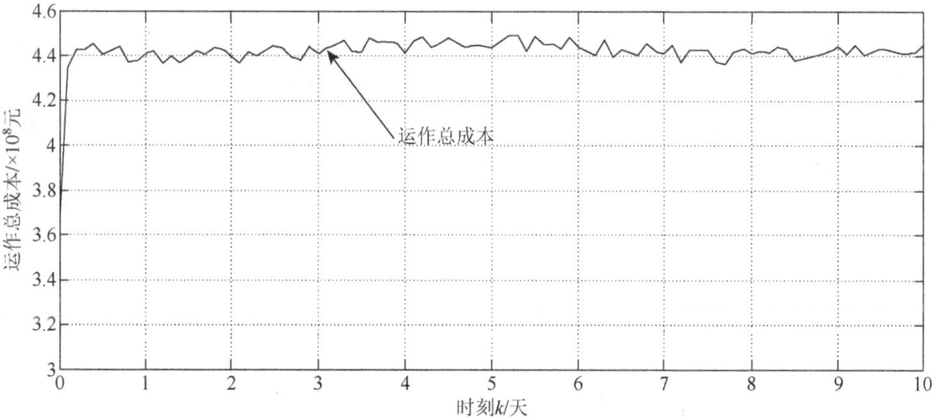

图 5.8　正弦分布需求扰动下供应链的运作总成本

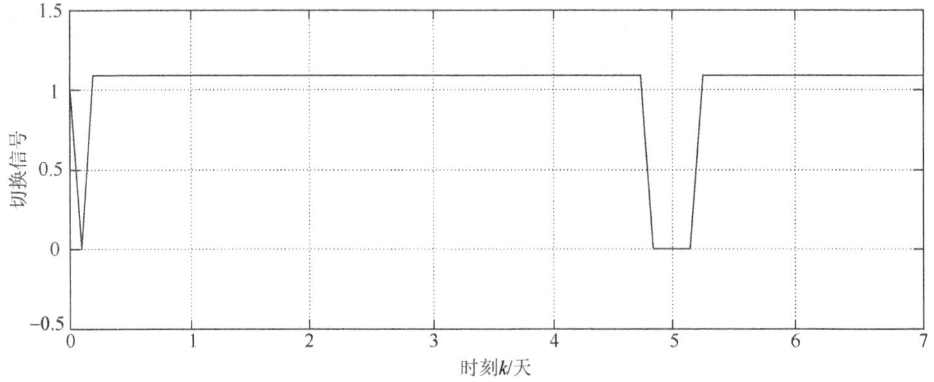

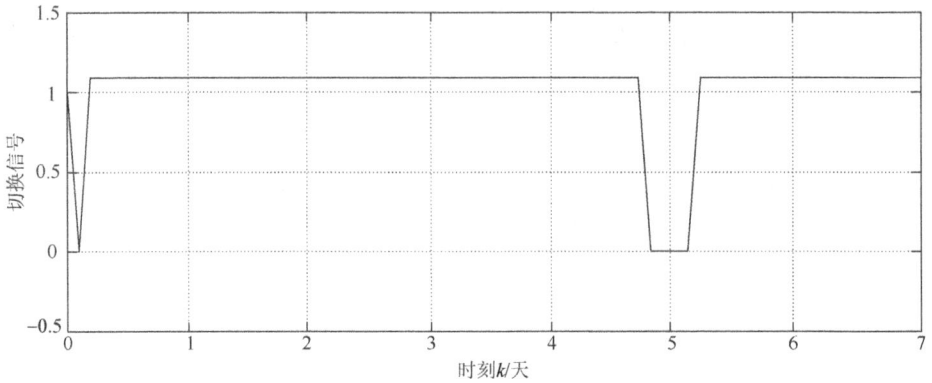

图 5.9　正弦分布需求扰动下的切换信号

如图 5.4～图 5.9 所示，在不同的顾客需求情况下，考虑制造过程（成本参数）和回收过程（再制造提前期、成本参数、再制造率和废弃率）中在一定范围内波动的不确定因素的影响，随着时间的变化，制造/再制造供应链不确定因素得到有效抑制，供应链系统运作总成本保持持续稳定水平，而且总成本在切换发生时变化不明显，实现了供应链系统成本的稳定运行，提高了供应链系统的运作绩效。

5.4　本 章 小 结

本章考虑产品销售双渠道、消费者不满意退货、制造商库存的安全库存值和期望库存值对生产策略的影响，以及供应链系统运作过程中存在的多种不确定因素（顾客需求、成本参数、再制造率、废弃率、消费者不满意退货率、再制造提前期等不确定因素），构建了基于供应链系统运作总成本切换的制造/再制造供应链系统模型，并提出了针对该模型的模糊鲁棒 H_∞ 控制策略。数值算例结果表明，在顾客需求及系统不确定参数的干扰下，制造/再制造供应链系统能在模糊控制器的作用下保持稳定运行，同时供应链系统的运作总成本能够持续稳定地保持较低状态。

第6章　考虑混合回收的制造/再制造供应链库存运作稳定性研究

本章在第 5 章模型的基础上，考虑制造商和 3PRLP 同时进行废旧产品回收的情况，同时本章考虑到制造商库存和分销商库存存在安全库存值和期望库存值的情况，制造商和分销商会根据各自的库存量制订并采用相应的生产和订购策略，考虑不确定因素（再制造提前期和顾客需求）对供应链系统的影响，提出一种新的鲁棒控制策略，实现供应链系统中不同子系统之间的柔性切换，避免供应链系统库存量和运作总成本出现较大波动，实现整个供应链系统的稳定运行。

6.1　考虑混合回收的制造/再制造供应链动态模型构建

下面讨论考虑混合回收的制造/再制造供应链库存系统动态模型。

6.1.1　考虑混合回收的制造/再制造供应链动态模型

在文献[126]、[127]的基础上，考虑制造商和分销商的安全库存值和期望库存值对生产策略和订购策略的影响，顾客无理由退货以及多种不确定因素（再制造提前期和顾客需求），建立一类制造商和 3PRLP 同时进行废旧产品回收的供应链动态模型，如图 6.1 所示。由图 6.1 可知，此模型中，制造商和 3PRLP 混合回收，并且为了提高顾客满意度，此模型考虑了制造商和分销商通过双渠道实现顾客所购买新产品的无理由退货。

由图 6.1 可知，新产品通过传统线下渠道和线上渠道并存的双渠道进行销售，同时，该供应链系统中存在 3PRLP 回收和制造商自行回收的混合回收模式，而且回收环节包括废旧产品回收再制造部分和消费者不满意退货部分。此模型考虑制造商和分销商的安全库存值和期望库存值对生产策略和订货策略的影响。由图 6.1 可知，制造商的实际库存量、分销商的实际库存量、顾客的虚拟库存量和 3PRLP 的实际库存量的动态变化过程如下。

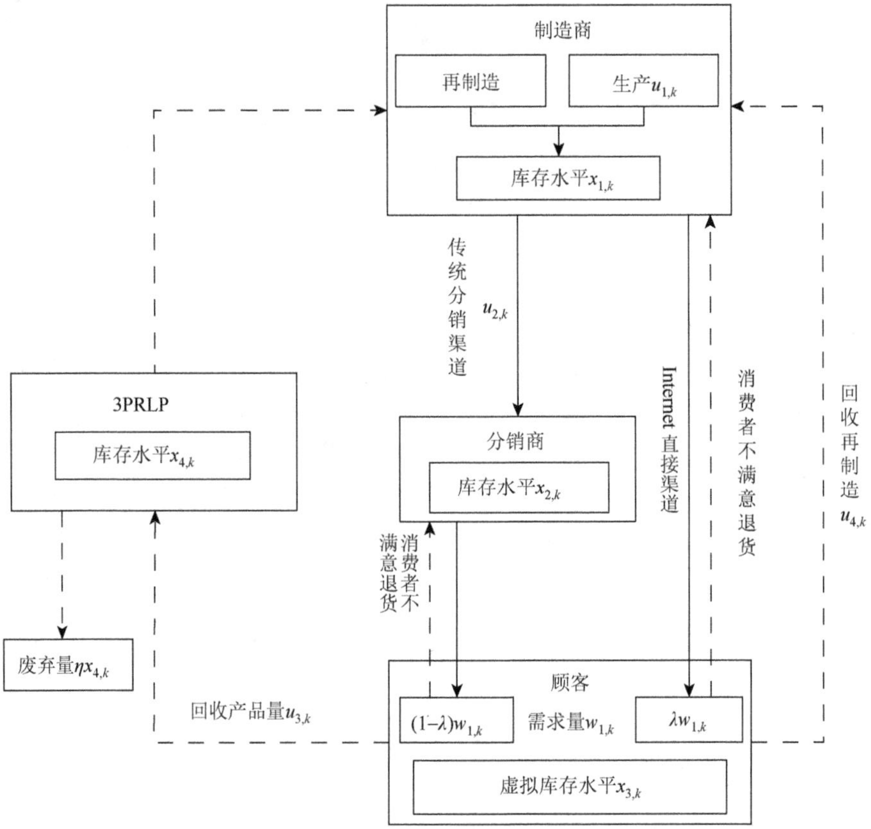

图 6.1　考虑混合回收的制造/再制造供应链动态模型

$$\begin{cases} x_{1,k+1} = x_{1,k} + \alpha_1 x_{4,k} + \alpha_2 x_{4,k-d} + u_{1,k} + u_{4,k} + \mu\lambda x_{3,k} - u_{2,k} - \lambda w_{1,k} \\ x_{2,k+1} = x_{2,k} + u_{2,k} + \mu(1-\lambda)x_{3,k} - (1-\lambda)w_{1,k} \\ x_{3,k+1} = x_{3,k} - \beta_1 x_{3,k} + w_{1,k} - u_{3,k} - \mu x_{3,k} - u_{4,k} \\ x_{4,k+1} = x_{4,k} + u_{3,k} - \alpha_1 x_{4,k} - \alpha_2 x_{4,k-d} - \eta x_{4,k} \end{cases} \tag{6.1}$$

其中，$x_{1,k}$ 为制造商的实际库存量，$x_{2,k}$ 为分销商的实际库存量，$x_{3,k}$ 为顾客的虚拟库存量，$x_{4,k}$ 为 3PRLP 的实际库存量，均为状态变量；$x_{4,k-d}$ 是具有再制造提前期 d $(0 \leqslant d < \infty)$ 的 3PRLP 的实际库存量；$u_{1,k}$ 是制造商新产品的生产量，$u_{2,k}$ 是分销商的产品订购数量，$u_{3,k}$ 是 3PRLP 的回收量，$u_{4,k}$ 是制造商的回收量，均为控制变量；$w_{1,k}$ 是不确定顾客需求；λ 为顾客通过线上渠道购买产品的偏好系数，α_1 和 α_2 是 3PRLP 的再制造率，β_1 为顾客的废弃率，η 为 3PRLP 的废弃率，μ 是顾客的退货率，$0 < \alpha_i < 1$，$0 < \beta_i < 1$，$0 < \alpha_i + \eta \leqslant 1$ $(i = 1,2)$，$0 < \beta_1 + \mu \leqslant 1$。

图 6.1 所示的考虑混合回收的制造/再制造供应链系统的运作总成本为

$$
\begin{aligned}
P_k &= c_{h1}x_{1,k} + c_{h2}x_{2,k} + c_{h3}x_{4,k} + c_{r1}\alpha_2 x_{4,k-d} + [c_o\beta_1 + c_m\mu\lambda + c_q\mu(1-\lambda)]x_{3,k} \\
&\quad + (c_{r1}\alpha_1 + c_p\eta)x_{4,k} + c_n u_{1,k} + c_s u_{2,k} + c_t u_{3,k} + c_{r2}u_{4,k}
\end{aligned}
\tag{6.2}
$$

其中，P_k 为 3PRLP 在 k 时刻回收再制造的成本，为输出变量；c_{h1} 为制造商的单位库存成本；c_{h2} 为分销商的单位库存成本；c_{h3} 为 3PRLP 的单位库存成本；c_o 是消费者处理废旧产品的单位废弃处理成本；c_{r1} 是制造商向 3PRLP 支付的单位成本；c_m 是顾客通过线上渠道直接退货给制造商的单位退货成本；c_{r2} 是制造商回收废旧产品的单位回收再制造成本；c_q 是顾客通过线下渠道退货给分销商的单位退货成本；c_p 是 3PRLP 回收废旧产品的单位处理成本；c_n 为制造商新产品的单位生产成本；c_s 为分销商向制造商进行订购的单位订购成本；c_t 是 3PRLP 从顾客处回收废旧产品的单位回收成本。

此外，鉴于混合回收供应链系统中的制造商库存和分销商库存均存在安全库存值和期望库存值，制造商和分销商根据实际库存值调节各自的生产策略和订购策略，进而会形成供应链系统的各个不同子系统，因此，该混合回收制造/再制造供应链的第 i 个子系统为

$$
\begin{cases}
\boldsymbol{x}(k+1) = \boldsymbol{A}_i\boldsymbol{x}(k) + \boldsymbol{A}_{di}\boldsymbol{x}(k-d) + \boldsymbol{B}_i\boldsymbol{u}(k) + \boldsymbol{B}_{wi}\boldsymbol{w}(k) \\
\boldsymbol{z}(k) = \boldsymbol{C}_i\boldsymbol{x}(k) + \boldsymbol{C}_{di}\boldsymbol{x}(k-d) + \boldsymbol{D}_i\boldsymbol{u}(k) + \boldsymbol{D}_{wi}\boldsymbol{w}(k)
\end{cases}
\tag{6.3}
$$

其中，$\boldsymbol{x}^{\mathrm{T}}(k) = [x_{1,k} \quad x_{2,k} \quad x_{3,k} \quad x_{4,k}]$；$\boldsymbol{x}^{\mathrm{T}}(k-d) = [0 \quad 0 \quad 0 \quad x_{4,k-d}]$；$\boldsymbol{z}(k)=[P_k]$；$\boldsymbol{u}^{\mathrm{T}}(k) = [u_{1,k} \quad u_{2,k} \quad u_{3,k} \quad u_{4,k}]$；$\boldsymbol{w}^{\mathrm{T}}(k)=[0 \quad w(k) \quad 0 \quad 0]$；$\boldsymbol{A}_i$、$\boldsymbol{A}_{di}$、$\boldsymbol{B}_i$、$\boldsymbol{B}_{wi}$、$\boldsymbol{C}_i$、$\boldsymbol{C}_{di}$、$\boldsymbol{D}_i$ 和 $\boldsymbol{D}_{wi}$ 代表不同生产策略和订购策略下所形成子系统中相对应的系数矩阵，即 $\boldsymbol{A}_i$ 和 $\boldsymbol{A}_{di}$ 代表相应库存量的系数矩阵，$\boldsymbol{B}_i$ 为相应各节点企业生产量、订购量和回收量的系数矩阵，$\boldsymbol{B}_{wi}$ 为相应外部顾客需求量的系数矩阵，$\boldsymbol{C}_i$、$\boldsymbol{C}_{di}$ 和 $\boldsymbol{D}_i$ 为相应的成本系数矩阵；$\boldsymbol{z}(k)$ 代表供应链系统运作总成本。本章运用系统实际运作量与系统标称量之差来描述混合回收制造/再制造供应链系统。

6.1.2　考虑混合回收的制造/再制造供应链 T-S 模糊模型

运用 T-S 模糊模型对式（6.3）建立如下第 i 个制造/再制造供应链动态模型一般形式。

R^i：IF $x_{1,k}$ is M_1^i and ⋯ and $x_{n,k}$ is M_n^i，THEN

$$
\begin{cases}
\boldsymbol{x}(k+1) = \boldsymbol{A}_i\boldsymbol{x}(k) + \boldsymbol{A}_{di}\boldsymbol{x}(k-d) + \boldsymbol{B}_i\boldsymbol{u}(k) + \boldsymbol{B}_{wi}\boldsymbol{w}(k) \\
\boldsymbol{z}(k) = \boldsymbol{C}_i\boldsymbol{x}(k) + \boldsymbol{C}_{di}\boldsymbol{x}(k-d) + \boldsymbol{D}_i\boldsymbol{u}(k) + \boldsymbol{D}_{wi}\boldsymbol{w}(k)
\end{cases}
$$

$$
\boldsymbol{x}(k) = \boldsymbol{\varphi}(k), k = -d, -d+1, \cdots, 0; i = 1, 2, \cdots, r
\tag{6.4}
$$

其中，R^i $(i = 1, 2, \cdots, r)$、M_j^i $(j = 1, 2, \cdots, n)$ 和 r 分别是第 i 条模糊规则、模糊

集合和模糊规则数；$\boldsymbol{\varphi}(k)$ 为供应链系统的初始状态；$\boldsymbol{x}^{\mathrm{T}}(k)=[x_{1,k} \quad x_{2,k} \quad \cdots \quad x_{n,k}]$ 为供应链系统中各节点的库存量，是状态向量；$\boldsymbol{x}(k-d)$ 是具有再制造提前期 d 的状态向量；$\boldsymbol{u}^{\mathrm{T}}(k)=[u_{1,k} \quad u_{2,k} \quad \cdots \quad u_{n,k}]$ 表示各节点企业的生产量、订购量或回收量，为系统的控制输入向量；$\boldsymbol{w}(k)$ 表示顾客需求，为外部扰动向量；$\boldsymbol{z}(k)$ 代表供应链系统运作总成本，为系统的控制输出变量；n 为供应链中节点企业的个数；$\boldsymbol{A}_i$、$\boldsymbol{A}_{di}$、$\boldsymbol{B}_i$、$\boldsymbol{B}_{wi}$、$\boldsymbol{C}_i$、$\boldsymbol{C}_{di}$、$\boldsymbol{D}_i$ 和 $\boldsymbol{D}_{wi}$ 是适当维数的常数矩阵；d 是时滞参数，且满足 $0 \leqslant d < \infty$。

对于式（6.4），采用单点模糊化、乘积推理以及加权平均反模糊化的推理方法，可得最终模糊时滞系统的状态方程和输出方程为

$$\begin{cases} \boldsymbol{x}(k+1)=\sum\limits_{i=1}^{r}\mu_i(x)\left[\boldsymbol{A}_i\boldsymbol{x}(k)+\boldsymbol{A}_{di}\boldsymbol{x}(k-d)+\boldsymbol{B}_i\boldsymbol{u}(k)+\boldsymbol{B}_{wi}\boldsymbol{w}(k)\right] \\ \boldsymbol{z}(k)=\sum\limits_{i=1}^{r}\mu_i(x)\left[\boldsymbol{C}_i\boldsymbol{x}(k)+\boldsymbol{C}_{di}\boldsymbol{x}(k-d)+\boldsymbol{D}_i\boldsymbol{u}(k)+\boldsymbol{D}_{wi}\boldsymbol{w}(k)\right] \end{cases} \tag{6.5}$$

其中，$\mu_i(x)=\dfrac{h_i(x)}{\sum\limits_{i=1}^{r}h_i(x)}$，$h_i(x)=\prod\limits_{j=1}^{n}M_j^i(x_{j,k})$ $(i=1,2,\cdots,r)$，$M_j^i(x_{j,k})$ 是 $x_{j,k}$ 关于模糊集合 M_j^i 的隶属度函数；$\mu_i(x)$ 是第 i 条规则的隶属度。

6.2 考虑混合回收的制造/再制造供应链鲁棒控制策略

对混合回收制造/再制造供应链系统进行 T-S 模糊控制器设计如下。

Controller Rule $\boldsymbol{K}^i$

R^i：IF $x_{1,k}$ is M_1^i and $\cdots$ and $x_{n,k}$ is M_n^i，THEN

$$\boldsymbol{u}(k)=\sum_{i=1}^{r}\mu_i(k)\boldsymbol{K}_i\boldsymbol{x}(k) \tag{6.6}$$

其中，$\boldsymbol{K}_i$ 为待定的状态反馈增益矩阵。

定义 6.1[211]：给定一个标量 $\gamma>0$（代表系统的干扰衰减水平），若对所有的 $\boldsymbol{w}(k)\in\ell_2[0,\infty)$，存在控制律（6.6），使得在扰动 $\boldsymbol{w}(k)\equiv 0$ 时闭环系统（6.4）大范围渐近稳定，且在零初始条件下，对任意的扰动向量 $\boldsymbol{w}(k)\neq 0$，系统被调输出 $\boldsymbol{z}(k)$ 始终满足 $\|\boldsymbol{z}(k)\|_2<\gamma\|\boldsymbol{w}\|_2$，则称闭环模糊时滞系统（6.4）$\gamma$ 渐近稳定，相应的控制律（6.6）称为闭环模糊时滞系统（6.4）的一个 γ 次优鲁棒 H_∞ 控制律。

定理 6.1：给定一个标量 $\gamma>0$，如果在各最大交叠规则组中分别存在正定矩阵 $\boldsymbol{P}_1$、$\boldsymbol{Q}_{1l}$、$\boldsymbol{Q}_{2l}$、非奇异矩阵 $\boldsymbol{U}_l$ 以及适当维数的矩阵 $\boldsymbol{N}_{l1}$、$\boldsymbol{N}_{l2}$、$\boldsymbol{N}_{l3}$、$\boldsymbol{N}_{l4}$、$\boldsymbol{M}_{l1}$、$\boldsymbol{M}_{l2}$、$\boldsymbol{M}_{l3}$、$\boldsymbol{M}_{l4}$、$\boldsymbol{Y}_{jl}$ 满足如下不等式：

$$\boldsymbol{\Omega}_{lii}<\mathbf{0} \tag{6.7}$$

$$\boldsymbol{\Omega}_{lij}+\boldsymbol{\Omega}_{lji}<\mathbf{0},\quad i<j,\ i,j\in I_l \tag{6.8}$$

其中：

$$\boldsymbol{\Omega}_{lij}=\begin{bmatrix} -\boldsymbol{U}_l-\boldsymbol{U}_l^{\mathrm{T}} & \boldsymbol{\Pi}_{12} & \boldsymbol{\Pi}_{13} & \boldsymbol{\Pi}_{14} & \boldsymbol{\Pi}_{15} & \mathbf{0} & \mathbf{0} \\ * & \boldsymbol{D}_{1l} & \boldsymbol{D}_{2l} & \boldsymbol{D}_{3l} & \boldsymbol{D}_{4l} & \boldsymbol{N}_{l1} & \boldsymbol{\Pi}_{27} \\ * & * & \boldsymbol{D}_{5l} & \boldsymbol{D}_{6l} & \boldsymbol{D}_{7l} & \boldsymbol{N}_{l2} & \boldsymbol{\Pi}_{37} \\ * & * & * & \boldsymbol{D}_{8l} & \boldsymbol{D}_{9l} & \boldsymbol{N}_{l3} & \mathbf{0} \\ * & * & * & * & \boldsymbol{D}_{10} & \boldsymbol{N}_{l4} & \boldsymbol{D}_{wi}^{\mathrm{T}} \\ * & * & * & * & * & -d^{-1}\boldsymbol{Q}_{2l} & \mathbf{0} \\ * & * & * & * & * & * & -\boldsymbol{I} \end{bmatrix},\boldsymbol{\Pi}_{12}=\boldsymbol{P}_l+\boldsymbol{M}_{l1}+\boldsymbol{A}_i\boldsymbol{U}_l+\boldsymbol{B}_i\boldsymbol{Y}_{jl},$$

$\boldsymbol{\Pi}_{13}=\boldsymbol{M}_{l2}+\boldsymbol{A}_{di}\boldsymbol{U}_l$, $\boldsymbol{\Pi}_{14}=\boldsymbol{P}_l+\boldsymbol{M}_{l3}$, $\boldsymbol{\Pi}_{15}=\boldsymbol{B}_{wi}+\boldsymbol{M}_{l4}$, $\boldsymbol{\Pi}_{27}=\left[\boldsymbol{C}_i\boldsymbol{U}_l+\boldsymbol{D}_i\boldsymbol{Y}_{jl}\right]^{\mathrm{T}}$, $\boldsymbol{\Pi}_{37}=\left[\boldsymbol{C}_{di}\boldsymbol{U}_l\right]^{\mathrm{T}}$, $\boldsymbol{D}_{1l}=\boldsymbol{Q}_{1l}-2\boldsymbol{P}_l+\boldsymbol{N}_{l1}-\boldsymbol{M}_{l1}+\boldsymbol{N}_{l1}^{\mathrm{T}}-\boldsymbol{M}_{l1}^{\mathrm{T}}$, $\boldsymbol{D}_{2l}=-\boldsymbol{N}_{l1}+\boldsymbol{N}_{l2}^{\mathrm{T}}-\boldsymbol{M}_{l2}$, $\boldsymbol{D}_{7l}=-\boldsymbol{N}_{l4}^{\mathrm{T}}$, $\boldsymbol{D}_{3l}=\boldsymbol{N}_{l3}^{\mathrm{T}}-\boldsymbol{M}_{l3}-\boldsymbol{M}_{l1}^{\mathrm{T}}$, $\boldsymbol{D}_{4l}=\boldsymbol{N}_{l4}^{\mathrm{T}}-\boldsymbol{M}_{l4}$, $\boldsymbol{D}_{5l}=-\boldsymbol{Q}_{1l}-\boldsymbol{N}_{l2}^{\mathrm{T}}-\boldsymbol{N}_{l2}$, $\boldsymbol{D}_{9l}=-\boldsymbol{M}_{l4}$, $\boldsymbol{D}_{6l}=-\boldsymbol{N}_{l3}^{\mathrm{T}}-\boldsymbol{M}_{l2}^{\mathrm{T}}$, $\boldsymbol{D}_{8l}=d\boldsymbol{Q}_{2l}-\boldsymbol{M}_{l3}^{\mathrm{T}}-\boldsymbol{M}_{l3}$, $\boldsymbol{D}_{10}=-\gamma^2\boldsymbol{I}$, $\boldsymbol{G}_l$ 为第 l 个最大交叠规则组，$l=1,2,\cdots,\prod_{j=1}^{n}\left(m_j-1\right)$，$m_j$ 为第 j 个输入变量模糊分划数，则存在反馈控制器（6.6），使得混合回收制造/再制造供应链系统（6.5）在 H_∞ 性能指标 γ 下鲁棒渐近稳定，控制律增益为

$$\boldsymbol{K}_{jl}=\boldsymbol{Y}_{jl}\boldsymbol{U}_l^{-1} \tag{6.9}$$

证明： 令 $\overline{\boldsymbol{X}}_l^{\mathrm{T}}=\boldsymbol{U}_l^{-\mathrm{T}}\boldsymbol{X}_l\boldsymbol{U}_l^{-1}$，其中，$\boldsymbol{X}_l$ 可表示为 $\boldsymbol{P}_l$、$\boldsymbol{Q}_{1l}$、$\boldsymbol{Q}_{2l}$、$\boldsymbol{N}_{l1}$、$\boldsymbol{N}_{l2}$、$\boldsymbol{N}_{l3}$、$\boldsymbol{M}_{l1}$、$\boldsymbol{M}_{l2}$、$\boldsymbol{M}_{l3}$、$\boldsymbol{D}_{1l}$、$\boldsymbol{D}_{2l}$、$\boldsymbol{D}_{3l}$、$\boldsymbol{D}_{5l}$、$\boldsymbol{D}_{6l}$、$\boldsymbol{D}_{7l}$、$\boldsymbol{D}_{8l}$（$l=1,2,\cdots,\prod_{j=1}^{n}(m_j-1)$）的函数。

设式（6.5）的状态输入向量为 $\boldsymbol{x}^{\mathrm{T}}(k)=[x_{1,k}\ \ x_{2,k}\ \ \cdots\ \ x_{n,k}]$，系统共有 f 个交叠规则组，任一交叠规则组的作用域为 $\boldsymbol{g}_c(c=1,2,\cdots,f)$，$\boldsymbol{L}_c=\{\boldsymbol{g}_c$ 中包含的规则序号$\}$。

若 $\boldsymbol{x}(k)$ 与 $\boldsymbol{x}(k+1)$ 在同一交叠规则组，则系统在第 c 个交叠规则组上的局部模型为

$$\begin{cases} \boldsymbol{x}(k+1)=\sum\limits_{i\in L_c}\mu_{ci}(x)[\boldsymbol{A}_i\boldsymbol{x}(k)+\boldsymbol{A}_{di}\boldsymbol{x}(k-d)+\boldsymbol{B}_i\boldsymbol{u}(k)+\boldsymbol{B}_{wi}\boldsymbol{w}(k)] \\ \qquad\quad =\overleftarrow{\boldsymbol{A}}_{ij}\boldsymbol{x}(k)+\overleftarrow{\boldsymbol{A}}_{di}\boldsymbol{x}(k-d)+\overleftarrow{\boldsymbol{B}}_{wi}\boldsymbol{w}(k) \\ \boldsymbol{z}(k)=\sum\limits_{i\in L_c}\mu_{ci}(x)[\boldsymbol{C}_i\boldsymbol{x}(k)+\boldsymbol{C}_{di}\boldsymbol{x}(k-d)+\boldsymbol{D}_i\boldsymbol{u}(k)+\boldsymbol{D}_{wi}\boldsymbol{w}(k)] \\ \qquad =\overleftarrow{\boldsymbol{C}}_{ij}\boldsymbol{x}(k)+\overleftarrow{\boldsymbol{C}}_{di}\boldsymbol{x}(k-d)+\overleftarrow{\boldsymbol{D}}_{wi}\boldsymbol{w}(k) \end{cases} \tag{6.10}$$

其中，$\overleftarrow{A}_{ij}=\sum_{i\in L_c}\sum_{j\in L_c}\mu_{ci}(x)\mu_{cj}(x)(\boldsymbol{A}_i+\boldsymbol{B}_i\boldsymbol{K}_{jl})$；$\overleftarrow{A}_{di}=\sum_{i\in L_c}\mu_{ci}(x)\boldsymbol{A}_{di}$；$\overleftarrow{C}_{ij}=\sum_{i\in L_c}\sum_{j\in L_c}\mu_{ci}(x)\times\mu_{cj}(x)(\boldsymbol{C}_i+\boldsymbol{D}_i\boldsymbol{K}_{jl})$；$\overleftarrow{C}_{di}=\sum_{i\in L_c}\mu_{ci}(x)\boldsymbol{C}_{di}$；$\overleftarrow{B}_{wi}=\sum_{i\in L_c}\mu_{ci}(x)\boldsymbol{B}_{wi}$；$\overleftarrow{D}_{wi}=\sum_{i\in L_c}\mu_{ci}(x)\boldsymbol{D}_{wi}$。

定义任意一个交叠规则组 $\boldsymbol{g}_c$ 的能量函数为

$$V_c(\boldsymbol{x}(k))=V_{1c}(\boldsymbol{x}(k))+V_{2c}(\boldsymbol{x}(k))+V_{3c}(\boldsymbol{x}(k)) \tag{6.11}$$

其中，$V_{1c}(\boldsymbol{x}(k))=2\boldsymbol{x}^{\mathrm{T}}(k)\overline{\boldsymbol{P}}_l\boldsymbol{x}(k)$；$V_{2c}(\boldsymbol{x}(k))=\sum_{m=k-d}^{k-1}\boldsymbol{x}^{\mathrm{T}}(m)\overline{\boldsymbol{Q}}_{1l}\boldsymbol{x}(m)$；$V_{3c}(\boldsymbol{x}(k))=\sum_{i=-d}^{-1}\sum_{j=k+i}^{k-1}\boldsymbol{y}^{\mathrm{T}}(j)\overline{\boldsymbol{Q}}_{2l}\boldsymbol{y}(j)$。

令 $\Delta V(\boldsymbol{x}(k))=V(\boldsymbol{x}(k+1))-V(\boldsymbol{x}(k))$，对所有的 $\boldsymbol{x}(k)\neq\boldsymbol{0}$，由式（6.11）及 $\mu_{ci}(x)\mu_{cj}(x)>0$ 可推出：

$$\begin{aligned}\Delta V_{1c}(\boldsymbol{x}(k))&=2\boldsymbol{x}^{\mathrm{T}}(k)\overleftarrow{A}_{ij}^{\mathrm{T}}\overline{\boldsymbol{P}}_l\boldsymbol{y}(k)+2\boldsymbol{x}^{\mathrm{T}}(k)\overleftarrow{A}_{ij}^{\mathrm{T}}\overline{\boldsymbol{P}}_l\boldsymbol{x}(k)+2\boldsymbol{x}^{\mathrm{T}}(k-d)\overleftarrow{A}_{di}^{\mathrm{T}}\overline{\boldsymbol{P}}_l\boldsymbol{y}(k)\\&\quad-2\boldsymbol{x}^{\mathrm{T}}(k)\overline{\boldsymbol{P}}_l\boldsymbol{x}(k)+2\boldsymbol{x}^{\mathrm{T}}(k-d)\overleftarrow{A}_{di}^{\mathrm{T}}\overline{\boldsymbol{P}}_l\boldsymbol{x}(k)\\&=\boldsymbol{\xi}^{\mathrm{T}}(k)\begin{bmatrix}\overleftarrow{A}_{ij}^{\mathrm{T}}\overline{\boldsymbol{P}}_l+\overline{\boldsymbol{P}}_l^{\mathrm{T}}\overleftarrow{A}_{ij}-2\overline{\boldsymbol{P}}_l & \overline{\boldsymbol{P}}_l^{\mathrm{T}}\overleftarrow{A}_{di} & \overleftarrow{A}_{ij}^{\mathrm{T}}\overline{\boldsymbol{P}}_l & \overline{\boldsymbol{P}}_l^{\mathrm{T}}\overleftarrow{B}_{wi}\\ * & \boldsymbol{0} & \overleftarrow{A}_{di}^{\mathrm{T}}\overline{\boldsymbol{P}}_l & \boldsymbol{0}\\ * & * & \boldsymbol{0} & \overline{\boldsymbol{P}}_l^{\mathrm{T}}\overleftarrow{B}_{wi}\\ * & * & * & \boldsymbol{0}\end{bmatrix}\boldsymbol{\xi}(k)\end{aligned} \tag{6.12}$$

$$\begin{aligned}\Delta V_{2c}(\boldsymbol{x}(k))&=\boldsymbol{x}^{\mathrm{T}}(k)\overline{\boldsymbol{Q}}_{1l}\boldsymbol{x}(k)-\boldsymbol{x}^{\mathrm{T}}(k-d)\overline{\boldsymbol{Q}}_{1l}\boldsymbol{x}(k-d)\\&=\boldsymbol{\xi}^{\mathrm{T}}(k)\begin{bmatrix}\overline{\boldsymbol{Q}}_{1l} & \boldsymbol{0} & \boldsymbol{0} & \boldsymbol{0}\\ * & -\overline{\boldsymbol{Q}}_{1l} & \boldsymbol{0} & \boldsymbol{0}\\ * & * & \boldsymbol{0} & \boldsymbol{0}\\ * & * & * & \boldsymbol{0}\end{bmatrix}\boldsymbol{\xi}(k)\end{aligned} \tag{6.13}$$

$$\Delta V_{3c}(\boldsymbol{x}(k))=\boldsymbol{\xi}^{\mathrm{T}}(k)\begin{bmatrix}\boldsymbol{0} & \boldsymbol{0} & \boldsymbol{0} & \boldsymbol{0}\\ * & \boldsymbol{0} & \boldsymbol{0} & \boldsymbol{0}\\ * & * & d\overline{\boldsymbol{Q}}_{2l} & \boldsymbol{0}\\ * & * & * & \boldsymbol{0}\end{bmatrix}\boldsymbol{\xi}(k)-\sum_{m=k-d}^{k-1}\boldsymbol{y}^{\mathrm{T}}(m)\overline{\boldsymbol{Q}}_{2l}\boldsymbol{y}(m) \tag{6.14}$$

其中，$\boldsymbol{\xi}(k)=\begin{bmatrix}\boldsymbol{x}(k)\\ \boldsymbol{x}(k-d)\\ \boldsymbol{y}(k)\\ \boldsymbol{w}(k)\end{bmatrix}$；$\boldsymbol{y}(k)=\boldsymbol{x}(k+1)-\boldsymbol{x}(k)$。

根据 $\boldsymbol{y}(k)=\boldsymbol{x}(k+1)-\boldsymbol{x}(k)$ 以及式（6.10），可得下列等式：

$$\begin{aligned}\boldsymbol{\eta}_1&=2[\boldsymbol{x}^{\mathrm{T}}(k)\overline{\boldsymbol{N}}_{l1}+\boldsymbol{x}^{\mathrm{T}}(k-d)\overline{\boldsymbol{N}}_{l2}+\boldsymbol{y}^{\mathrm{T}}(k)\overline{\boldsymbol{N}}_{l3}+\boldsymbol{w}^{\mathrm{T}}(k)\boldsymbol{N}_{l4}\boldsymbol{W}]\\&\quad\times\left[\boldsymbol{x}(k)-\boldsymbol{x}(k-d)-\sum_{m=k-d}^{k-1}\boldsymbol{y}(m)\right]=\boldsymbol{0}\end{aligned}\tag{6.15}$$

$$\begin{aligned}\boldsymbol{\eta}_2&=2\left[\boldsymbol{x}^{\mathrm{T}}(k)\overline{\boldsymbol{M}}_{l1}^{\mathrm{T}}+\boldsymbol{x}^{\mathrm{T}}(k-d)\overline{\boldsymbol{M}}_{l2}^{\mathrm{T}}+\boldsymbol{y}^{\mathrm{T}}(k)\overline{\boldsymbol{M}}_{l3}^{\mathrm{T}}+\boldsymbol{w}^{\mathrm{T}}(k)\boldsymbol{M}_{l4}^{\mathrm{T}}\boldsymbol{W}\right]\\&\quad\times\left[(\overleftarrow{\boldsymbol{A}}_{ij}-\boldsymbol{I})\boldsymbol{x}(k)+\overleftarrow{\boldsymbol{A}}_{di}\boldsymbol{x}(k-d)+\overleftarrow{\boldsymbol{B}}_{wi}\boldsymbol{w}(k)-\boldsymbol{y}(k)\right]=\boldsymbol{0}\end{aligned}\tag{6.16}$$

若存在合适的向量 $\boldsymbol{a}$ 和 $\boldsymbol{b}$，以及适当维数的正定矩阵 $\boldsymbol{M}>\boldsymbol{0}$，则 $\pm2\boldsymbol{a}^{\mathrm{T}}\boldsymbol{b}\leqslant\boldsymbol{a}^{\mathrm{T}}\boldsymbol{M}\boldsymbol{a}+\boldsymbol{b}^{\mathrm{T}}\boldsymbol{M}^{-1}\boldsymbol{b}$。因此，可得

$$\begin{aligned}&2\left[\boldsymbol{x}^{\mathrm{T}}(k)\overline{\boldsymbol{N}}_{l1}+\boldsymbol{x}^{\mathrm{T}}(k-d)\overline{\boldsymbol{N}}_{l2}+\boldsymbol{y}^{\mathrm{T}}(k)\overline{\boldsymbol{N}}_{l3}+\boldsymbol{w}^{\mathrm{T}}(k)\boldsymbol{N}_{l4}\boldsymbol{W}\right]\sum_{m=k-d}^{k-1}\boldsymbol{y}(m)\\&\leqslant d\boldsymbol{\xi}^{\mathrm{T}}(k)\begin{bmatrix}\overline{\boldsymbol{N}}_{l1}\\\overline{\boldsymbol{N}}_{l2}\\\overline{\boldsymbol{N}}_{l3}\\\boldsymbol{N}_{l4}\boldsymbol{W}\end{bmatrix}\overline{\boldsymbol{Q}}_{2l}^{-1}\begin{bmatrix}\overline{\boldsymbol{N}}_{l1}\\\overline{\boldsymbol{N}}_{l2}\\\overline{\boldsymbol{N}}_{l3}\\\boldsymbol{N}_{l4}\boldsymbol{W}\end{bmatrix}^{\mathrm{T}}\boldsymbol{\xi}(k)+\sum_{m=k-d}^{k-1}\boldsymbol{y}^{\mathrm{T}}(m)\overline{\boldsymbol{Q}}_{2l}\boldsymbol{y}(m)\end{aligned}\tag{6.17}$$

针对式（6.10），根据定义 6.1 和式（6.11）～式（6.17）可得

$$\begin{aligned}&\Delta V_{1c}(\boldsymbol{x}(k))+\Delta V_{2c}(\boldsymbol{x}(k))+\Delta V_{3c}(\boldsymbol{x}(k))+\boldsymbol{\eta}_1+\boldsymbol{\eta}_2+\boldsymbol{z}^{\mathrm{T}}(k)\boldsymbol{z}(k)-\gamma^2\boldsymbol{w}^{\mathrm{T}}(k)\boldsymbol{w}(k)\\&\leqslant\boldsymbol{\xi}^{\mathrm{T}}(k)\boldsymbol{\varXi}_{lij}\boldsymbol{\xi}(k)\end{aligned}\tag{6.18}$$

其中：

$$\boldsymbol{\varXi}_{lij}=\begin{bmatrix}\boldsymbol{\theta}_{11}&\boldsymbol{\theta}_{12}&\boldsymbol{\theta}_{13}&\boldsymbol{\theta}_{14}\\ *&\boldsymbol{\theta}_{22}&\boldsymbol{\theta}_{23}&\boldsymbol{\theta}_{24}\\ *&*&\boldsymbol{\theta}_{33}&\boldsymbol{\theta}_{34}\\ *&*&*&\boldsymbol{\theta}_{44}\end{bmatrix}+d\begin{bmatrix}\overline{\boldsymbol{N}}_{l1}\\\overline{\boldsymbol{N}}_{l2}\\\overline{\boldsymbol{N}}_{l3}\\\boldsymbol{N}_{l4}\boldsymbol{W}\end{bmatrix}\overline{\boldsymbol{Q}}_{2l}^{-1}\begin{bmatrix}\overline{\boldsymbol{N}}_{l1}\\\overline{\boldsymbol{N}}_{l2}\\\overline{\boldsymbol{N}}_{l3}\\\boldsymbol{N}_{l4}\boldsymbol{W}\end{bmatrix}^{\mathrm{T}}+\left[\overleftarrow{\boldsymbol{C}}_{ij}\quad\overleftarrow{\boldsymbol{C}}_{di}\quad\boldsymbol{0}\quad\overleftarrow{\boldsymbol{D}}_{wi}\right]^{\mathrm{T}}$$

$\times\left[\overleftarrow{\boldsymbol{C}}_{ij}\quad\overleftarrow{\boldsymbol{C}}_{di}\quad\boldsymbol{0}\quad\overleftarrow{\boldsymbol{D}}_{wi}\right]$，$\boldsymbol{\theta}_{11}=(\overline{\boldsymbol{P}}_l+\overline{\boldsymbol{M}}_{l1})^{\mathrm{T}}\overleftarrow{\boldsymbol{A}}_{ij}+\overleftarrow{\boldsymbol{A}}_{ij}^{\mathrm{T}}(\overline{\boldsymbol{P}}_l+\overline{\boldsymbol{M}}_{l1})+\overline{\boldsymbol{D}}_{1l}$，$\overline{\boldsymbol{D}}_{1l}=\overline{\boldsymbol{Q}}_{1l}-2\overline{\boldsymbol{P}}_l+\overline{\boldsymbol{N}}_{l1}-\overline{\boldsymbol{M}}_{l1}+\overline{\boldsymbol{N}}_{l1}^{\mathrm{T}}-\overline{\boldsymbol{M}}_{l1}^{\mathrm{T}}$，$\boldsymbol{\theta}_{12}=(\overline{\boldsymbol{P}}_l+\overline{\boldsymbol{M}}_{l1})^{\mathrm{T}}\overleftarrow{\boldsymbol{A}}_{di}+\overline{\boldsymbol{D}}_{2l}+\overleftarrow{\boldsymbol{A}}_{ij}^{\mathrm{T}}\overline{\boldsymbol{M}}_{l2}$，$\overline{\boldsymbol{D}}_{2l}=-\overline{\boldsymbol{N}}_{l1}+\overline{\boldsymbol{N}}_{l2}^{\mathrm{T}}-\overline{\boldsymbol{M}}_{l2}$，$\boldsymbol{\theta}_{13}=\overleftarrow{\boldsymbol{A}}_{ij}^{\mathrm{T}}(\overline{\boldsymbol{P}}_l+\overline{\boldsymbol{M}}_{l3})+\overline{\boldsymbol{D}}_{3l}$，$\overline{\boldsymbol{D}}_{3l}=\overline{\boldsymbol{N}}_{l3}^{\mathrm{T}}-\overline{\boldsymbol{M}}_{l1}^{\mathrm{T}}-\overline{\boldsymbol{M}}_{l3}$，$\boldsymbol{\theta}_{14}=\boldsymbol{W}^{\mathrm{T}}\boldsymbol{D}_{4l}+\overleftarrow{\boldsymbol{A}}_{ij}\boldsymbol{W}^{\mathrm{T}}\boldsymbol{M}_{l4}+(\overline{\boldsymbol{P}}_l+\overline{\boldsymbol{M}}_{l1})^{\mathrm{T}}\overleftarrow{\boldsymbol{B}}_{wi}$，$\boldsymbol{D}_{4l}=\boldsymbol{N}_{l4}^{\mathrm{T}}-\boldsymbol{M}_{l4}$，$\boldsymbol{\theta}_{22}=\overline{\boldsymbol{D}}_{5l}+\overline{\boldsymbol{M}}_{l2}^{\mathrm{T}}\overleftarrow{\boldsymbol{A}}_{di}+\overleftarrow{\boldsymbol{A}}_{di}^{\mathrm{T}}\overline{\boldsymbol{M}}_{l2}$，$\overline{\boldsymbol{D}}_{5l}=-\overline{\boldsymbol{Q}}_{1l}\ -\overline{\boldsymbol{N}}_{l2}-\overline{\boldsymbol{N}}_{l2}^{\mathrm{T}}$，

$\boldsymbol{\theta}_{23}=\overline{\boldsymbol{D}}_{6l}+\overleftarrow{\boldsymbol{A}}_{di}^{\mathrm{T}}(\overline{\boldsymbol{P}}_l+\overline{\boldsymbol{M}}_{l3})$，$\overline{\boldsymbol{D}}_{6l}=-\overline{\boldsymbol{N}}_{l3}^{\mathrm{T}}-\overline{\boldsymbol{M}}_{l2}^{\mathrm{T}}$，$\boldsymbol{\theta}_{24}=\overleftarrow{\boldsymbol{A}}_{di}^{\mathrm{T}}\boldsymbol{W}^{\mathrm{T}}\boldsymbol{M}_{l4}+\overline{\boldsymbol{M}}_{l2}^{\mathrm{T}}\overleftarrow{\boldsymbol{B}}_{wi}+\boldsymbol{W}^{\mathrm{T}}\boldsymbol{D}_{7l}$，$\boldsymbol{D}_{7l}=-\boldsymbol{N}_{l4}^{\mathrm{T}}$，$\boldsymbol{\theta}_{33}=\overline{\boldsymbol{D}}_{8l}$，$\overline{\boldsymbol{D}}_{8l}=d\overline{\boldsymbol{Q}}_{2l}-\overline{\boldsymbol{M}}_{l3}-\overline{\boldsymbol{M}}_{l3}^{\mathrm{T}}$，$\boldsymbol{\theta}_{34}=(\overline{\boldsymbol{P}}_l+\overline{\boldsymbol{M}}_{l3})^{\mathrm{T}}\overleftarrow{\boldsymbol{B}}_{wi}+\boldsymbol{W}^{\mathrm{T}}\boldsymbol{D}_{9l}$，$\boldsymbol{D}_{9l}=-\boldsymbol{M}_{l4}$，$\boldsymbol{\theta}_{44}=\overleftarrow{\boldsymbol{B}}_{wi}^{\mathrm{T}}\boldsymbol{W}^{\mathrm{T}}\boldsymbol{M}_{l4}+\boldsymbol{M}_{l4}^{\mathrm{T}}\boldsymbol{W}\overleftarrow{\boldsymbol{B}}_{wi}+\boldsymbol{D}_{10}$，$\boldsymbol{D}_{10}=-\gamma^2\boldsymbol{I}$。

因此，若不等式 $\Delta V_{1c}(\boldsymbol{x}(k))+\Delta V_{2c}(\boldsymbol{x}(k))+\Delta V_{3c}(\boldsymbol{x}(k))+\boldsymbol{\eta}_1+\boldsymbol{\eta}_2+\boldsymbol{z}^{\mathrm{T}}(k)\boldsymbol{z}(k)-\gamma^2\boldsymbol{w}^{\mathrm{T}}(k)\boldsymbol{w}(k)<\boldsymbol{0}$ 成立，则需满足

$$\boldsymbol{\Xi}_{lij}<\boldsymbol{0} \tag{6.19}$$

运用 Schur 补引理，式（6.19）等价于下列不等式：

$$\begin{bmatrix} \boldsymbol{\theta}_{11} & \boldsymbol{\theta}_{12} & \boldsymbol{\theta}_{13} & \boldsymbol{\theta}_{14} & \overline{\boldsymbol{N}}_{l1} & \overleftarrow{\boldsymbol{C}}_{ij}^{\mathrm{T}} \\ * & \boldsymbol{\theta}_{22} & \boldsymbol{\theta}_{23} & \boldsymbol{\theta}_{24} & \overline{\boldsymbol{N}}_{l2} & \overleftarrow{\boldsymbol{C}}_{di}^{\mathrm{T}} \\ * & * & \boldsymbol{\theta}_{33} & \boldsymbol{\theta}_{34} & \overline{\boldsymbol{N}}_{l3} & \boldsymbol{0} \\ * & * & * & \boldsymbol{\theta}_{44} & \boldsymbol{N}_{l4}\boldsymbol{W} & \overleftarrow{\boldsymbol{D}}_{wi}^{\mathrm{T}} \\ * & * & * & * & -d^{-1}\overline{\boldsymbol{Q}}_{2l} & \boldsymbol{0} \\ * & * & * & * & * & -\boldsymbol{I} \end{bmatrix}<\boldsymbol{0} \tag{6.20}$$

由文献[212]的引理 1 可知，式（6.20）可转化为式（6.21）：

$$\sum_{i\in L_c}\sum_{j\in L_c}\mu_i(x)\mu_j(x)\begin{bmatrix} -\boldsymbol{W}_l-\boldsymbol{W}_l^{\mathrm{T}} & \overline{\boldsymbol{P}}_l+\overline{\boldsymbol{M}}_{l1}+\boldsymbol{W}_l^{\mathrm{T}}\boldsymbol{A}_{ij} & \overline{\boldsymbol{M}}_{l2}+\boldsymbol{W}_l^{\mathrm{T}}\boldsymbol{A}_{di} & \overline{\boldsymbol{P}}_l+\overline{\boldsymbol{M}}_{l3} & \boldsymbol{W}^{\mathrm{T}}\boldsymbol{M}_{l4}+\boldsymbol{W}^{\mathrm{T}}\boldsymbol{B}_{wi} & \boldsymbol{0} & \boldsymbol{0} \\ * & \overline{\boldsymbol{D}}_{1l} & \overline{\boldsymbol{D}}_{2l} & \overline{\boldsymbol{D}}_{3l} & \boldsymbol{D}_{4l} & \overline{\boldsymbol{N}}_{l1} & \boldsymbol{C}_{ij}^{\mathrm{T}} \\ * & * & \overline{\boldsymbol{D}}_{5l} & \overline{\boldsymbol{D}}_{6l} & \boldsymbol{D}_{7l} & \overline{\boldsymbol{N}}_{l2} & \boldsymbol{C}_{di}^{\mathrm{T}} \\ * & * & * & \overline{\boldsymbol{D}}_{8l} & \boldsymbol{D}_{9l} & \overline{\boldsymbol{N}}_{l3} & \boldsymbol{0} \\ * & * & * & * & \boldsymbol{D}_{10} & \boldsymbol{N}_{l4}\boldsymbol{W} & \boldsymbol{D}_{wi}^{\mathrm{T}} \\ * & * & * & * & * & -d^{-1}\overline{\boldsymbol{Q}}_{2l} & \boldsymbol{0} \\ * & * & * & * & * & * & -\boldsymbol{I} \end{bmatrix}<\boldsymbol{0} \tag{6.21}$$

其中，$\boldsymbol{W}_l$ 为松弛非奇异矩阵。

另外，由文献[213]可以得到在 $\boldsymbol{w}(k)=\boldsymbol{0}$ 的情况下式（6.4）渐近稳定的充分条件，即式（6.21）的简化形式。

综上所述，式（6.21）满足定义 6.1 的条件，即控制律（6.6）称为模糊时滞系统（6.4）的一个 γ 次优鲁棒 H_∞ 控制律。

对不等式（6.21）分别左乘和右乘矩阵 $\boldsymbol{O}_l^{\mathrm{T}}=\mathrm{diag}\left[\boldsymbol{U}_l^{\mathrm{T}},\boldsymbol{U}_l^{\mathrm{T}},\boldsymbol{U}_l^{\mathrm{T}},\boldsymbol{U}_l^{\mathrm{T}},\boldsymbol{I},\boldsymbol{U}_l^{\mathrm{T}},\boldsymbol{I}\right]$ 和 $\boldsymbol{O}_l=\mathrm{diag}\left[\boldsymbol{U}_l,\boldsymbol{U}_l,\boldsymbol{U}_l,\boldsymbol{U}_l,\boldsymbol{I},\boldsymbol{U}_l,\boldsymbol{I}\right]$，并记 $\boldsymbol{U}_l=\boldsymbol{W}_l^{-1}$，$\boldsymbol{Y}_{jl}=\boldsymbol{K}_{jl}\boldsymbol{U}_l$，可整理得到下列矩阵不等式：$\boldsymbol{\Omega}=\sum\limits_{i=1,i\in L_c}\mu_i^2(x)\boldsymbol{\Omega}_{lii}+\sum\limits_{i=1,i\in L_c}\sum\limits_{\substack{i<j,j\in L_c,\\ i\in L_c}}\mu_i(x)\mu_j(x)(\boldsymbol{\Omega}_{lji}+\boldsymbol{\Omega}_{lij})<\boldsymbol{0}\ (i,j\in\boldsymbol{I}_l)$，即

可得到式（6.7）和式（6.8）。

若 $\boldsymbol{x}(k+1)$ 与 $\boldsymbol{x}(k)$ 不在同一个交叠规则组，则在各交叠规则组上定义如下特征函数：

$$\lambda_c(\boldsymbol{x}(k))=\begin{cases}1, & \boldsymbol{x}(k)\in \boldsymbol{g}_c\\ 0, & \boldsymbol{x}(k)\notin \boldsymbol{g}_c\end{cases},\quad \sum_{c=1}^{f}\lambda_c(\boldsymbol{x}(k))=1$$

则模糊系统在整个输入论域上的总体模型可表示为

$$\begin{cases}\boldsymbol{x}(k+1)=\sum\limits_{c=1}^{f}\lambda_c(\boldsymbol{x}(k))\left\{\sum\limits_{i\in L_c}\sum\limits_{j\in L_c}\mu_i(x)\mu_j(x)\left[\overleftarrow{\boldsymbol{A}}_{ij}\boldsymbol{x}(k)+\overleftarrow{\boldsymbol{A}}_{di}\boldsymbol{x}(k-d)+\overleftarrow{\boldsymbol{B}}_{wi}\boldsymbol{w}(k)\right]\right\}\\ \boldsymbol{z}(k)=\sum\limits_{c=1}^{f}\lambda_c(\boldsymbol{x}(k))\left\{\sum\limits_{i\in L_c}\sum\limits_{j\in L_c}\mu_i(x)\mu_j(x)\left[\overleftarrow{\boldsymbol{C}}_{ij}\boldsymbol{x}(k)+\overleftarrow{\boldsymbol{C}}_{di}\boldsymbol{x}(k-d)+\overleftarrow{\boldsymbol{D}}_{wi}\boldsymbol{w}(k)\right]\right\}\end{cases}$$

令 $\overline{\boldsymbol{P}}=\sum\limits_{c=1}^{f}\lambda_c(\boldsymbol{x}(k))\overline{\boldsymbol{P}}_l$，$\overline{\boldsymbol{Q}}_1=\sum\limits_{c=1}^{f}\lambda_c(\boldsymbol{x}(k))\overline{\boldsymbol{Q}}_{1l}$，$\overline{\boldsymbol{Q}}_2=\sum\limits_{c=1}^{f}\lambda_c(\boldsymbol{x}(k))\overline{\boldsymbol{Q}}_{2l}$，在整个论域上构造 Lyapunov-Krasovskii 函数为

$$\begin{aligned}\boldsymbol{V}(\boldsymbol{x}(k))&=2\boldsymbol{x}^{\mathrm{T}}(k)\overline{\boldsymbol{P}}\boldsymbol{x}(k)+\sum_{m=k-d}^{k-1}\boldsymbol{x}^{\mathrm{T}}(m)\overline{\boldsymbol{Q}}_1\boldsymbol{x}(m)+\sum_{i=-d}^{-1}\sum_{j=k+i}^{k-1}\boldsymbol{y}^{\mathrm{T}}(j)\overline{\boldsymbol{Q}}_2\boldsymbol{y}(j)\\ &=2\boldsymbol{x}^{\mathrm{T}}(k)\left[\sum_{c=1}^{f}\lambda_c(\boldsymbol{x}(k))\overline{\boldsymbol{P}}_l\right]\boldsymbol{x}(k)+\sum_{m=k-d}^{k-1}\boldsymbol{x}^{\mathrm{T}}(m)\left[\sum_{c=1}^{f}\lambda_c(\boldsymbol{x}(k))\overline{\boldsymbol{Q}}_{1l}\right]\boldsymbol{x}(m)\\ &\quad+\sum_{i=-d}^{-1}\sum_{j=k+i}^{k-1}\boldsymbol{y}^{\mathrm{T}}(j)\left[\sum_{c=1}^{f}\lambda_c(\boldsymbol{x}(k))\overline{\boldsymbol{Q}}_{2l}\right]\boldsymbol{y}(j)\\ &=\sum_{c=1}^{f}\lambda_c(\boldsymbol{x}(k))\left[2\boldsymbol{x}^{\mathrm{T}}(k)\overline{\boldsymbol{P}}_l\boldsymbol{x}(k)+\sum_{m=k-d}^{k-1}\boldsymbol{x}^{\mathrm{T}}(m)\overline{\boldsymbol{Q}}_{1l}\boldsymbol{x}(m)+\sum_{i=-d}^{-1}\sum_{j=k+i}^{k-1}\boldsymbol{y}^{\mathrm{T}}(j)\overline{\boldsymbol{Q}}_{2l}\boldsymbol{y}(j)\right]\\ &=\sum_{c=1}^{f}\lambda_c(\boldsymbol{x}(k))\boldsymbol{V}_c(\boldsymbol{x}(k))\end{aligned}$$

在 $\boldsymbol{w}(k)\equiv\boldsymbol{0}$ 的情况下，作如下计算：

$$\begin{aligned}\Delta\boldsymbol{V}(\boldsymbol{x}(k))&=\boldsymbol{V}(\boldsymbol{x}(k+1))-\boldsymbol{V}(\boldsymbol{x}(k))=\sum_{c=1}^{f}\lambda_c(\boldsymbol{x}(k))\boldsymbol{V}_c(\boldsymbol{x}(k+1))-\sum_{c=1}^{f}\lambda_c(\boldsymbol{x}(k))\boldsymbol{V}_c(\boldsymbol{x}(k))\\ &=\sum_{c=1}^{f}\lambda_c(\boldsymbol{x}(k))\left[\boldsymbol{V}_c(\boldsymbol{x}(k+1))-\boldsymbol{V}_c(\boldsymbol{x}(k))\right]\\ &=\sum_{c=1}^{f}\lambda_c(\boldsymbol{x}(k))\Delta\boldsymbol{V}_c(\boldsymbol{x}(k))<\boldsymbol{0}\end{aligned}$$

$\boldsymbol{V}(\boldsymbol{x}(k))$ 也满足文献[214]引理 2 中的条件①～④，因此，系统大范围渐近稳定。

为了使$\boldsymbol{V}(\boldsymbol{x}(k))$满足定义 6.1 中在$\boldsymbol{w}(k)\neq\boldsymbol{0}$情况下的条件，作如下计算：

$$
\begin{aligned}
&\Delta \boldsymbol{V}(\boldsymbol{x}(k))+\boldsymbol{z}^{\mathrm{T}}(k)\boldsymbol{z}(k)-\gamma^{2}\boldsymbol{w}^{\mathrm{T}}(k)\boldsymbol{w}(k)\\
&=\boldsymbol{V}(\boldsymbol{x}(k+1))-\boldsymbol{V}(\boldsymbol{x}(k))+\boldsymbol{z}^{\mathrm{T}}(k)\boldsymbol{z}(k)-\gamma^{2}\boldsymbol{w}^{\mathrm{T}}(k)\boldsymbol{w}(k)\\
&=\sum_{c=1}^{f}\lambda_{c}(\boldsymbol{x}(k))\boldsymbol{V}_{c}(\boldsymbol{x}(k+1))-\sum_{c=1}^{f}\lambda_{c}(\boldsymbol{x}(k))\boldsymbol{V}_{c}(\boldsymbol{x}(k))\\
&=\sum_{c=1}^{f}\lambda_{c}(\boldsymbol{x}(k))\left[\boldsymbol{V}_{c}(\boldsymbol{x}(k+1))-\boldsymbol{V}_{c}(\boldsymbol{x}(k))\right]+\boldsymbol{z}^{\mathrm{T}}(k)\boldsymbol{z}(k)-\gamma^{2}\boldsymbol{w}^{\mathrm{T}}(k)\boldsymbol{w}(k)\\
&=\sum_{c=1}^{f}\lambda_{c}(\boldsymbol{x}(k))\Delta\boldsymbol{V}_{c}(\boldsymbol{x}(k))+\boldsymbol{z}^{\mathrm{T}}(k)\boldsymbol{z}(k)-\gamma^{2}\boldsymbol{w}^{\mathrm{T}}(k)\boldsymbol{w}(k)\\
&=\sum_{c=1}^{f}\lambda_{c}(\boldsymbol{x}(k))\left[\Delta\boldsymbol{V}_{c}(\boldsymbol{x}(k))+\boldsymbol{z}^{\mathrm{T}}(k)\boldsymbol{z}(k)-\gamma^{2}\boldsymbol{w}^{\mathrm{T}}(k)\boldsymbol{w}(k)\right]<\boldsymbol{0}
\end{aligned}
$$

综上所述，$\boldsymbol{V}(\boldsymbol{x}(k))$也满足定义 6.1 的条件，再由文献[215]中的性质 2 可知，在各最大交叠规则组中存在正定矩阵$\boldsymbol{P}_l$、$\boldsymbol{Q}_{1l}$、$\boldsymbol{Q}_{2l}$、非奇异矩阵$\boldsymbol{U}_l$以及适当维数的矩阵$\boldsymbol{N}_{l1}$、$\boldsymbol{N}_{l2}$、$\boldsymbol{N}_{l3}$、$\boldsymbol{N}_{l4}$、$\boldsymbol{M}_{l1}$、$\boldsymbol{M}_{l2}$、$\boldsymbol{M}_{l3}$、$\boldsymbol{M}_{l4}$、$\boldsymbol{Y}_{jl}$满足式（6.7）和式（6.8），使得系统（6.4）在平衡点大范围内渐近稳定。证毕。

6.3　数值算例与分析

为了验证 6.2 节所设计的模糊控制策略对制造/再制造供应链系统不确定因素的抑制效果，本章以 TCL 科技集团股份有限公司（以下简称 TCL）为例，来进行数值算例与分析。

在 2009 年 6 月，TCL 已经开始从事家电回收的工作，例如，TCL 奥博环保发展有限公司每年可处理 10 万吨（300 万台）废旧家电，废旧家电回收后的再利用率（再生为铁、铜、铝等可用物质）达到 90%。TCL 宣布与百度合作，推出百度回收站项目，以大数据的方式来推进废旧家电回收业务。同时，TCL 也会将一些自己不能完成的业务交由 3PRLP 来回收和处理。

本章的模糊分划如图 6.2 所示，假定$F_1^t(x_{1,k})$（$t=1,2$）和$F_2^s(x_{2,k})$（$s=1,2$）都满足标准模糊分划的条件。这里设定$M_1^1=M_1^2=F_1^1$，$M_1^3=M_1^4=F_1^2$，$M_2^1=M_2^3=F_2^1$，$M_2^2=M_2^4=F_2^2$。在图 6.2 中，$x_{1,k}$表示制造商的实际库存量，$x_{2,k}$表示分销商的实际库存量；$\overline{D}_{\mathrm{m}0}$为制造商库存的安全库存值，$\overline{D}_{\mathrm{m}1}$为制造商库存的期望库存值；$\overline{D}_{\mathrm{r}0}$为分销商库存的安全库存值，$\overline{D}_{\mathrm{r}1}$为分销商库存的期望库存值。

在图 6.2 中，有一个最大交叠规则组$\boldsymbol{G}$（R^1、R^2、R^3和R^4），在不同模糊规则下，电视机制造商和电视机分销商的生产策略和订购策略描述如下。

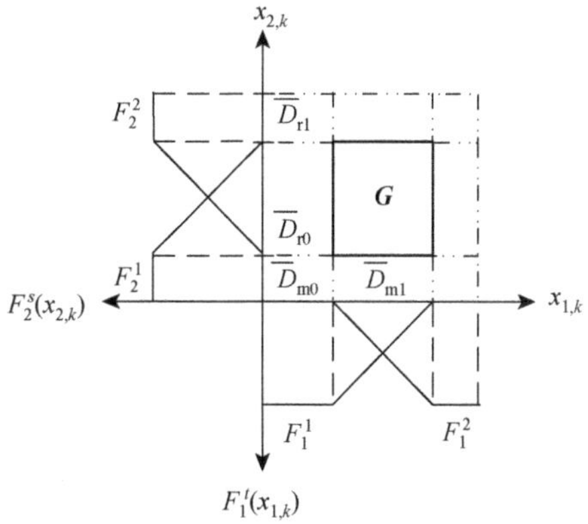

图 6.2　库存模糊分划

R^1：制造商产品的实际库存量低于其设定的安全库存值，制造商会进行电视机紧急生产和电子废弃物回收再制造；分销商产品的实际库存量低于其设定的安全库存值，分销商会正常进行电视机的订购，同时会实现外部消费者的新产品无理由退货。

R^2：制造商产品的实际库存量低于其设定的安全库存值，制造商会进行电视机紧急生产和电子废弃物回收再制造；分销商产品的实际库存量大于其安全库存值，分销商只对消费者不满意的新产品进行无理由退货。

R^3：制造商产品的实际库存量高于其设定的安全库存值，制造商只会进行电子废弃物回收再制造；分销商产品的实际库存量低于其设定的安全库存值，分销商会正常进行电视机的订购，同时会实现外部消费者的新产品无理由退货。

R^4：制造商产品的实际库存量高于其设定的安全库存值，制造商只会进行电子废弃物回收再制造；分销商产品的实际库存量大于其设定的安全库存值，分销商只对消费者不满意的新产品进行无理由退货。

通过以上分析，可知在 R^1、R^2、R^3 和 R^4 策略下含不确定性的模型如下。

$$R^1:\ \begin{cases} x_{1,k+1} = x_{1,k} + \alpha_1 x_{4,k} + \alpha_2 x_{4,k-d} + u_{1,k} + u_{4,k} + \mu\lambda x_{3,k} - u_{2,k} - \lambda w_{1,k} \\ x_{2,k+1} = x_{2,k} + u_{2,k} + \mu(1-\lambda)x_{3,k} - (1-\lambda)w_{1,k} \\ x_{3,k+1} = x_{3,k} - \beta_1 x_{3,k} + w_{1,k} - u_{3,k} - \mu x_{3,k} - u_{4,k} \\ x_{4,k+1} = x_{4,k} + u_{3,k} - \alpha_1 x_{4,k} - \alpha_2 x_{4,k-d} - \eta x_{4,k} \end{cases}$$

$$\begin{aligned} P_k = {} & c_{h1}x_{1,k} + c_{h2}x_{2,k} + c_{h3}x_{4,k} + c_{r1}\alpha_2 x_{4,k-d} + [c_o\beta_1 + c_m\mu\lambda + c_q\mu(1-\lambda)]x_{3,k} \\ & + (c_{r1}\alpha_1 + c_p\eta)x_{4,k} + c_n u_{1,k} + c_s u_{2,k} + c_t u_{3,k} + c_{r2}u_{4,k} \end{aligned}$$

$$R^2: \begin{cases} x_{1,k+1} = x_{1,k} + \alpha_1 x_{4,k} + \alpha_2 x_{4,k-d} + u_{1,k} + u_{4,k} + \mu\lambda x_{3,k} - \lambda w_{1,k} \\ x_{2,k+1} = x_{2,k} + \mu(1-\lambda)x_{3,k} - (1-\lambda)w_{1,k} \\ x_{3,k+1} = x_{3,k} - \beta_1 x_{3,k} + w_{1,k} - u_{3,k} - \mu x_{3,k} - u_{4,k} \\ x_{4,k+1} = x_{4,k} + u_{3,k} - \alpha_1 x_{4,k} - \alpha_2 x_{4,k-d} - \eta x_{4,k} \end{cases}$$

$$P_k = c_{h1}x_{1,k} + c_{h2}x_{2,k} + c_{h3}x_{4,k} + c_{r1}\alpha_2 x_{4,k-d} + [c_o\beta_1 + c_m\mu\lambda + c_q\mu(1-\lambda)]x_{3,k} + (c_{r1}\alpha_1 + c_p\eta)x_{4,k} + c_n u_{1,k} + c_t\, u_{3,k} + c_{r2}u_{4,k}$$

$$R^3: \begin{cases} x_{1,k+1} = x_{1,k} + \alpha_1 x_{4,k} + \alpha_2 x_{4,k-d} + u_{4,k} + \mu\lambda x_{3,k} - u_{2,k} - \lambda w_{1,k} \\ x_{2,k+1} = x_{2,k} + u_{2,k} + \mu(1-\lambda)x_{3,k} - (1-\lambda)w_{1,k} \\ x_{3,k+1} = x_{3,k} - \beta_1 x_{3,k} + w_{1,k} - u_{3,k} - \mu x_{3,k} - u_{4,k} \\ x_{4,k+1} = x_{4,k} + u_{3,k} - \alpha_1 x_{4,k} - \alpha_2 x_{4,k-d} - \eta x_{4,k} \end{cases}$$

$$P_k = c_{h1}x_{1,k} + c_{h2}x_{2,k} + c_{h3}x_{4,k} + c_{r1}\alpha_2 x_{4,k-d} + [c_o\beta_1 + c_m\mu\lambda + c_q\mu(1-\lambda)]x_{3,k} + (c_{r1}\alpha_1 + c_p\eta)x_{4,k} + c_s u_{2,k} + c_t\, u_{3,k} + c_{r2}u_{4,k}$$

$$R^4: \begin{cases} x_{1,k+1} = x_{1,k} + \alpha_1 x_{4,k} + \alpha_2 x_{4,k-d} + u_{4,k} + \mu\lambda x_{3,k} - \lambda w_{1,k} \\ x_{2,k+1} = x_{2,k} + \mu(1-\lambda)x_{3,k} - (1-\lambda)w_{1,k} \\ x_{3,k+1} = x_{3,k} - \beta_1 x_{3,k} + w_{1,k} - u_{3,k} - \mu x_{3,k} - u_{4,k} \\ x_{4,k+1} = x_{4,k} + u_{3,k} - \alpha_1 x_{4,k} - \alpha_2 x_{4,k-d} - \eta x_{4,k} \end{cases}$$

$$P_k = c_{h1}x_{1,k} + c_{h2}x_{2,k} + c_{h3}x_{4,k} + c_{r1}\alpha_2 x_{4,k-d} + [c_o\beta_1 + c_m\mu\lambda + c_q\mu(1-\lambda)]x_{3,k} + (c_{r1}\alpha_1 + c_p\eta)x_{4,k} + c_t\, u_{3,k} + c_{r2}u_{4,k}$$

以上各规则下混合回收制造/再制造供应链系统的各节点企业库存模型和成本模型分别如下。

R^1：IF $x_{1,k}$ is M_1^1 and $x_{2,k}$ is M_2^1，THEN

$$\begin{cases} \boldsymbol{x}(k+1) = \boldsymbol{A}_1\boldsymbol{x}(k) + \boldsymbol{A}_{d1}\boldsymbol{x}(k-d) + \boldsymbol{B}_1\boldsymbol{u}(k) + \boldsymbol{B}_{w1}\boldsymbol{w}(k) \\ \boldsymbol{z}(k) = \boldsymbol{C}_1\boldsymbol{x}(k) + \boldsymbol{C}_{d1}\boldsymbol{x}(k-d) + \boldsymbol{D}_1\boldsymbol{u}(k) + \boldsymbol{D}_{w1}\boldsymbol{w}(k) \end{cases}$$

R^2：IF $x_{1,k}$ is M_1^2 and $x_{2,k}$ is M_2^2，THEN

$$\begin{cases} \boldsymbol{x}(k+1) = \boldsymbol{A}_2\boldsymbol{x}(k) + \boldsymbol{A}_{d2}\boldsymbol{x}(k-d) + \boldsymbol{B}_2\boldsymbol{u}(k) + \boldsymbol{B}_{w2}\boldsymbol{w}(k) \\ \boldsymbol{z}(k) = \boldsymbol{C}_2\boldsymbol{x}(k) + \boldsymbol{C}_{d2}\boldsymbol{x}(k-d) + \boldsymbol{D}_2\boldsymbol{u}(k) + \boldsymbol{D}_{w2}\boldsymbol{w}(k) \end{cases}$$

R^3：IF $x_{1,k}$ is M_1^3 and $x_{2,k}$ is M_2^3，THEN

$$\begin{cases} \boldsymbol{x}(k+1) = \boldsymbol{A}_3\boldsymbol{x}(k) + \boldsymbol{A}_{d3}\boldsymbol{x}(k-d) + \boldsymbol{B}_3\boldsymbol{u}(k) + \boldsymbol{B}_{w3}\boldsymbol{w}(k) \\ \boldsymbol{z}(k) = \boldsymbol{C}_3\boldsymbol{x}(k) + \boldsymbol{C}_{d3}\boldsymbol{x}(k-d) + \boldsymbol{D}_3\boldsymbol{u}(k) + \boldsymbol{D}_{w3}\boldsymbol{w}(k) \end{cases}$$

R^4：IF $x_{1,k}$ is M_1^4 and $x_{2,k}$ is M_2^4，THEN

$$\begin{cases} \boldsymbol{x}(k+1) = \boldsymbol{A}_4\boldsymbol{x}(k) + \boldsymbol{A}_{d4}\boldsymbol{x}(k-d) + \boldsymbol{B}_4\boldsymbol{u}(k) + \boldsymbol{B}_{w4}\boldsymbol{w}(k) \\ \boldsymbol{z}(k) = \boldsymbol{C}_4\boldsymbol{x}(k) + \boldsymbol{C}_{d4}\boldsymbol{x}(k-d) + \boldsymbol{D}_4\boldsymbol{u}(k) + \boldsymbol{D}_{w4}\boldsymbol{w}(k) \end{cases}$$

其中：

$$\boldsymbol{A}_1=\boldsymbol{A}_2=\boldsymbol{A}_3=\boldsymbol{A}_4=\begin{bmatrix}1 & 0 & \mu\lambda & \alpha_1\\ 0 & 1 & \mu(1-\lambda) & 0\\ 0 & 0 & 1-\beta_1-\mu & 0\\ 0 & 0 & 0 & 1-\alpha_1-\eta\end{bmatrix};\ \boldsymbol{A}_{d1}=\boldsymbol{A}_{d2}=\boldsymbol{A}_{d3}=\boldsymbol{A}_{d4}=\begin{bmatrix}0 & 0 & 0 & \alpha_2\\ 0 & 0 & 0 & 0\\ 0 & 0 & 0 & 0\\ 0 & 0 & 0 & -\alpha_2\end{bmatrix}$$

$$\boldsymbol{B}_1=\begin{bmatrix}1 & -1 & 0 & 1\\ 0 & 1 & 0 & 0\\ 0 & 0 & -1 & -1\\ 0 & 0 & 1 & 0\end{bmatrix};\ \boldsymbol{B}_2=\begin{bmatrix}1 & 0 & 0 & 1\\ 0 & 0 & 0 & 0\\ 0 & 0 & -1 & -1\\ 0 & 0 & 1 & 0\end{bmatrix};\ \boldsymbol{B}_3=\begin{bmatrix}0 & -1 & 0 & 1\\ 0 & 1 & 0 & 0\\ 0 & 0 & -1 & -1\\ 0 & 0 & 1 & 0\end{bmatrix}$$

$$\boldsymbol{B}_4=\begin{bmatrix}0 & 0 & 0 & 1\\ 0 & 0 & 0 & 0\\ 0 & 0 & -1 & -1\\ 0 & 0 & 1 & 0\end{bmatrix};\ \boldsymbol{B}_{w1}=\boldsymbol{B}_{w2}=\boldsymbol{B}_{w3}=\boldsymbol{B}_{w4}=\begin{bmatrix}0 & -\lambda & 0 & 0\\ 0 & -(1-\lambda) & 0 & 0\\ 0 & 1 & 0 & 0\\ 0 & 0 & 0 & 0\end{bmatrix}$$

$$\boldsymbol{C}_1=\boldsymbol{C}_2=\boldsymbol{C}_3=\boldsymbol{C}_4=[c_{h1}\quad c_{h2}\quad c_o\beta_1+c_m\mu\lambda+c_q\mu(1-\lambda)\quad c_{h3}+c_{r1}\alpha_1+c_p\eta]$$

$$\boldsymbol{C}_{d1}=\boldsymbol{C}_{d2}=\boldsymbol{C}_{d3}=\boldsymbol{C}_{d4}=\begin{bmatrix}0 & 0 & 0 & c_{r1}\alpha_2\end{bmatrix};\ \boldsymbol{D}_1=\begin{bmatrix}c_n & c_s & c_t & c_{r2}\end{bmatrix};\ \boldsymbol{D}_2=\begin{bmatrix}c_n & 0 & c_t & c_{r2}\end{bmatrix}$$

$$\boldsymbol{D}_3=\begin{bmatrix}0 & c_s & c_t & c_{r2}\end{bmatrix};\ \boldsymbol{D}_4=\begin{bmatrix}0 & 0 & c_t & c_{r2}\end{bmatrix};\ \boldsymbol{D}_{w1}=\boldsymbol{D}_{w2}=\boldsymbol{D}_{w3}=\boldsymbol{D}_{w4}=\boldsymbol{0}$$

设计如下的模糊状态反馈控制器。

R^1：IF $x_{1,k}$ is M_1^1 and $x_{2,k}$ is M_2^1，THEN $\boldsymbol{u}(k)=\boldsymbol{K}_1\boldsymbol{x}(k)$。

R^2：IF $x_{1,k}$ is M_1^2 and $x_{2,k}$ is M_2^2，THEN $\boldsymbol{u}(k)=\boldsymbol{K}_2\boldsymbol{x}(k)$。

R^3：IF $x_{1,k}$ is M_1^3 and $x_{2,k}$ is M_2^3，THEN $\boldsymbol{u}(k)=\boldsymbol{K}_3\boldsymbol{x}(k)$。

R^4：IF $x_{1,k}$ is M_1^4 and $x_{2,k}$ is M_2^4，THEN $\boldsymbol{u}(k)=\boldsymbol{K}_4\boldsymbol{x}(k)$。

根据实际情况设定该混合回收制造/再制造供应链系统中的参数如下：$c_{h1}=0.015$，$c_{h2}=0.020$，$c_{h3}=0.015$，$c_o=0.01$，$c_{r1}=0.08$，$c_{r2}=0.5$，$c_m=0.1$，$c_q=0.2$，$c_p=0.21$，$c_n=0.45$，$c_s=0.55$，$c_t=0.095$（单位：$\times10^3$ 元）；$\lambda=0.57$，$\eta=0.38$，$\mu=0.02$，$\beta_1=0.54$；$d=7$（单位：天）。

（1）针对不同的参数取值（α_1和α_2），供应链系统对外界不确定顾客需求的抑制程度γ的最小值如表 6.1 所示。

表 6.1　不同的 3PRLP 再制造率供应链系统对外界不确定顾客需求的抑制程度

α_1	α_2	$\gamma_{\min}$
0.61	0.5	0.0820
0.61	0.65	0.1052
0.61	0.8	0.1525

续表

α_1	α_2	$\gamma_{\min}$
0.61	0.95	0.3320
0.1	0.61	0.0973
0.5	0.61	0.0990
0.95	0.61	0.0995

从表 6.1 中可以看出，系统性能和 3PRLP 再制造率有着密切的联系。随着 3PRLP 再制造率的增加，系统的性能逐渐恶化，而且α_2对供应链系统性能的影响程度大于α_1，表明随着含有再制造提前期的 3PRLP 再制造率α_2增加，该混合回收制造/再制造供应链系统的牛鞭效应逐渐增大。

（2）为了验证库存状态反馈控制策略对混合回收制造/再制造供应链系统的控制能力，本章随机选取一组数据，根据得到的控制增益对混合回收制造/再制造供应链系统进行实验，α_1=0.61，α_2=0.34。设定不确定抑制参数为γ=0.45，运用 MATLAB 软件得到$t_{\min}=-0.0721$，状态反馈控制策略分别为

$$\boldsymbol{P}_1=\begin{bmatrix} 548.3874 & -1.8065 & 8.4994 & -116.3915 \\ -1.8065 & 468.318 & -23.1974 & 5.1898 \\ 8.4994 & -23.1974 & 750.2335 & -36.9539 \\ -116.3915 & 5.1898 & -36.9539 & 754.6811 \end{bmatrix}$$

$$\boldsymbol{U}_1=\begin{bmatrix} 1344.6 & -78.3 & 31.7 & -356.1 \\ -5.1 & 938.8 & -50.1 & 11.8 \\ 276.6 & -211.2 & 1704.4 & -92 \\ -956.4 & 232.2 & -111.8 & 1738.4 \end{bmatrix}$$

$$\boldsymbol{N}_{11}=\begin{bmatrix} -7.6510 & -1.2177 & -0.5656 & 1.4267 \\ -1.2146 & -11.1441 & 1.1232 & -0.9496 \\ -0.1573 & 0.5035 & -5.0297 & -0.5526 \\ 0.2607 & -0.6124 & -0.6766 & -3.9898 \end{bmatrix}$$

$$\boldsymbol{N}_{12}=\begin{bmatrix} 7.7123 & 1.1878 & 0.5583 & -1.4938 \\ 1.2034 & 11.1624 & -1.1220 & 0.9293 \\ 0.2930 & -0.6091 & 5.5768 & 0.3798 \\ -0.6844 & 0.6623 & 0.4686 & 4.6963 \end{bmatrix}$$

$$
\boldsymbol{N}_{13}=\begin{bmatrix} 0.7188 & -0.0523 & 0.1601 & -0.8279 \\ -0.0812 & 0.0085 & -0.1356 & 0.0591 \\ 0.1611 & -0.2639 & 1.5862 & -0.1531 \\ -0.7518 & 0.1238 & -0.2107 & 1.4960 \end{bmatrix}
$$

$$
\boldsymbol{N}_{14}=\begin{bmatrix} 0.0041 & 0.0044 & -0.0014 & 0.0004 \end{bmatrix}
$$

$$
\boldsymbol{M}_{11}=\begin{bmatrix} 336.6246 & -1.7898 & -9.7679 & 158.8685 \\ -4.3136 & 450.7801 & 30.3486 & -10.6225 \\ -7.7753 & -11.9984 & -53.1177 & 75.2567 \\ 128.6748 & 7.7343 & 63.7935 & -86.7543 \end{bmatrix}
$$

$$
\boldsymbol{M}_{12}=\begin{bmatrix} 2.4838 & 3.4325 & -0.1261 & 9.1610 \\ 1.1969 & 13.9333 & -1.5328 & 1.3474 \\ 0.8869 & -0.8042 & 4.9030 & -0.3962 \\ 1.0383 & 0.7449 & 0.8972 & 1.1345 \end{bmatrix}
$$

$$
\boldsymbol{M}_{13}=\begin{bmatrix} 823.4565 & 52.7583 & 35.9032 & -129.3266 \\ 43.0177 & 949.9978 & -42.0968 & 36.9735 \\ -9.5113 & -35.4957 & 796.8396 & 27.7801 \\ -7.8797 & 28.0287 & 21.4935 & 745.8578 \end{bmatrix},\ \boldsymbol{M}_{14}=\begin{bmatrix} -0.6151 \\ -0.6470 \\ 0.3804 \\ -0.0474 \end{bmatrix}
$$

$$
\boldsymbol{Q}_{11}=\begin{bmatrix} 129.7355 & -3.0058 & 2.3600 & -119.3779 \\ -3.0058 & 3.7233 & -5.6884 & -1.9444 \\ 2.3600 & -5.6884 & 442.9482 & -31.9661 \\ -119.3779 & -1.9444 & -31.9661 & 439.4469 \end{bmatrix}
$$

$$
\boldsymbol{Q}_{21}=\begin{bmatrix} 64.4869 & 8.6600 & 4.5742 & -19.6404 \\ 8.6600 & 80.1082 & -8.5581 & 6.6890 \\ 4.5742 & -8.5581 & 66.9075 & 1.6120 \\ -19.6404 & 6.6890 & 1.6120 & 58.7702 \end{bmatrix}
$$

$$
\boldsymbol{Y}_{11}=\begin{bmatrix} -367.7956 & -33.7461 & -481.8278 & -432.9175 \\ 256.1957 & -176.3954 & -27.3971 & 75.8358 \\ -104.0558 & -105.8086 & 20.6751 & 193.8964 \\ 297.6995 & 144.8615 & 465.0975 & -218.5485 \end{bmatrix}
$$

$$
\boldsymbol{Y}_{21}=\begin{bmatrix} -367.2438 & -32.5209 & -482.7433 & -434.0334 \\ 261.0358 & -179.5849 & -27.6508 & 77.4178 \\ -594.4796 & 232.7056 & 72.6659 & 47.9753 \\ 672.4893 & -113.5576 & 426.0657 & -106.8381 \end{bmatrix}
$$

$$\boldsymbol{Y}_{31}=\begin{bmatrix} -370.0280 & -32.7363 & -482.5570 & -434.1688 \\ 256.9834 & -176.8984 & -26.4325 & 76.7420 \\ 21.7513 & -94.875 & 184.7903 & 341.5670 \\ -57.8828 & 112.9778 & -0.4995 & -636.9748 \end{bmatrix}$$

$$\boldsymbol{Y}_{41}=\begin{bmatrix} -370.3644 & -32.6648 & -483.6382 & -434.9935 \\ 261.6817 & -180.1123 & -26.9448 & 78.1127 \\ -469.4876 & 243.6980 & 236.3728 & 195.0767 \\ 316.6350 & -144.8947 & -39.2283 & -525.1684 \end{bmatrix}$$

用文献[214]中的方法对状态反馈增益进行选择，结果如下：

$$\boldsymbol{K}_{11}=\begin{bmatrix} -0.4686 & -0.0532 & -0.2992 & -0.3605 \\ 0.2636 & -0.1947 & -0.0203 & 0.0979 \\ -0.0006 & -0.1372 & 0.0155 & 0.1132 \\ 0.1007 & 0.2468 & 0.2722 & -0.0924 \end{bmatrix}$$

$$\boldsymbol{K}_{21}=\begin{bmatrix} -0.4703 & -0.0519 & -0.2997 & -0.3615 \\ 0.2686 & -0.1982 & -0.0205 & 0.0998 \\ -0.5054 & 0.2364 & 0.0541 & -0.0747 \\ 0.4865 & -0.0384 & 0.2432 & 0.0513 \end{bmatrix}$$

$$\boldsymbol{K}_{31}=\begin{bmatrix} -0.4711 & -0.0521 & -0.2996 & -0.3618 \\ 0.2646 & -0.1952 & -0.0197 & 0.0986 \\ 0.1596 & -0.1197 & 0.1174 & 0.2362 \\ -0.3524 & 0.1961 & -0.0169 & -0.4408 \end{bmatrix}$$

$$\boldsymbol{K}_{41}=\begin{bmatrix} -0.4716 & -0.0521 & -0.3003 & -0.3624 \\ 0.2694 & -0.1987 & -0.0201 & 0.1004 \\ -0.3462 & 0.2539 & 0.1557 & 0.0478 \\ 0.0332 & -0.0884 & -0.0457 & -0.2971 \end{bmatrix}$$

本次实验得出的结果为实际值 = 偏差值 + 标称值，并设定该混合回收制造/再制造供应链系统在 $k=0$ 时的状态值为 $x_{1,0}=7.2$，$x_{2,0}=3.6$，$x_{3,0}=1.8$，$x_{4,0}=0.3$（单位：$\times10^3$ 台），各变量的标称值为 $\bar{x}_{1,k}=110$，$\bar{x}_{2,k}=100$，$\bar{x}_{3,k}=55$，$\bar{x}_{4,k}=55$（单位：$\times10^3$ 台），$\bar{u}_{1,k}=76$，$\bar{u}_{2,k}=55$，$\bar{u}_{3,k}=12$，$\bar{u}_{4,k}=28$（单位：$\times10^3$ 台）。

下面假设外部不确定顾客需求服从 $w_{1,k}\sim N(6,0.3^2)$，数值算例结果如图 6.3～图 6.6 所示。

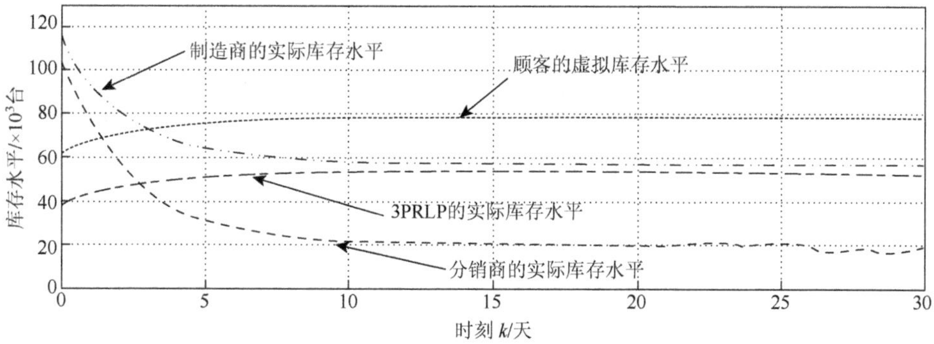

图 6.3　混合回收制造/再制造供应链系统的库存状态

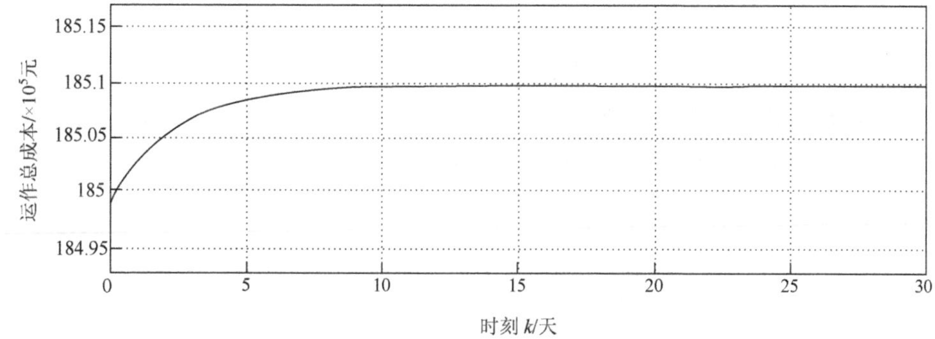

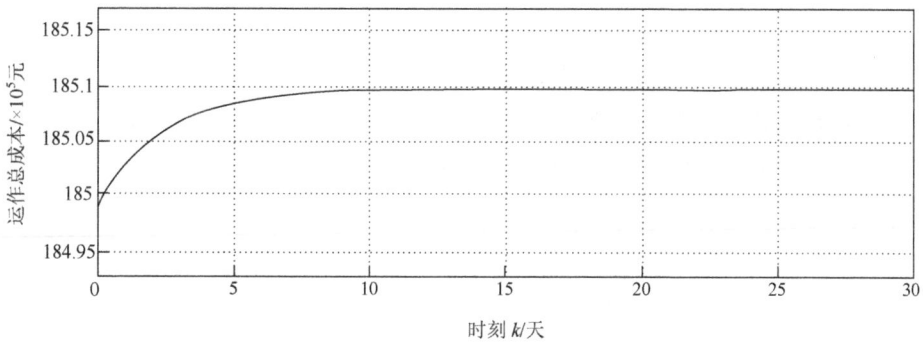

图 6.4　混合回收制造/再制造供应链系统的运作总成本

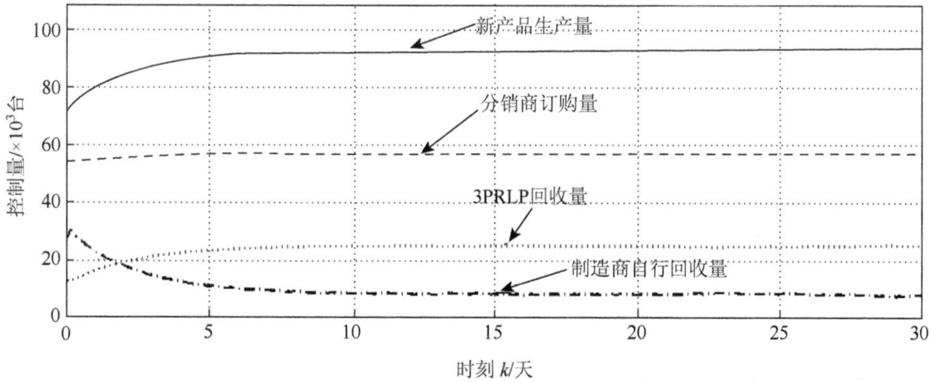

图 6.5　混合回收制造/再制造供应链系统的控制量

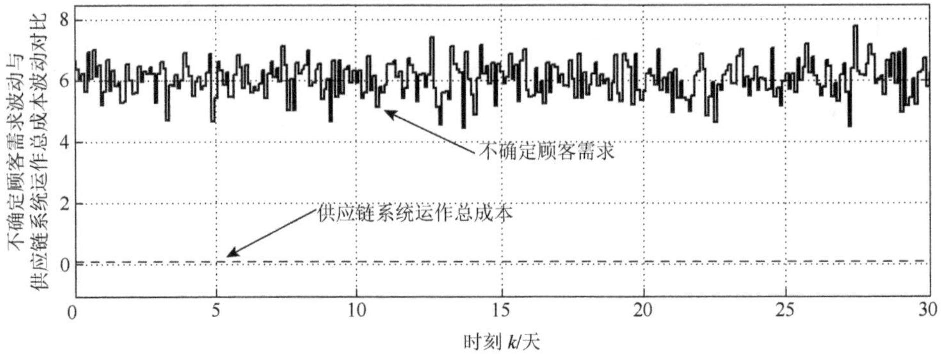

图 6.6　不确定顾客需求波动与供应链系统运作总成本波动对比

6.4　本 章 小 结

本章考虑了制造商和分销商的安全库存值和期望库存值对生产策略和订购策略的影响、产品销售双渠道、新产品无理由退货和多种不确定因素（再制造提前期和顾客需求），在构建一类混合回收制造/再制造供应链动态模型的基础上，提出了针对该模型的模糊鲁棒 H_∞ 控制策略。数值算例与分析证明了本章所提出的模糊鲁棒控制方法能更好地使系统处于稳定状态，同时使供应链系统的运作总成本达到理想状态。

第三篇　考虑消费者异质需求的制造/再制造供应链模糊鲁棒控制研究

第 7 章　考虑消费者异质需求的制造/再制造供应链库存运作稳定性研究

7.1　引　　言

第二篇的数值算例结果表明，所设计的控制律不仅能使混合回收制造/再制造供应链库存系统中多种运作不确定因素（顾客需求、成本参数、再制造率、废弃率、消费者不满意退货率、再制造提前期等）的干扰得到有效抑制，而且能使供应链的运作总成本达到稳定状态。在第 6 章混合回收制造/再制造供应链库存系统模型的基础上，本章考虑消费者对新产品和再制造产品的不同需求，建立考虑消费者异质需求的制造/再制造供应链库存系统基本模型。

消费群体的异质性表现在对新产品和再制造产品的不同支付意愿上。从市场特征来看，再制造产品与新产品市场需求量各不相同，两类产品的价格和价值也各不相同，原因是再制造产品的部分零部件或原材料由废旧产品回收而来，所以制造商需要根据消费者对新产品和再制造产品的不同需求重新考虑这两类产品的市场定位。在此背景下，制造/再制造商如何针对不确定市场需求、各种约束条件以及不确定因素，制订相应的采购、生产和销售计划，保持供应链系统持续稳定的运行，是企业需要解决的问题。

此外，在实际经济运行环境中，供应链系统的经济效益表现往往决定了制造商和分销商库存控制策略的选择与实施。在现实市场环境中，企业的最终目标仍然是利润最大化，在预防和控制供应链系统牛鞭效应负面影响的过程中，供应链节点企业需要考虑相关经济成本的投入，此类成本影响企业的经济效益。因此，制造/再制造供应链系统鲁棒控制策略的制订和实施需要考虑供应链经济性能表现。另外，本章考虑由产品销售线上渠道和线下渠道构成的双渠道模式、消费者不满意退货等环节。

本章针对消费者对新产品和再制造产品不同需求的情况，考虑供应链系统的多种运作不确定因素，包括制造过程的不确定性（生产提前期、再制造提前期、生产成本等）、客户需求过程的不确定性（顾客需求）、回收过程的不确定性（回收成本、回收率等），建立制造/再制造供应链库存系统动态模型以及相应的经济性能评价指标，从供应链系统运作稳定性的角度，结合供应链库存系统经济性能约束，使用鲁棒控制原理，对所构建的制造/再制造供应链库存系统动态模型分别给出相应的鲁棒控制策略，探索考虑消费者异质需求的制造/再制造供应链库存系统鲁棒运作的一些有益结论。

7.2 考虑消费者异质需求的制造/再制造供应链动态模型构建

在第 6 章和文献[115]的基础上，本章考虑消费者对新产品和再制造产品的异质需求，制造商存在再制造产品库存和新产品库存，再制造产品库存中的再制造产品质量水平达到期望值，用来满足低端或二手市场的顾客需求。考虑顾客对新产品和再制造产品的异质需求，新产品可以部分替代再制造产品以满足顾客需求，反之则不行，而且由于两种产品的边际利润可能不同，在部分新产品替代再制造产品进行销售时，除考虑两种产品的成本差异外，还需要考虑替代所造成的相应替代成本[115, 216]。下面讨论考虑消费者异质需求的混合回收制造/再制造供应链动态模型。

7.2.1 考虑消费者异质需求的制造/再制造供应链动态模型

在第 6 章和文献[115]的基础上，考虑消费者对新产品和再制造产品存在的异质需求，制造商和分销商的安全库存值和期望库存值对生产策略和订购策略的影响等因素，建立一类制造商和 3PRLP 同时进行废旧产品回收的供应链动态模型，如图 7.1 所示。

由图 7.1 可知，本章在第 6 章模型的基础上，考虑制造商和分销商库存中的新产品库存和再制造产品库存，构建供应链动态模型。式（7.1）描述了制造商实际库存值、分销商实际库存值、顾客虚拟库存值和 3PRLP 实际库存值的动态变化过程：

$$\begin{cases} x_{1,k+1} = x_{1,k} + u_{1,k} + \mu_1\lambda_1 x_{5,k} - u_{2,k} - u_{3,k} - \lambda_1 w_{1,k} \\ x_{2,k+1} = x_{2,k} + u_{2,k} + u_{5,k} + \alpha_1 x_{6,k} + \alpha_2 x_{6,k-d} + \mu_2\lambda_2 x_{5,k} - u_{4,k} - \lambda_2 w_{2,k} \\ x_{3,k+1} = x_{3,k} + u_{3,k} + \mu_1(1-\lambda_1)x_{5,k} - (1-\lambda_1)w_{1,k} \\ x_{4,k+1} = x_{4,k} + u_{4,k} + \mu_2(1-\lambda_2)x_{5,k} - (1-\lambda_2)w_{2,k} \\ x_{5,k+1} = x_{5,k} + w_{1,k} + w_{2,k} - \beta x_{5,k} - u_{5,k} - u_{6,k} - (\mu_1+\mu_2)x_{5,k} \\ x_{6,k+1} = x_{6,k} + u_{6,k} - (\alpha_1+\eta)x_{6,k} - \alpha_2 x_{6,k-d} \end{cases} \tag{7.1}$$

其中，$x_{1,k}$ 表示 k 时刻制造商生产的新产品库存量，为状态变量；$x_{2,k}$ 表示 k 时刻制造商再制造生产的再制造品库存量，为状态变量；$x_{3,k}$ 表示 k 时刻分销商拥有的新产品库存量，为状态变量；$x_{4,k}$ 表示 k 时刻分销商拥有的再制造品库存量，为状态变量；$x_{5,k}$ 表示 k 时刻顾客的虚拟库存量，为状态变量；$x_{6,k}$ 表示 k 时刻 3PRLP

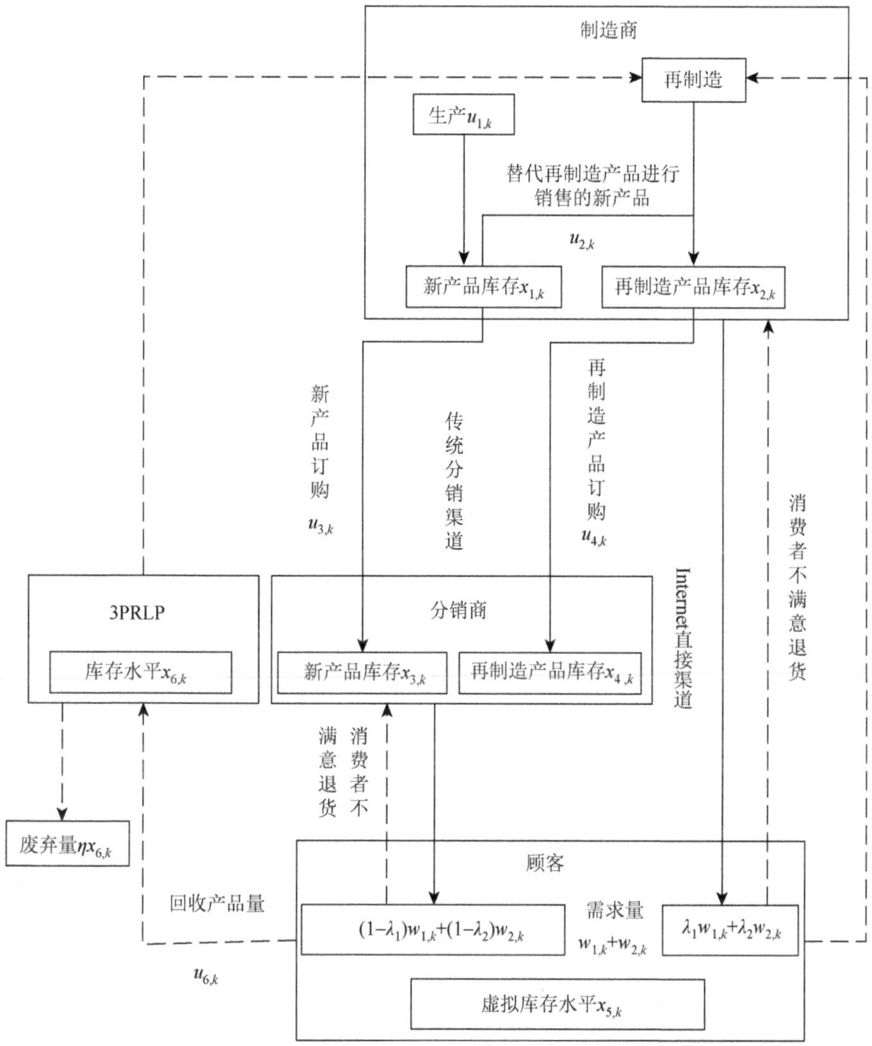

图 7.1　考虑消费者异质需求的混合回收供应链动态模型

的实际库存量，为状态变量；$x_{4,k-d}$ 是具有再制造提前期 $d(0\leqslant d<\infty)$ 的 3PRLP 的实际库存量；$u_{1,k}$ 表示 k 时刻新产品的生产量，为控制变量；$u_{2,k}$ 表示 k 时刻替代再制造产品进行销售的新产品数量，为控制变量；$u_{3,k}$ 表示 k 时刻分销商向制造商订购的新产品数量，为控制变量；$u_{4,k}$ 表示 k 时刻分销商向制造商订购的再制造产品数量，为控制变量；$u_{5,k}$ 表示 k 时刻制造商自行回收的废旧产品数量，为控制变量；$u_{6,k}$ 表示 k 时刻 3PRLP 的回收量，为控制变量；$w_{1,k}$ 表示 k 时刻新产品的需求量；$w_{2,k}$ 表示 k 时刻再制造产品的需求量；λ_1 为顾客购买新产品时对 Internet 直接渠道的偏好系数；λ_2 为顾客购买再制造产品时对 Internet 直接渠道的偏好系

数；α_1和α_2是3PRLP回收产品的再制造率；β为顾客群体的废弃率；η为3PRLP的废弃率；μ_1是消费者购买新产品的无理由退货率；μ_2是消费者购买再制造产品的无理由退货率，均为常数，而且$0<\alpha_i<1$，$0<\beta<1$，$0<\eta\leqslant 1$，$0<\alpha_i+\eta\leqslant 1$，$0<\beta+\mu_1+\mu_2\leqslant 1\ (i=1,2)$。

图7.1所示的考虑消费者异质需求的制造/再制造动态供应链系统运作总成本为

$$\begin{aligned}Z_k=&c_{h1}x_{1,k}+c_{h2}x_{2,k}+[c_{m1}\mu_1\lambda_1+c_o\beta+c_{m2}\mu_2\lambda_2+c_{q1}\mu_1(1-\lambda_1)+c_{q2}\mu_2(1-\lambda_2)]x_{5,k}\\&+c_{h3}x_{3,k}+c_{h4}x_{4,k}+(c_{h6}+c_{r1}\alpha_1+c_p\eta)x_{6,k}+c_{r1}\alpha_2x_{6,k-d}+c_nu_{1,k}+c_vu_{2,k}+c_{s1}u_{3,k}\\&+c_{s2}u_{4,k}+c_wu_{5,k}+c_tu_{6,k}\end{aligned}\tag{7.2}$$

其中，Z_k表示k时刻考虑消费者异质需求的混合回收供应链系统的运作总成本；c_{h1}为k时刻制造商新产品的单位库存成本；c_{h2}为k时刻制造商再制造产品的单位库存成本；c_{h3}为k时刻分销商新产品的单位库存成本；c_{h4}为k时刻分销商再制造产品的单位库存成本；c_{h6}表示k时刻3PRLP回收废旧产品的单位库存成本；c_{m1}为k时刻消费者将购买的新产品无理由退货给制造商的单位退货成本；c_{m2}是消费者将新购买的再制造产品无理由退货给制造商的单位退货成本；c_o是顾客市场废弃处理单位成本；c_{q1}是消费者将购买的新产品无理由退货给分销商的单位退货成本；c_{q2}是消费者将新购买的再制造产品无理由退货给分销商的单位退货成本；c_{r1}表示制造商向3PRLP支付的单位成本；c_p是3PRLP废弃处理的单位成本；c_n为制造商新产品的单位生产成本；c_v为单位新产品替代再制造产品进行销售的单位替代成本；c_{s1}为分销商向制造商进行新产品订购的单位订购成本；c_{s2}为分销商向制造商进行再制造产品订购的单位订购成本；c_w是制造商自行回收再制造产品的单位成本；c_t是3PRLP从顾客处回收废旧产品的单位成本。

7.2.2 考虑消费者异质需求的制造/再制造供应链T-S模糊模型

运用T-S模糊模型对式（7.1）和式（7.2）建立如下第i个考虑消费者异质需求的混合回收制造/再制造供应链动态模型一般形式：

R^i：IF $x_{1,k}$ is M_1^i and ⋯ and $x_{n,k}$ is M_n^i，THEN

$$\begin{cases}\boldsymbol{x}(k+1)=\boldsymbol{A}_i\boldsymbol{x}(k)+\boldsymbol{A}_{di}\boldsymbol{x}(k-d)+\boldsymbol{B}_i\boldsymbol{u}(k)+\boldsymbol{B}_{wi}\boldsymbol{w}(k)\\\boldsymbol{z}(k)=\boldsymbol{C}_i\boldsymbol{x}(k)+C_{di}\boldsymbol{x}(k-d)+\boldsymbol{D}_i\boldsymbol{u}(k)+\boldsymbol{D}_{wi}\boldsymbol{w}(k)\end{cases}\tag{7.3}$$
$$\boldsymbol{x}(k)=\boldsymbol{\varphi}(k),\quad k=-d,-d+1,\cdots,0;\ i=1,2,\cdots,r$$

其中，R^i（$i=1,2,\cdots,r$）、M_j^i（$j=1,2,\cdots,n$）和 r 分别是第 i 条模糊规则、模糊集合和模糊规则数；$\boldsymbol{\varphi}(k)$ 为供应链系统的初始状态；$\boldsymbol{x}^{\mathrm{T}}(k)=[x_{1,k}\quad x_{2,k}\quad \dots\quad x_{n,k}]$ 为供应链系统各节点的库存量，是状态向量；$\boldsymbol{x}(k-d)$ 是具有再制造提前期 d 的状态向量；$\boldsymbol{u}^{\mathrm{T}}(k)=[u_{1,k}\quad u_{2,k}\quad \cdots\quad u_{n,k}]$ 表示供应链系统中各节点企业的生产量、新产品替代再制造产品的替代量、订购量或回收量，为系统的控制输入向量；$\boldsymbol{w}(k)$ 表示供应链末端的顾客需求向量；$\boldsymbol{z}(k)$ 代表供应链库存系统运作总成本，为模糊系统的控制输出向量；n 为供应链中节点企业的个数；$\boldsymbol{A}_i$、$\boldsymbol{A}_{di}$、$\boldsymbol{B}_i$、$\boldsymbol{B}_{wi}$、$\boldsymbol{C}_i$、$\boldsymbol{C}_{di}$、$\boldsymbol{D}_i$ 和 $\boldsymbol{D}_{wi}$ 是适当维数的常数矩阵；d 是提前期参数，且满足 $0\leqslant d<\infty$。

对于式（7.3），采用单点模糊化、乘积推理以及加权平均反模糊化的推理方法，可得模糊时滞系统的状态方程和输出方程为

$$\begin{cases}\boldsymbol{x}(k+1)=\sum\limits_{i=1}^{r}\mu_i(x)[\boldsymbol{A}_i\boldsymbol{x}(k)+\boldsymbol{A}_{di}\boldsymbol{x}(k-d)+\boldsymbol{B}_i\boldsymbol{u}(k)+\boldsymbol{B}_{wi}\boldsymbol{w}(k)]\\ \boldsymbol{z}(k)=\sum\limits_{i=1}^{r}\mu_i(x)[\boldsymbol{C}_i\boldsymbol{x}(k)+\boldsymbol{C}_{di}\boldsymbol{x}(k-d)+\boldsymbol{D}_i\boldsymbol{u}(k)+\boldsymbol{D}_{wi}\boldsymbol{w}(k)]\end{cases}\tag{7.4}$$

其中，$\mu_i(x)=\dfrac{h_i(x)}{\sum\limits_{i=1}^{r}h_i(x)}$，$h_i(x)=\prod\limits_{j=1}^{n}M_j^i(x_{j,k})\ (i=1,2,\cdots,r)$，$M_j^i(x_{j,k})$ 是 $x_{j,k}$ 关于模糊集合 M_j^i 的隶属度函数，$\mu_i(x)$ 是第 i 条规则的隶属度。

7.3　考虑消费者异质需求的制造/再制造供应链鲁棒控制机理

考虑消费者异质需求的制造/再制造供应链系统鲁棒 H_∞ 控制的运作管理意义是通过供应链系统中各节点企业的生产量、新产品替代再制造产品的替代量、订购量或回收量 $\boldsymbol{u}(k)$ 来控制库存状态变量 $\boldsymbol{x}(k)$，抑制再制造提前期和不确定消费者异质需求对动态供应链系统造成的不确定影响，使制造/再制造供应链系统运作总成本偏差量 Z_k 鲁棒稳定。

从鲁棒控制理论的角度出发，考虑离散时滞系统外部扰动，通过设计相应的鲁棒 H_∞ 状态反馈控制器，使 $J=\sup\limits_{0\neq d\in L_2}\|Z_k\|_F^2/\|\boldsymbol{w}_k\|_F^2$ 最小，J 描述制造/再制造供应链系统输出能量与外部扰动能量之比的增益，相当于供应链系统外部输入需求 $\boldsymbol{w}_k=[w_{1,k}\quad w_{2,k}]^{\mathrm{T}}$ 的波动放大效应传导到输出成本 Z_k 时产生的系统增益，其中，$\|\cdot\|_F$ 为 Frobenius 范数。一般情况下，要求 $J=\sup\limits_{0\neq d\in L_2}\|Z_k\|_F^2\Big/\|\boldsymbol{w}_k\|_F^2\leqslant\gamma^2$，$\gamma$ 越小，系统的性能越好，而鲁棒控制策略能够使供应链系统的运作总成本达到理想值。

7.4 数值算例与分析

本章仍然以 TCL 为例来进行数值算例与分析。本章的模糊分划如图 7.2 和图 7.3 所示，假定 $F_1^t(x_{1,k})\ (t=1,2)$ 和 $F_3^s(x_{3,k})\ (s=1,2)$ 都满足标准模糊分划的条件。这里设定 $M_1^1=M_1^2=F_1^1$，$M_1^3=M_1^4=F_1^2$，$M_3^1=M_3^3=F_3^1$，$M_3^2=M_3^4=F_3^2$。在图 7.2 和图 7.3 中，$x_{1,k}$ 表示制造商新产品的库存水平，$x_{3,k}$ 表示分销商新产品的库存水平；D_{11} 为制造商所设定的新产品安全库存值，D_{12} 为制造商所设定的新产品期望库存值，$D_{1\max}$ 为制造商所设定的新产品最大库存值；D_{31} 为分销商所设定的新产品安全库存值，D_{32} 为分销商所设定的新产品期望库存值，$D_{3\max}$ 为分销商所设定的新产品最大库存值。

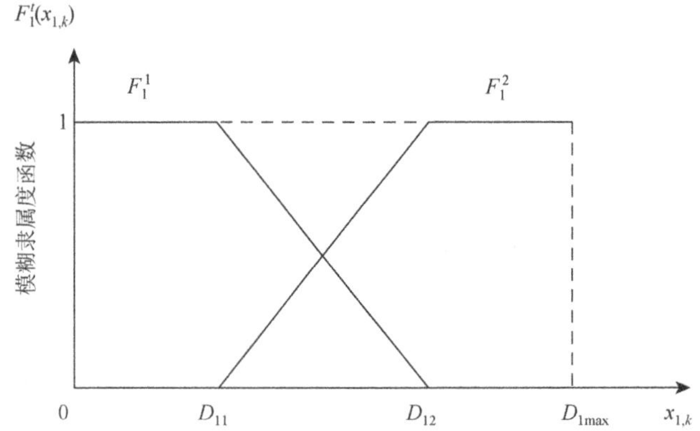

图 7.2 制造商新产品的库存模糊分划

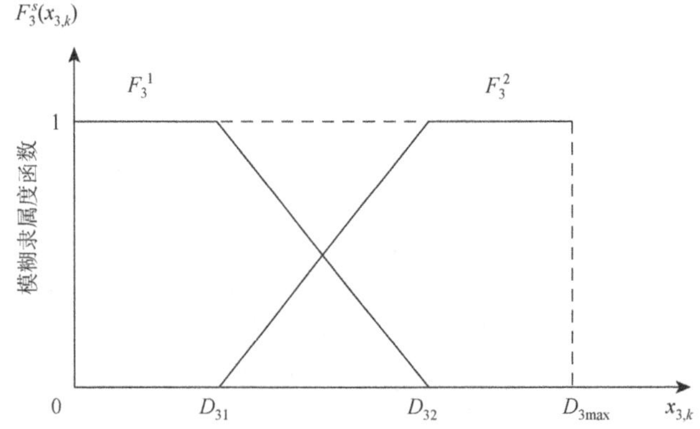

图 7.3 分销商新产品的库存模糊分划

此外，根据图 7.2 和图 7.3 可知，存在一个最大交叠规则组 $\boldsymbol{G}(R^i, i=1,2,\cdots,4)$，在不同模糊规则下，制造商和分销商的新产品生产策略和订购策略描述如下。

R^1：制造商新产品的实际库存量低于其设定的安全库存值，制造商会进行电视机紧急生产；分销商新产品的实际库存量低于其设定的安全库存值，分销商会正常进行电视机的订购。

R^2：制造商新产品的实际库存量高于其设定的安全库存值，制造商只会进行电子废弃物的回收再制造；分销商新产品的实际库存量低于其设定的安全库存值，分销商会正常进行电视机的订购。

R^3：制造商新产品的实际库存量低于其设定的安全库存值，制造商会进行电视机紧急生产；分销商新产品的实际库存量大于其设定的安全库存值，分销商只对消费者不满意的新产品进行无理由退货。

R^4：制造商新产品的实际库存量高于其设定的安全库存值，制造商只会进行电子废弃物的回收再制造；分销商新产品的实际库存量大于其设定的安全库存值，分销商只对消费者不满意的新产品进行无理由退货。

通过以上分析，可知在 $R^i(i=1,2,\cdots,4)$ 策略下考虑消费者异质需求的混合回收制造/再制造供应链动态模型如下。

$$R^1:\begin{cases}x_{1,k+1}=x_{1,k}+u_{1,k}+\mu_1\lambda_1x_{5,k}-u_{2,k}-u_{3,k}-\lambda_1w_{1,k}\\x_{2,k+1}=x_{2,k}+u_{2,k}+u_{5,k}+\alpha_1x_{6,k}+\alpha_2x_{6,k-d}+\mu_2\lambda_2x_{5,k}-u_{4,k}-\lambda_2w_{2,k}\\x_{3,k+1}=x_{3,k}+u_{3,k}+\mu_1(1-\lambda_1)x_{5,k}-(1-\lambda_1)w_{1,k}\\x_{4,k+1}=x_{4,k}+u_{4,k}+\mu_2(1-\lambda_2)x_{5,k}-(1-\lambda_2)w_{2,k}\\x_{5,k+1}=x_{5,k}+w_{1,k}+w_{2,k}-\beta x_{5,k}-u_{5,k}-u_{6,k}-(\mu_1+\mu_2)x_{5,k}\\x_{6,k+1}=x_{6,k}+u_{6,k}-(\alpha_1+\eta)x_{6,k}-\alpha_2x_{6,k-d}\end{cases}$$

$$\begin{aligned}Z_k=&c_{h1}x_{1,k}+c_{h2}x_{2,k}+[c_{m1}\mu_1\lambda_1+c_o\beta+c_{m2}\mu_2\lambda_2+c_{q1}\mu_1(1-\lambda_1)+c_{q2}\mu_2(1-\lambda_2)]x_{5,k}\\&+c_{h3}x_{3,k}+c_{h4}x_{4,k}+(c_{h6}+c_{r1}\alpha_1+c_p\eta)x_{6,k}+c_{r1}\alpha_2x_{6,k-d}+c_nu_{1,k}+c_vu_{2,k}+c_{s1}u_{3,k}\\&+c_{s2}u_{4,k}+c_wu_{5,k}+c_tu_{6,k}\end{aligned}$$

$$R^2:\begin{cases}x_{1,k+1}=x_{1,k}+\mu_1\lambda_1x_{5,k}-u_{2,k}-u_{3,k}-\lambda_1w_{1,k}\\x_{2,k+1}=x_{2,k}+u_{2,k}+u_{5,k}+\alpha_1x_{6,k}+\alpha_2x_{6,k-d}+\mu_2\lambda_2x_{5,k}-u_{4,k}-\lambda_2w_{2,k}\\x_{3,k+1}=x_{3,k}+u_{3,k}+\mu_1(1-\lambda_1)x_{5,k}-(1-\lambda_1)w_{1,k}\\x_{4,k+1}=x_{4,k}+u_{4,k}+\mu_2(1-\lambda_2)x_{5,k}-(1-\lambda_2)w_{2,k}\\x_{5,k+1}=x_{5,k}+w_{1,k}+w_{2,k}-\beta x_{5,k}-u_{5,k}-u_{6,k}-(\mu_1+\mu_2)x_{5,k}\\x_{6,k+1}=x_{6,k}+u_{6,k}-(\alpha_1+\eta)x_{6,k}-\alpha_2x_{6,k-d}\end{cases}$$

$$
\begin{aligned}
Z_k &= c_{h1}x_{1,k} + c_{h2}x_{2,k} + [c_{m1}\mu_1\lambda_1 + c_o\beta + c_{m2}\mu_2\lambda_2 + c_{q1}\mu_1(1-\lambda_1) + c_{q2}\mu_2(1-\lambda_2)]x_{5,k} \\
&\quad + c_{h3}x_{3,k} + c_{h4}x_{4,k} + (c_{h6} + c_{r1}\alpha_1 + c_p\eta)x_{6,k} + c_{r1}\alpha_2 x_{6,k-d} + c_v u_{2,k} + c_{s1}u_{3,k} \\
&\quad + c_{s2}u_{4,k} + c_w u_{5,k} + c_t u_{6,k}
\end{aligned}
$$

$$
R^3: \begin{cases}
x_{1,k+1} = x_{1,k} + u_{1,k} + \mu_1\lambda_1 x_{5,k} - u_{2,k} - \lambda_1 w_{1,k} \\
x_{2,k+1} = x_{2,k} + u_{2,k} + u_{5,k} + \alpha_1 x_{6,k} + \alpha_2 x_{6,k-d} + \mu_2\lambda_2 x_{5,k} - u_{4,k} - \lambda_2 w_{2,k} \\
x_{3,k+1} = x_{3,k} + \mu_1(1-\lambda_1)x_{5,k} - (1-\lambda_1)w_{1,k} \\
x_{4,k+1} = x_{4,k} + u_{4,k} + \mu_2(1-\lambda_2)x_{5,k} - (1-\lambda_2)w_{2,k} \\
x_{5,k+1} = x_{5,k} + w_{1,k} + w_{2,k} - \beta x_{5,k} - u_{5,k} - u_{6,k} - (\mu_1 + \mu_2)x_{5,k} \\
x_{6,k+1} = x_{6,k} + u_{6,k} - (\alpha_1 + \eta)x_{6,k} - \alpha_2 x_{6,k-d}
\end{cases}
$$

$$
\begin{aligned}
Z_k &= c_{h1}x_{1,k} + c_{h2}x_{2,k} + [c_{m1}\mu_1\lambda_1 + c_o\beta + c_{m2}\mu_2\lambda_2 + c_{q1}\mu_1(1-\lambda_1) + c_{q2}\mu_2(1-\lambda_2)]x_{5,k} \\
&\quad + c_{h3}x_{3,k} + c_{h4}x_{4,k} + (c_{h6} + c_{r1}\alpha_1 + c_p\eta)x_{6,k} + c_{r1}\alpha_2 x_{6,k-d} + c_n u_{1,k} + c_v u_{2,k} \\
&\quad + c_{s2}u_{4,k} + c_w u_{5,k} + c_t u_{6,k}
\end{aligned}
$$

$$
R^4: \begin{cases}
x_{1,k+1} = x_{1,k} + \mu_1\lambda_1 x_{5,k} - u_{2,k} - \lambda_1 w_{1,k} \\
x_{2,k+1} = x_{2,k} + u_{2,k} + u_{5,k} + \alpha_1 x_{6,k} + \alpha_2 x_{6,k-d} + \mu_2\lambda_2 x_{5,k} - u_{4,k} - \lambda_2 w_{2,k} \\
x_{3,k+1} = x_{3,k} + \mu_1(1-\lambda_1)x_{5,k} - (1-\lambda_1)w_{1,k} \\
x_{4,k+1} = x_{4,k} + u_{4,k} + \mu_2(1-\lambda_2)x_{5,k} - (1-\lambda_2)w_{2,k} \\
x_{5,k+1} = x_{5,k} + w_{1,k} + w_{2,k} - \beta x_{5,k} - u_{5,k} - u_{6,k} - (\mu_1 + \mu_2)x_{5,k} \\
x_{6,k+1} = x_{6,k} + u_{6,k} - (\alpha_1 + \eta)x_{6,k} - \alpha_2 x_{6,k-d}
\end{cases}
$$

$$
\begin{aligned}
Z_k &= c_{h1}x_{1,k} + c_{h2}x_{2,k} + [c_{m1}\mu_1\lambda_1 + c_o\beta + c_{m2}\mu_2\lambda_2 + c_{q1}\mu_1(1-\lambda_1) + c_{q2}\mu_2(1-\lambda_2)]x_{5,k} \\
&\quad + c_{h3}x_{3,k} + c_{h4}x_{4,k} + (c_{h6} + c_{r1}\alpha_1 + c_p\eta)x_{6,k} + c_{r1}\alpha_2 x_{6,k-d} + c_v u_{2,k} \\
&\quad + c_{s2}u_{4,k} + c_w u_{5,k} + c_t u_{6,k}
\end{aligned}
$$

以上各规则下供应链系统的各节点企业库存模型和成本模型分别如下。

R^1：IF $x_{1,k}$ is M_1^1 and $x_{3,k}$ is M_3^1，THEN

$$
\begin{cases}
\boldsymbol{x}(k+1) = \boldsymbol{A}_1\boldsymbol{x}(k) + \boldsymbol{A}_{d1}\boldsymbol{x}(k-d) + \boldsymbol{B}_1\boldsymbol{u}(k) + \boldsymbol{B}_{w1}\boldsymbol{w}(k) \\
\boldsymbol{z}(k) = \boldsymbol{C}_1\boldsymbol{x}(k) + \boldsymbol{C}_{d1}\boldsymbol{x}(k-d) + \boldsymbol{D}_1\boldsymbol{u}(k) + \boldsymbol{D}_{w1}\boldsymbol{w}(k)
\end{cases}
$$

R^2：IF $x_{1,k}$ is M_1^2 and $x_{3,k}$ is M_3^2，THEN

$$
\begin{cases}
\boldsymbol{x}(k+1) = \boldsymbol{A}_2\boldsymbol{x}(k) + \boldsymbol{A}_{d2}\boldsymbol{x}(k-d) + \boldsymbol{B}_2\boldsymbol{u}(k) + \boldsymbol{B}_{w2}\boldsymbol{w}(k) \\
\boldsymbol{z}(k) = \boldsymbol{C}_2\boldsymbol{x}(k) + \boldsymbol{C}_{d2}\boldsymbol{x}(k-d) + \boldsymbol{D}_2\boldsymbol{u}(k) + \boldsymbol{D}_{w2}\boldsymbol{w}(k)
\end{cases}
$$

R^3：IF $x_{1,k}$ is M_1^3 and $x_{3,k}$ is M_3^3，THEN

$$\begin{cases}\boldsymbol{x}(k+1)=\boldsymbol{A}_3\boldsymbol{x}(k)+\boldsymbol{A}_{d3}\boldsymbol{x}(k-d)+\boldsymbol{B}_3\boldsymbol{u}(k)+\boldsymbol{B}_{w3}\boldsymbol{w}(k)\\ \boldsymbol{z}(k)=\boldsymbol{C}_3\boldsymbol{x}(k)+\boldsymbol{C}_{d3}\boldsymbol{x}(k-d)+\boldsymbol{D}_3\boldsymbol{u}(k)+\boldsymbol{D}_{w3}\boldsymbol{w}(k)\end{cases}$$

R^4：IF $x_{1,k}$ is M_1^4 and $x_{3,k}$ is M_3^4，THEN

$$\begin{cases}\boldsymbol{x}(k+1)=\boldsymbol{A}_4\boldsymbol{x}(k)+\boldsymbol{A}_{d4}\boldsymbol{x}(k-d)+\boldsymbol{B}_4\boldsymbol{u}(k)+\boldsymbol{B}_{w4}\boldsymbol{w}(k)\\ \boldsymbol{z}(k)=\boldsymbol{C}_4\boldsymbol{x}(k)+\boldsymbol{C}_{d4}\boldsymbol{x}(k-d)+\boldsymbol{D}_4\boldsymbol{u}(k)+\boldsymbol{D}_{w4}\boldsymbol{w}(k)\end{cases}$$

其中，M_1^i 是制造商新产品库存水平($x_{1,k}$)的模糊分划集合；M_3^i 是分销商新产品库存水平($x_{3,k}$)的模糊分划集合。

$$\boldsymbol{A}_t=\begin{bmatrix}1&0&0&0&\mu_1\lambda_1&0\\0&1&0&0&\mu_2\lambda_2&\alpha_1\\0&0&1&0&\mu_1(1-\lambda_1)&0\\0&0&0&1&\mu_2(1-\lambda_2)&0\\0&0&0&0&1-(\beta+\mu_1+\mu_2)&0\\0&0&0&0&0&1-(\alpha_1+\eta)\end{bmatrix};\ \boldsymbol{A}_{dt}=\begin{bmatrix}0&0&0&0&0&0\\0&0&0&0&0&\alpha_2\\0&0&0&0&0&0\\0&0&0&0&0&0\\0&0&0&0&0&0\\0&0&0&0&0&-\alpha_2\end{bmatrix}$$

$$\boldsymbol{B}_1=\begin{bmatrix}1&-1&-1&0&0&0\\0&1&0&-1&1&0\\0&0&1&0&0&0\\0&0&0&1&0&0\\0&0&0&0&-1&-1\\0&0&0&0&0&1\end{bmatrix};\ \boldsymbol{B}_2=\begin{bmatrix}0&-1&-1&0&0&0\\0&1&0&-1&1&0\\0&0&1&0&0&0\\0&0&0&1&0&0\\0&0&0&0&-1&-1\\0&0&0&0&0&1\end{bmatrix};\ \boldsymbol{B}_3=\begin{bmatrix}1&-1&0&0&0&0\\0&1&0&-1&1&0\\0&0&0&0&0&0\\0&0&0&1&0&0\\0&0&0&0&-1&-1\\0&0&0&0&0&1\end{bmatrix}$$

$$\boldsymbol{B}_4=\begin{bmatrix}0&-1&0&0&0&0\\0&1&0&-1&1&0\\0&0&0&0&0&0\\0&0&0&1&0&0\\0&0&0&0&-1&-1\\0&0&0&0&0&1\end{bmatrix};\ \boldsymbol{B}_{wt}=\begin{bmatrix}-\lambda_1&0\\0&-\lambda_2\\\lambda_1-1&0\\0&\lambda_2-1\\1&1\\0&0\end{bmatrix}$$

$$\boldsymbol{C}_t=[c_{h1}\quad c_{h2}\quad c_{h3}\quad c_{h4}\quad \Theta\quad c_{h6}+c_{r1}\alpha_1+c_p\eta]$$

$$\Theta=c_{m1}\mu_1\lambda_1+c_o\beta+c_{m2}\mu_2\lambda_2+c_{q1}\mu_1(1-\lambda_1)+c_{q2}\mu_2(1-\lambda_2);\boldsymbol{C}_{dt}=[0\ 0\ 0\ 0\ 0\ c_{r1}\alpha_2]$$

$$\boldsymbol{D}_1=[c_n\ \ c_v\ \ c_{s1}\ \ c_{s2}\ \ c_w\ \ c_t];\boldsymbol{D}_2=[0\ \ c_v\ \ c_{s1}\ \ c_{s2}\ \ c_w\ \ c_t];\boldsymbol{D}_3=[c_n\ \ c_v\ \ 0\ \ c_{s2}\ \ c_w\ \ c_t]$$

$$\boldsymbol{D}_4=[0\ \ c_v\ \ 0\ \ c_{s2}\ \ c_w\ \ c_t];\boldsymbol{D}_{wt}=\boldsymbol{0}(t=1,2,\cdots,4)$$

设计如下的模糊状态反馈控制器。

R^1：IF $x_{1,k}$ is M_1^1 and $x_{3,k}$ is M_3^1，THEN $\boldsymbol{u}(k)=\boldsymbol{K}_1\boldsymbol{x}(k)$。

R^2：IF $x_{1,k}$ is M_1^2 and $x_{3,k}$ is M_3^2，THEN $\boldsymbol{u}(k)=\boldsymbol{K}_2\boldsymbol{x}(k)$。

R^3：IF $x_{1,k}$ is M_1^3 and $x_{3,k}$ is M_3^3，THEN $\boldsymbol{u}(k)=\boldsymbol{K}_3\boldsymbol{x}(k)$。

R^4：IF $x_{1,k}$ is M_1^4 and $x_{3,k}$ is M_3^4，THEN $\boldsymbol{u}(k)=\boldsymbol{K}_4\boldsymbol{x}(k)$。

根据实际情况设定该制造/再制造供应链系统中的参数如下：$c_{h1}=0.015$，$c_{h2}=0.020$，$c_{h3}=0.015$，$c_{h4}=0.016$，$c_{h6}=0.018$，$c_o=0.01$，$c_{r1}=0.08$，$c_{r2}=0.5$，$c_{m1}=0.1$，$c_{m2}=0.1$，$c_{q1}=0.2$，$c_{q2}=0.19$，$c_p=0.21$，$c_n=0.45$，$c_{s1}=0.55$，$c_{s2}=0.45$，$c_t=0.095$，$c_v=0.1$，$c_w=0.085$（单位：$\times10^3$元）；$\lambda_1=0.57$，$\lambda_2=0.72$，$\eta=0.38$，$\mu_1=0.02$，$\mu_2=0.021$，$\beta=0.54$，$\alpha_1=0.61$，$\alpha_2=0.01$。运用 MATLAB 软件 LMI 工具箱中的 feasp 求解器求解，计算用时 43.0063 s，得到$t_{\min}=-0.0434$。计算得到供应链系统状态反馈控制策略分别为

$$\boldsymbol{P}_1=\begin{bmatrix}7670.5 & -466.2 & -784.7 & 314.7 & -303.0 & -764.3\\ -466.2 & 8062.6 & -983.5 & -40.7 & -210.1 & -496.7\\ -784.7 & -983.5 & 4527.7 & -1028.8 & -404.2 & -291.2\\ 314.7 & -40.7 & -1028.8 & 6293.6 & 135.7 & 752.5\\ -303.0 & -210.1 & -404.2 & 135.7 & 8640.0 & -225.5\\ -764.3 & -496.7 & -291.2 & 752.5 & -225.5 & 8192.7\end{bmatrix}$$

$$\boldsymbol{U}_1=\begin{bmatrix}15728 & -1689 & -2637 & -1180 & -555 & -3007\\ -982 & 16956 & -4559 & -610 & -340 & -1851\\ -1597 & -1988 & 9097 & -2060 & -883 & -591\\ 663 & -41 & -2954 & 13586 & 441 & 3297\\ 2021 & 1143 & -582 & -1768 & 22490 & 857\\ -3373 & -1629 & 128 & 6573 & -1501 & 18413\end{bmatrix}$$

$$\boldsymbol{N}_{11}=\begin{bmatrix}-53.1341 & -9.9328 & 15.7237 & -4.5846 & -18.2014 & -5.1134\\ -8.7829 & -54.6158 & 20.0898 & -10.4201 & -16.2277 & -8.3975\\ 20.1975 & 29.1542 & -92.2467 & 18.6455 & 9.5622 & 2.4343\\ -0.8819 & -8.5578 & 16.2654 & -74.7882 & -4.7842 & -24.2513\\ -12.3224 & -11.8561 & 8.3124 & -5.5303 & -59.1555 & -9.2407\\ -5.9808 & -8.1960 & 5.9293 & -15.6683 & -13.7181 & -47.3840\end{bmatrix}$$

$$\boldsymbol{N}_{12}=\begin{bmatrix}58.1522 & 7.9202 & -16.1482 & 4.5958 & 15.1953 & 2.8093\\ 6.9622 & 60.8480 & -21.1723 & 9.4702 & 13.8616 & 6.5230\\ -20.2093 & -29.1464 & 92.1542 & -18.5931 & -9.6081 & -2.4314\\ 1.9758 & 8.1647 & -16.2952 & 75.1126 & 5.1843 & 23.3829\\ 10.7691 & 10.4223 & -7.7161 & 5.0447 & 66.4977 & 8.3431\\ 2.9097 & 5.6682 & -4.5009 & 17.2104 & 11.4369 & 55.2268\end{bmatrix}$$

$$N_{13}=\begin{bmatrix} 13.4677 & -3.5244 & -1.9791 & -0.4381 & 0.5970 & -4.6287 \\ -3.4527 & 15.5685 & -3.5934 & -1.1847 & 0.8623 & -1.8157 \\ -1.3448 & -2.2350 & 0.9433 & -0.7102 & -0.8575 & 0.5035 \\ -0.3415 & -1.6299 & -0.6351 & 8.0494 & 0.9910 & 7.9600 \\ -2.1525 & -2.0369 & 0.5026 & -0.7303 & 20.8930 & -1.0911 \\ -5.0010 & -3.8727 & 1.9908 & 3.0179 & 0.6062 & 16.2393 \end{bmatrix}$$

$$N_{14}=\begin{bmatrix} 0.0002 & -0.0006 & 0.0034 & -0.0008 & -0.0002 & -0.0004 \\ -0.0002 & 0.0005 & -0.0003 & 0.0012 & -0.0007 & -0.0001 \end{bmatrix}$$

$$M_{11}=\begin{bmatrix} 239.0 & 1234.6 & -723.9 & -104.7 & 1102.2 & 1500.0 \\ 1288.0 & -301.0 & -917.2 & 717.8 & 953.0 & 1242.7 \\ -135.5 & 11.0 & 4393.0 & -492.7 & -32.0 & -231.3 \\ -179.9 & 553.9 & -979.8 & 3164.4 & 70.0 & -208.1 \\ 965.5 & 758.6 & -296.3 & 95.0 & -1207.6 & 671.1 \\ 1388.1 & 1388.1 & -243.7 & -374.0 & 841.6 & -767.4 \end{bmatrix}$$

$$M_{12}=\begin{bmatrix} 51.9278 & 11.4365 & -12.5109 & 4.9537 & 17.9469 & 12.6642 \\ 3.3117 & 49.2564 & -23.3797 & 30.1271 & 12.6618 & 61.1402 \\ -22.6912 & -35.4250 & 105.3757 & -36.9352 & -12.7415 & -25.9607 \\ 5.3051 & 16.8988 & -41.6790 & 85.3020 & 7.7047 & 22.3399 \\ 14.4701 & 12.5542 & 0.0821 & 5.3532 & 54.3549 & 17.986 \\ 14.5319 & 13.5414 & -5.3533 & 6.3793 & 16.2020 & 10.6795 \end{bmatrix}$$

$$M_{13}=\begin{bmatrix} 8284.4 & 191.3 & -1138.8 & 406.6 & 1242.1 & 82.5 \\ 176.7 & 8440.9 & -1454.3 & 524.1 & 1162.7 & 489.0 \\ -1044.4 & -1382.2 & 8537.2 & -1088.6 & -556.8 & -203.2 \\ 28.0 & 201.3 & -1299.0 & 8776.9 & 403.8 & 2157.7 \\ -91.8 & -76.2 & -490.8 & 121.3 & 8765.0 & -52.6 \\ -56.2 & -86.5 & -367.9 & 9.2 & 923.5 & 7999.2 \end{bmatrix}$$

$$M_{14}=\begin{bmatrix} -0.0859 & 0.0062 \\ 0.0595 & -0.2061 \\ -0.3449 & 0.1085 \\ 0.0349 & -0.2570 \\ 0.2431 & 0.2059 \\ 0.0109 & -0.0061 \end{bmatrix}$$

$$\boldsymbol{Q}_{11}=\begin{bmatrix} 4040.7 & -944.9 & -33.0 & 88.0 & -581.6 & -982.1 \\ -944.9 & 4357.2 & -27.6 & -466.3 & -484.5 & -727.5 \\ -33.0 & -27.6 & 9.6 & -0.3 & -58.0 & -25.8 \\ 88.0 & -466.3 & -0.3 & 2085.0 & -9.8 & 496.5 \\ -581.6 & -484.5 & -58.0 & -9.8 & 5026.6 & -453.2 \\ -982.1 & -727.5 & -25.8 & 496.5 & -453.2 & 4720.8 \end{bmatrix}$$

$$\boldsymbol{Q}_{21}=\begin{bmatrix} 632.4117 & -3.4670 & -148.3699 & 22.9381 & 86.2300 & -52.1295 \\ -3.4670 & 684.3966 & -213.0539 & 39.9137 & 85.2133 & -1.1275 \\ -148.3699 & -213.0539 & 659.6368 & -136.0654 & -75.9604 & -19.2962 \\ 22.9381 & 39.9137 & -136.0654 & 657.7218 & 47.0336 & 231.7512 \\ 86.2300 & 85.2133 & -75.9604 & 47.0336 & 816.3125 & 68.7775 \\ -52.1295 & -1.1275 & -19.2962 & 231.7512 & 68.7775 & 655.1686 \end{bmatrix}$$

$$\boldsymbol{Y}_{11}=\begin{bmatrix} -3814 & -2507 & 1832 & 3774 & -1503 & -3520 \\ 9054 & -4933 & 5602 & -8 & -2293 & -6330 \\ 552 & 780 & -5574 & 1954 & 226 & 175 \\ 1853 & 2813 & 3492 & -7695 & 606 & -1239 \\ -3404 & -4769 & 806 & 10174 & 4448 & -3819 \\ 2443 & 2894 & 749 & 4776 & 1311 & 3499 \end{bmatrix}$$

$$\boldsymbol{Y}_{21}=\begin{bmatrix} -3816 & -2509 & 1832 & 3777 & -1504 & -3523 \\ 10908 & -3675 & 4224 & -1609 & -1561 & -4650 \\ -185 & 199 & -4010 & 2107 & -66 & -428 \\ -627 & 1273 & 3548 & -4702 & -370 & -3601 \\ -6350 & -6643 & 1418 & -6878 & 3289 & -6588 \\ 1081 & 2032 & 994 & 6319 & 775 & 2215 \end{bmatrix}$$

$$\boldsymbol{Y}_{31}=\begin{bmatrix} -2915.1 & -1798.9 & -85.5 & 3590.5 & -1146.2 & -2785.3 \\ 9517.5 & -4199.4 & -78.6 & 2102.0 & -2103.4 & -6246.7 \\ 551.7 & 779.9 & -5578.4 & 1955.6 & 225.6 & 174.5 \\ 1633.5 & 2943.0 & 99.3 & -5836.1 & 524.7 & -1661.4 \\ -3788.3 & -4955.6 & 130.4 & -9393.5 & 4301.8 & -4224.9 \\ 2276.0 & 2833.5 & 206.1 & 5235.5 & 1244.6 & 3304.5 \end{bmatrix}$$

$$
\boldsymbol{Y}_{41}=\begin{bmatrix} -2917 & -1800 & -85 & 3593 & -1147 & -2787 \\ 10789 & -3415 & -51 & 539 & -1604 & -5033 \\ -185 & 200 & -4012 & 2109 & -66 & -429 \\ -796 & 1444 & 29 & -2845 & -430 & -3982 \\ -6454 & -6600 & 57 & -6109 & 3254 & -6772 \\ 1029 & 2064 & 171 & 6770 & 755 & 2114 \end{bmatrix}
$$

用文献[214]中的方法对状态反馈增益进行选择，结果如下：

$$
\boldsymbol{K}_{11}=\begin{bmatrix} -0.3127 & -0.1849 & 0.1488 & 0.4088 & -0.1012 & -0.3246 \\ 0.5835 & -0.1605 & 0.7980 & 0.2920 & -0.0835 & -0.2874 \\ -0.0362 & -0.0319 & -0.6217 & 0.0565 & -0.0188 & -0.0288 \\ 0.2056 & 0.2361 & 0.3981 & -0.5131 & 0.0674 & 0.0915 \\ -0.3149 & -0.3941 & -0.4291 & -0.7467 & 0.1694 & -0.1864 \\ 0.2268 & 0.2533 & 0.3945 & 0.3589 & 0.0893 & 0.1968 \end{bmatrix}
$$

$$
\boldsymbol{K}_{21}=\begin{bmatrix} -0.3130 & -0.1851 & 0.1488 & 0.4091 & -0.1012 & -0.3248 \\ 0.7280 & -0.0760 & 0.6706 & 0.1043 & -0.0375 & -0.1367 \\ -0.0780 & -0.0543 & -0.4562 & 0.1086 & -0.0307 & -0.0741 \\ -0.0152 & 0.1033 & 0.3668 & -0.2222 & -0.0056 & -0.1358 \\ -0.5688 & -0.5458 & -0.4049 & -0.4133 & 0.0862 & -0.4486 \\ 0.1088 & 0.1828 & 0.4015 & 0.5140 & 0.0506 & 0.0750 \end{bmatrix}
$$

$$
\boldsymbol{K}_{31}=\begin{bmatrix} -0.2619 & -0.1577 & -0.0540 & 0.3454 & -0.0867 & -0.2694 \\ 0.5378 & -0.1983 & 0.1629 & 0.3611 & -0.1057 & -0.3259 \\ -0.0363 & -0.0319 & -0.6221 & 0.0566 & -0.0188 & -0.0289 \\ 0.1340 & 0.1868 & 0.0112 & -0.4139 & 0.0395 & 0.0231 \\ -0.3596 & -0.4223 & -0.5116 & -0.6873 & 0.1540 & -0.2311 \\ 0.2035 & 0.2383 & 0.3306 & 0.3904 & 0.0809 & 0.1736 \end{bmatrix}
$$

$$
\boldsymbol{K}_{41}=\begin{bmatrix} -0.2620 & -0.1578 & -0.0540 & 0.3456 & -0.0867 & -0.2696 \\ 0.6518 & -0.1297 & 0.1853 & 0.2106 & -0.0680 & -0.2085 \\ -0.0780 & -0.0543 & -0.4564 & 0.1087 & -0.0307 & -0.0742 \\ -0.0842 & 0.0554 & -0.0337 & -0.1261 & -0.0327 & -0.2014 \\ -0.5990 & -0.5664 & -0.5603 & -0.3713 & 0.0747 & -0.4775 \\ 0.0916 & 0.1709 & 0.3077 & 0.5380 & 0.0438 & 0.0584 \end{bmatrix}
$$

此时，对供应链系统不确定因素干扰的抑制率为$\gamma=0.45$。

根据求出的可行解可知，定理 6.1 能够实现考虑消费者异质需求情况的电子电器产品供应链系统鲁棒稳定。本次实验得出的结果为实际值 = 偏差值 + 标称值，并设定该供应链系统在 $k=0$ 时的状态值为 $x_{1,0}=2$，$x_{2,0}=2.5$，$x_{3,0}=1.2$，$x_{4,0}=0.8$，$x_{5,0}=0.5$，$x_{6,0}=1$（单位：$\times 10^3$ 台）；各变量的标称值为 $\overline{x}_{1,k}=78$，$\overline{x}_{2,k}=85$，$\overline{x}_{3,k}=55$，$\overline{x}_{4,k}=40$，$\overline{x}_{5,k}=32$，$\overline{x}_{6,k}=25$，$\overline{u}_{1,k}=25$，$\overline{u}_{2,k}=31$，$\overline{u}_{3,k}=27$，$\overline{u}_{4,k}=15$，$\overline{u}_{5,k}=23$，$\overline{u}_{6,k}=19$（单位：$\times 10^3$ 台）。

下面在不同顾客需求情况下，对供应链系统进行鲁棒控制数值算例与分析，假设外部不确定需求分别为：①顾客需求符合 $w_{1,k}=w_{2,k}\sim 6N(5,1^2)$；②顾客需求符合正态随机分布 $w_{1,k}=w_{2,k}\sim N(9,0.5^2)$；③顾客新产品的需求符合正态随机分布，即 $w_{1,k}\sim N(9,1^2)$，顾客再制造产品的需求符合突变型扰动，即宽脉冲型突变需求扰动 $w_{2,k}=\begin{cases}10.5, & 5\leqslant t\leqslant 10\\ 0, & \text{其他}\end{cases}$，$t$ 为时间（单位：天），数值算例结果如图 7.4～图 7.15 所示。

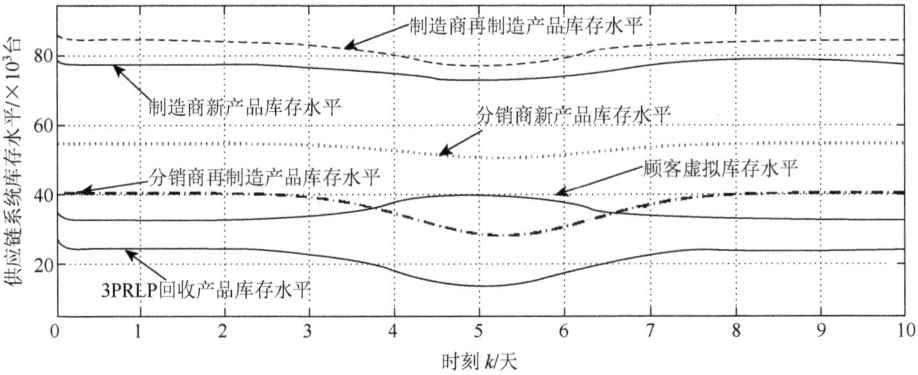

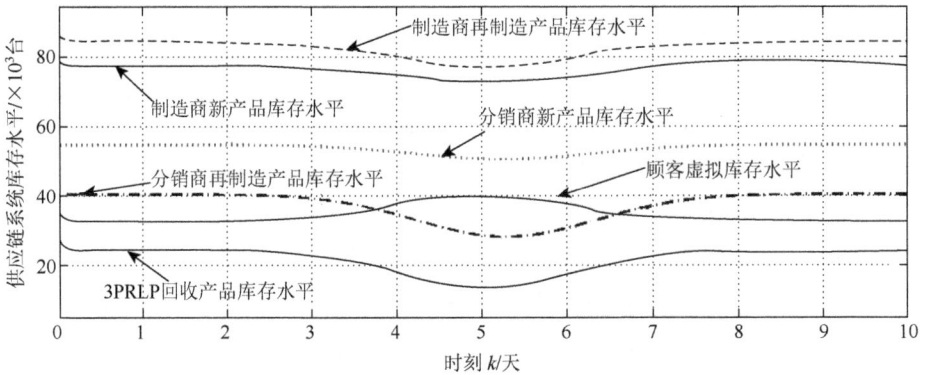

图 7.4　顾客需求扰动符合①的供应链系统库存状态

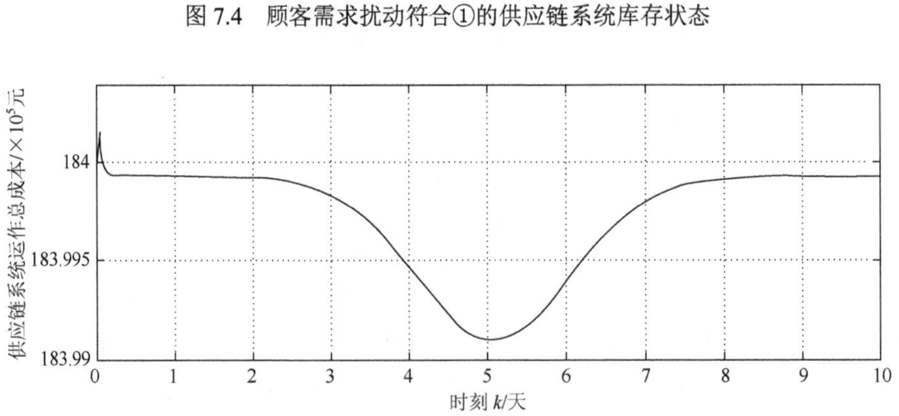

图 7.5　顾客需求扰动符合①的供应链系统运作总成本

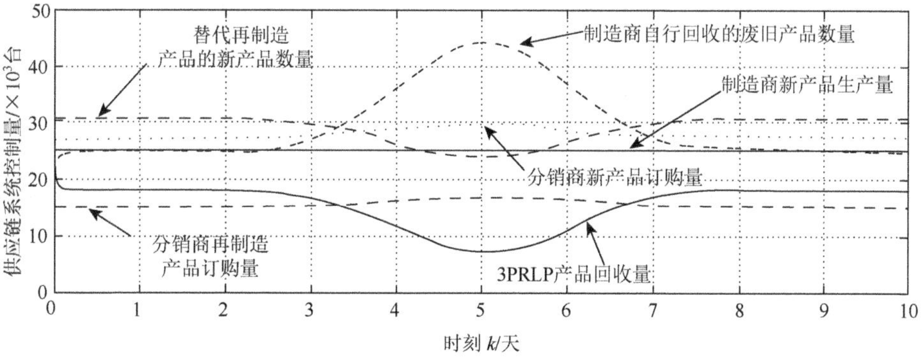

图 7.6　顾客需求扰动符合①的供应链系统控制量

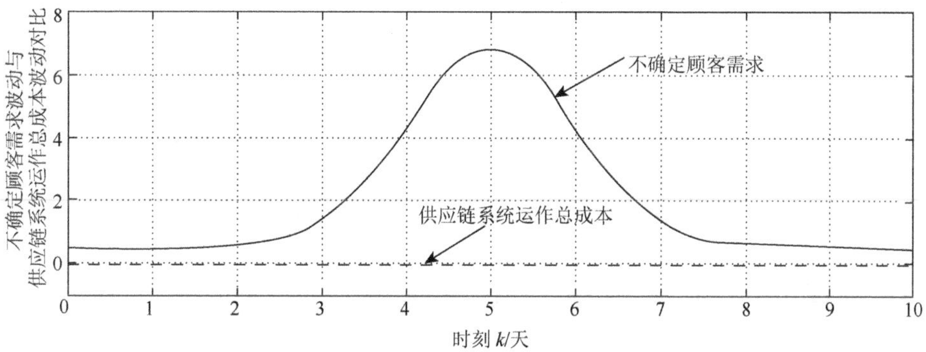

图 7.7　顾客需求扰动符合①的不确定顾客需求波动与供应链系统运作总成本波动对比

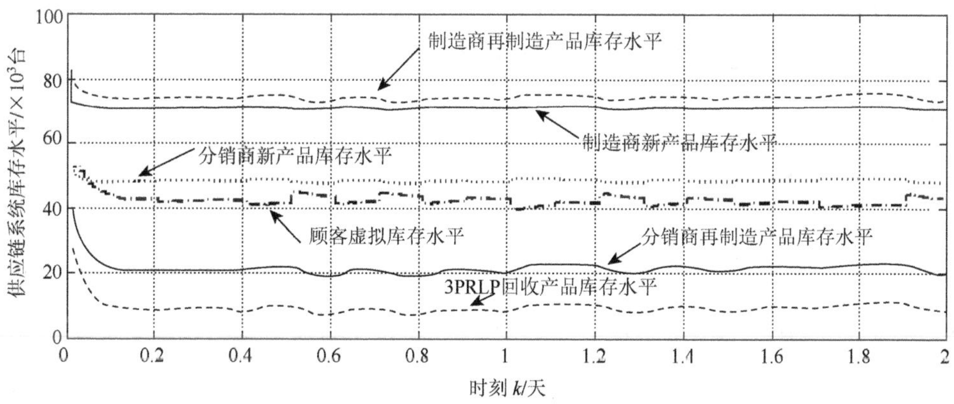

图 7.8　顾客需求扰动符合②的供应链系统库存状态

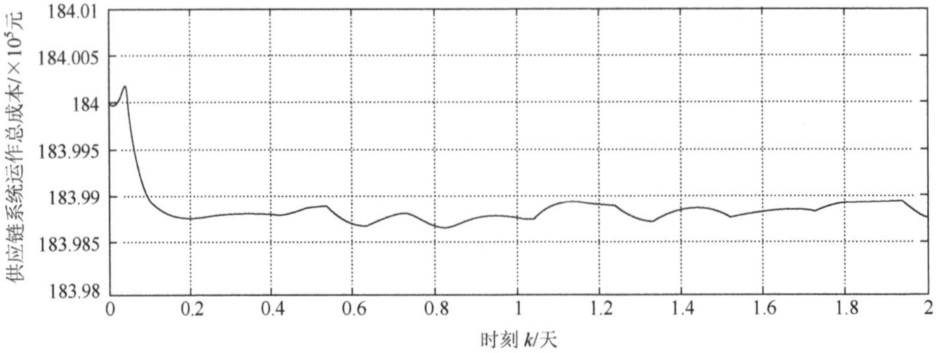

图 7.9　顾客需求扰动符合②的供应链系统运作总成本

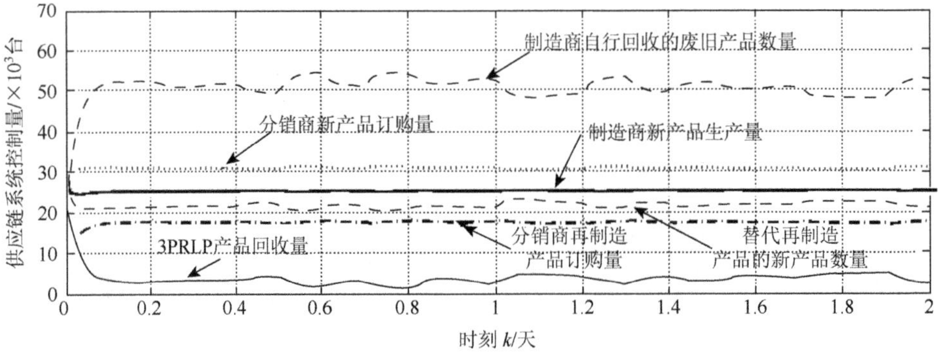

图 7.10　顾客需求扰动符合②的供应链系统控制量

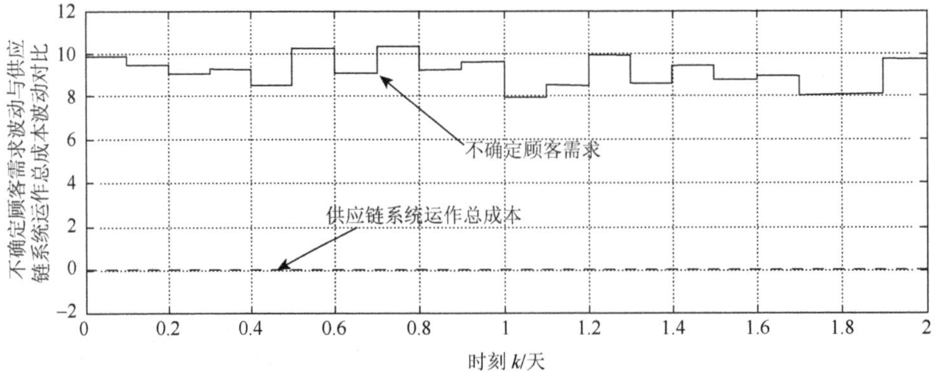

图 7.11　顾客需求扰动符合②的不确定顾客需求波动与供应链系统运作总成本波动对比

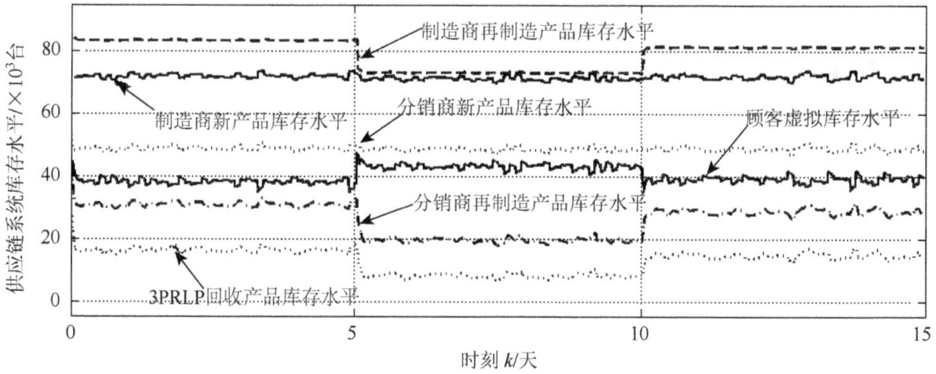

图 7.12　顾客需求扰动符合③的供应链系统库存状态

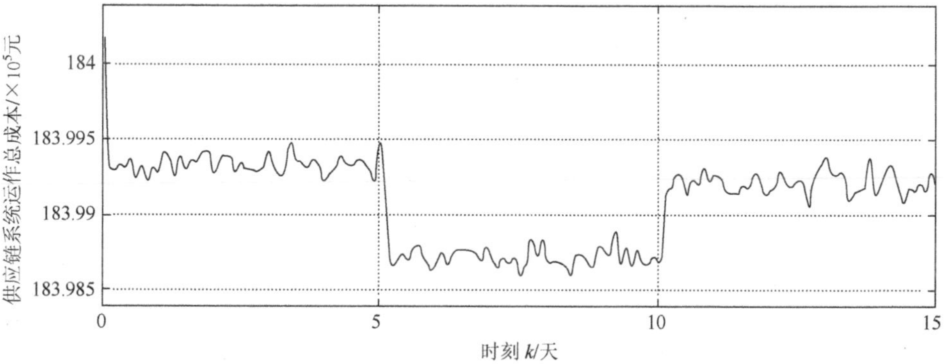

图 7.13　顾客需求扰动符合③的供应链系统运作总成本

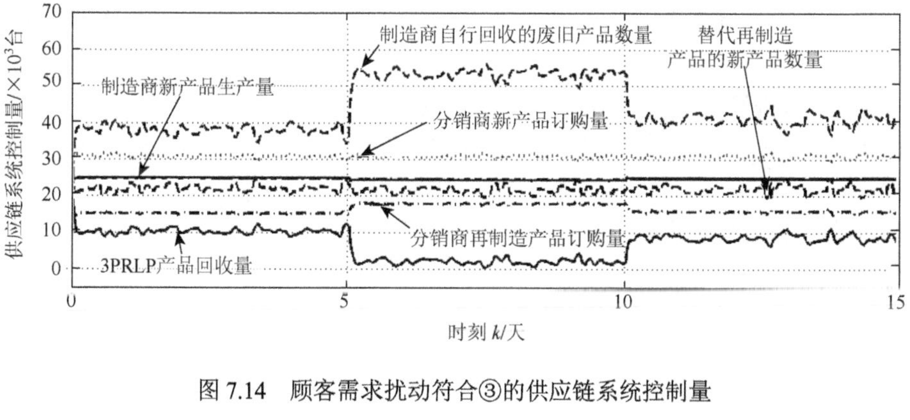

图 7.14　顾客需求扰动符合③的供应链系统控制量

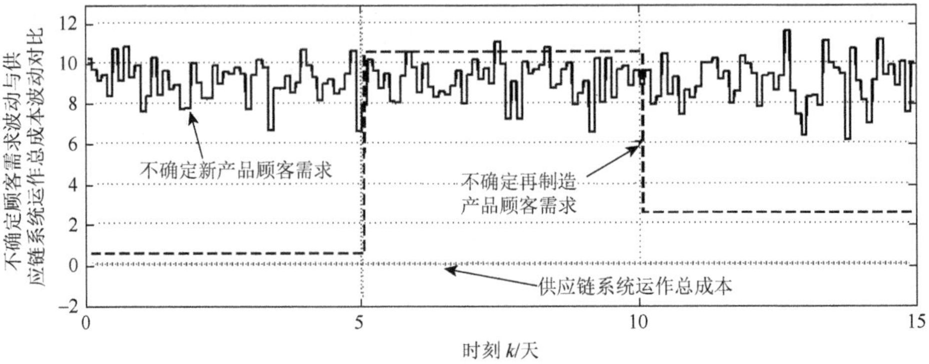

图 7.15 顾客需求扰动符合③的不确定顾客需求波动与供应链系统运作总成本波动对比

从数值算例结果来看，模糊鲁棒 H_∞ 控制方法可以更好地抑制牛鞭效应，使供应链系统处于鲁棒稳定状态，尤其是使供应链系统的运作总成本在一个理想条件下维持稳定，即根据模糊鲁棒 H_∞ 控制得到的 $\boldsymbol{u}(k)$ 能够抑制外部不确定需求扰动和再制造提前期，使供应链系统运作总成本达到稳定水平。

7.5 本 章 小 结

本章讨论了一类考虑不确定消费者异质需求和再制造提前期的制造/再制造供应链动态模型，运用模糊鲁棒 H_∞ 控制理论及 LMI 算法，以供应链系统运作总成本平稳为目标，寻求最优控制策略。通过数值算例对比研究发现，基于库存管理的模糊鲁棒 H_∞ 控制策略能够有效地抑制供应链系统运作过程中的不确定消费者异质需求和再制造提前期的影响，使供应链系统运作总成本达到相对稳定的状态。

本章以供应链系统的运作总成本平稳为目标，将其设置为系统输出，其实质是将系统内各库存状态变量和控制变量加权综合。在实际运用中，企业可以根据自身特点和关注的重点环节，将其中某些库存水平作为系统输出，寻求最佳控制策略，使其达到稳定状态。因此，在实际项目中推进本章提出的模型及结论，将是进一步研究的方向。

第 8 章　考虑经济性能约束的制造/再制造供应链库存运作稳定性研究

8.1　引　言

供应链系统中普遍存在的牛鞭效应[217]——供应链末端需求沿供应链自下向上传递过程中的信息扭曲放大现象，往往扰乱正常的企业生产计划安排，削弱企业对市场需求变化的应对能力，导致供应链管理的低效。如何有效地预防和抑制牛鞭效应的负面影响已经成为供应链管理的难点之一，并受到国内外学者的关注。

牛鞭效应的成因主要集中在外部需求波动、订货批量、库存责任失衡等[218, 219]，这些成因均可归结为供应链自身及其所处社会经济环境的众多不确定因素的影响。文献[219]将牛鞭效应的不确定性成因分成 4 类：生产运作的不确定性、供应的不确定性、需求的不确定性和控制的不确定性。对需求、价格、时滞等的不确定性分析可参见文献[103]、[220]。与成因研究相对应的是牛鞭效应的控制方法与策略研究，如基于需求预测的方法[221-223]，以及模型预测控制、鲁棒控制等控制方法[162, 224]。

本章在第 7 章的制造/再制造供应链模型的基础上，考虑生产提前期和再制造提前期，构建制造/再制造供应链库存系统状态转移模型以及相应的经济性能评价指标，研究库存控制策略优化设计问题，并给出数值算例与分析。

8.2　考虑经济性能约束的制造/再制造供应链系统库存状态转移模型

下面讨论考虑消费者异质需求和经济性能约束的混合回收制造/再制造供应链动态模型。

8.2.1　考虑经济性能约束的制造/再制造供应链动态模型

在第 7 章的基础上，考虑新产品制造提前期和供应链系统的经济性能，建立类供应链动态模型，如图 8.1 所示。

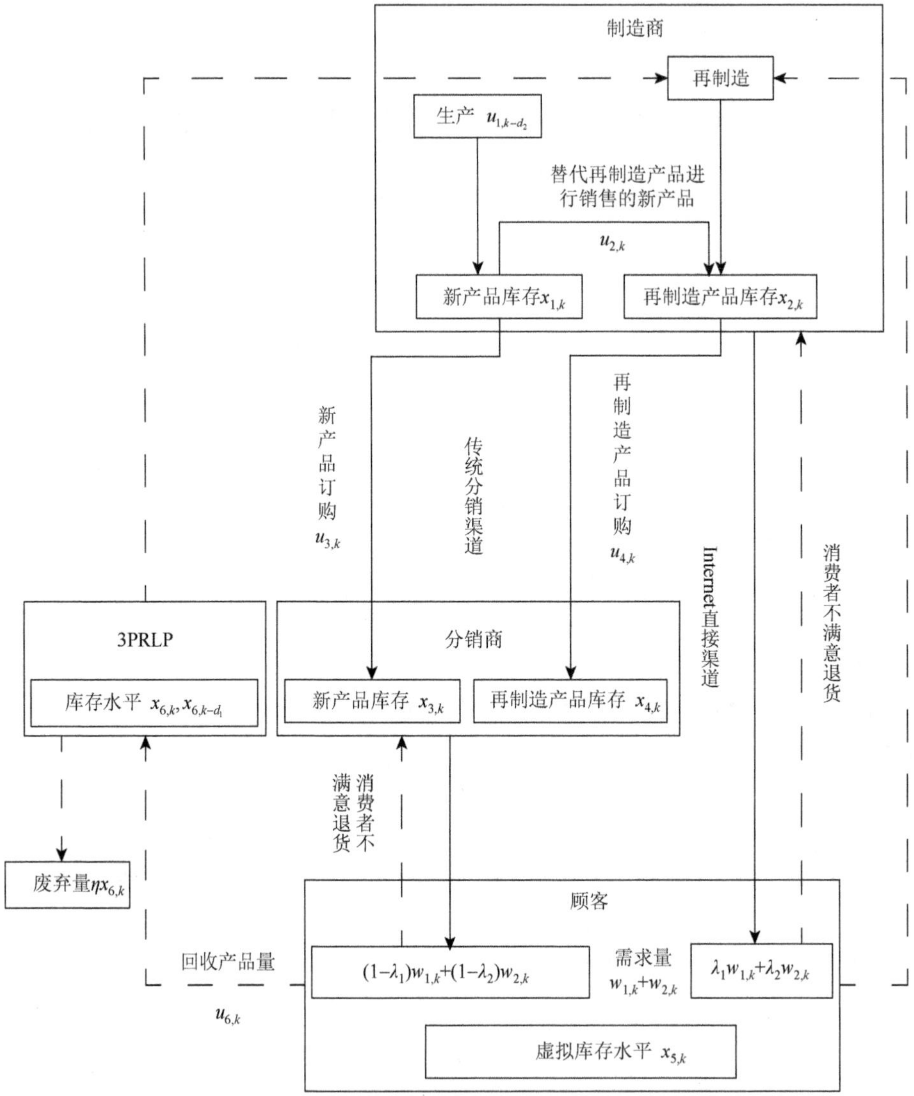

图 8.1　考虑经济性能约束的供应链系统库存状态转移模型

此模型中各节点的库存系统状态转移方程为式（7.1），供应链系统的运作总成本为式（7.2），由于在制造/再制造供应链系统中会不可避免地存在多种提前期，如再制造过程中的再制造提前期、生产过程中的生产提前期等，都有可能加剧供应链系统的牛鞭效应。为了进一步讨论多种提前期对供应链系统牛鞭效应的影响，在式（7.1）和式（7.2）的基础上，本章建立的供应链系统各节点企业的库存状态模型和整个供应链系统的运作总成本模型为

$$\begin{cases} x_{1,k+1} = x_{1,k} + u_{1,k-d_2} + \mu_1\lambda_1 x_{5,k} - u_{2,k} - u_{3,k} - \lambda_1 w_{1,k} \\ x_{2,k+1} = x_{2,k} + u_{2,k} + u_{5,k} + \alpha_1 x_{6,k} + \alpha_2 x_{6,k-d_1} + \mu_2\lambda_2 x_{5,k} - u_{4,k} - \lambda_2 w_{2,k} \\ x_{3,k+1} = x_{3,k} + u_{3,k} + \mu_1(1-\lambda_1)x_{5,k} - (1-\lambda_1)w_{1,k} \\ x_{4,k+1} = x_{4,k} + u_{4,k} + \mu_2(1-\lambda_2)x_{5,k} - (1-\lambda_2)w_{2,k} \\ x_{5,k+1} = x_{5,k} + w_{1,k} + w_{2,k} - \beta x_{5,k} - u_{5,k} - u_{6,k} - (\mu_1+\mu_2)x_{5,k} \\ x_{6,k+1} = x_{6,k} + u_{6,k} - (\alpha_1+\eta)x_{6,k} - \alpha_2 x_{6,k-d_1} \end{cases} \tag{8.1}$$

$$\begin{aligned} Z_k = {} & c_{h1}x_{1,k} + c_{h2}x_{2,k} + c_{h3}x_{3,k} + c_{h4}x_{4,k} + (c_{h6} + c_{r1}\alpha_1 + c_p\eta)x_{6,k} \\ & + [c_{m1}\mu_1\lambda_1 + c_o\beta + c_{m2}\mu_2\lambda_2 + c_{q1}\mu_1(1-\lambda_1) + c_{q2}\mu_2(1-\lambda_2)]x_{5,k} \\ & + c_{r1}\alpha_2 x_{6,k-d_1} + c_n u_{1,k-d_2} + c_v u_{2,k} + c_{s1}u_{3,k} + c_{s2}u_{4,k} + c_w u_{5,k} + c_t u_{6,k} \end{aligned} \tag{8.2}$$

其中，d_1 是由再制造时间延迟形成的再制造提前期，d_2 是由新产品生产时间延迟形成的生产提前期，满足 $0 \leqslant d_1$、$d_2 < \infty$；$x_{4,k-d_1}$ 是具有再制造提前期的 3PRLP 实际库存量；$u_{1,k-d_2}$ 表示具有生产提前期的新产品生产量。

由于考虑了经济性能约束和消费者异质需求的制造/再制造供应链系统中制造商和分销商会根据各自库存水平采取相应的生产策略及订购策略，会形成非线性供应链系统，进而会形成该系统的各个不同子系统，本章将会用矩阵的形式表示该供应链的第 i 个子系统：

$$\begin{cases} \boldsymbol{x}(k+1) = \boldsymbol{A}_i\boldsymbol{x}(k) + \boldsymbol{A}_{di}\boldsymbol{x}(k-d_1) + \boldsymbol{B}_i\boldsymbol{u}(k) + \boldsymbol{B}_{di}\boldsymbol{u}(k-d_2) + B_{wi}\boldsymbol{w}(k) \\ z(k) = \boldsymbol{C}_i\boldsymbol{x}(k) + \boldsymbol{C}_{di}\boldsymbol{x}(k-d_1) + \boldsymbol{D}_i\boldsymbol{u}(k) + \boldsymbol{D}_{di}\boldsymbol{u}(k-d_2) \end{cases} \tag{8.3}$$

$$\boldsymbol{x}(k) = \boldsymbol{\varphi}(k), \quad i = 1,2,3,4$$

其中，$\boldsymbol{x}^{\mathrm{T}}(k) = [x_{1,k} \quad x_{2,k} \quad x_{3,k} \quad x_{4,k} \quad x_{5,k} \quad x_{6,k}]$；$\boldsymbol{x}^{\mathrm{T}}(k-d_1) = [0 \quad 0 \quad 0 \quad 0 \quad 0 \quad x_{6,k-d_1}]$；$\boldsymbol{u}^{\mathrm{T}}(k) = \begin{bmatrix}0 & u_{2,k} & u_{3,k} & u_{4,k} & u_{5,k} & u_{6,k}\end{bmatrix}$；$\boldsymbol{w}^{\mathrm{T}}(k) = [w_{1,k} \quad w_{2,k}]$；$\boldsymbol{u}^{\mathrm{T}}(k-d_2) = [u_{1,k-d_2} \quad 0 \quad 0 \quad 0 \quad 0 \quad 0]$；$\boldsymbol{z}^{\mathrm{T}}(k) = [Z_k]$；$\boldsymbol{A}_i$、$\boldsymbol{A}_{di}$、$\boldsymbol{B}_i$、$\boldsymbol{B}_{di}$、$\boldsymbol{B}_{wi}$、$\boldsymbol{C}_i$、$\boldsymbol{C}_{di}$、$\boldsymbol{D}_i$ 和 $\boldsymbol{D}_{di}$ 代表各个分段线性子系统中与之相对应的各个变量的系数矩阵，部分矩阵的具体表示内容与 7.2.2 节相同；$\boldsymbol{B}_{di}$ 表示含生产提前期的控制变量与其相应的系数矩阵；$\boldsymbol{D}_{di}$ 为含生产提前期的供应链中相应成本变量的系数矩阵。

在实际制造/再制造供应链系统中，库存控制策略的选择与实施受到供应链整体经济效益表现的影响，本章给出如下供应链经济性能指标函数：

$$J_1 = \sum_{k=0}^{\infty}[\boldsymbol{x}^{\mathrm{T}}(k)\boldsymbol{Q}\boldsymbol{x}(k) + \boldsymbol{u}^{\mathrm{T}}(k)\boldsymbol{R}\boldsymbol{u}(k)] \tag{8.4}$$

其中，矩阵 $\boldsymbol{Q}$ 表示单位库存成本矩阵，矩阵 $\boldsymbol{R}$ 表示单位采购、生产和回收成本矩阵，$\boldsymbol{Q}$ 和 $\boldsymbol{R}$ 均为对称正定矩阵；$\sum_{k=0}^{\infty}[\boldsymbol{x}^{\mathrm{T}}(k)\boldsymbol{Q}\boldsymbol{x}(k)]$ 表示由供应链系统库存水平的非正常波动引起的企业库存成本增量；$\sum_{k=0}^{\infty}[\boldsymbol{u}^{\mathrm{T}}(k)\boldsymbol{R}\boldsymbol{u}(k)]$ 表示供应链系统采购、生产和回收量波动造成的成本增量。

8.2.2　考虑经济性能约束的制造/再制造供应链 T-S 模糊模型

运用 T-S 模糊模型对式（8.1）和式（8.2）建立如下第 i 个考虑经济性能约束的制造/再制造供应链动态模型一般形式。

R^i：IF $x_{1,k}$ is M_1^i and ⋯ and $x_{n,k}$ is M_n^i，THEN

$$\begin{cases}\boldsymbol{x}(k+1)=\boldsymbol{A}_i\boldsymbol{x}(k)+\boldsymbol{A}_{di}\boldsymbol{x}(k-d_1)+\boldsymbol{B}_i\boldsymbol{u}(k)+\boldsymbol{B}_{di}\boldsymbol{u}(k-d_2)+\boldsymbol{B}_{wi}\boldsymbol{w}(k)\\ \boldsymbol{z}(k)=\boldsymbol{C}_i\boldsymbol{x}(k)+\boldsymbol{C}_{di}\boldsymbol{x}(k-d_1)+\boldsymbol{D}_i\boldsymbol{u}(k)+\boldsymbol{D}_{di}\boldsymbol{u}(k-d_2)\end{cases} \tag{8.5}$$

其中，$\boldsymbol{x}(k-d_1)$ 是具有再制造提前期 d_1 的状态向量；$\boldsymbol{u}(k-d_2)$ 是具有生产提前期 d_2 的控制向量；$\boldsymbol{B}_{di}$ 和 $\boldsymbol{D}_{wi}$ 是适当维数的常数矩阵；d_1 和 d_2 是提前期参数，且满足 $0\leqslant d_1$、$d_2<\infty$。本章中符号含义与第 7 章相同。

对于式（8.5），采用单点模糊化、乘积推理以及加权平均反模糊化的推理方法，可得最终模糊时滞系统的状态方程和输出方程为

$$\begin{cases}\boldsymbol{x}(k+1)=\sum_{i=1}^{r}\mu_i(x)[\boldsymbol{A}_i\boldsymbol{x}(k)+\boldsymbol{A}_{di}\boldsymbol{x}(k-d_1)+B_i\boldsymbol{u}(k)+\boldsymbol{B}_{di}\boldsymbol{u}(k-d_2)\\ \qquad +\boldsymbol{B}_{wi}\boldsymbol{w}(k)]\\ \boldsymbol{z}(k)=\sum_{i=1}^{r}\mu_i(x)[\boldsymbol{C}_i\boldsymbol{x}(k)+\boldsymbol{C}_{di}\boldsymbol{x}(k-d_1)+\boldsymbol{D}_i\boldsymbol{u}(k)+\boldsymbol{D}_{di}\boldsymbol{u}(k-d_2)]\end{cases} \tag{8.6}$$

其中，$\mu_i(x)=\dfrac{h_i(x)}{\sum_{i=1}^{r}h_i(x)}$，$h_i(x)=\prod_{j=1}^{n}M_j^i(x_{j,k})\ (i=1,2,\cdots,r)$，$M_j^i(x_{j,k})$ 是 $x_{j,k}$ 关于模糊集合 M_j^i 的隶属度函数，$\mu_i(x)$ 是第 i 条规则的隶属度。

8.3　考虑经济性能约束的制造/再制造供应链系统鲁棒控制器设计

对制造/再制造供应链模糊系统（8.6）进行 T-S 模糊控制器设计如下。

Controller Rule $\boldsymbol{K}^i$

R^i：IF $x_{1,k}$ is M_1^i and ⋯ and $x_{n,k}$ is M_n^i，THEN

$$\begin{cases} \boldsymbol{u}(k) = \sum_{i=1}^{r} \mu_i \boldsymbol{K}_i \boldsymbol{x}(k) \\ \boldsymbol{u}(k-d_2) = \sum_{i=1}^{r} \mu_i \boldsymbol{K}_i \boldsymbol{x}(k-d_2) \end{cases} \tag{8.7}$$

其中，$\boldsymbol{x}^{\mathrm{T}}(k-d_2)=[x_{1,k-d_2} \quad 0 \quad 0 \quad 0 \quad 0 \quad 0]$，$x_{1,k-d_2}$ 是具有生产提前期的新产品库存量；$\boldsymbol{K}_i$ 为待定的库存状态反馈增益矩阵。

在式（8.6）中代入状态反馈控制器式（8.7）可得

R^i：IF $x_{1,k}$ is M_1^i and ⋯ and $x_{n,k}$ is M_n^i，THEN

$$\begin{cases} \boldsymbol{x}(k+1) = \sum_{i=1}^{r}\sum_{j=1}^{r} \mu_i \mu_j [(\boldsymbol{A}_i + \boldsymbol{B}_i \boldsymbol{K}_j)\boldsymbol{x}(k) + \boldsymbol{A}_{di}\boldsymbol{x}(k-d_1) + \boldsymbol{B}_{di}\boldsymbol{K}_j \boldsymbol{x}(k-d_2) + \boldsymbol{B}_{wi}\boldsymbol{w}(k)] \\ \boldsymbol{z}(k) = \sum_{i=1}^{r}\sum_{j=1}^{r} \mu_i \mu_j [(\boldsymbol{C}_i + \boldsymbol{D}_i \boldsymbol{K}_j)\boldsymbol{x}(k) + \boldsymbol{C}_{di}\boldsymbol{x}(k-d_1) + \boldsymbol{D}_{di}\boldsymbol{K}_j \boldsymbol{x}(k-d_2)] \end{cases} \tag{8.8}$$

在制造/再制造供应链系统中，不同的库存控制策略带来的经济效果也不同，从系统控制论的角度出发，对于含再制造提前期和生产提前期的供应链系统（8.8），考虑经济性能约束的供应链系统控制问题变成：考虑供应链系统经济性能指标在一定范围 ($J_1 \leqslant J_0$) 内取值，求解适当生产、订购和回收决策系数矩阵($\boldsymbol{K}_i$)，使得供应链库存水平 $\boldsymbol{x}(k)$ 和系统运作总成本 $\boldsymbol{z}(k)$ 状态波动尽可能小。此外，本章采用与第 7 章相同的供应链鲁棒控制机理。

定理 8.1：在 k 周期，对于考虑经济性能约束和消费者异质需求的制造/再制造供应链系统（8.3），系统中规则数小于或等于 $s(1<r\leqslant s)$。已知常数 $\gamma>0$ 和经济性能指标（8.4），若在各最大交叠规则组中存在对称正定矩阵 $\boldsymbol{X}_l$、$\boldsymbol{N}_{1l}$ 和 $\boldsymbol{R}_{2l}$，对称半正定矩阵 $\boldsymbol{M}_{1l}$ 以及矩阵 $\boldsymbol{Y}_{jl}$ （$i,j\in\{1,2,\cdots,r\}$），使下列矩阵不等式成立：

$$\begin{bmatrix} \boldsymbol{\Psi}_{1l} & * & * & * & * & * & * & * \\ \boldsymbol{0} & -\boldsymbol{N}_{1l} & * & * & * & * & * & * \\ \boldsymbol{0} & \boldsymbol{0} & -\boldsymbol{R}_{2l} & * & * & * & * & * \\ \boldsymbol{0} & \boldsymbol{0} & \boldsymbol{0} & -\gamma^2\boldsymbol{I} & * & * & * & * \\ \boldsymbol{G}_{iil} & \boldsymbol{A}_{di}\boldsymbol{X}_l & \boldsymbol{B}_{di}\boldsymbol{Y}_{il} & \boldsymbol{B}_{wi} & -\boldsymbol{X}_l & * & * & * \\ \boldsymbol{F}_{iil} & \boldsymbol{C}_{di}\boldsymbol{X}_l & \boldsymbol{D}_{di}\boldsymbol{Y}_{il} & \boldsymbol{0} & \boldsymbol{0} & -\boldsymbol{I} & * & * \\ \boldsymbol{X}_l & \boldsymbol{0} & \boldsymbol{0} & \boldsymbol{0} & \boldsymbol{0} & \boldsymbol{0} & -\boldsymbol{Q}^{-1} & * \\ \boldsymbol{Y}_{il} & \boldsymbol{0} & \boldsymbol{0} & \boldsymbol{0} & \boldsymbol{0} & \boldsymbol{0} & \boldsymbol{0} & -\boldsymbol{R}^{-1} \end{bmatrix} < \boldsymbol{0} \tag{8.9}$$

$$\begin{bmatrix} \boldsymbol{\Psi}_{2l} & * & * & * & * & * & * & * \\ \boldsymbol{0} & -\boldsymbol{N}_{1l} & * & * & * & * & * & * \\ \boldsymbol{0} & \boldsymbol{0} & -\boldsymbol{R}_{2l} & * & * & * & * & * \\ \boldsymbol{0} & \boldsymbol{0} & \boldsymbol{0} & -\gamma^2\boldsymbol{I} & * & * & * & * \\ \dfrac{\boldsymbol{G}_{ijl}+\boldsymbol{G}_{jil}}{2} & \dfrac{\boldsymbol{A}_{di}\boldsymbol{X}_l+\boldsymbol{A}_{dj}\boldsymbol{X}_l}{2} & \dfrac{\boldsymbol{B}_{di}\boldsymbol{Y}_{jl}+\boldsymbol{B}_{dj}\mathrm{Y}_{il}}{2} & \dfrac{\boldsymbol{B}_{wi}+\boldsymbol{B}_{wj}}{2} & -\boldsymbol{X}_l & * & * & * \\ \dfrac{\boldsymbol{F}_{ijl}+\boldsymbol{F}_{jil}}{2} & \dfrac{\boldsymbol{C}_{di}\boldsymbol{X}_l+\boldsymbol{C}_{dj}\boldsymbol{X}_l}{2} & \dfrac{\boldsymbol{D}_{di}\boldsymbol{Y}_{jl}+\boldsymbol{D}_{dj}\boldsymbol{Y}_{il}}{2} & \boldsymbol{0} & \boldsymbol{0} & -\boldsymbol{I} & * & * \\ \boldsymbol{X}_l & \boldsymbol{0} & \boldsymbol{0} & \boldsymbol{0} & \boldsymbol{0} & \boldsymbol{0} & -\boldsymbol{Q}^{-1} & * \\ \dfrac{\boldsymbol{Y}_{il}+\boldsymbol{Y}_{jl}}{2} & \boldsymbol{0} & \boldsymbol{0} & \boldsymbol{0} & \boldsymbol{0} & \boldsymbol{0} & \boldsymbol{0} & -\boldsymbol{R}^{-1} \end{bmatrix} < \boldsymbol{0}, i < j \tag{8.10}$$

则存在式（8.7）所示的模糊控制器，使得考虑经济性能约束和消费者异质需求的供应链系统（8.3）渐近稳定，且 H_∞ 范数小于给定的界 γ ，其中，$\boldsymbol{\Psi}_{1l}=-\boldsymbol{X}_l+\boldsymbol{N}_{1l}+\boldsymbol{R}_{2l}+(s-1)\boldsymbol{M}_{1l}$ ，$\boldsymbol{\Psi}_{2l}=-\boldsymbol{X}_l+\boldsymbol{N}_{1l}+\boldsymbol{R}_{2l}-\boldsymbol{M}_{1l}$ ，$\boldsymbol{G}_{ijl}=\boldsymbol{A}_i+\boldsymbol{B}_i\boldsymbol{K}_{jl}$ ，$\boldsymbol{F}_{ijl}=\boldsymbol{C}_i+\boldsymbol{D}_i\boldsymbol{K}_{jl}$ ，$\boldsymbol{G}_l$ 为第 l 个最大交叠规则组$\left(l=1,2,\cdots,\prod_{j=1}^{n}(m_j-1)\right)$，$m_j$ 为第 j 个输入变量模糊分划数，并且控制律增益为 $\boldsymbol{K}_{jl}=\boldsymbol{V}_{jl}\boldsymbol{L}_l^{-1}$ ，且相应的系统经济性能指标上界满足

$$J < \boldsymbol{x}_0^{\mathrm{T}}\boldsymbol{X}_l^{-1}\boldsymbol{x}_0+\sum_{m=-d_1}^{-1}\boldsymbol{x}^{\mathrm{T}}(m)\boldsymbol{X}_l^{-1}\boldsymbol{N}_{1l}\boldsymbol{X}_l^{-1}\boldsymbol{x}(m)+\sum_{m=-d_2}^{-1}\boldsymbol{x}^{\mathrm{T}}(m)\boldsymbol{X}_l^{-1}\boldsymbol{R}_{2l}\boldsymbol{X}_l^{-1}\boldsymbol{x}(m) \tag{8.11}$$

证明：证明过程如下。

定义 8.1：对于给定的制造/再制造供应链系统（8.3）和经济性能指标（8.4），如果存在控制律（8.7）和一个正数 J_0 ，使得制造/再制造供应链系统（8.3）是鲁棒渐近稳定的，且经济性能指标值满足 $J_1 \leqslant J_0$，则 J_0 称为制造/再制造供应链系统（8.3）的一个性能上界，同时控制律（8.7）称为制造/再制造供应链系统（8.3）的一个鲁棒保性能控制律。

定义 8.2：给定常数 $\gamma>0$ 和经济性能指标(8.8)，为制造/再制造供应链系统(8.3)设计一个状态反馈控制律（8.7），使得制造/再制造供应链系统（8.3）满足：①系统是鲁棒渐近稳定的；②存在正数 J_0 ，使得性能指标值满足 $J_1 \leqslant J_0$ ；③在零初始条件 $\boldsymbol{x}_0=\boldsymbol{0}$ 下，系统被调输出 $\boldsymbol{z}(k)$满足不等式 $\sum_{k=0}^{\infty}\boldsymbol{z}^{\mathrm{T}}(k)\boldsymbol{z}(k) < \gamma^2\sum_{k=0}^{\infty}\boldsymbol{w}^{\mathrm{T}}(k)\boldsymbol{w}(k)$ 。

此时，控制律（8.7）称为制造/再制造供应链系统（8.3）的一个鲁棒 H_∞保性能控制律。

引理 8.1[225]：考虑离散系统 $\boldsymbol{x}(k+1)=\boldsymbol{f}(\boldsymbol{x}(k))$ ，$\boldsymbol{f}(\boldsymbol{x}(k))$ 是 $n\times1$ 的函数向量，

并且对于所有的 k 均满足 $f(\mathbf{0})=\mathbf{0}$。若在 $\boldsymbol{x}(k)$ 上存在一个连续函数 $\boldsymbol{V}(\boldsymbol{x}(k))$ 满足：

（1）$\boldsymbol{V}(\mathbf{0})=\mathbf{0}$；

（2）当 $\|\boldsymbol{x}(k)\|\to\infty$ 时，$\boldsymbol{V}(\boldsymbol{x}(k))\to\infty$；

（3）对所有的 $\boldsymbol{x}(k)\neq\mathbf{0}$，$\boldsymbol{V}(\boldsymbol{x}(k))>\mathbf{0}$；

（4）对所有的 $\boldsymbol{x}(k)\neq\mathbf{0}$，$\boldsymbol{V}(\boldsymbol{x}(k+1))-\boldsymbol{V}(\boldsymbol{x}(k))<\mathbf{0}$，则系统的平衡状态 $\boldsymbol{x}(k)=\mathbf{0}$ 对所有的 k 是大范围渐近稳定的，且 $\boldsymbol{V}(\boldsymbol{x}(k))$ 是一个 Lyapunov 函数。

引理 8.2[226]：假设在任何 k 时刻，被激活的模糊规则数小于或等于 s，其中 $1<r\leqslant s$，则有

$$\sum_{i=1}^{r}\mu_i^2(\boldsymbol{x}(k))-\frac{1}{s-1}\sum_{i=1}^{r}\sum_{i<j}^{r}2\mu_i(\boldsymbol{x}(k))\mu_j(\boldsymbol{x}(k))\geqslant 0 \tag{8.12}$$

其中，$\sum_{i=1}^{r}\mu_i(\boldsymbol{x}(k))=1$，$\mu_i(\boldsymbol{x}(k))\geqslant 0$，$i=1,2,\cdots,r$。

设式（8.3）的状态输入向量为 $\boldsymbol{x}^{\mathrm{T}}(k)=\begin{bmatrix}x_{1,k} & x_{2,k} & \cdots & x_{n,k}\end{bmatrix}$，系统共有 f 个交叠规则组，任一交叠规则组的作用域为 $\boldsymbol{g}_c(c=1,2,\cdots,f)$，$\boldsymbol{L}_c=\{\boldsymbol{g}_c$ 中包含的规则序号$\}$。

若 $\boldsymbol{x}(k)$ 与 $\boldsymbol{x}(k+1)$ 在同一交叠规则组，则系统在第 c 个交叠规则组上的局部模型为

$$\begin{cases}\boldsymbol{x}(k+1)=\sum\limits_{i\in L_c}\mu_i\left[\boldsymbol{A}_i\boldsymbol{x}(k)+\boldsymbol{A}_{di}\boldsymbol{x}(k-d_1)+\boldsymbol{B}_i\boldsymbol{u}(k)+\boldsymbol{B}_{di}\boldsymbol{u}(k-d_2)+\boldsymbol{B}_{wi}\boldsymbol{w}(k)\right]\\ \qquad=\sum\limits_{i\in L_c}\sum\limits_{j\in L_c}\mu_i\mu_j\left[\overleftarrow{\boldsymbol{A}}_{ij}\boldsymbol{x}(k)+\boldsymbol{A}_{di}\boldsymbol{x}(k-d_1)+\boldsymbol{B}_{di}\boldsymbol{K}_{jl}\boldsymbol{x}(k-d_2)+\boldsymbol{B}_{wi}\boldsymbol{w}(k)\right]\\ \boldsymbol{z}(k)=\sum\limits_{i\in L_c}\mu_i\left[\boldsymbol{C}_i\boldsymbol{x}(k)+\boldsymbol{C}_{di}\boldsymbol{x}(k-d_1)+\boldsymbol{D}_i\boldsymbol{u}(k)+\boldsymbol{D}_{di}\boldsymbol{u}(k-d_2)\right]\\ \quad=\sum\limits_{i\in L_c}\sum\limits_{j\in L_c}\mu_i\mu_j\left[\overleftarrow{\boldsymbol{C}}_{ij}\boldsymbol{x}(k)+\boldsymbol{C}_{di}\boldsymbol{x}(k-d_1)+\boldsymbol{D}_{di}\boldsymbol{K}_{jl}\boldsymbol{x}(k-d_2)\right]\end{cases} \tag{8.13}$$

其中，$\overleftarrow{\boldsymbol{A}}_{ij}=\boldsymbol{A}_i+\boldsymbol{B}_i\boldsymbol{K}_{jl}$，$\overleftarrow{\boldsymbol{C}}_{ij}=\boldsymbol{C}_i+\boldsymbol{D}_i\boldsymbol{K}_{jl}$，$l\in\boldsymbol{g}_c$。

定义任意一个交叠规则组 $\boldsymbol{g}_c$ 的能量函数为

$$\boldsymbol{V}_c(k)=\boldsymbol{x}^{\mathrm{T}}(k)\boldsymbol{P}_l\boldsymbol{x}(k)+\sum_{m=k-d_1}^{k-1}\boldsymbol{x}^{\mathrm{T}}(m)\boldsymbol{R}_{1l}\boldsymbol{x}(m)+\sum_{m=k-d_2}^{k-1}\boldsymbol{x}^{\mathrm{T}}(m)\boldsymbol{P}_l\boldsymbol{R}_{2l}\boldsymbol{P}_l\boldsymbol{x}(m) \tag{8.14}$$

容易验证 $\boldsymbol{V}_c(\boldsymbol{x}(k))$ 满足引理 8.1 的条件（1）～（3）。

令 $\Delta\boldsymbol{V}_c(\boldsymbol{x}(k))=\boldsymbol{V}_c(\boldsymbol{x}(k+1))-\boldsymbol{V}_c(\boldsymbol{x}(k))$，则对所有的 $\boldsymbol{x}(k)\neq\mathbf{0}$，由式（8.14）及 $\mu_i\mu_j>0$ 可推出

$$\begin{aligned}\Delta \boldsymbol{V}_c(k) &= \boldsymbol{x}^{\mathrm{T}}(k+1)\boldsymbol{P}_l\boldsymbol{x}(k+1) + \sum_{m=k+1-d_1}^{k} \boldsymbol{x}^{\mathrm{T}}(m)\boldsymbol{R}_{1l}\boldsymbol{x}(m) + \sum_{m=k+1-d_2}^{k} \boldsymbol{x}^{\mathrm{T}}(m)\boldsymbol{P}_l\boldsymbol{R}_{2l}\boldsymbol{P}_l\boldsymbol{x}(m)\\ &\quad - \boldsymbol{x}^{\mathrm{T}}(k)\boldsymbol{P}_l\boldsymbol{x}(k) - \sum_{m=k-d_1}^{k-1} \boldsymbol{x}^{\mathrm{T}}(m)\boldsymbol{R}_{1l}\boldsymbol{x}(m) - \sum_{m=k-d_2}^{k-1} \boldsymbol{x}^{\mathrm{T}}(m)\boldsymbol{P}_l\boldsymbol{R}_{2l}\boldsymbol{P}_l\boldsymbol{x}(m)\\ &= \sum_{i\in L_c}\mu_i^2\boldsymbol{\xi}^{\mathrm{T}}(k)\left(\bar{\boldsymbol{G}}_{ii}^{\mathrm{T}}\boldsymbol{P}_l\bar{\boldsymbol{G}}_{ii} - \bar{\boldsymbol{\Theta}}_l\right)\boldsymbol{\xi}(k) + 2\sum_{i\in L_c}\sum_{j\in L_c}\mu_i\mu_j\boldsymbol{\xi}^{\mathrm{T}}(k)\left(\tilde{\boldsymbol{G}}_{ij}^{\mathrm{T}}\boldsymbol{P}_l\tilde{\boldsymbol{G}}_{ij} - \bar{\boldsymbol{\Theta}}_l\right)\boldsymbol{\xi}(k)\end{aligned}$$

其中：

$$\boldsymbol{\xi}^{\mathrm{T}}(k) = [\boldsymbol{x}^{\mathrm{T}}(k)\ \ \boldsymbol{x}^{\mathrm{T}}(k-d_1)\ \ \boldsymbol{x}^{\mathrm{T}}(k-d_2)\ \ \boldsymbol{w}^{\mathrm{T}}(k)]$$

$$\bar{\boldsymbol{\Theta}}_l = \mathrm{diag}\left[\boldsymbol{P}_l - \boldsymbol{R}_{1l} - \boldsymbol{P}_l\boldsymbol{R}_{2l}\boldsymbol{P}_l,\ \ \boldsymbol{R}_{1l},\ \ \boldsymbol{P}_l\boldsymbol{R}_{2l}\boldsymbol{P}_l,\ \ \boldsymbol{0}\right];\ \ \tilde{\boldsymbol{G}}_{ij} = \frac{1}{2}(\bar{\boldsymbol{G}}_{ij} + \bar{\boldsymbol{G}}_{ji})$$

$$\bar{\boldsymbol{G}}_{ij} = [\boldsymbol{A}_i + \boldsymbol{B}_i\boldsymbol{K}_{jl}\ \ \boldsymbol{A}_{di}\ \ \boldsymbol{B}_{di}\boldsymbol{K}_{jl}\ \ \boldsymbol{B}_{wi}]$$

假设存在半正定矩阵$\boldsymbol{Q}_{1l}$，应用引理 4.2 和 Schur 补方法，可得

$$\begin{aligned}&\Delta \boldsymbol{V}_c(k) + \boldsymbol{x}^{\mathrm{T}}(k)\boldsymbol{Q}\boldsymbol{x}(k) + \boldsymbol{u}^{\mathrm{T}}(k)\boldsymbol{R}\boldsymbol{u}(k) + \boldsymbol{z}^{\mathrm{T}}(k)\boldsymbol{z}(k) - \gamma^2\boldsymbol{w}^{\mathrm{T}}(k)\boldsymbol{w}(k)\\ &\leqslant \Delta \boldsymbol{V}_c(k) + \boldsymbol{x}^{\mathrm{T}}(k)\boldsymbol{Q}\boldsymbol{x}(k) + \boldsymbol{u}^{\mathrm{T}}(k)\boldsymbol{R}\boldsymbol{u}(k) + \boldsymbol{z}^{\mathrm{T}}(k)\boldsymbol{z}(k) - \gamma^2\boldsymbol{w}^{\mathrm{T}}(k)\boldsymbol{w}(k)\\ &+\left[(s-1)\sum_{i\in L_c}\mu_i^2 - 2\sum_{i\in L_c}\sum_{j\in L_c}\mu_i\mu_j\right]\boldsymbol{x}^{\mathrm{T}}(k)\boldsymbol{Q}_{1l}\boldsymbol{x}(k)\\ &= \sum_{i\in L_c}\mu_i^2\left\{\boldsymbol{\xi}^{\mathrm{T}}(k)\left[\bar{\boldsymbol{G}}_{ii}^{\mathrm{T}}\boldsymbol{P}_l\bar{\boldsymbol{G}}_{ii} - \bar{\boldsymbol{\Theta}}_l + (s-1)\bar{\boldsymbol{\Xi}}_l + \bar{\boldsymbol{F}}_{ii}^{\mathrm{T}}\bar{\boldsymbol{F}}_{ii}\right]\boldsymbol{\xi}(k) + \boldsymbol{x}^{\mathrm{T}}(k)\boldsymbol{Q}\boldsymbol{x}(k)\right.\\ &\left.+\boldsymbol{u}^{\mathrm{T}}(k)\boldsymbol{R}\boldsymbol{u}(k) - \gamma^2\boldsymbol{w}^{\mathrm{T}}(k)\boldsymbol{w}(k)\right\} + 2\sum_{i\in L_c}\sum_{j\in L_c}\mu_i\mu_j\left\{\boldsymbol{\xi}^{\mathrm{T}}(k)\left[\tilde{\boldsymbol{G}}_{ij}^{\mathrm{T}}\boldsymbol{P}_l\tilde{\boldsymbol{G}}_{ij} - \bar{\boldsymbol{\Theta}}_l - \bar{\boldsymbol{\Xi}}_l + \tilde{\boldsymbol{F}}_{ij}^{\mathrm{T}}\tilde{\boldsymbol{F}}_{ij}\right]\boldsymbol{\xi}(k)\right.\\ &\left.+\boldsymbol{x}^{\mathrm{T}}(k)\boldsymbol{Q}\boldsymbol{x}(k) + \boldsymbol{u}^{\mathrm{T}}(k)\boldsymbol{R}\boldsymbol{u}(k) - \gamma^2\boldsymbol{w}^{\mathrm{T}}(k)\boldsymbol{w}(k)\right\}\\ &= \sum_{i\in L_c}\mu_i^2\boldsymbol{\xi}^{\mathrm{T}}(k)\boldsymbol{\Omega}_{lii}\boldsymbol{\xi}(k) + 2\sum_{i\in L_c}\sum_{j\in L_c}\mu_i\mu_j\boldsymbol{\xi}^{\mathrm{T}}(k)\boldsymbol{\Omega}_{lij}\boldsymbol{\xi}(k)\end{aligned}$$

其中：

$$\bar{\boldsymbol{\Xi}}_l = \mathrm{diag}[\boldsymbol{Q}_{1l},\ \ \boldsymbol{0},\ \ \boldsymbol{0},\ \ \boldsymbol{0}];\ \bar{\boldsymbol{F}}_{ij} = \left[\boldsymbol{C}_i + \boldsymbol{D}_i\boldsymbol{K}_{jl}\ \ \ \boldsymbol{C}_{di}\ \ \ \boldsymbol{D}_{di}\boldsymbol{K}_{jl}\ \ \ \boldsymbol{0}\right];\ \tilde{\boldsymbol{F}}_{ij} = \frac{1}{2}\left(\bar{\boldsymbol{F}}_{ij} + \bar{\boldsymbol{F}}_{ji}\right)$$

$$\boldsymbol{\Omega}_{lii} = \begin{bmatrix} -\boldsymbol{P}_l + \boldsymbol{R}_{1l} + \boldsymbol{P}_l\boldsymbol{R}_{2l}\boldsymbol{P}_l + (s-1)\boldsymbol{Q}_{1l} & * & * & * & * & * & * & * \\ \boldsymbol{0} & -\boldsymbol{R}_{1l} & * & * & * & * & * & * \\ \boldsymbol{0} & \boldsymbol{0} & -\boldsymbol{P}_l\boldsymbol{R}_{2l}\boldsymbol{P}_l & * & * & * & * & * \\ \boldsymbol{0} & \boldsymbol{0} & \boldsymbol{0} & -\gamma^2\boldsymbol{I} & * & * & * & * \\ \boldsymbol{A}_i + \boldsymbol{B}_i\boldsymbol{K}_{il} & \boldsymbol{A}_{di} & \boldsymbol{B}_{di}\boldsymbol{K}_{il} & \boldsymbol{B}_{wi} & -\boldsymbol{P}_l^{-1} & * & * & * \\ \boldsymbol{C}_i + \boldsymbol{D}_i\boldsymbol{K}_{il} & \boldsymbol{C}_{di} & \boldsymbol{D}_{di}\boldsymbol{K}_{il} & \boldsymbol{0} & \boldsymbol{0} & -\boldsymbol{I} & * & * \\ \boldsymbol{I} & \boldsymbol{0} & \boldsymbol{0} & \boldsymbol{0} & \boldsymbol{0} & \boldsymbol{0} & -\boldsymbol{Q}^{-1} & * \\ \boldsymbol{K}_{il} & \boldsymbol{0} & \boldsymbol{0} & \boldsymbol{0} & \boldsymbol{0} & \boldsymbol{0} & \boldsymbol{0} & -\boldsymbol{R}^{-1} \end{bmatrix}$$

$$\boldsymbol{\Omega}_{lij}=\begin{bmatrix} -\boldsymbol{P}_l+\boldsymbol{R}_{1l}+\boldsymbol{P}_l\boldsymbol{R}_{2l}\boldsymbol{P}_l-\boldsymbol{Q}_{1l} & * & * & * & * & * & * & * \\ \boldsymbol{0} & -\boldsymbol{R}_{1l} & * & * & * & * & * & * \\ \boldsymbol{0} & \boldsymbol{0} & -\boldsymbol{P}_l\boldsymbol{R}_{2l}\boldsymbol{P}_l & * & * & * & * & * \\ \boldsymbol{0} & \boldsymbol{0} & \boldsymbol{0} & -\gamma^2\boldsymbol{I} & * & * & * & * \\ \dfrac{\boldsymbol{A}_i+\boldsymbol{B}_i\boldsymbol{K}_{jl}+\boldsymbol{A}_j+\boldsymbol{B}_j\boldsymbol{K}_{il}}{2} & \dfrac{\boldsymbol{A}_{di}+\boldsymbol{A}_{dj}}{2} & \dfrac{\boldsymbol{B}_{di}\boldsymbol{K}_{jl}+\boldsymbol{B}_{dj}\boldsymbol{K}_{il}}{2} & \dfrac{\boldsymbol{B}_{wi}+\boldsymbol{B}_{wj}}{2} & -\boldsymbol{P}_l^{-1} & * & * & * \\ \dfrac{\boldsymbol{C}_i+\boldsymbol{D}_i\boldsymbol{K}_{jl}+\boldsymbol{C}_j+\boldsymbol{D}_j\boldsymbol{K}_{il}}{2} & \dfrac{\boldsymbol{C}_{di}+\boldsymbol{C}_{dj}}{2} & \dfrac{\boldsymbol{D}_{di}\boldsymbol{K}_{jl}+\boldsymbol{D}_{dj}\boldsymbol{K}_{il}}{2} & \boldsymbol{0} & \boldsymbol{0} & -\boldsymbol{I} & * & * \\ \boldsymbol{I} & \boldsymbol{0} & \boldsymbol{0} & \boldsymbol{0} & \boldsymbol{0} & \boldsymbol{0} & -\boldsymbol{Q}^{-1} & * \\ \dfrac{\boldsymbol{K}_{il}+\boldsymbol{K}_{jl}}{2} & \boldsymbol{0} & \boldsymbol{0} & \boldsymbol{0} & \boldsymbol{0} & \boldsymbol{0} & \boldsymbol{0} & -\boldsymbol{R}^{-1} \end{bmatrix}$$

因此，若不等式

$$\Delta \boldsymbol{V}_c(k)+\boldsymbol{x}^{\mathrm{T}}(k)\boldsymbol{Q}\boldsymbol{x}(k)+\boldsymbol{u}^{\mathrm{T}}(k)\boldsymbol{R}\boldsymbol{u}(k)+\boldsymbol{z}^{\mathrm{T}}(k)\boldsymbol{z}(k)-\gamma^2\boldsymbol{w}^{\mathrm{T}}(k)\boldsymbol{w}(k)\leqslant \boldsymbol{0} \tag{8.15}$$

成立，则需满足

$$\boldsymbol{\Omega}_{lii}<\boldsymbol{0} \tag{8.16}$$

$$\boldsymbol{\Omega}_{lij}<\boldsymbol{0} \tag{8.17}$$

首先，当 $\boldsymbol{w}(k)\equiv\boldsymbol{0}$ 时，$\boldsymbol{V}_c(k)$ 满足引理 8.1 的条件（1）～（3），如果满足式（8.16）和式（8.17），那么可以得到 $\Delta\boldsymbol{V}_c(k)<-\boldsymbol{x}^{\mathrm{T}}(k)\boldsymbol{Q}\boldsymbol{x}(k)-\boldsymbol{u}^{\mathrm{T}}(k)\boldsymbol{R}\boldsymbol{u}(k)<\boldsymbol{0}$，因此，$\boldsymbol{V}_c(\boldsymbol{x}(k))$ 满足引理 8.1 的条件（4）。

其次，对式（8.15）两边从 $k=0$ 到 $k=\infty$ 求和，得到

$$J_1=\sum_{k=0}^{\infty}\left[\boldsymbol{x}^{\mathrm{T}}(k)\boldsymbol{Q}\boldsymbol{x}(k)+\boldsymbol{u}^{\mathrm{T}}(k)\boldsymbol{R}\boldsymbol{u}(k)\right]<-\sum_{k=0}^{\infty}\Delta\boldsymbol{V}_c(k)=\boldsymbol{V}_c(0)-\lim_{T\to\infty}\boldsymbol{V}_c(T+1)$$

由于系统（8.3）渐进稳定，可得 $\lim\limits_{T\to\infty}\boldsymbol{V}_c(T+1)=0$。因此，不等式 $J_1<\boldsymbol{V}_c(0)=J_0=\boldsymbol{x}_0^{\mathrm{T}}\boldsymbol{P}_l\boldsymbol{x}_0+\sum\limits_{m=-t_1}^{-1}\boldsymbol{x}^{\mathrm{T}}(m)\boldsymbol{R}_{1l}\boldsymbol{x}(m)+\sum\limits_{m=-t_2}^{-1}\boldsymbol{x}^{\mathrm{T}}(m)\boldsymbol{P}_l\boldsymbol{R}_{2l}\boldsymbol{P}_l\boldsymbol{x}(m)$ 成立，即 $J_0=\boldsymbol{V}_c(0)$ 为系统（8.3）的一个性能上界。此时，控制律（8.7）为系统（8.3）的一个保性能控制律。

当 $\boldsymbol{w}(k)\neq\boldsymbol{0}$ 时，定义 $J_2=\sum\limits_{k=0}^{\infty}\left[\boldsymbol{z}^{\mathrm{T}}(k)\boldsymbol{z}(k)+\gamma^2\boldsymbol{w}^{\mathrm{T}}(k)\boldsymbol{w}(k)\right]$。不失一般性，假设系统初始状态为 $\boldsymbol{x}_0=\boldsymbol{0}$。那么对于任意非零扰动 $\boldsymbol{w}(k)\in\ell_2[0,\infty)$，由式（8.15）可得 $\Delta\boldsymbol{V}_c(k)+\boldsymbol{z}^{\mathrm{T}}(k)\boldsymbol{z}(k)-\gamma^2\boldsymbol{w}^{\mathrm{T}}(k)\boldsymbol{w}(k)\leqslant-\boldsymbol{x}^{\mathrm{T}}(k)\boldsymbol{Q}\boldsymbol{x}(k)-\boldsymbol{u}^{\mathrm{T}}(k)\boldsymbol{R}\boldsymbol{u}(k)<\boldsymbol{0}$。对上式两边从 $k=0$ 到 $k=\infty$ 求和，得到 $J_2\leqslant-\sum\limits_{k=0}^{\infty}\Delta\boldsymbol{V}_c(k)=\boldsymbol{V}_c(0)-\lim\limits_{T\to\infty}\boldsymbol{V}_c(T+1)$。

因此，在第 c 个交叠规则组，控制律（8.7）又是系统（8.3）的一个 γ 次优 H_∞ 控制律。性能指标上限为

$$J_1 < V_c(0) = J_0 = x_0^{\mathrm{T}} P_l x_0 + \sum_{m=-t_1}^{-1} x^{\mathrm{T}}(m) R_{1l} x(m) + \sum_{m=-t_2}^{-1} x^{\mathrm{T}}(m) P_l R_{2l} P_l x(m)$$

若 $x(k+1)$ 与 $x(k)$ 不在同一个交叠规则组，则在各交叠规则组上定义如下特征函数：

$$\lambda_c = \begin{cases} 1, & x(k) \in g_c \\ 0, & x(k) \notin g_c \end{cases}, \quad \sum_{c=1}^{f} \lambda_c = 1$$

则模糊系统在整个输入论域上的总体模型可表示为

$$\begin{cases} x(k+1) = \sum_{c=1}^{f} \lambda_c \left\{ \sum_{i \in L_c} \sum_{j \in L_c} \mu_i \mu_j \left[\overleftarrow{A}_{ij} x(k) + A_{di} x(k-d_1) + B_{di} K_{jl} x(k-d_2) + B_{wi} w(k) \right] \right\} \\ z(k) = \sum_{c=1}^{f} \lambda_c \left\{ \sum_{i \in L_c} \sum_{j \in L_c} \mu_i \mu_j \left[\overleftarrow{C}_{ij} x(k) + C_{di} x(k-d_1) + D_{di} K_{jl} x(k-d_2) \right] \right\} \end{cases}$$

令 $P = \sum_{c=1}^{f} \lambda_c P_l$，$R_1 = \sum_{c=1}^{f} \lambda_c R_{1l}$，$Q_2 = \sum_{c=1}^{f} \lambda_c Q_{2l}$，则在整个论域上构造的 Lyapunov-Krasovskii 函数为

$$\begin{aligned} V(k) &= x^{\mathrm{T}}(k) P x(k) + \sum_{m=k-t_1}^{k-1} x^{\mathrm{T}}(m) R_1 x(m) + \sum_{m=k-t_2}^{k-1} x^{\mathrm{T}}(m) P R_2 P x(m) \\ &= x^{\mathrm{T}}(k) \left(\sum_{c=1}^{f} \lambda_c P_1 \right) x(k) + \sum_{m=k-t_1}^{k-1} x^{\mathrm{T}}(m) \left(\sum_{c=1}^{f} \lambda_c R_{1l} \right) x(m) \\ &\quad + \sum_{m=k-t_2}^{k-1} x^{\mathrm{T}}(m) \left(\sum_{c=1}^{f} \lambda_c P_l \right) \left(\sum_{c=1}^{f} \lambda_c R_{2l} \right) \left(\sum_{c=1}^{f} \lambda_c P_l \right) x(m) \\ &= \sum_{c=1}^{f} \lambda_c \left[x^{\mathrm{T}}(k) P_l x(k) + \sum_{m=k-t_1}^{k-1} x^{\mathrm{T}}(m) R_{1l} x(m) + \sum_{m=k-t_2}^{k-1} x^{\mathrm{T}}(m) P_l R_{2l} P_l x(m) \right] \\ &= \sum_{c=1}^{f} \lambda_c V_c(k) \end{aligned}$$

首先，当 $w(k) \equiv 0$ 时，得到

$$\begin{aligned} \Delta V(k) &= \sum_{c=1}^{f} \lambda_c V_c(k+1) - \sum_{c=1}^{f} \lambda_c V_c(k) = \sum_{c=1}^{f} \lambda_c \left[V_c(k+1) - V_c(k) \right] = \sum_{c=1}^{f} \lambda_c \Delta V_c(k) \\ &< \sum_{c=1}^{f} \lambda_c \left[-x^{\mathrm{T}}(k) Q x(k) - u^{\mathrm{T}}(k) R u(k) \right] < 0 \end{aligned}$$

因此，$V_c(k)$ 满足引理 4.1 的条件（1）～（4）。

其次，基于前面证明过程的不等式，可得下列不等式：

$$\sum_{c=1}^{f} \lambda_c J_1 = \sum_{c=1}^{f} \lambda_c \left\{ \sum_{k=0}^{\infty} [x^{\mathrm{T}}(k) Q x(k) + u^{\mathrm{T}}(k) R u(k)] \right\} < -\sum_{c=1}^{f} \lambda_c \left[\sum_{k=0}^{\infty} \Delta V_c(k) \right] < \sum_{c=1}^{f} \lambda_c [V_c(0)]$$

$J_1 \leqslant J_0$，J_0 是系统（8.3）的一个性能指标上限。此时，控制律（8.7）为系统（8.3）的一个保性能控制律。

当 $\boldsymbol{w}(k) \neq \boldsymbol{0}$ 时，可得

$$\begin{aligned}
J_2 = \sum_{k=0}^{\infty}\left[\boldsymbol{z}^{\mathrm{T}}(k)\boldsymbol{z}(k)+\gamma^2\boldsymbol{w}^{\mathrm{T}}(k)\boldsymbol{w}(k)\right] &\leqslant \sum_{k=0}^{\infty}\left[\Delta\boldsymbol{V}(k)+\boldsymbol{z}^{\mathrm{T}}(k)\boldsymbol{z}(k)+\gamma^2\boldsymbol{w}^{\mathrm{T}}(k)\boldsymbol{w}(k)\right] \\
&= \sum_{k=0}^{\infty}\left[\sum_{c=1}^{f}\lambda_c\Delta\boldsymbol{V}_c(k)+\boldsymbol{z}^{\mathrm{T}}(k)\boldsymbol{z}(k)+\gamma^2\boldsymbol{w}^{\mathrm{T}}(k)\boldsymbol{w}(k)\right] \\
&< -\sum_{c=1}^{f}\lambda_c\left\{\sum_{k=0}^{\infty}\left[\boldsymbol{x}^{\mathrm{T}}(k)\boldsymbol{Q}\boldsymbol{x}(k)+\boldsymbol{u}^{\mathrm{T}}(k)\boldsymbol{R}\boldsymbol{u}(k)\right]\right\}<0
\end{aligned}$$

对不等式（8.16）和不等式（8.17）分别左乘和右乘矩阵 $\boldsymbol{O}_l = \mathrm{diag}[\boldsymbol{P}_l^{-1},\boldsymbol{P}_l^{-1},\boldsymbol{P}_l^{-1},\boldsymbol{I},\boldsymbol{I},\boldsymbol{I},\boldsymbol{I},\boldsymbol{I}]$，并记 $\boldsymbol{X}_l = \boldsymbol{P}_l^{-1}$，$\boldsymbol{Y}_{jl} = \boldsymbol{K}_{jl}\boldsymbol{X}_l$，同时应用矩阵的 Schur 补性质，得到不等式（8.9）和不等式（8.10）。证毕。

注释 8.1： 在定理 8.1 中，鉴于系统（8.3）的经济性能指标上界值（8.11）依赖于系统（8.3）的初始值，目前存在两种方法取消这种初始值依赖，分别是随机方法[227]和确定方法[228]。在本章中，作者采用确定方法。本章假设系统（8.3）的初始值是属于集合 $\varphi \in \left\{\boldsymbol{x}(i) \in \mathbf{R}^n : \boldsymbol{x}(i) = \boldsymbol{E}v_i, v_i^{\mathrm{T}}v_i \leqslant 1, i = -t_M, -t_M+1, \cdots, -1, 0\right\}$ 的任意值，其中，矩阵 $\boldsymbol{E}$ 是已知矩阵，参数 $t_M = \max\left\{t_1^*, t_2^*\right\}$。因此，性能指标上界值（8.11）满足下列不等式：

$$\begin{aligned}
J &\leqslant \max_{l\in\Gamma}\left\{\phi_{\max}\left(\boldsymbol{E}\boldsymbol{X}_l^{-1}\boldsymbol{E}\right)+t_1\phi_{\max}\left(\boldsymbol{E}\boldsymbol{X}_l^{-1}\boldsymbol{N}_{1l}\boldsymbol{X}_l^{-1}\boldsymbol{E}\right)+t_2\phi_{\max}\left(\boldsymbol{E}\boldsymbol{X}_l^{-1}\boldsymbol{R}_{2l}\boldsymbol{X}_l^{-1}\boldsymbol{E}\right)\right\} \\
&\leqslant \max_{l\in\Gamma}\left\{\phi_{\max}\left(\boldsymbol{E}\boldsymbol{X}_l^{-1}E\right)+t_1^*\phi_{\max}\left(\boldsymbol{E}\boldsymbol{X}_l^{-1}\boldsymbol{N}_{1l}\boldsymbol{X}_l^{-1}\boldsymbol{E}\right)+t_2^*\phi_{\max}\left(\boldsymbol{E}\boldsymbol{X}_l^{-1}\boldsymbol{R}_{2l}\boldsymbol{X}_l^{-1}\boldsymbol{E}\right)\right\}
\end{aligned}$$

其中，$\phi_{\max}(\cdot)$ 表示矩阵 $(\cdot)$ 的最大特征值。

通过以上分析可知，符合定理 8.1 的供应链系统库存控制，不仅能够使供应链系统（8.3）鲁棒渐近稳定，抑制供应链系统的牛鞭效应，而且使得该库存控制策略的实施效果满足一定经济要求，使得定理 8.1 具有更高的实用性和有效性。同时，定理 8.1 提供的经济成本增量上界不仅从供应链系统演变的角度描述了系统库存控制经济效果，而且为供应链管理者的决策选择和实施提供了经济量化依据。

8.4　数值算例与分析

本章采用第 7 章的模糊分划（图 7.2），根据图 7.2 可知，在不同模糊规则下，电视机制造商采用与第 7 章中相同的新产品生产策略。

通过以上分析，可知在 $R^i\,(i=1,2)$ 策略下含不确定性的模型如下。

$$R^1:\begin{cases}x_{1,k+1}=x_{1,k}+u_{1,k-d_2}+\mu_1\lambda_1x_{5,k}-u_{2,k}-u_{3,k}-\lambda_1w_{1,k}\\x_{2,k+1}=x_{2,k}+u_{2,k}+u_{5,k}+\alpha_1x_{6,k}+\alpha_2x_{6,k-d_1}+\mu_2\lambda_2x_{5,k}-u_{4,k}-\lambda_2w_{2,k}\\x_{3,k+1}=x_{3,k}+u_{3,k}+\mu_1(1-\lambda_1)x_{5,k}-(1-\lambda_1)w_{1,k}\\x_{4,k+1}=x_{4,k}+u_{4,k}+\mu_2(1-\lambda_2)x_{5,k}-(1-\lambda_2)w_{2,k}\\x_{5,k+1}=x_{5,k}+w_{1,k}+w_{2,k}-\beta x_{5,k}-u_{5,k}-u_{6,k}-(\mu_1+\mu_2)x_{5,k}\\x_{6,k+1}=x_{6,k}+u_{6,k}-(\alpha_1+\eta)x_{6,k}-\alpha_2x_{6,k-d_1}\end{cases}$$

$$\begin{aligned}Z_k&=c_{h1}x_{1,k}+c_{h2}x_{2,k}+[c_{m1}\mu_1\lambda_1+c_o\beta+c_{m2}\mu_2\lambda_2+c_{q1}\mu_1(1-\lambda_1)+c_{q2}\mu_2(1-\lambda_2)]x_{5,k}\\&+c_{h3}x_{3,k}+c_{h4}x_{4,k}+(c_{h6}+c_{r1}\alpha_1+c_p\eta)x_{6,k}+c_{r1}\alpha_2x_{6,k-d_1}+c_nu_{1,k-d_2}+c_vu_{2,k}+c_{s1}u_{3,k}\\&+c_{s2}u_{4,k}+c_wu_{5,k}+c_tu_{6,k}\end{aligned}$$

$$R^2:\begin{cases}x_{1,k+1}=x_{1,k}+\mu_1\lambda_1x_{5,k}-u_{2,k}-u_{3,k}-\lambda_1w_{1,k}\\x_{2,k+1}=x_{2,k}+u_{2,k}+u_{5,k}+\alpha_1x_{6,k}+\alpha_2x_{6,k-d_1}+\mu_2\lambda_2x_{5,k}-u_{4,k}-\lambda_2w_{2,k}\\x_{3,k+1}=x_{3,k}+u_{3,k}+\mu_1(1-\lambda_1)x_{5,k}-(1-\lambda_1)w_{1,k}\\x_{4,k+1}=x_{4,k}+u_{4,k}+\mu_2(1-\lambda_2)x_{5,k}-(1-\lambda_2)w_{2,k}\\x_{5,k+1}=x_{5,k}+w_{1,k}+w_{2,k}-\beta x_{5,k}-u_{5,k}-u_{6,k}-(\mu_1+\mu_2)x_{5,k}\\x_{6,k+1}=x_{6,k}+u_{6,k}-(\alpha_1+\eta)x_{6,k}-\alpha_2x_{6,k-d_1}\end{cases}$$

$$\begin{aligned}Z_k&=c_{h1}x_{1,k}+c_{h2}x_{2,k}+[c_{m1}\mu_1\lambda_1+c_o\beta+c_{m2}\mu_2\lambda_2+c_{q1}\mu_1(1-\lambda_1)+c_{q2}\mu_2(1-\lambda_2)]x_{5,k}\\&+c_{h3}x_{3,k}+c_{h4}x_{4,k}+(c_{h6}+c_{r1}\alpha_1+c_p\eta)x_{6,k}+c_{r1}\alpha_2x_{6,k-d_1}+c_vu_{2,k}+c_{s1}u_{3,k}\\&+c_{s2}u_{4,k}+c_wu_{5,k}+c_tu_{6,k}\end{aligned}$$

供应链的各节点企业库存状态模型和整个供应链系统运作总成本模型如下。

R^1：IF $x_{1,k}$ is M_1^1，THEN

$$\begin{cases}\boldsymbol{x}(k+1)=\boldsymbol{A}_1\boldsymbol{x}(k)+\boldsymbol{A}_{d1}\boldsymbol{x}(k-d_1)+\boldsymbol{B}_1\boldsymbol{u}(k)+\boldsymbol{B}_{d1}\boldsymbol{u}(k-d_2)+\boldsymbol{B}_{w1}w(k)\\\boldsymbol{z}(k)=\boldsymbol{C}_1\boldsymbol{x}(k)+\boldsymbol{C}_{d1}\boldsymbol{x}(k-d_1)+\boldsymbol{D}_1\boldsymbol{u}(k)+\boldsymbol{D}_{d1}\boldsymbol{w}(k-d_2)\end{cases}$$

R^2：IF $x_{1,k}$ is M_1^2，THEN

$$\begin{cases}\boldsymbol{x}(k+1)=\boldsymbol{A}_2\boldsymbol{x}(k)+\boldsymbol{A}_{d2}\boldsymbol{x}(k-d)+\boldsymbol{B}_2\boldsymbol{u}(k)+\boldsymbol{B}_{d2}\boldsymbol{u}(k-d_2)+\boldsymbol{B}_{w2}\boldsymbol{w}(k)\\\boldsymbol{z}(k)=\boldsymbol{C}_2\boldsymbol{x}(k)+\boldsymbol{C}_{d2}\boldsymbol{x}(k-d_1)+\boldsymbol{D}_2\boldsymbol{u}(k)+\boldsymbol{D}_{d2}\boldsymbol{u}(k-d_2)\end{cases}$$

其中，M_1^i 是制造商新产品库存 $(x_{1,k})$ 的模糊分划集合；r 为模糊分划数；$\boldsymbol{B}_{d2}=\boldsymbol{0}$；$\boldsymbol{C}_t=\begin{bmatrix}c_{h1} & c_{h2} & c_{h3} & c_{h4} & \Theta & c_{h6}+c_{r1}\alpha_1+c_p\eta\end{bmatrix}$；$\Theta=c_{m1}\mu_1\lambda_1+c_o\beta+c_{m2}\mu_2\lambda_2+c_{q1}\mu_1(1-\lambda_1)+c_{q2}\mu_2(1-\lambda_2)$；$\boldsymbol{C}_{dt}=[0\quad 0\quad 0\quad 0\quad 0\quad c_{r1}\alpha_2]$；$\boldsymbol{D}_{d2}=\boldsymbol{0}$；

$$A_t=\begin{bmatrix}1&0&0&0&\mu_1\lambda_1&0\\0&1&0&0&\mu_2\lambda_2&\alpha_1\\0&0&1&0&\mu_1(1-\lambda_1)&0\\0&0&0&1&\mu_2(1-\lambda_2)&0\\0&0&0&0&1-(\beta+\mu_1+\mu_2)&0\\0&0&0&0&0&1-(\alpha_1+\eta)\end{bmatrix};\ A_{dt}=\begin{bmatrix}0&0&0&0&0&0\\0&0&0&0&0&\alpha_2\\0&0&0&0&0&0\\0&0&0&0&0&0\\0&0&0&0&0&0\\0&0&0&0&0&-\alpha_2\end{bmatrix};$$

$$B_1=B_2=\begin{bmatrix}0&-1&-1&0&0&0\\0&1&0&-1&1&0\\0&0&1&0&0&0\\0&0&0&1&0&0\\0&0&0&0&-1&-1\\0&0&0&0&0&1\end{bmatrix};$$

$$B_{d1}=\begin{bmatrix}1&0&0&0&0&0\\0&0&0&0&0&0\\0&0&0&0&0&0\\0&0&0&0&0&0\\0&0&0&0&0&0\\0&0&0&0&0&0\end{bmatrix};\ B_{wt}=\begin{bmatrix}-\lambda_1&0\\0&-\lambda_2\\\lambda_1-1&0\\0&\lambda_2-1\\1&1\\0&0\end{bmatrix};$$

$$D_{wt}=\mathbf{0};D_1=D_2=[0\quad c_v\quad c_{s1}\quad c_{s2}\quad c_w\quad c_t];D_{d1}=[c_n\quad 0\quad 0\quad 0\quad 0\quad 0];t=1,2。$$

设计如下的模糊状态反馈控制器。

R^1：IF $x_{1,k}$ is M_1^1，THEN $\begin{cases}u(k)=K_1x(k)\\u(k-d_2)=K_1x(k-d_2)。\end{cases}$

R^2：IF $x_{1,k}$ is M_1^2，THEN $\begin{cases}u(k)=K_2x(k)\\u(k-d_2)=K_2x(k-d_2)。\end{cases}$

根据实际情况设定该供应链系统的如下参数：$c_{h1}=0.015$，$c_{h2}=0.020$，$c_{h3}=0.015$，$c_{h4}=0.016$，$c_{h6}=0.018$，$c_o=0.01$，$c_{r1}=0.08$，$c_{r2}=0.5$，$c_{m1}=0.1$，$c_{m2}=0.1$，$c_{q1}=0.2$，$c_{q2}=0.19$，$c_p=0.21$，$c_n=0.45$，$c_{s1}=0.55$，$c_{s2}=0.45$，$c_t=0.095$，$c_v=0.1$，$c_w=0.085$，$\boldsymbol{Q}$=diag([0.015 0.02 0.015 0.016 0 0.018])，$\boldsymbol{R}$=diag([0.45 0.1 0.55 0.45 0.11 0.1])（单位：$\times10^3$元）；$\lambda_1=0.57$，λ_2=0.72，η=0.38，$\mu_1=0.02$，$\mu_2=0.021$，$\beta=0.54$，$\alpha_1=0.61$，$\alpha_2=0.01$。运用 MATLAB 软件求解，得到$t_{\min}=-1.0340\times10^{-6}$。计算得到供应链系统状态反馈控制策略分别为

$$X_1 = \begin{bmatrix} 15.6 & -0.8 & 0.5 & 0.2 & -227.5 & 2 \\ -0.8 & 15 & -0.3 & -1.6 & -66.2 & -4.8 \\ 0.5 & -0.3 & 3.6 & -0.9 & -108.1 & 3.1 \\ 0.2 & -1.6 & -0.9 & 4.7 & -49.4 & 1.4 \\ -227.5 & -66.2 & -108.1 & -49.4 & 9979.4 & -212.4 \\ 2 & -4.8 & 3.1 & 1.4 & -212.4 & 21 \end{bmatrix}$$

$$N_{11} = \begin{bmatrix} 1.6 & -0.3 & 0.1 & 0.2 & -29.6 & 0.5 \\ -0.3 & 1.9 & -0.1 & -0.2 & -1.2 & -1.2 \\ 0.1 & -0.1 & 0.3 & 0 & -15.7 & 0.7 \\ 0.2 & -0.2 & 0 & 0.3 & -7.8 & 0.4 \\ -29.6 & -1.2 & -15.7 & -7.8 & 1405.6 & -50.2 \\ 0.5 & -1.2 & 0.7 & 0.4 & -50.2 & 5.2 \end{bmatrix}$$

$$R_{21} = \begin{bmatrix} 1.6 & -0.3 & 0.1 & 0.2 & -27.3 & 0.3 \\ -0.3 & 1.8 & -0 & -0.2 & -6.8 & -0.6 \\ 0.1 & -0 & 0.3 & -0 & -12.2 & 0.4 \\ 0.2 & -0.2 & -0 & 0.2 & -6.1 & 0.2 \\ -27.3 & -6.8 & -12.2 & -6.1 & 1160.8 & -26 \\ 0.3 & -0.6 & 0.4 & 0.2 & -26 & 2.8 \end{bmatrix}$$

$$M_{11} = \begin{bmatrix} 0.6190 & -0.1053 & 0.0262 & 0.0644 & -10.6499 & 0.1101 \\ -0.1053 & 0.6836 & -0.0181 & -0.0765 & -2.6412 & -0.2457 \\ 0.0262 & -0.0181 & 0.1125 & -0.0060 & -4.7515 & 0.1427 \\ 0.0644 & -0.0765 & -0.0060 & 0.0962 & -2.3999 & 0.0791 \\ -10.6499 & -2.6412 & -4.7515 & -2.3999 & 453.1870 & -10.1395 \\ 0.1101 & -0.2457 & 0.1427 & 0.0791 & -10.1395 & 1.0893 \end{bmatrix}$$

$$Y_{11} = \begin{bmatrix} 0 & 0 & 0 & 0 & 0 & 0 \\ 4.9037 & -2.2343 & 0.6657 & -0.1829 & -7.4293 & -1.7459 \\ 1.2620 & 0.6676 & -0.7600 & 0.4280 & -28.7559 & -0.2983 \\ 0.7188 & 1.3719 & 0.6480 & -1.0898 & -32.5933 & -0.0326 \\ -0.5946 & -3.1402 & 0.0750 & -0.2975 & -26.1371 & -0.8562 \\ 0.2726 & -0.3479 & 0.8674 & 0.4510 & -53.9333 & 0.2687 \end{bmatrix}$$

$$
\boldsymbol{Y}_{21}=\begin{bmatrix}
0 & 0 & 0 & 0 & 0 & 0\\
4.9027 & -2.2336 & 0.6651 & -0.1821 & -7.4299 & -1.7451\\
1.2626 & 0.6686 & -0.7608 & 0.4278 & -28.7567 & -0.2973\\
0.7178 & 1.3711 & 0.6470 & -1.0895 & -32.5928 & -0.0321\\
-5.9436 & -3.1409 & 0.0747 & -0.2985 & -26.1377 & -0.8557\\
0.2716 & -0.3481 & 0.8665 & 0.4515 & -53.9328 & 0.2679
\end{bmatrix}
$$

用文献[214]中的方法对状态反馈增益进行选择，结果如下：

$$
\boldsymbol{K}_{11}=\begin{bmatrix}
0 & 0 & 0 & 0 & 0 & 0\\
0.7508 & 0.1182 & 1.2073 & 0.5305 & 0.0327 & -0.0087\\
-0.1377 & -0.1034 & -0.6965 & -0.2181 & -0.0170 & -0.0805\\
-0.0563 & 0.0051 & -0.0872 & -0.3125 & -0.0079 & -0.0409\\
-0.7740 & -0.7752 & -1.5002 & -1.0192 & -0.0556 & -0.4189\\
-0.1988 & -0.1627 & -0.1270 & -0.0979 & -0.0159 & -0.1409
\end{bmatrix}
$$

$$
\boldsymbol{K}_{21}=\begin{bmatrix}
0 & 0 & 0 & 0 & 0 & 0\\
0.7510 & 0.1179 & 1.2067 & 0.5304 & 0.0324 & -0.0085\\
-0.1365 & -0.1036 & -0.6962 & -0.2180 & -0.0174 & -0.0801\\
-0.0558 & 0.0049 & -0.0874 & -0.3126 & -0.0081 & -0.0411\\
-0.7738 & -0.7751 & -1.5001 & -1.0189 & -0.0554 & -0.4192\\
-0.1992 & -0.1627 & -0.1269 & -0.0982 & -0.0162 & -0.1407
\end{bmatrix}
$$

此时，对供应链系统不确定因素干扰的抑制率为 γ=0.6656 。

根据求出的可行解可知，定理 8.1 能够实现考虑经济性能约束的供应链系统鲁棒稳定。然后，本章通过一个数值算例来验证定理 8.1 的可行性和有效性。本次数值算例与分析得出的结果仍为实际值 = 偏差值 + 标称值，并设定该供应链系统 $k=0$ 时的状态值为 $x_{1,0}=2$ ，$x_{2,0}=2.5$ ，$x_{3,0}=1.2$ ，$x_{4,0}=0.8$ ，$x_{5,0}=0.5$ ，$x_{6,0}=1$（单位：×10^3 台），各变量的标称值为 $\overline{x}_{1,k}=78$ ，$\overline{x}_{2,k}=85$ ，$\overline{x}_{3,k}=55$ ，$\overline{x}_{4,k}=40$ ，$\overline{x}_{5,k}=32$ ，$\overline{x}_{6,k}=25$ ，$\overline{u}_{1,k}=25$ ，$\overline{u}_{2,k}=31$ ，$\overline{u}_{3,k}=27$ ，$\overline{u}_{4,k}=15$ ，$\overline{u}_{5,k}=23$ ，$\overline{u}_{6,k}=19$（单位：×10^3 台）。图 8.2 为不同再制造提前期 d_1 和生产提前期 d_2 的供应链系统经济性能指标上界值。

下面对在不同顾客需求情况下考虑经济性能约束的供应链系统进行鲁棒控制数值算例与分析：①不确定顾客需求扰动符合 $w_{1,k}=w_{2,k}\sim 6N(5,1^2)$，$d_1=2$，$d_2=3$；②不确定顾客再制造产品需求扰动符合突变型扰动，即宽脉冲型突变需求扰动 $w_{2,k}=\begin{cases}10.5, & 5\leqslant t\leqslant 10\\ 3.5, & t>10\\ 0.5, & 0\leqslant t<5\end{cases}$ ，t 为时间（单位：天），$d_1=3$ ，$d_2=5$ 。结果如图 8.3～图 8.8 所示。

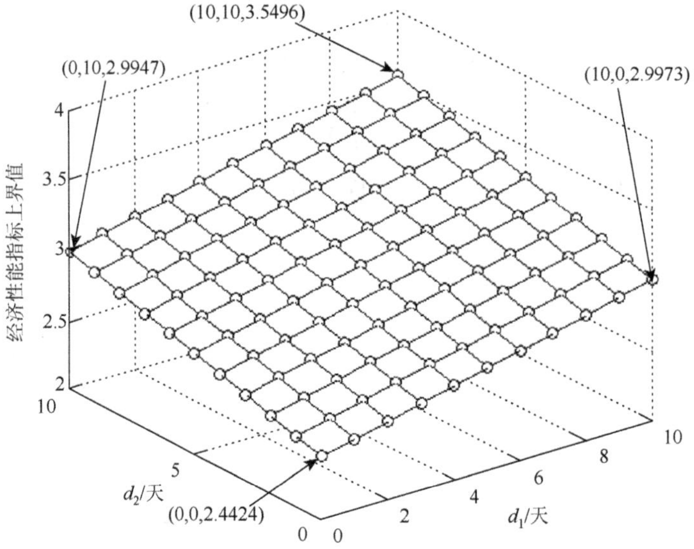

图 8.2　经济性能指标上界值

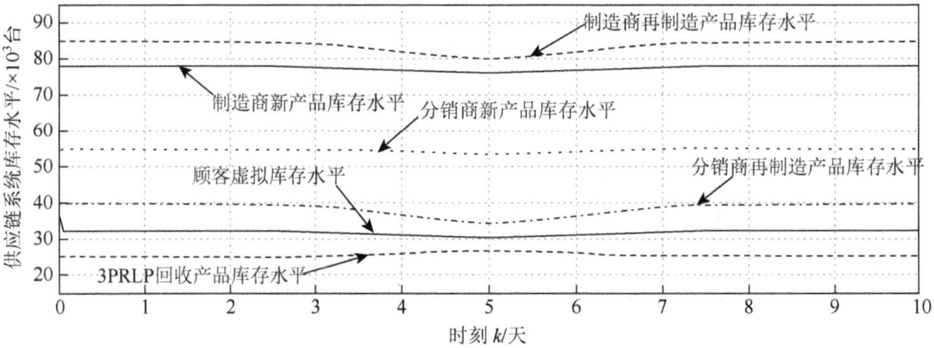

图 8.3　顾客需求扰动符合①的供应链系统库存状态

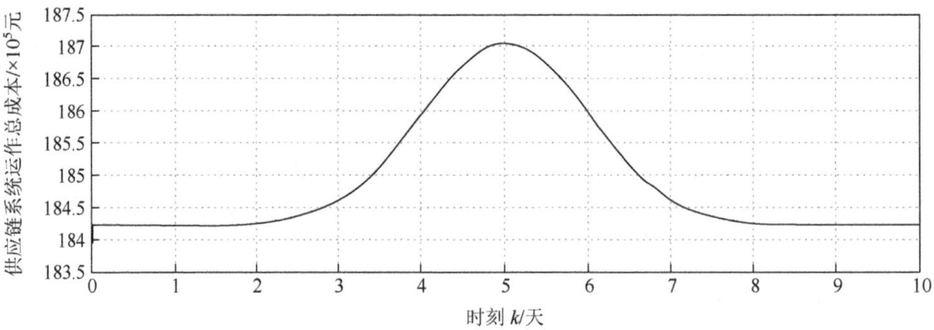

图 8.4　顾客需求扰动符合①的供应链系统运作总成本

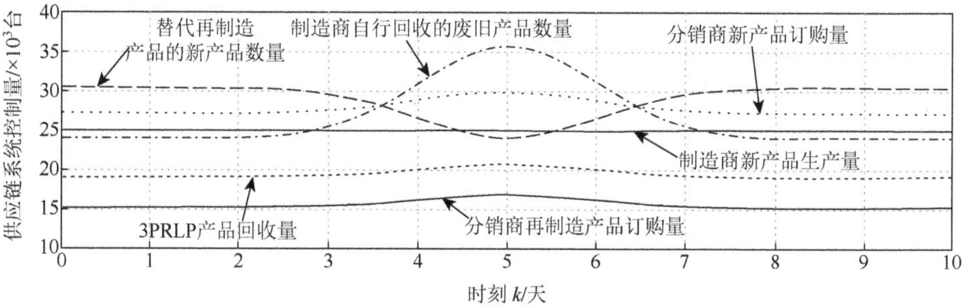

图 8.5　顾客需求扰动符合①的供应链系统控制量

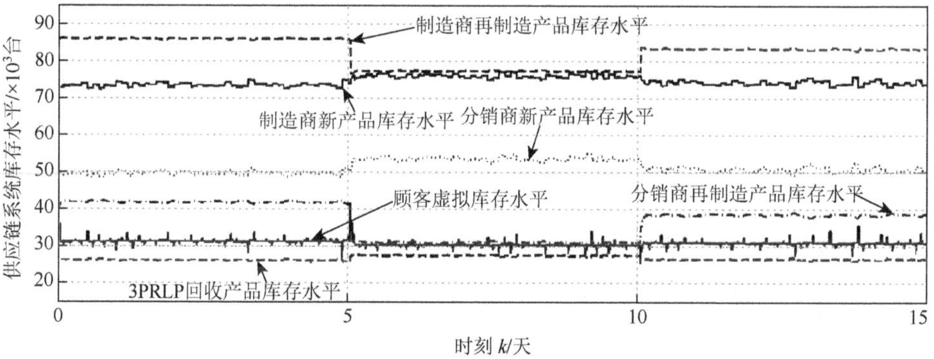

图 8.6　顾客需求扰动符合②的供应链系统库存状态

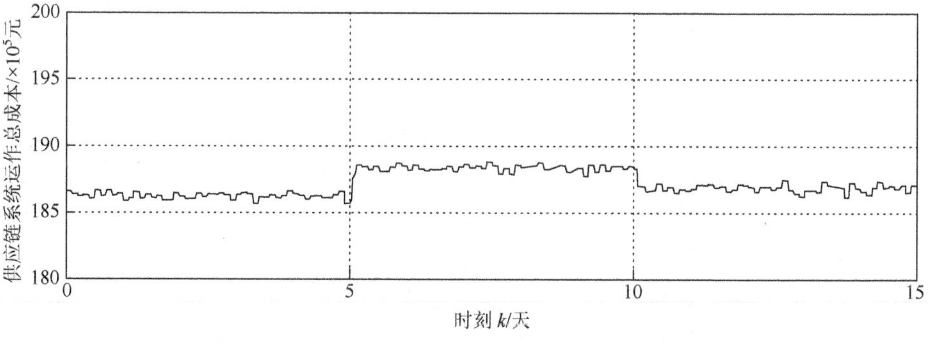

图 8.7　顾客需求扰动符合②的供应链系统运作总成本

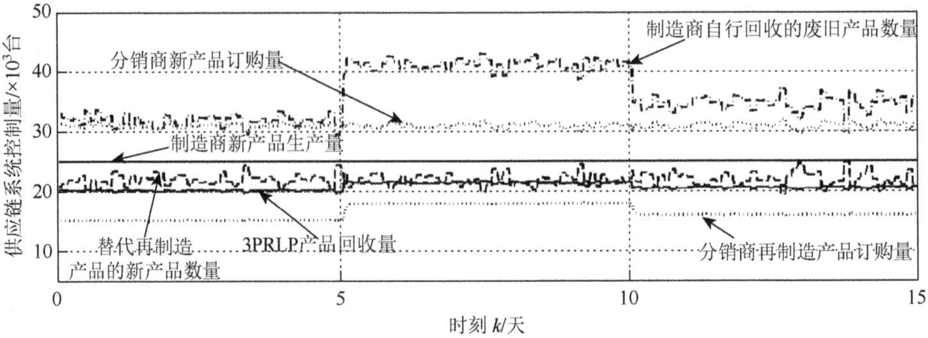

图 8.8　顾客需求扰动符合②的供应链系统控制量

由图 8.2 可知，生产提前期和再制造提前期波动范围的大小影响最终供应链系统经济性能的表现：提前期小的供应链系统经济性能指标上界值小于提前期大的供应链系统经济性能指标上界值。此现象可从前面设计的供应链性能指标所包含的经济含义进行解释：当提前期大时，在相同的顾客需求背景下，供应链节点企业需要增大订单补偿量，故造成制造/再制造供应链系统经济性能指标中生产采购和生产成本的增加。

数值算例结果表明，不确定顾客需求会随时间逐渐扩散到供应链系统上游企业中，引起企业产品库存波动，即供应链系统中存在牛鞭效应，但是在本章提出的控制策略的有效控制下，上游企业库存波动得到有效控制，最终供应链系统持续稳定运行，即供应链系统中的牛鞭效应得以有效抑制。因此本章提出的库存控制策略能够有效地抑制供应链系统的牛鞭效应，减少由系统内外不确定因素以及运作提前期（新产品生产提前期和再制造产品再制造提前期）造成的库存波动，提升供应链系统的抗干扰能力。

8.5　本 章 小 结

本章在第 7 章的基础上，探讨了考虑经济性能约束、生产提前期和再制造提前期的制造/再制造供应链系统的鲁棒控制问题。首先，在第 7 章供应链模型的基础上，本章模型考虑了生产提前期和供应链经济性能约束，构建了供应链系统库存状态转移模型和供应链运作总成本模型以及相应的经济性能评价指标；其次，结合经济性能约束，本章提出了相应的库存控制策略，研究了考虑经济性能约束的库存控制策略参数优化设计问题；最后，通过数值算例证明了本章所提出的库存控制策略的有效性和实用性，能够在保证一定经济性能约束的基础上有效地抑制供应链系统的牛鞭效应，而且研究发现，供应链库存控制系统的经济性能表现受系统运作提前期因素（生产提前期和再制造提前期）的影响较大。

第 9 章　含不确定性和提前期的制造/再制造供应链库存运作稳定性研究

9.1　引　　言

本章所建立的制造/再制造供应链系统基本模型已在第 8 章中提出，如图 8.1 所示。本章在第 8 章的基础上，增加考虑消费者异质需求。

9.2　含不确定性和提前期的制造/再制造供应链动态模型构建

下面讨论含不确定性和提前期的混合回收制造/再制造供应链动态模型。

9.2.1　含不确定性和提前期的制造/再制造供应链动态模型

由于已有的研究大多忽略了供应链系统的经济性能表现，而现实中经济效益表现往往决定库存控制策略的选择与实施。考虑到这些问题，本章在第 7 章和第 8 章内容的基础上，同时考虑经济性能约束和多种不确定因素（顾客需求、成本参数、再制造率、废弃率、消费者不满意退货率、生产提前期和再制造提前期等不确定因素）。因此，在式（8.1）和式（8.2）的基础上，本章所建立的制造/再制造供应链节点企业的库存状态模型（9.1）和整个供应链系统的运作成本模型（9.2）为

$$\begin{cases} x_{1,k+1} = x_{1,k} + u_{1,k-d_2} + (\mu_1 + \Delta\mu_1)(\lambda_1 + \Delta\lambda_1)x_{5,k} - u_{2,k} - u_{3,k} - (\lambda_1 + \Delta\lambda_1)w_{1,k} \\ x_{2,k+1} = x_{2,k} + u_{2,k} + u_{5,k} + (\alpha_1 + \Delta\alpha_1)x_{6,k} + (\alpha_2 + \Delta\alpha_2)x_{6,k-d_1} \\ \qquad\quad + (\mu_2 + \Delta\mu_2)(\lambda_2 + \Delta\lambda_2)x_{5,k} - u_{4,k} - (\lambda_2 + \Delta\lambda_2)w_{2,k} \\ x_{3,k+1} = x_{3,k} + u_{3,k} + (\mu_1 + \Delta\mu_1)(1 - \lambda_1 - \Delta\lambda_1)x_{5,k} - (1 - \lambda_1 - \Delta\lambda_1)w_{1,k} \\ x_{4,k+1} = x_{4,k} + u_{4,k} + (\mu_2 + \Delta\mu_2)(1 - \lambda_2 - \Delta\lambda_2)x_{5,k} - (1 - \lambda_2 - \Delta\lambda_2)w_{2,k} \\ x_{5,k+1} = x_{5,k} + w_{1,k} + w_{2,k} - (\beta + \Delta\beta)x_{5,k} - u_{5,k} - u_{6,k} - (\mu_1 + \Delta\mu_1 + \mu_2 + \Delta\mu_2)x_{5,k} \\ x_{6,k+1} = x_{6,k} + u_{6,k} - (\alpha_1 + \Delta\alpha_1 + \eta + \Delta\eta)x_{6,k} - (\alpha_2 + \Delta\alpha_2)x_{6,k-d_1} \end{cases} \tag{9.1}$$

$$
\begin{aligned}
Z_k =& (c_{h1}+\Delta c_{h1})x_{1,k}+(c_{h2}+\Delta c_{h2})x_{2,k}+(c_{h3}+\Delta c_{h3})x_{3,k}+(c_{h4}+\Delta c_{h4})x_{4,k}\\
&+\big[(c_{m1}+\Delta c_{m1})(\mu_1+\Delta\mu_1)(\lambda_1+\Delta\lambda_1)+(c_{m2}+\Delta c_{m2})(\mu_2+\Delta\mu_2)(\lambda_2+\Delta\lambda_2)\\
&+(c_o+\Delta c_o)(\beta+\Delta\beta)+(c_{q1}+\Delta c_{q1})(\mu_1+\Delta\mu_1)(1-\lambda_1-\Delta\lambda_1)\\
&+(c_{q2}+\Delta c_{q2})(\mu_2+\Delta\mu_2)(1-\lambda_2-\Delta\lambda_2)\big]x_{5,k}+(c_{r1}+\Delta c_{r1})(\alpha_2+\Delta\alpha_2)x_{6,k-d_1}\\
&+\big[(c_{h6}+\Delta c_{h6})+(c_{r1}+\Delta c_{r1})(\alpha_1+\Delta\alpha_1)+(c_p+\Delta c_p)(\eta+\Delta\eta)\big]x_{6,k}\\
&+(c_n+\Delta c_n)u_{1,k-d_2}+(c_v+\Delta c_v)u_{2,k}+(c_{s1}+\Delta c_{s1})u_{3,k}\\
&+(c_{s2}+\Delta c_{s2})u_{4,k}+(c_w+\Delta c_w)u_{5,k}+(c_t+\Delta c_t)u_{6,k}
\end{aligned}
\tag{9.2}
$$

其中，$\Delta\mu_1$、$\Delta\mu_2$、$\Delta\lambda_1$、$\Delta\lambda_2$、$\Delta\alpha_1$、$\Delta\alpha_2$、$\Delta\beta$、$\Delta\eta$、Δc_{h1}、Δc_{h2}、Δc_{h3}、Δc_{h4}、Δc_{h6}、Δc_{m1}、Δc_{m2}、Δc_o、Δc_{q1}、Δc_{q2}、Δc_{r1}、Δc_p、Δc_n、Δc_v、Δc_{s1}、Δc_{s2}、Δc_w 和 Δc_t 为相应参数的不确定部分，其余符号的具体表示含义和内容同第 7 章和第 8 章。

此外，制造商会根据其实际库存量调整生产策略，从而会形成非线性供应链系统。因此非线性供应链系统的线性子系统如下：

$$
\begin{cases}
\boldsymbol{x}(k+1)=(\boldsymbol{A}_i+\Delta\boldsymbol{A}_i)\boldsymbol{x}(k)+(\boldsymbol{A}_{di}+\Delta\boldsymbol{A}_{di})\boldsymbol{x}(k-d_1)+(\boldsymbol{B}_i+\Delta\boldsymbol{B}_i)\boldsymbol{u}(k)\\
\qquad\qquad +(\boldsymbol{B}_{di}+\Delta\boldsymbol{B}_{di})\boldsymbol{u}(k-d_2)+(\boldsymbol{B}_{wi}+\Delta\boldsymbol{B}_{wi})\boldsymbol{w}(k)\\
\boldsymbol{z}(k)=(\boldsymbol{C}_i+\Delta\boldsymbol{C}_i)\boldsymbol{x}(k)+(\boldsymbol{C}_{di}+\Delta\boldsymbol{C}_{di})\boldsymbol{x}(k-d_1)+(\boldsymbol{D}_i+\Delta\boldsymbol{D}_i)\boldsymbol{u}(k)\\
\qquad\qquad +(\boldsymbol{D}_{di}+\Delta\boldsymbol{D}_{di})\boldsymbol{u}(k-d_2)
\end{cases}
\tag{9.3}
$$

其中，$\boldsymbol{x}^{\mathrm{T}}(k)=[x_{1,k}\ \ x_{2,k}\ \ x_{3,k}\ \ x_{4,k}\ \ x_{5,k}\ \ x_{6,k}]$；$\boldsymbol{x}^{\mathrm{T}}(k-d_1)=[0\ \ 0\ \ 0\ \ 0\ \ 0\ \ x_{6,k-d_1}]$；$\boldsymbol{u}^{\mathrm{T}}(k)=[0\ \ u_{2,k}\ \ u_{3,k}\ \ u_{4,k}\ \ u_{5,k}\ \ u_{6,k}]$；$\boldsymbol{u}^{\mathrm{T}}(k-d_2)=[u_{1,k-d_2}\ \ 0\ \ 0\ \ 0\ \ 0\ \ 0]$；$\boldsymbol{w}^{\mathrm{T}}(k)=[w_{1,k}\ \ w_{2,k}]$；$\boldsymbol{z}^{\mathrm{T}}(k)=[Z_k]$；$\boldsymbol{A}_i$、$\boldsymbol{A}_{di}$、$\boldsymbol{B}_i$、$\boldsymbol{B}_{di}$、$\boldsymbol{B}_{wi}$、$\boldsymbol{C}_i$、$\boldsymbol{C}_{di}$、$\boldsymbol{D}_i$ 和 $\boldsymbol{D}_{di}$ 为不同情形下相应的系数矩阵，每个矩阵的具体含义与第 8 章中的描述相同；$\Delta\boldsymbol{A}_i$、$\Delta\boldsymbol{A}_{di}$、$\Delta\boldsymbol{B}_i$、$\Delta\boldsymbol{B}_{di}$、$\Delta\boldsymbol{B}_{wi}$、$\Delta\boldsymbol{C}_i$、$\Delta\boldsymbol{C}_{di}$、$\Delta\boldsymbol{D}_i$ 和 $\Delta\boldsymbol{D}_{di}$ 为相应系数矩阵的不确定矩阵；$\boldsymbol{z}(k)$ 代表供应链系统的运作总成本。

9.2.2 含不确定性和提前期的制造/再制造供应链 T-S 模糊模型

运用 T-S 模糊模型对式（9.3）建立如下第 i 个制造/再制造供应链动态模型一般形式。

R^i：IF $x_{1,k}$ is M_1^i and ⋯ and $x_{n,k}$ is M_n^i，THEN

$$
\begin{cases}
\boldsymbol{x}(k+1)=(\boldsymbol{A}_i+\Delta\boldsymbol{A}_i)\boldsymbol{x}(k)+(\boldsymbol{A}_{di}+\Delta\boldsymbol{A}_{di})\boldsymbol{x}(k-d_1)+(\boldsymbol{B}_i+\Delta\boldsymbol{B}_i)\boldsymbol{u}(k)\\
\qquad\qquad +(\boldsymbol{B}_{di}+\Delta\boldsymbol{B}_{di})\boldsymbol{u}(k-d_2)+(\boldsymbol{B}_{wi}+\Delta\boldsymbol{B}_{wi})\boldsymbol{w}(k)\\
\boldsymbol{z}(k)=(\boldsymbol{C}_i+\Delta\boldsymbol{C}_i)\boldsymbol{x}(k)+(\boldsymbol{C}_{di}+\Delta\boldsymbol{C}_{di})\boldsymbol{x}(k-d_1)+(\boldsymbol{D}_i+\Delta\boldsymbol{D}_i)\boldsymbol{u}(k)\\
\qquad\qquad +(\boldsymbol{D}_{di}+\Delta\boldsymbol{D}_{di})\boldsymbol{u}(k-d_2)
\end{cases}
\tag{9.4}
$$

$$
\boldsymbol{x}(k)=\boldsymbol{\varphi}(k),\quad k\in\{0,1,\cdots,N\},i=1,2,\cdots,r
$$

其中，$R^i(i=1,2,\cdots,r)$、M_j^i 和 r 表示的含义同第 7 章；$\boldsymbol{\varphi}(k)$ 为供应链系统的初始状态，即表示 $k=0$ 时的系统状态；$\boldsymbol{x}(k)$、$\boldsymbol{x}(k-d_1)$、$\boldsymbol{u}(k)$、$\boldsymbol{w}(k)$、$\boldsymbol{z}(k)$ 和 n 表示的含义同第 7 章；$\boldsymbol{u}(k-d_2)$ 和 d_2 表示的含义同第 8 章。

对于含不确定性和提前期的制造/再制造供应链系统模糊模型（9.4），采用单点模糊化、乘积推理以及加权平均反模糊化的推理方法，可得最终模糊时滞系统的状态方程和输出方程为

$$\begin{cases}\boldsymbol{x}(k+1)=\sum_{i=1}^{r}\mu_i(x)\big[(\boldsymbol{A}_i+\Delta\boldsymbol{A}_i)\boldsymbol{x}(k)+(\boldsymbol{A}_{di}+\Delta\boldsymbol{A}_{di})\boldsymbol{x}(k-d_1)+(\boldsymbol{B}_i+\Delta\boldsymbol{B}_i)\boldsymbol{u}(k)\\ \qquad +(\boldsymbol{B}_{di}+\Delta\boldsymbol{B}_{di})\boldsymbol{u}(k-d_2)+(\boldsymbol{B}_{wi}+\Delta\boldsymbol{B}_{wi})\boldsymbol{w}(k)\big]\\ \boldsymbol{z}(k)=\sum_{i=1}^{r}\mu_i(x)\big[(\boldsymbol{C}_i+\Delta\boldsymbol{C}_i)\boldsymbol{x}(k)+(\boldsymbol{C}_{di}+\Delta\boldsymbol{C}_{di})\boldsymbol{x}(k-d_1)+(\boldsymbol{D}_i+\Delta\boldsymbol{D}_i)\boldsymbol{u}(k)\\ \qquad +(\boldsymbol{D}_{di}+\Delta\boldsymbol{D}_{di})\boldsymbol{u}(k-d_2)\big]\end{cases} \tag{9.5}$$

9.3　含不确定性和提前期的制造/再制造供应链系统鲁棒控制器设计

本章引入已知常数矩阵（$\boldsymbol{H}_{1i}$、$\boldsymbol{H}_{2i}$、$\boldsymbol{E}_{x1i}$、$\boldsymbol{E}_{x2i}$、$\boldsymbol{E}_{x3i}$、$\boldsymbol{E}_{x4i}$、$\boldsymbol{E}_{x5i}$、$\boldsymbol{E}_{z1i}$、$\boldsymbol{E}_{z2i}$、$\boldsymbol{E}_{z3i}$ 和 $\boldsymbol{E}_{z4i}$）以及时变不确定矩阵（$\boldsymbol{F}_{1i}(k)$ 和 $\boldsymbol{F}_{2i}(k)$）来描述制造/再制造供应链系统中的不确定因素（$i=1,2,\cdots,r$），其中，已知实常数矩阵（$\boldsymbol{E}_{x1i}$、$\boldsymbol{E}_{x2i}$、$\boldsymbol{E}_{x3i}$、$\boldsymbol{E}_{x4i}$、$\boldsymbol{E}_{x5i}$、$\boldsymbol{E}_{z1i}$、$\boldsymbol{E}_{z2i}$、$\boldsymbol{E}_{z3i}$ 和 $\boldsymbol{E}_{z4i}$）表示供应链系统不确定结构信息；时变不确定矩阵（$\boldsymbol{F}_{1i}(k)$ 和 $\boldsymbol{F}_{2i}(k)$）具有 Lebesgue 可测元素，并满足 $\boldsymbol{F}_{1i}^{\mathrm{T}}(k)\boldsymbol{F}_{1i}(k)\leqslant\boldsymbol{I}$，$\boldsymbol{F}_{2i}^{\mathrm{T}}(k)\boldsymbol{F}_{2i}(k)\leqslant\boldsymbol{I}$。因此，供应链系统不确定参数可表示为

$$\begin{bmatrix}\Delta\boldsymbol{A}_i & \Delta\boldsymbol{A}_{di} & \Delta\boldsymbol{B}_i & \Delta\boldsymbol{B}_{di} & \Delta\boldsymbol{B}_{wi}\end{bmatrix}=\boldsymbol{H}_{1i}\boldsymbol{F}_{1i}(k)\begin{bmatrix}\boldsymbol{E}_{x1i} & \boldsymbol{E}_{x2i} & \boldsymbol{E}_{x3i} & \boldsymbol{E}_{x4i} & \boldsymbol{E}_{x5i}\end{bmatrix}$$

$$\begin{bmatrix}\Delta\boldsymbol{C}_i & \Delta\boldsymbol{C}_{di} & \Delta\boldsymbol{D}_i & \Delta\boldsymbol{D}_{di}\end{bmatrix}=\boldsymbol{H}_{2i}\boldsymbol{F}_{2i}(k)\begin{bmatrix}\boldsymbol{E}_{z1i} & \boldsymbol{E}_{z2i} & \boldsymbol{E}_{z3i} & \boldsymbol{E}_{z4i}\end{bmatrix}$$

对式（9.5）进行 T-S 模糊控制器设计，见式（8.7）。

在式（9.5）中代入状态反馈控制器（8.7）可得

R^i：IF $x_{1,k}$ is M_1^i and ⋯ and $x_{n,k}$ is M_n^i，THEN

$$\begin{cases}\boldsymbol{x}(k+1)=\sum_{i=1}^{r}\sum_{j=1}^{r}\mu_i\mu_j\big[(\overline{\boldsymbol{A}}_i+\overline{\boldsymbol{B}}_i\boldsymbol{K}_j)\boldsymbol{x}(k)+\overline{\boldsymbol{A}}_{di}\boldsymbol{x}(k-d_1)\\ \qquad +\overline{\boldsymbol{B}}_{di}\boldsymbol{K}_j\boldsymbol{x}(k-d_2)+\overline{\boldsymbol{B}}_{wi}\boldsymbol{w}(k)\big]\\ \boldsymbol{z}(k)=\sum_{i=1}^{r}\sum_{j=1}^{r}\mu_i\mu_j\big[(\overline{\boldsymbol{C}}_i+\overline{\boldsymbol{D}}_i\boldsymbol{K}_j)\boldsymbol{x}(k)+\overline{\boldsymbol{C}}_{di}\boldsymbol{x}(k-d_1)+\overline{\boldsymbol{D}}_{di}\boldsymbol{K}_j\boldsymbol{x}(k-d_2)\big]\end{cases} \tag{9.6}$$

其中，$\overline{\boldsymbol{A}}_i=\boldsymbol{A}_i+\Delta\boldsymbol{A}_i$；$\overline{\boldsymbol{A}}_{di}=\boldsymbol{A}_{di}+\Delta\boldsymbol{A}_{di}$；$\overline{\boldsymbol{B}}_i=\boldsymbol{B}_i+\Delta\boldsymbol{B}_i$；$\overline{\boldsymbol{B}}_{di}=\boldsymbol{B}_{di}+\Delta\boldsymbol{B}_{di}$；$\overline{\boldsymbol{B}}_{wi}=\boldsymbol{B}_{wi}+$

$\Delta \boldsymbol{B}_{wi}$；$\overline{\boldsymbol{C}}_i = \boldsymbol{C}_i + \Delta \boldsymbol{C}_i$；$\overline{\boldsymbol{C}}_{di} = \boldsymbol{C}_{di} + \Delta \boldsymbol{C}_{di}$；$\overline{\boldsymbol{D}}_i = \boldsymbol{D}_i + \Delta \boldsymbol{D}_i$；$\overline{\boldsymbol{D}}_{di} = \boldsymbol{D}_{di} + \Delta \boldsymbol{D}_{di}$。

在实际制造/再制造供应链系统中，库存控制策略的选择与实施受到供应链系统经济效益的影响，本章采用第 8 章中提出的供应链系统经济性能指标函数（8.4）进行分析。

基于定理 8.1，作者提出改进后的定理 9.1。

定理 9.1：对于考虑经济性能约束和异质需求的不确定制造/再制造供应链系统（9.4），系统中的规则数小于或等于 $s(1<r\leqslant s)$。已知常数 $\gamma>0$ 和经济性能指标（8.4），若在各最大交叠规则组中存在对称正定矩阵 $\boldsymbol{X}_l$、$\boldsymbol{N}_{1l}$ 和 $\boldsymbol{R}_{2l}$，对称半正定矩阵 $\boldsymbol{M}_{1l}$、矩阵 $\boldsymbol{Y}_{jl}$，以及标量 ε_{ijl}，$i,j\in\{1,2,\cdots,r\}$，使下列矩阵不等式成立：

$$\begin{bmatrix} \boldsymbol{\Psi}_{1l} & * & * & * & * & * & * & * & * & * \\ \boldsymbol{0} & -\boldsymbol{N}_{1l} & * & * & * & * & * & * & * & * \\ \boldsymbol{0} & \boldsymbol{0} & -\boldsymbol{R}_{2l} & * & * & * & * & * & * & * \\ \boldsymbol{0} & \boldsymbol{0} & \boldsymbol{0} & -\gamma^2\boldsymbol{I} & * & * & * & * & * & * \\ \boldsymbol{G}_{iil} & \boldsymbol{A}_{di}\boldsymbol{X}_l & \boldsymbol{B}_{di}\boldsymbol{Y}_{il} & \boldsymbol{B}_{wi} & \vartheta_{1iil} & * & * & * & * & * \\ \boldsymbol{F}_{iil} & \boldsymbol{C}_{di}\boldsymbol{X}_l & \boldsymbol{D}_{di}\boldsymbol{Y}_{il} & \boldsymbol{0} & \boldsymbol{0} & \vartheta_{2iil} & * & * & * & * \\ \boldsymbol{X}_l & \boldsymbol{0} & \boldsymbol{0} & \boldsymbol{0} & \boldsymbol{0} & \boldsymbol{0} & -\boldsymbol{Q}^{-1} & * & * & * \\ \boldsymbol{Y}_{il} & \boldsymbol{0} & \boldsymbol{0} & \boldsymbol{0} & \boldsymbol{0} & \boldsymbol{0} & \boldsymbol{0} & -\boldsymbol{R}^{-1} & * & * \\ \boldsymbol{U}_{iil} & \boldsymbol{E}_{x2i}\boldsymbol{X}_l & \boldsymbol{E}_{x4i}\boldsymbol{Y}_{il} & \boldsymbol{E}_{x5i} & \boldsymbol{0} & \boldsymbol{0} & \boldsymbol{0} & \boldsymbol{0} & -\varepsilon_{iil}\boldsymbol{I} & * \\ \boldsymbol{V}_{iil} & \boldsymbol{E}_{z2i}\boldsymbol{X}_l & \boldsymbol{E}_{z4i}\boldsymbol{Y}_{il} & \boldsymbol{0} & \boldsymbol{0} & \boldsymbol{0} & \boldsymbol{0} & \boldsymbol{0} & \boldsymbol{0} & -\varepsilon_{iil}\boldsymbol{I} \end{bmatrix} < \boldsymbol{0} \quad (9.7)$$

则存在式(8.7)所示的模糊控制器，使得考虑经济性能约束的不确定供应链系统(9.3)渐近稳定，且 H_∞ 范数小于给定的界 γ，其中，$\boldsymbol{\Psi}_{1l} = -\boldsymbol{X}_l + \boldsymbol{N}_{1l} + \boldsymbol{R}_{2l} + (s-1)\boldsymbol{M}_{1l}$，$\vartheta_{1iil} = -\boldsymbol{X}_l - \varepsilon_{iil}\boldsymbol{H}_{1i}\boldsymbol{H}_{1i}^{\mathrm{T}}$，$\vartheta_{2iil} = -\boldsymbol{I} - \varepsilon_{iil}\boldsymbol{H}_{2i}\boldsymbol{H}_{2i}^{\mathrm{T}}$，$\vartheta_{1ijl} = -\boldsymbol{X}_l - \varepsilon_{ijl}\boldsymbol{H}_{1i}\boldsymbol{H}_{1i}^{\mathrm{T}} - \varepsilon_{jil}\boldsymbol{H}_{1j}\boldsymbol{H}_{1j}^{\mathrm{T}}$，

$$\vartheta_{2ijl} = \begin{bmatrix} \boldsymbol{\Psi}_{2l} & * & * & * & * & * & * & * & * & * & * & * \\ \boldsymbol{0} & -\boldsymbol{N}_{1l} & * & * & * & * & * & * & * & * & * & * \\ \boldsymbol{0} & \boldsymbol{0} & -\boldsymbol{R}_{2l} & * & * & * & * & * & * & * & * & * \\ \boldsymbol{0} & \boldsymbol{0} & \boldsymbol{0} & -\gamma^2\boldsymbol{I} & * & * & * & * & * & * & * & * \\ \frac{\boldsymbol{G}_{ijl}+\boldsymbol{G}_{jil}}{2} & \frac{\boldsymbol{A}_{di}\boldsymbol{X}_l+\boldsymbol{A}_{dj}\boldsymbol{X}_l}{2} & \frac{\boldsymbol{B}_{di}\boldsymbol{Y}_{jl}+\boldsymbol{B}_{dj}\boldsymbol{Y}_{il}}{2} & \frac{\boldsymbol{B}_{wi}+\boldsymbol{B}_{wj}}{2} & \vartheta_{1ijl} & * & * & * & * & * & * & * \\ \frac{\boldsymbol{F}_{ijl}+\boldsymbol{F}_{jil}}{2} & \frac{\boldsymbol{C}_{di}\boldsymbol{X}_l+\boldsymbol{C}_{dj}\boldsymbol{X}_l}{2} & \frac{\boldsymbol{D}_{di}\boldsymbol{Y}_{jl}+\boldsymbol{D}_{dj}\boldsymbol{Y}_{il}}{2} & \boldsymbol{0} & \boldsymbol{0} & \vartheta_{2ijl} & * & * & * & * & * & * \\ \boldsymbol{X}_l & \boldsymbol{0} & \boldsymbol{0} & \boldsymbol{0} & \boldsymbol{0} & \boldsymbol{0} & -\boldsymbol{Q}^{-1} & * & * & * & * & * \\ \frac{\boldsymbol{Y}_{il}+\boldsymbol{Y}_{jl}}{2} & \boldsymbol{0} & \boldsymbol{0} & \boldsymbol{0} & \boldsymbol{0} & \boldsymbol{0} & \boldsymbol{0} & -\boldsymbol{R}^{-1} & * & * & * & * \\ \frac{\boldsymbol{U}_{ijl}}{2} & \frac{\boldsymbol{E}_{x2i}\boldsymbol{X}_l}{2} & \frac{\boldsymbol{E}_{x4i}\boldsymbol{Y}_{jl}}{2} & \frac{\boldsymbol{E}_{x5i}}{2} & \boldsymbol{0} & \boldsymbol{0} & \boldsymbol{0} & \boldsymbol{0} & -\varepsilon_{ijl}\boldsymbol{I} & * & * & * \\ \frac{\boldsymbol{V}_{ijl}}{2} & \frac{\boldsymbol{E}_{z2i}\boldsymbol{X}_l}{2} & \frac{\boldsymbol{E}_{z4i}\boldsymbol{Y}_{jl}}{2} & \boldsymbol{0} & \boldsymbol{0} & \boldsymbol{0} & \boldsymbol{0} & \boldsymbol{0} & \boldsymbol{0} & -\varepsilon_{ijl}\boldsymbol{I} & * & * \\ \frac{\boldsymbol{U}_{jil}}{2} & \frac{\boldsymbol{E}_{x2j}\boldsymbol{X}_l}{2} & \frac{\boldsymbol{E}_{x4j}\boldsymbol{Y}_{il}}{2} & \frac{\boldsymbol{E}_{x5j}}{2} & \boldsymbol{0} & \boldsymbol{0} & \boldsymbol{0} & \boldsymbol{0} & \boldsymbol{0} & \boldsymbol{0} & -\varepsilon_{jil}\boldsymbol{I} & * \\ \frac{\boldsymbol{V}_{jil}}{2} & \frac{\boldsymbol{E}_{z2j}\boldsymbol{X}_l}{2} & \frac{\boldsymbol{E}_{z4j}\boldsymbol{Y}_{il}}{2} & \boldsymbol{0} & \boldsymbol{0} & \boldsymbol{0} & \boldsymbol{0} & \boldsymbol{0} & \boldsymbol{0} & \boldsymbol{0} & \boldsymbol{0} & -\varepsilon_{jil}\boldsymbol{I} \end{bmatrix} < \boldsymbol{0}, \quad i<j$$

（9.8）

$\boldsymbol{\Psi}_{2l}=-\boldsymbol{X}_l+\boldsymbol{N}_{1l}+\boldsymbol{R}_{2l}-\boldsymbol{M}_{1l}$，$\boldsymbol{G}_{ijl}=\boldsymbol{A}_i+\boldsymbol{B}_i\boldsymbol{K}_{jl}$，$\boldsymbol{F}_{ijl}=\boldsymbol{C}_i+\boldsymbol{D}_i\boldsymbol{K}_{jl}$，$\boldsymbol{U}_{ijl}=\boldsymbol{E}_{x1i}\boldsymbol{X}_l+\boldsymbol{E}_{x3i}\boldsymbol{Y}_{jl}$，$\boldsymbol{V}_{ijl}=\boldsymbol{E}_{z1i}\boldsymbol{X}_l+\boldsymbol{E}_{z3i}\boldsymbol{Y}_{jl}$，$\boldsymbol{L}_c$ 为 $\boldsymbol{G}_l$ 中包含的规则序号集，$\boldsymbol{G}_l$ 为第 l 个最大交叠规则组，$l=1,2,\cdots,\prod_{j=1}^{n}(m_j-1)$，$m_j$ 为第 j 个输入变量模糊分划数。控制律增益为 $\boldsymbol{K}_{jl}=\boldsymbol{V}_{jl}\boldsymbol{L}_l^{-1}$，且相应的系统经济性能指标上界满足

$$J<\boldsymbol{x}_0^{\mathrm{T}}\boldsymbol{X}_l^{-1}\boldsymbol{x}_0+\sum_{m=-d_1}^{-1}\boldsymbol{x}^{\mathrm{T}}(m)\boldsymbol{X}_l^{-1}\boldsymbol{N}_{1l}\boldsymbol{X}_l^{-1}\boldsymbol{x}(m)+\sum_{m=-d_2}^{-1}\boldsymbol{x}^{\mathrm{T}}(m)\boldsymbol{X}_l^{-1}\boldsymbol{R}_{2l}\boldsymbol{X}_l^{-1}\boldsymbol{x}(m) \quad (9.9)$$

证明： 定理 9.1 的证明思路和过程请参照定理 8.1 的证明过程。

9.4　数值算例与分析

基于第 8 章中的数值算例，本章采用与第 7 章和第 8 章相同的模糊分划，如图 7.2 所示，本章中电视机制造商采取的生产策略与第 8 章相同，因此，在不同规则下含不确定性和提前期的供应链系统模型如下。

$$R^1:\ \begin{cases}x_{1,k+1}=x_{1,k}+u_{1,k-d_2}+(\mu_1+\Delta\mu_1)(\lambda_1+\Delta\lambda_1)x_{5,k}-u_{2,k}-u_{3,k}-(\lambda_1+\Delta\lambda_1)w_{1,k}\\ x_{2,k+1}=x_{2,k}+u_{2,k}+u_{5,k}+(\alpha_1+\Delta\alpha_1)x_{6,k}+(\alpha_2+\Delta\alpha_2)x_{6,k-d_1}\\ \qquad\quad +(\mu_2+\Delta\mu_2)(\lambda_2+\Delta\lambda_2)x_{5,k}-u_{4,k}-(\lambda_2+\Delta\lambda_2)w_{2,k}\\ x_{3,k+1}=x_{3,k}+u_{3,k}+(\mu_1+\Delta\mu_1)(1-\lambda_1-\Delta\lambda_1)x_{5,k}-(1-\lambda_1-\Delta\lambda_1)w_{1,k}\\ x_{4,k+1}=x_{4,k}+u_{4,k}+(\mu_2+\Delta\mu_2)(1-\lambda_2-\Delta\lambda_2)x_{5,k}-(1-\lambda_2-\Delta\lambda_2)w_{2,k}\\ x_{5,k+1}=x_{5,k}+w_{1,k}+w_{2,k}-(\beta+\Delta\beta)x_{5,k}-u_{5,k}-u_{6,k}-(\mu_1+\Delta\mu_1+\mu_2+\Delta\mu_2)x_{5,k}\\ x_{6,k+1}=x_{6,k}+u_{6,k}-(\alpha_1+\Delta\alpha_1+\eta+\Delta\eta)x_{6,k}-(\alpha_2+\Delta\alpha_2)x_{6,k-d_1}\end{cases}$$

$$\begin{aligned}Z_k=&(c_{h1}+\Delta c_{h1})x_{1,k}+(c_{h2}+\Delta c_{h2})x_{2,k}+(c_{h3}+\Delta c_{h3})x_{3,k}+(c_{h4}+\Delta c_{h4})x_{4,k}\\&+[(c_{m1}+\Delta c_{m1})(\mu_1+\Delta\mu_1)(\lambda_1+\Delta\lambda_1)+(c_{m2}+\Delta c_{m2})(\mu_2+\Delta\mu_2)(\lambda_2+\Delta\lambda_2)\\&+(c_o+\Delta c_o)(\beta+\Delta\beta)+(c_{q1}+\Delta c_{q1})(\mu_1+\Delta\mu_1)(1-\lambda_1-\Delta\lambda_1)\\&+(c_{q2}+\Delta c_{q2})(\mu_2+\Delta\mu_2)(1-\lambda_2-\Delta\lambda_2)]x_{5,k}+(c_{r1}+\Delta c_{r1})(\alpha_2+\Delta\alpha_2)x_{6,k-d_1}\\&+[(c_{h6}+\Delta c_{h6})+(c_{r1}+\Delta c_{r1})(\alpha_1+\Delta\alpha_1)+(c_p+\Delta c_p)(\eta+\Delta\eta)]x_{6,k}\\&+(c_n+\Delta c_n)u_{1,k-d_2}+(c_v+\Delta c_v)u_{2,k}+(c_{s1}+\Delta c_{s1})u_{3,k}\\&+(c_{s2}+\Delta c_{s2})u_{4,k}+(c_w+\Delta c_w)u_{5,k}+(c_t+\Delta c_t)u_{6,k}\end{aligned}$$

$$R^2: \begin{cases} x_{1,k+1} = x_{1,k} + (\mu_1 + \Delta\mu_1)(\lambda_1 + \Delta\lambda_1)x_{5,k} - u_{2,k} - u_{3,k} - (\lambda_1 + \Delta\lambda_1)w_{1,k} \\ x_{2,k+1} = x_{2,k} + u_{2,k} + u_{5,k} + (\alpha_1 + \Delta\alpha_1)x_{6,k} + (\alpha_2 + \Delta\alpha_2)x_{6,k-d_1} \\ \qquad + (\mu_2 + \Delta\mu_2)(\lambda_2 + \Delta\lambda_2)x_{5,k} - u_{4,k} - (\lambda_2 + \Delta\lambda_2)w_{2,k} \\ x_{3,k+1} = x_{3,k} + u_{3,k} + (\mu_1 + \Delta\mu_1)(1 - \lambda_1 - \Delta\lambda_1)x_{5,k} - (1 - \lambda_1 - \Delta\lambda_1)w_{1,k} \\ x_{4,k+1} = x_{4,k} + u_{4,k} + (\mu_2 + \Delta\mu_2)(1 - \lambda_2 - \Delta\lambda_2)x_{5,k} - (1 - \lambda_2 - \Delta\lambda_2)w_{2,k} \\ x_{5,k+1} = x_{5,k} + w_{1,k} + w_{2,k} - (\beta + \Delta\beta)x_{5,k} - u_{5,k} - u_{6,k} - (\mu_1 + \Delta\mu_1 + \mu_2 + \Delta\mu_2)x_{5,k} \\ x_{6,k+1} = x_{6,k} + u_{6,k} - (\alpha_1 + \Delta\alpha_1 + \eta + \Delta\eta)x_{6,k} - (\alpha_2 + \Delta\alpha_2)x_{6,k-d_1} \end{cases}$$

$$\begin{aligned} Z_k = {} & (c_{h1} + \Delta c_{h1})x_{1,k} + (c_{h2} + \Delta c_{h2})x_{2,k} + (c_{h3} + \Delta c_{h3})x_{3,k} + (c_{h4} + \Delta c_{h4})x_{4,k} \\ & + [(c_{m1} + \Delta c_{m1})(\mu_1 + \Delta\mu_1)(\lambda_1 + \Delta\lambda_1) + (c_{m2} + \Delta c_{m2})(\mu_2 + \Delta\mu_2)(\lambda_2 + \Delta\lambda_2) \\ & + (c_o + \Delta c_o)(\beta + \Delta\beta) + (c_{q1} + \Delta c_{q1})(\mu_1 + \Delta\mu_1)(1 - \lambda_1 - \Delta\lambda_1) \\ & + (c_{q2} + \Delta c_{q2})(\mu_2 + \Delta\mu_2)(1 - \lambda_2 - \Delta\lambda_2)]x_{5,k} + (c_{r1} + \Delta c_{r1})(\alpha_2 + \Delta\alpha_2)x_{6,k-d_1} \\ & + [(c_{h6} + \Delta c_{h6}) + (c_{r1} + \Delta c_{r1})(\alpha_1 + \Delta\alpha_1) + (c_p + \Delta c_p)(\eta + \Delta\eta)]x_{6,k} \\ & + (c_v + \Delta c_v)u_{2,k} + (c_{s1} + \Delta c_{s1})u_{3,k} + (c_{s2} + \Delta c_{s2})u_{4,k} \\ & + (c_w + \Delta c_w)u_{5,k} + (c_t + \Delta c_t)u_{6,k} \end{aligned}$$

供应链的各节点企业库存状态模型和整个供应链系统运作总成本模型如下。

R^1：IF $x_{1,k}$ is M_1^1，THEN

$$\begin{cases} \boldsymbol{x}(k+1) = (\boldsymbol{A}_1 + \Delta\boldsymbol{A}_1)\boldsymbol{x}(k) + (\boldsymbol{A}_{d1} + \Delta\boldsymbol{A}_{d1})\boldsymbol{x}(k-d_1) + (\boldsymbol{B}_1 + \Delta\boldsymbol{B}_1)\boldsymbol{u}(k) \\ \qquad + (\boldsymbol{B}_{d1} + \Delta\boldsymbol{B}_{d1})\boldsymbol{u}(k-d_2) + (\boldsymbol{B}_{w1} + \Delta\boldsymbol{B}_{w1})\boldsymbol{w}(k) \\ \boldsymbol{z}(k) = (\boldsymbol{C}_1 + \Delta\boldsymbol{C}_1)\boldsymbol{x}(k) + (\boldsymbol{C}_{d1} + \Delta\boldsymbol{C}_{d1})\boldsymbol{x}(k-d_1) + (\boldsymbol{D}_1 + \Delta\boldsymbol{D}_1)\boldsymbol{u}(k) \\ \qquad + (\boldsymbol{D}_{d1} + \Delta\boldsymbol{D}_{d1})\boldsymbol{u}(k-d_2) \end{cases}$$

R^2：IF $x_{1,k}$ is M_1^2，THEN

$$\begin{cases} \boldsymbol{x}(k+1) = (\boldsymbol{A}_2 + \Delta\boldsymbol{A}_2)\boldsymbol{x}(k) + (\boldsymbol{A}_{d2} + \Delta\boldsymbol{A}_{d2})\boldsymbol{x}(k-d_1) + (\boldsymbol{B}_2 + \Delta\boldsymbol{B}_2)\boldsymbol{u}(k) \\ \qquad + (\boldsymbol{B}_{d2} + \Delta\boldsymbol{B}_{d2})\boldsymbol{u}(k-d_2) + (\boldsymbol{B}_{w2} + \Delta\boldsymbol{B}_{w2})\boldsymbol{w}(k) \\ \boldsymbol{z}(k) = (\boldsymbol{C}_2 + \Delta\boldsymbol{C}_2)\boldsymbol{x}(k) + (\boldsymbol{C}_{d2} + \Delta\boldsymbol{C}_{d2})\boldsymbol{x}(k-d_1) + (\boldsymbol{D}_2 + \Delta\boldsymbol{D}_2)\boldsymbol{u}(k) \\ \qquad + (\boldsymbol{D}_{d2} + \Delta\boldsymbol{D}_{d2})\boldsymbol{u}(k-d_2) \end{cases}$$

其中，M_1^i 是制造商新产品库存 $(x_{1,k})$ 的模糊分划集合；r 为模糊分划数；

$$\boldsymbol{A}_1 = \boldsymbol{A}_2 = \begin{bmatrix} 1 & 0 & 0 & 0 & \mu_1\lambda_1 & 0 \\ 0 & 1 & 0 & 0 & \mu_2\lambda_2 & \alpha_1 \\ 0 & 0 & 1 & 0 & \mu_1(1-\lambda_1) & 0 \\ 0 & 0 & 0 & 1 & \mu_2(1-\lambda_2) & 0 \\ 0 & 0 & 0 & 0 & 1-(\beta+\mu_1+\mu_2) & 0 \\ 0 & 0 & 0 & 0 & 0 & 1-(\alpha_1+\eta) \end{bmatrix};$$

$$\boldsymbol{A}_{d1}=\boldsymbol{A}_{d2}=\begin{bmatrix}0&0&0&0&0&0\\0&0&0&0&0&\alpha_2\\0&0&0&0&0&0\\0&0&0&0&0&0\\0&0&0&0&0&0\\0&0&0&0&0&-\alpha_2\end{bmatrix};$$

$$\Delta\boldsymbol{A}_1=\Delta\boldsymbol{A}_2=\begin{bmatrix}0&0&0&0&\Delta\mu_1(\lambda_1+\Delta\lambda_1)+\mu_1\Delta\lambda_1&0\\0&0&0&0&\Delta\mu_2(\lambda_2+\Delta\lambda_2)+\mu_2\Delta\lambda_2&\Delta\alpha_1\\0&0&0&0&\Delta\mu_1(1-\lambda_1-\Delta\lambda_1)-\mu_1\Delta\lambda_1&0\\0&0&0&0&\Delta\mu_2(1-\lambda_2-\Delta\lambda_2)-\mu_2\Delta\lambda_2&0\\0&0&0&0&-(\Delta\beta+\Delta\mu_1+\Delta\mu_2)&0\\0&0&0&0&0&-(\Delta\alpha_1+\Delta\eta)\end{bmatrix};$$

$$\Delta\boldsymbol{A}_{d1}=\Delta\boldsymbol{A}_{d2}=\begin{bmatrix}0&0&0&0&0&0\\0&0&0&0&0&\Delta\alpha_2\\0&0&0&0&0&0\\0&0&0&0&0&0\\0&0&0&0&0&0\\0&0&0&0&0&-\Delta\alpha_2\end{bmatrix};\ \boldsymbol{B}_1=\boldsymbol{B}_2=\begin{bmatrix}0&-1&-1&0&0&0\\0&1&0&-1&1&0\\0&0&1&0&0&0\\0&0&0&1&0&0\\0&0&0&0&-1&-1\\0&0&0&0&0&1\end{bmatrix};$$

$$\boldsymbol{B}_{d1}=\begin{bmatrix}1&0&0&0&0&0\\0&0&0&0&0&0\\0&0&0&0&0&0\\0&0&0&0&0&0\\0&0&0&0&0&0\\0&0&0&0&0&0\end{bmatrix};\ \boldsymbol{B}_{w1}=\boldsymbol{B}_{w2}=\begin{bmatrix}-\lambda_1&0\\0&-\lambda_2\\\lambda_1-1&0\\0&\lambda_2-1\\1&1\\0&0\end{bmatrix};$$

$$\Delta\boldsymbol{B}_{w1}=\Delta\boldsymbol{B}_{w2}=\begin{bmatrix}-\Delta\lambda_1&0\\0&-\Delta\lambda_2\\\Delta\lambda_1&0\\0&\Delta\lambda_2\\0&0\\0&0\end{bmatrix};\ \boldsymbol{C}_1=\boldsymbol{C}_2=\begin{bmatrix}c_{h1}&c_{h2}&c_{h3}&c_{h4}&\Theta&c_{h6}+c_{r1}\alpha_1+c_p\eta\end{bmatrix};$$

$\boldsymbol{B}_{d2}=\Delta\boldsymbol{B}_1=\Delta\boldsymbol{B}_2=\Delta\boldsymbol{B}_{d1}=\Delta\boldsymbol{B}_{d2}=\boldsymbol{0}$; $\Theta=c_{m1}\mu_1\lambda_1+c_o\beta+c_{m2}\mu_2\lambda_2+c_{q1}\mu_1(1-\lambda_1)+c_{q2}\mu_2(1-\lambda_2)$; $\Delta\boldsymbol{C}_1=\Delta\boldsymbol{C}_2=[\Delta c_{h1}\ \ \Delta c_{h2}\ \ \Delta c_{h3}\ \ \Delta c_{h4}\ \ \Delta\Theta\ \ \Delta c_{h6}+\Delta c_{r1}(\alpha_1+\Delta\alpha_1)+c_{r1}\Delta\alpha_1+\Delta c_p$

$\times(\eta+\Delta\eta)+c_p\Delta\eta]$; $\Delta\Theta=(c_{m1}+\Delta c_{m1})(\mu_1+\Delta\mu_1)(\lambda_1+\Delta\lambda_1)-c_{m1}\mu_1\lambda_1+(c_{m2}+\Delta c_{m2})(\mu_2+\Delta\mu_2)\times(\lambda_2+\Delta\lambda_2)-c_{m2}\mu_2\lambda_2+\Delta c_o(\beta+\Delta\beta)+c_o\Delta\beta+(c_{q1}+\Delta c_{q1})(\mu_1+\Delta\mu_1)(1-\lambda_1-\Delta\lambda_1)-c_{q1}\mu_1\times(1-\lambda_1)-c_{q2}\mu_2(1-\lambda_2)+(c_{q2}+\Delta c_{q2})(\mu_2+\Delta\mu_2)(1-\lambda_2-\Delta\lambda_2)$; $\boldsymbol{C}_{d1}=\boldsymbol{C}_{d2}=[0\ 0\ 0\ 0\ 0\ c_{r1}\alpha_2]$; $\Delta\boldsymbol{C}_{d1}=\Delta\boldsymbol{C}_{d2}=[0\ 0\ 0\ 0\ 0\ \Delta c_{r1}(\alpha_2+\Delta\alpha_2)+c_{r1}\Delta\alpha_2]$; $\boldsymbol{D}_1=\boldsymbol{D}_2=[0\ c_v\ c_{s1}\ c_{s2}\ c_w\ c_t]$; $\Delta\boldsymbol{D}_1=\Delta\boldsymbol{D}_2=[0\ \Delta c_v\ \Delta c_{s1}\ \Delta c_{s2}\ \Delta c_w\ \Delta c_t]$; $\boldsymbol{D}_{d1}=[c_n\ 0\ 0\ 0\ 0\ 0]$; $\boldsymbol{D}_{d2}=\Delta\boldsymbol{D}_{d2}=\boldsymbol{0}$; $\Delta\boldsymbol{D}_{d1}=[\Delta c_n\ 0\ 0\ 0\ 0\ 0]$。

设计如下的模糊状态反馈控制器。

$$R^1:\ \text{IF}\ x_{1,k}\ \text{is}\ M_1^1,\ \text{THEN}\ \begin{cases}\boldsymbol{u}(k)=\boldsymbol{K}_1\boldsymbol{x}(k)\\ \boldsymbol{u}(k-d_2)=\boldsymbol{K}_1\boldsymbol{x}(k-d_2)\end{cases}$$

$$R^2:\ \text{IF}\ x_{1,k}\ \text{is}\ M_1^2,\ \text{THEN}\ \begin{cases}\boldsymbol{u}(k)=\boldsymbol{K}_2\boldsymbol{x}(k)\\ \boldsymbol{u}(k-d_2)=\boldsymbol{K}_2\boldsymbol{x}(k-d_2)\end{cases}$$

根据实际情况设定该供应链系统的如下参数：$c_{h1}=0.015$，$c_{h2}=0.020$，$c_{h3}=0.015$，$c_{h4}=0.016$，$c_{h6}=0.018$，$c_o=0.01$，$c_{r1}=0.08$，$c_{r2}=0.5$，$c_{m1}=0.1$，$c_{m2}=0.1$，$c_{q1}=0.2$，$c_{q2}=0.19$，$c_p=0.21$，$c_n=0.45$，$c_{s1}=0.55$，$c_{s2}=0.45$，$c_t=0.095$，$c_v=0.1$，$c_w=0.085$，$\boldsymbol{Q}$=diag([0.015 0.02 0.015 0.016 0 0.018])，$\boldsymbol{R}$=diag([0.45 0.1 0.55 0.45 0.11 0.1])（单位：$\times10^3$元）；$\lambda_1=0.57$，$\lambda_2=0.72$，$\eta=0.38$，$\mu_1=0.02$，$\mu_2=0.021$，$\beta=0.54$，$\alpha_1=0.61$，$\alpha_2=0.01$；$\boldsymbol{H}_{1i}=0.1$，

$$\boldsymbol{H}_{2i}=0.2,\quad \boldsymbol{F}_{1i}(k)=\boldsymbol{F}_{2i}(k)=\sin(k)\boldsymbol{I},\quad \boldsymbol{E}_{x1i}=\begin{bmatrix}0&0&0&0&0.002&0\\0&0&0&0&0.0012&0.05\\0&0&0&0&0.0003&0\\0&0&0&0&0.0001&0\\0&0&0&0&-0.02&0\\0&0&0&0&0&-0.03\end{bmatrix},$$

$$\boldsymbol{E}_{x2i}=\begin{bmatrix}0&0&0&0&0&0\\0&0&0&0&0&0.002\\0&0&0&0&0&0\\0&0&0&0&0&0\\0&0&0&0&0&0\\0&0&0&0&0&-0.002\end{bmatrix},\quad \boldsymbol{E}_{x3i}=\boldsymbol{E}_{x4i}=\boldsymbol{0},\quad \boldsymbol{E}_{x5i}=\begin{bmatrix}-0.02&0\\0&-0.023\\0.02&0\\0&0.023\\0&0\\0&0\end{bmatrix},\ \boldsymbol{E}_{z1i}=$$

$[0.002\ \ 0.0012\ \ 0.001\ \ 0.0009\ \ 0.09\ \ 0.02]$，$\boldsymbol{E}_{z2i}=[0\ 0\ 0\ 0\ 0\ 0.0012]$，$\boldsymbol{E}_{z3i}=[0\ \ 0.009\ \ 0.01\ \ 0.01\ \ 0.003\ \ 0.002]$，$\boldsymbol{E}_{z42}=\boldsymbol{0}$，$i=1,2$。

下面应用软件 MATLAB 求解式（9.7）和式（9.8），结果如下：

$$
\boldsymbol{X}_1 = \begin{bmatrix} 10.2204 & -2.5956 & -1.9098 & -0.3889 & -8.9169 & -2.3663 \\ -2.5956 & 14.1828 & -0.9866 & -1.7119 & -3.5656 & -5.1155 \\ -1.9098 & -0.9866 & 2.4728 & -1.2874 & -3.9881 & 0.7720 \\ -0.3889 & -1.7119 & -1.2874 & 3.9471 & -1.0912 & 0.4093 \\ -8.9169 & -3.5656 & -3.9881 & -1.0912 & 378.1619 & -10.0367 \\ -2.3663 & -5.1155 & 0.7720 & 0.4093 & -10.0367 & 13.7482 \end{bmatrix}
$$

$$
\boldsymbol{N}_{11} = \begin{bmatrix} 1.0958 & -0.4133 & -0.2293 & 0.0034 & -1.1374 & -0.3966 \\ -0.4133 & 1.9221 & -0.1273 & -0.2628 & -0.4314 & -0.9888 \\ -0.2293 & -0.1273 & 0.1774 & -0.0878 & -0.3766 & 0.1398 \\ 0.0034 & -0.2628 & -0.0878 & 0.2576 & -0.2276 & 0.0836 \\ -1.1374 & -0.4314 & -0.3766 & -0.2276 & 46.6544 & -1.8114 \\ -0.3966 & -0.9888 & 0.1398 & 0.0836 & -1.8114 & 2.8274 \end{bmatrix}
$$

$$
\boldsymbol{R}_{21} = \begin{bmatrix} 1.0726 & -0.4636 & -0.2217 & 0.0074 & -1.2335 & -0.2616 \\ -0.4636 & 1.8134 & -0.1108 & -0.2541 & -0.6391 & -0.6968 \\ -0.2217 & -0.1108 & 0.1749 & -0.0892 & -0.3451 & 0.0956 \\ 0.0074 & -0.2541 & -0.0892 & 0.2569 & -0.2109 & 0.0601 \\ -1.2335 & -0.6391 & -0.3451 & -0.2109 & 46.2584 & -1.2531 \\ -0.2616 & -0.6968 & 0.0956 & 0.0601 & -1.2531 & 2.0428 \end{bmatrix}
$$

$$
\boldsymbol{M}_{11} = \begin{bmatrix} -0.2662 & 0.1177 & 0.0558 & -0.0019 & 0.2522 & 0.0633 \\ 0.1177 & -0.4501 & 0.0275 & 0.0632 & 0.1374 & 0.1668 \\ 0.0558 & 0.0275 & -0.0434 & 0.0224 & 0.0614 & -0.0221 \\ -0.0019 & 0.0632 & 0.0224 & -0.0642 & 0.0460 & -0.0139 \\ 0.2522 & 0.1374 & 0.0614 & 0.0460 & -9.1571 & 0.2480 \\ 0.0633 & 0.1668 & -0.0221 & -0.0139 & 0.2480 & -0.4874 \end{bmatrix}
$$

$$
\boldsymbol{Y}_{11} = \begin{bmatrix} 0 & 0 & 0 & 0 & 0 & 0 \\ 4.6632 & -2.4293 & 0.6126 & -0.1584 & -0.7836 & -1.6654 \\ 0.6255 & 0.4404 & -1.0541 & 0.2818 & -1.0064 & -0.7286 \\ -0.0491 & 1.1137 & 0.3147 & -1.2124 & -1.2405 & -0.5901 \\ -1.1884 & -3.3569 & -0.2348 & -0.4791 & 1.8297 & -1.1088 \\ -0.9173 & -0.6862 & 0.2654 & 0.1595 & -0.4468 & -0.6156 \end{bmatrix}
$$

$$\boldsymbol{Y}_{21}=\begin{bmatrix} 0 & 0 & 0 & 0 & 0 & 0 \\ 4.6628 & -2.4291 & 0.6121 & -0.1591 & -0.7831 & -1.6647 \\ 0.6251 & 0.4401 & -1.0537 & 0.2811 & -1.0074 & -0.7295 \\ -0.0496 & 1.1127 & 0.3157 & -1.2134 & -1.2401 & -0.5911 \\ -1.1881 & -3.3571 & -0.2339 & -0.4779 & 1.8287 & -1.1078 \\ -0.9172 & -0.6855 & 0.2649 & 0.1586 & -0.4456 & -0.6165 \end{bmatrix}$$

$$\varepsilon_{111}=0.3323,\ \varepsilon_{121}=0.1617,\ \varepsilon_{211}=0.1618,\ \varepsilon_{221}=0.3332$$

用文献[214]中的方法对状态反馈增益进行选择，结果如下：

$$\boldsymbol{K}_{11}=\begin{bmatrix} 0 & 0 & 0 & 0 & 0 & 0 \\ 0.7368 & 0.1017 & 1.1487 & 0.4607 & 0.0293 & -0.0133 \\ -0.1269 & -0.0945 & -0.6653 & -0.1954 & -0.0162 & -0.0786 \\ -0.0424 & 0.0111 & -0.0711 & -0.3277 & -0.0069 & -0.0374 \\ -0.7438 & -0.7471 & -1.4101 & -0.9490 & -0.0484 & -0.4145 \\ -0.1973 & -0.1544 & -0.1236 & -0.0756 & -0.0124 & -0.1361 \end{bmatrix}$$

$$\boldsymbol{K}_{21}=\begin{bmatrix} 0 & 0 & 0 & 0 & 0 & 0 \\ 0.7368 & 0.1027 & 1.1479 & 0.4601 & 0.0289 & -0.0123 \\ -0.1253 & -0.0935 & -0.6649 & -0.1949 & -0.0159 & -0.0779 \\ -0.0431 & 0.0121 & -0.0701 & -0.3271 & -0.0079 & -0.0379 \\ -0.7428 & -0.7478 & -1.4111 & -0.9485 & -0.0474 & -0.4138 \\ -0.1963 & -0.1533 & -0.1228 & -0.0751 & -0.0134 & -0.1369 \end{bmatrix}$$

此时，对供应链系统不确定因素和提前期干扰的抑制率为$\gamma=0.67$。

根据求出的可行解可知，本章提出的定理 9.1 能够实现含提前期和不确定因素的供应链系统的鲁棒稳定。然后，本章通过一个数值算例来验证定理 9.1 的可行性和有效性。本次实验得出的结果为实际值 = 偏差值 + 标称值，并设定该供应链系统$k=0$时的状态值为$x_{1,0}=2$，$x_{2,0}=2.5$，$x_{3,0}=1.2$，$x_{4,0}=0.8$，$x_{5,0}=0.5$，$x_{6,0}=1$（单位：$\times10^3$ 台），各变量的标称值为$\bar{x}_{1,k}=78$，$\bar{x}_{2,k}=85$，$\bar{x}_{3,k}=55$，$\bar{x}_{4,k}=40$，$\bar{x}_{5,k}=32$，$\bar{x}_{6,k}=25$，$\bar{u}_{1,k}=25$，$\bar{u}_{2,k}=31$，$\bar{u}_{3,k}=27$，$\bar{u}_{4,k}=15$，$\bar{u}_{5,k}=23$，$\bar{u}_{6,k}=19$（单位：$\times10^3$ 台）。图 9.1 为不同再制造提前期 d_1 和生产提前期 d_2 的供应链系统经济性能指标上界值。

下面在不同顾客需求情况下，对含不确定性和提前期的供应链系统进行鲁棒控制算例计算，假设顾客新产品需求扰动符合正态随机分布，即 $w_{1,k}\sim N(9,1^2)$，顾客再制造产品需求扰动符合突变型顾客需求扰动，即宽脉冲型突变需求扰动

$$w_{2,k}=\begin{cases}10.5, & 5\leqslant t\leqslant 10\\ 3.5, & t>10\\ 0.5, & 0\leqslant t<5\end{cases}$$，t 为时间（单位：天），$d_1=3$，$d_2=5$。数值算例结果如图 9.2 和图 9.3 所示。

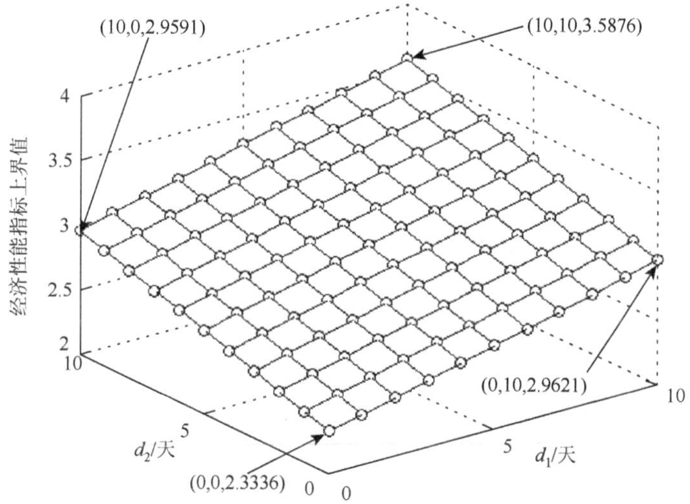

图 9.1　经济性能指标上界值

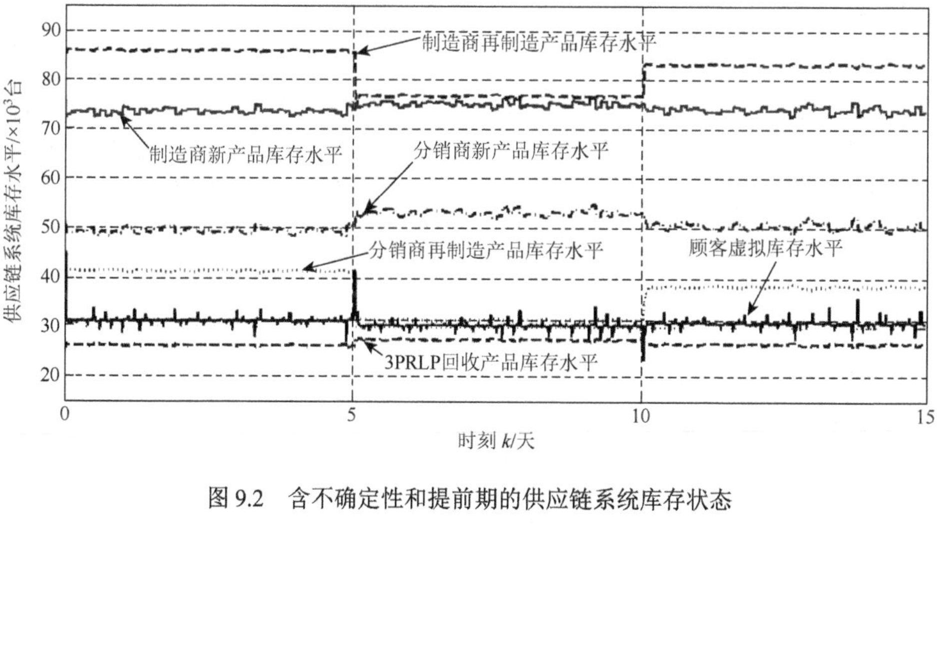

图 9.2　含不确定性和提前期的供应链系统库存状态

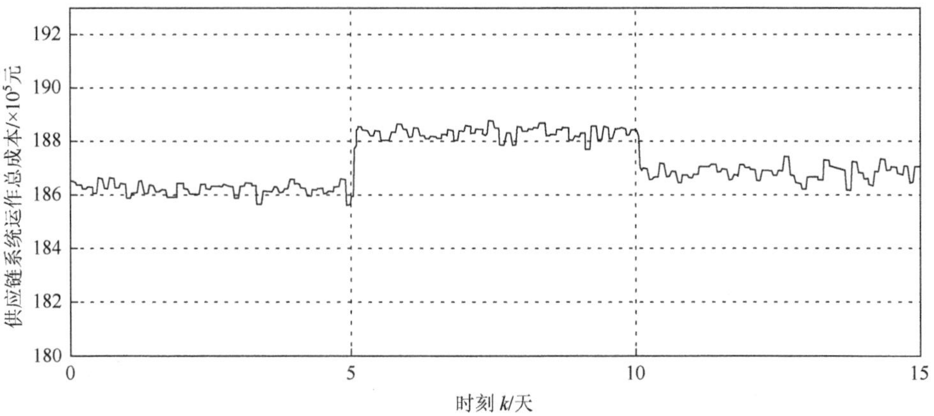

图 9.3　含不确定性和提前期的供应链系统运作总成本

9.5　本 章 小 结

本章在第 8 章的基础上研究了考虑经济性能约束的不确定制造/再制造供应链系统鲁棒控制问题。首先，在第 8 章的基础上，考虑了更多的供应链运作不确定因素（成本参数、再制造率、废弃率、消费者不满意退货率等），构建了供应链系统库存状态转移模型和供应链系统运作总成本模型以及相应的经济性能评价指标；其次，本章设计了一种新的鲁棒 H_∞ 控制方法来抑制供应链系统的牛鞭效应，提出了相应的库存控制策略，研究了考虑经济性能约束的库存控制策略参数优化设计问题；最后，通过数值算例证明了本章所提出的库存控制策略的有效性和实用性，其能够在保证一定经济性能约束的基础上有效地抑制不确定制造/再制造供应链系统的牛鞭效应，并且研究发现，制造/再制造供应链库存控制系统的经济性能表现受系统运作提前期因素（生产提前期和再制造提前期）的影响较大。

第四篇　考虑原材料/零部件采购的制造/再制造供应链模糊鲁棒控制研究

第 10 章　考虑原材料/零部件采购的制造/再制造供应链库存运作稳定性研究

10.1　引　　言

第二篇和第三篇分别讨论了回收渠道和消费者异质需求对制造/再制造供应链库存系统运作稳定性和鲁棒性的影响，本篇将结合第二篇和第三篇的研究内容，同时考虑原材料/零部件采购过程，建立一系列制造/再制造供应链库存系统动态模型。

库存系统的运作稳定性是供应链系统运作稳定性的重要研究内容。对于制造/再制造供应链来说，市场需求及回收等外部不确定性，生产提前期、再制造提前期及交货延迟期等正向供应链不确定性，以及废旧物品分拣、回收、分类及再利用率等逆向供应链不确定性，对供应链库存系统的运作将会产生更多扰动因素。以往针对供应链库存系统运作稳定性的研究多集中于传统的正向供应链库存系统，而对制造/再制造供应链多级库存系统运作稳定性的研究尚少见。前面的章节研究了结构相对简单的制造/再制造供应链系统，现实生活中错综复杂的供应关系使得供应链系统具有复杂的结构，如原材料/零部件采购、产品回收分类等。

10.2　考虑原材料/零部件采购的制造/再制造供应链动态模型构建

在本章所构建的基本模型中，制造/再制造供应链系统包含以下行为：原材料/零部件采购、新产品生产、产品销售双渠道、废旧产品回收和检验、产品废弃处理、产品再制造和消费者不满意退货。制造商对原材料/零部件的需求满足源于企业回收和外部原材料/零部件供应商提供，如白色家电（电冰箱等）、电池[135]、手机[229]等。如图 10.1 所示，制造/再制造供应链前向物流库存系统包括制造商原材料库存、产品库存、分销商库存和顾客虚拟库存；逆向物流由三部分构成，分别是回收产品再制造、回收产品次生资源回收和消费者不满意退货。回收的废旧产品通过检验后存在三种处理方式：再制造、次生资源回收和废弃处理。

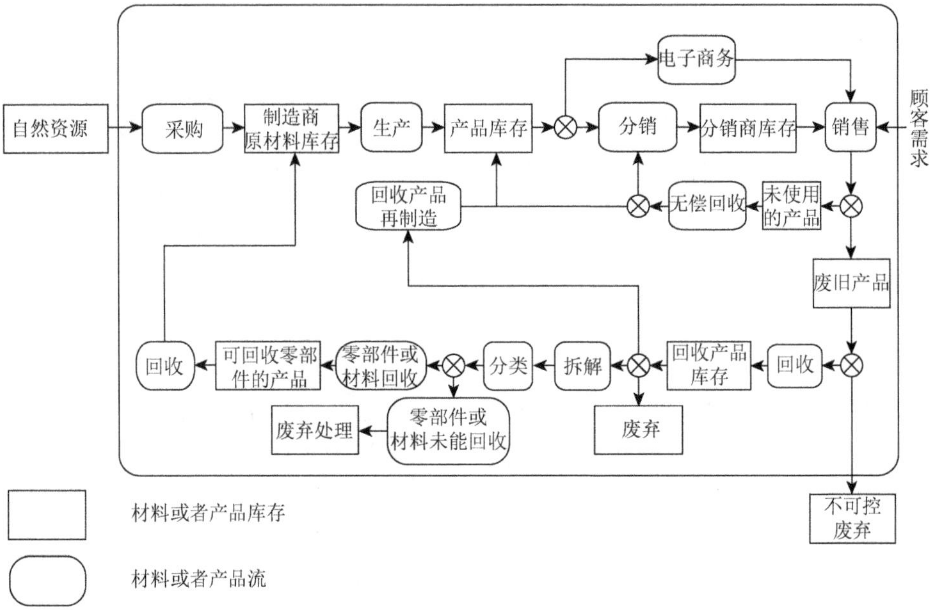

图 10.1　考虑原材料/零部件采购的制造/再制造供应链动态模型

为了简化系统、促进建模，此模型存在以下三个假设条件。

（1）再制造产品与新产品均可相互替代出售。

（2）此模型回收能力和检测能力是无限的。

（3）再制造提前期是随机的。

10.2.1　考虑原材料/零部件采购的制造/再制造供应链动态模型

在制造/再制造供应链系统的实际运行过程中，节点企业根据不同的库存量采取不同的生产策略或订货策略，因此，供应链系统中存在多个动态模型，而且这些动态模型称为整个供应链系统的子系统。此外，为了降低不确定因素的负面影响，如顾客需求预测误差、再制造提前期等因素，在不同时刻的供应链系统中各个子系统间存在切换动作。因此，制造/再制造供应链系统是分段线性系统，也称为非线性系统。

1. 情形 1

在此情形下，制造商产品的销售量很低，也就是说，顾客的虚拟库存量低于某个特定值。同时，制造商新产品实际库存量小于其设定的安全库存值，所以制造商不仅生产新产品，而且再回收原材料/零部件和再制造产品。

在此情形下，制造/再制造供应链系统各节点企业的库存状态模型为

$$\begin{cases} x_1(k+1)=x_1(k)+u_1(k)+\sum_{\tau=1}^{5}\chi_\tau\sigma_\tau\kappa_1x_5(k-d)-\rho u_2(k)-\rho\kappa_2x_5(k-d) \\ x_2(k+1)=x_2(k)+u_2(k)+\kappa_2x_5(k-d)+\mu_1x_4(k)-u_3(k)-\lambda w_1(k) \\ x_3(k+1)=x_3(k)+u_3(k)+\mu_2x_4(k)-(1-\lambda)w_1(k) \\ x_4(k+1)=x_4(k)+w_1(k)-\zeta_1x_4(k)-u_4(k)-(\mu_1+\mu_2)x_4(k) \\ x_5(k+1)=x_5(k)+u_4(k)-\kappa_1x_5(k-d)-\kappa_2x_5(k-d)-u_5(k) \end{cases} \tag{10.1}$$

其中，$x_1(k)$ 为 k 时刻制造商原材料/零部件的实际库存量，$x_2(k)$ 为 k 时刻制造商新产品的实际库存量，$x_3(k)$ 为 k 时刻分销商在售产品的实际库存量，$x_4(k)$ 为 k 时刻顾客的虚拟库存量，$x_5(k)$ 为 k 时刻回收商的实际库存量，均为状态变量；$x_5(k-d)$ 是具有再制造提前期 $d(0\leqslant d<\infty)$ 的回收废旧产品实际库存量；$u_1(k)$ 为 k 时刻制造商非可再生资源的采购量，$u_2(k)$ 为 k 时刻新产品的生产量，$u_3(k)$ 为 k 时刻分销商的订购量，$u_4(k)$ 为 k 时刻电子废弃物的回收量，$u_5(k)$ 为 k 时刻回收品的废弃处理量，均为控制变量；$w_1(k)$ 为 k 时刻预测的顾客需求；μ_1 是消费者无理由退货给制造商的退货率；μ_2 是消费者无理由退货给分销商的退货率；λ 是顾客通过网络渠道购买产品的偏好系数；κ_1 和 κ_2 分别是在此情形下回收废旧产品用于回收原材料/零部件的比例和用于再制造的比例；ρ 是新产品生产所需原材料数量；文献[230]研究发现回收产品的最佳分类方法是将回收产品质量等级分为五类（即最差、较差、平均、较好和最好），$\chi_\tau(\tau=1,2,\cdots,5)$ 为回收废旧产品库存中不同质量的产品比例；σ_τ 表示不同质量产品可再利用原材料/零部件的数量；ζ_1 表示在此情形下消费市场不可控的产品废弃率；$0\leqslant\mu_1\leqslant1$，$0\leqslant\mu_2\leqslant1$，$0\leqslant\mu_1+\mu_2\leqslant1$，$0\leqslant\lambda\leqslant1$，$0\leqslant\kappa_1\leqslant1$，$0\leqslant\kappa_2\leqslant1$，$0\leqslant\kappa_1+\kappa_2\leqslant1$，$0\leqslant\chi_\tau\leqslant1$，$0\leqslant\sum_{\tau=1}^{5}\chi_\tau\leqslant1$，$0<\zeta_1<1$。

图 10.1 所示的制造/再制造供应链系统的运作总成本为

$$\begin{aligned} C(k)={}&c_ax_1(k)+c_gx_2(k)+c_vx_3(k)+(c_r+c_p)x_5(k)+\sum_{\tau=1}^{5}c_{n\tau}\chi_\tau\sigma_\tau\kappa_1x_5(k-d) \\ &+c_du_1(k)+c_fu_2(k)+c_qu_4(k)+c_su_5(k)+c_h\kappa_2x_5(k-d)+c_u\mu_1x_4(k) \\ &+c_l\mu_2x_4(k)+c_t\left[\rho\kappa_1x_5(k-d)-\sum_{\tau=1}^{5}\chi_\tau\sigma_\tau\kappa_1x_5(k-d)\right] \end{aligned} \tag{10.2}$$

其中，$C(k)$ 表示 k 时刻供应链系统的运作总成本，为输出变量；c_a 和 c_g 分别为制造商原材料/零部件库存单位成本和新产品库存单位成本；c_v 和 c_r 分别为分销商库存单位成本和回收废旧产品的库存单位成本；c_p 为回收商单位检测成本；$c_{n\tau}$ 为用

来回收原材料/零部件的回收废旧产品拆解检测单位成本；c_d 为制造商不可再生原材料单位采购成本；c_f 为制造商生产新产品的单位生产成本；c_q 为分销商的单位回收成本；c_s 为第一次检测后的单位废弃处理成本；c_h 为单位再制造成本；c_u 是消费者无理由退货给制造商的单位退货成本；c_l 是消费者无理由退货给分销商的单位退货成本；c_t 为回收原材料/零部件的单位制造成本；$c_p + c_h \leqslant c_f$，$c_s \leqslant c_t$，$c_q + c_{n\tau} + c_r + c_s + c_t \leqslant c_f$。

2. 情形 2

在此情形下，制造商的产品销售量很低，制造商新产品的实际库存量超过安全库存值且低于期望库存值，因此，制造商生产新产品和再回收原材料/零部件。

在此情形下，制造/再制造供应链系统各节点企业的库存状态模型和整个供应链的运作总成本模型为

$$\begin{cases} x_1(k+1) = x_1(k) + u_1(k) + \sum_{\tau=1}^{5} \chi_\tau \sigma_\tau \kappa_3 x_5(k-d) - \rho u_2(k) \\ x_2(k+1) = x_2(k) + u_2(k) + \mu_1 x_4(k) - u_3(k) - \lambda w_1(k) \\ x_3(k+1) = x_3(k) + u_3(k) + \mu_2 x_4(k) - (1-\lambda) w_1(k) \\ x_4(k+1) = x_4(k) + w_1(k) - \zeta_2 x_4(k) - u_4(k) - (\mu_1 + \mu_2) x_4(k) \\ x_5(k+1) = x_5(k) + u_4(k) - \kappa_3 x_5(k-d) - u_5(k) \end{cases} \tag{10.3}$$

其中，κ_3 为在此情形下回收废旧产品用于回收原材料/零部件的比例；ζ_2 表示在此情形下消费市场不可控的产品废弃率，$0 \leqslant \kappa_3 \leqslant 1$。

$$\begin{aligned} C(k) = {} & c_a x_1(k) + c_g x_2(k) + c_v x_3(k) + (c_r + c_p) x_5(k) + \sum_{\tau=1}^{5} c_{n\tau} \chi_\tau \sigma_\tau \kappa_3 x_5(k-d) \\ & + c_d u_1(k) + c_f u_2(k) + c_q u_4(k) + c_s u_5(k) + c_u \mu_1 x_4(k) + c_l \mu_2 x_4(k) \\ & + c_t \left[\rho \kappa_3 x_5(k-d) - \sum_{\tau=1}^{5} \chi_\tau \sigma_\tau \kappa_3 x_5(k-d) \right] \end{aligned} \tag{10.4}$$

3. 情形 3

在此情形下，制造商产品销售量上升到一定值，即消费者虚拟库存水平超过某个特定的值，同时，制造商新产品的实际库存量小于安全库存值，所以制造商不仅进行新产品生产，而且回收产品再制造。

在此情形下，制造/再制造供应链系统各节点企业的库存状态模型和整个供应链系统的运作总成本模型为

$$\begin{cases} x_1(k+1)=x_1(k)+u_1(k)+\sum_{\tau=1}^{5}\chi_\tau\sigma_\tau\kappa_1x_5(k-d)-\rho u_2(k)-\rho\kappa_2x_5(k-d) \\ x_2(k+1)=x_2(k)+u_2(k)+\kappa_2x_5(k-d)+\mu_1x_4(k)-u_3(k)-\lambda w_1(k) \\ x_3(k+1)=x_3(k)+u_3(k)+\mu_2x_4(k)-(1-\lambda)w_1(k) \\ x_4(k+1)=x_4(k)+w_1(k)-\zeta_3x_4(k)-u_4(k)-(\mu_1+\mu_2)x_4(k) \\ x_5(k+1)=x_5(k)+u_4(k)-\kappa_1x_5(k-d)-\kappa_2x_5(k-d)-u_5(k) \end{cases} \tag{10.5}$$

其中，ζ_3 表示在此情形下消费市场不可控的产品废弃率。

$$\begin{aligned} C(k)=&c_ax_1(k)+c_gx_2(k)+c_vx_3(k)+(c_r+c_p)x_5(k)+\sum_{\tau=1}^{5}c_{n\tau}\chi_\tau\sigma_\tau\kappa_1x_5(k-d) \\ &+c_du_1(k)+c_fu_2(k)+c_qu_4(k)+c_su_5(k)+c_u\mu_1x_4(k)+c_l\mu_2x_4(k) \\ &+c_h\kappa_2x_5(k-d)+c_t\left[\rho\kappa_1x_5(k-d)-\sum_{\tau=1}^{5}\chi_\tau\sigma_\tau\kappa_1x_5(k-d)\right] \end{aligned} \tag{10.6}$$

4. 情形 4

在此情形下，制造商产品销售量上升到一定值，即消费者虚拟库存水平超过某个特定值，同时，制造商新产品的实际库存量超过安全库存值且低于期望库存值，因此，制造商仅仅回收废旧产品再制造。

在此情形下，制造/再制造供应链系统各节点企业的库存状态模型和整个供应链系统的运作总成本模型为

$$\begin{cases} x_1(k+1)=x_1(k)+u_1(k)+\sum_{\tau=1}^{5}\chi_\tau\sigma_\tau\kappa_4x_5(k-d)-\rho u_2(k)-\rho\kappa_5x_5(k-d) \\ x_2(k+1)=x_2(k)+u_2(k)+\kappa_5x_5(k-d)+\mu_1x_4(k)-u_3(k)-\lambda w_1(k) \\ x_3(k+1)=x_3(k)+u_3(k)+\mu_2x_4(k)-(1-\lambda)w_1(k) \\ x_4(k+1)=x_4(k)+w_1(k)-\zeta_3x_4(k)-u_4(k)-(\mu_1+\mu_2)x_4(k) \\ x_5(k+1)=x_5(k)+u_4(k)-\kappa_4x_5(k-d)-\kappa_5x_5(k-d)-u_5(k) \end{cases} \tag{10.7}$$

其中，κ_4 和 κ_5 分别是在此情形下回收废旧产品用于回收零部件/原材料的比例和用于再制造的比例；ζ_4 表示在此情形下消费市场不可控的产品废弃率，$0\leqslant\kappa_4+\kappa_5\leqslant1$。

$$\begin{aligned} C(k)=&c_ax_1(k)+c_gx_2(k)+c_vx_3(k)+(c_r+c_p)x_5(k)+\sum_{\tau=1}^{5}c_{n\tau}\chi_\tau\sigma_\tau\kappa_4x_5(k-d) \\ &+c_du_1(k)+c_qu_4(k)+c_su_5(k)+c_u\mu_1x_4(k)+c_l\mu_2x_4(k)+c_h\kappa_5x_5(k-d) \\ &+c_t\left[\rho\kappa_4x_5(k-d)-\sum_{\tau=1}^{5}\chi_\tau\sigma_\tau\kappa_5x_5(k-d)\right] \end{aligned} \tag{10.8}$$

10.2.2 考虑原材料/零部件采购的制造/再制造供应链 T-S 模糊模型

运用 T-S 模糊模型对式（10.1）～式（10.8）建立如下第 i 个制造/再制造供应链动态模型一般形式。

R^i：IF $x_4(k)$ is M_4^i and $x_2(k)$ is M_2^i，THEN

$$\begin{cases} \boldsymbol{x}(k+1)=\boldsymbol{A}_i\boldsymbol{x}(k)+\boldsymbol{A}_{di}\boldsymbol{x}(k-d)+\boldsymbol{B}_i\boldsymbol{u}(k)+\boldsymbol{B}_{wi}\boldsymbol{w}(k) \\ \boldsymbol{z}(k)=\boldsymbol{C}_i\boldsymbol{x}(k)+\boldsymbol{C}_{di}\boldsymbol{x}(k-d)+\boldsymbol{D}_i\boldsymbol{u}(k)+\boldsymbol{D}_{wi}\boldsymbol{w}(k) \end{cases} \tag{10.9}$$

$$\boldsymbol{x}(k)=\boldsymbol{\varphi}(k),\ i=1,2,3,4$$

其中，M_4^i 是顾客虚拟库存的模糊分划集合；M_2^i 是制造商新产品库存的模糊分划集合；$\boldsymbol{x}^{\mathrm{T}}(k)=\begin{bmatrix}x_1(k) & x_2(k) & x_3(k) & x_4(k) & x_5(k)\end{bmatrix}$；$\boldsymbol{x}^{\mathrm{T}}(k-d)=\begin{bmatrix}0 & 0 & 0 & 0 & x_5(k-d)\end{bmatrix}$；$\boldsymbol{u}^{\mathrm{T}}(k)=\begin{bmatrix}u_1(k) & u_2(k) & u_3(k) & u_4(k) & u_5(k)\end{bmatrix}$；$\boldsymbol{w}^{\mathrm{T}}(k)=[w_1(k)]$；$\boldsymbol{z}^{\mathrm{T}}(k)=\begin{bmatrix}C_k\end{bmatrix}$；

$$\boldsymbol{A}_i=\begin{bmatrix}1&0&0&0&0\\0&1&0&\mu_1&0\\0&0&1&\mu_2&0\\0&0&0&1-\zeta_i-(\mu_1+\mu_2)&0\\0&0&0&0&1\end{bmatrix};\quad \boldsymbol{A}_{d1}=\boldsymbol{A}_{d3}=\begin{bmatrix}0&0&0&0&\sum\limits_{\tau=1}^{5}\chi_\tau\sigma_\tau\kappa_1-\rho\kappa_2\\0&0&0&0&\kappa_2\\0&0&0&0&0\\0&0&0&0&0\\0&0&0&0&-\kappa_1-\kappa_2\end{bmatrix};$$

$$\boldsymbol{A}_{d2}=\begin{bmatrix}0&0&0&0&\sum\limits_{\tau=1}^{5}\chi_\tau\sigma_\tau\kappa_3\\0&0&0&0&0\\0&0&0&0&0\\0&0&0&0&0\\0&0&0&0&-\kappa_3\end{bmatrix};\quad \boldsymbol{A}_{d4}=\begin{bmatrix}0&0&0&0&\sum\limits_{\tau=1}^{5}\chi_\tau\sigma_\tau\kappa_4-\rho\kappa_5\\0&0&0&0&\kappa_5\\0&0&0&0&0\\0&0&0&0&0\\0&0&0&0&-\kappa_4-\kappa_5\end{bmatrix};$$

$$\boldsymbol{B}_1=\boldsymbol{B}_2=\boldsymbol{B}_3=\begin{bmatrix}1&-\rho&0&0&0\\0&1&-1&0&0\\0&0&1&0&0\\0&0&0&-1&0\\0&0&0&1&-1\end{bmatrix};\quad \boldsymbol{B}_4=\begin{bmatrix}1&0&0&0&0\\0&0&-1&0&0\\0&0&1&0&0\\0&0&0&-1&0\\0&0&0&1&-1\end{bmatrix};$$

$$\boldsymbol{B}_{w1}=\boldsymbol{B}_{w2}=\boldsymbol{B}_{w3}=\boldsymbol{B}_{w4}=\begin{bmatrix}0\\-\lambda\\-(1-\lambda)\\1\\0\end{bmatrix};\boldsymbol{C}_1=\boldsymbol{C}_2=\boldsymbol{C}_3=\boldsymbol{C}_4=[c_a\quad c_g\quad c_v\quad c_u\mu_1+c_l\mu_2\quad c_r+c_p];$$

$$\boldsymbol{C}_{d1}=\boldsymbol{C}_{d3}=\left[0 \quad 0 \quad 0 \quad 0 \quad \sum_{\tau=1}^{5} c_{n\tau}\chi_{\tau}\sigma_{\tau}\kappa_{1}+c_{h}\kappa_{2}+c_{t}\left(\rho\kappa_{1}-\sum_{\tau=1}^{5}\chi_{\tau}\sigma_{\tau}\kappa_{1}\right)\right];$$

$$\boldsymbol{C}_{d2}=\left[0 \quad 0 \quad 0 \quad 0 \quad \sum_{\tau=1}^{5} c_{n\tau}\chi_{\tau}\sigma_{\tau}\kappa_{3}+c_{t}\left(\rho\kappa_{3}-\sum_{\tau=1}^{5}\chi_{\tau}\sigma_{\tau}\kappa_{3}\right)\right];$$

$$\boldsymbol{C}_{d4}=\left[0 \quad 0 \quad 0 \quad 0 \quad \sum_{\tau=1}^{5} c_{n\tau}\chi_{\tau}\sigma_{\tau}\kappa_{4}+c_{h}\kappa_{5}+c_{t}\left(\rho\kappa_{4}-\sum_{\tau=1}^{5}\chi_{\tau}\sigma_{\tau}\kappa_{5}\right)\right];$$

$\boldsymbol{D}_1=\boldsymbol{D}_2=\boldsymbol{D}_3=[c_d \quad c_f \quad 0 \quad c_q \quad c_s]$; $\boldsymbol{D}_4=[c_d \quad 0 \quad 0 \quad c_q \quad c_s]$; $\boldsymbol{D}_{wi}=[0]$。

制造/再制造供应链系统的稳定性容易受到不确定顾客需求（d_k）影响，如需求预测不准确或错误等，不确定顾客需求导致整个供应链系统产品销售的牛鞭效应。同时，由于不确定顾客需求d_k的影响，各节点企业库存量、采购量、生产量、订购量、回收量和废弃处理量等方面发生相应变化，这些变化量分别是$x_1^f(k)$、$x_2^f(k)$、$x_3^f(k)$、$x_4^f(k)$、$x_5^f(k)$、$u_1^f(k)$、$u_2^f(k)$、$u_3^f(k)$、$u_4^f(k)$和$u_5^f(k)$。

制造/再制造供应链系统各节点企业的库存状态模型和整个供应链的运作总成本模型如下。

R^i：IF $x_4^f(k)$ is M_4^i and $x_2^f(k)$ is M_2^i，THEN

$$\begin{cases}\boldsymbol{x}^f(k+1)=\boldsymbol{A}_i\boldsymbol{x}^f(k)+\boldsymbol{A}_{di}\boldsymbol{x}^f(k-d)+\boldsymbol{B}_i\boldsymbol{u}^f(k)+\boldsymbol{B}_{wi}[\boldsymbol{w}(k)+\boldsymbol{d}(k)]\\ \boldsymbol{z}^f(k)=\boldsymbol{C}_i\boldsymbol{x}^f(k)+\boldsymbol{C}_{di}\boldsymbol{x}^f(k-d)+\boldsymbol{D}_i\boldsymbol{u}^f(k)+\boldsymbol{D}_{wi}[\boldsymbol{w}(k)+\boldsymbol{d}(k)]\end{cases} \tag{10.10}$$

其中，$\boldsymbol{x}^f(k)=\left[x_1^f(k) \quad x_2^f(k) \quad x_3^f(k) \quad x_4^f(k) \quad x_5^f(k)\right]^{\mathrm{T}}$；$\boldsymbol{x}^f(k-d)=[0 \quad 0 \quad 0 \quad 0 \quad x_5^f(k-d)]^{\mathrm{T}}$；$\boldsymbol{u}^f(k)=\left[u_1^f(k) \quad u_2^f(k) \quad u_3^f(k) \quad u_4^f(k) \quad u_5^f(k)\right]^{\mathrm{T}}$；$\boldsymbol{d}(k)=[d_k]$；考虑顾客需求预测错误的情况下，$\boldsymbol{z}^f(k)=[C^f(k)]$，$C^f(k)$是整个供应链系统的实际运作总成本。

各节点企业的库存水平、采购量、生产量、订购量、回收量、废弃处理量和运营成本的偏差量如下：

$$\tilde{\boldsymbol{x}}(k)=\boldsymbol{x}^f(k)-\boldsymbol{x}(k)=[\tilde{x}_1(k) \quad \tilde{x}_2(k) \quad \tilde{x}_3(k) \quad \tilde{x}_4(k) \quad \tilde{x}_5(k)]^{\mathrm{T}},\ \tilde{\boldsymbol{u}}(k)=\boldsymbol{u}^f(k)-\boldsymbol{u}(k)=[\tilde{u}_1(k) \quad \tilde{u}_2(k) \quad \tilde{u}_3(k) \quad \tilde{u}_4(k) \quad \tilde{u}_5(k)]^{\mathrm{T}},\ \tilde{\boldsymbol{z}}(k)=\boldsymbol{z}^f(k)-\boldsymbol{z}(k)=[\tilde{C}(k)]$$

其中，$\tilde{\boldsymbol{x}}(k)$、$\tilde{\boldsymbol{u}}(k)$和$\tilde{\boldsymbol{z}}(k)$是偏差量。制造/再制造供应链系统标称值是供应链运营的理想状态，系统偏差量是由系统不确定因素导致的实际值与标称值之差。

因此，考虑系统（10.9）和系统（10.10），具有不可预测或未知顾客需求的制造/再制造供应链系统偏差量表示如下。

R^i：IF $x_4^f(k)$ is M_4^i and $x_2^f(k)$ is M_2^i，THEN

$$\begin{cases}\tilde{\boldsymbol{x}}(k+1)=\boldsymbol{A}_i\tilde{\boldsymbol{x}}(k)+\boldsymbol{A}_{di}\tilde{\boldsymbol{x}}(k-d)+\boldsymbol{B}_i\tilde{\boldsymbol{u}}(k)+\boldsymbol{B}_{wi}\boldsymbol{d}(k)\\ \tilde{\boldsymbol{z}}(k)=\boldsymbol{C}_i\tilde{\boldsymbol{x}}(k)+\boldsymbol{C}_{di}\tilde{\boldsymbol{x}}(k-d)+\boldsymbol{D}_i\tilde{\boldsymbol{u}}(k)\end{cases} \tag{10.11}$$

10.3　含再制造提前期的制造/再制造供应链系统的模糊鲁棒控制策略

对式（10.11）所示的制造/再制造供应链模糊系统进行 T-S 模糊控制器设计。

Controller Rule $\boldsymbol{K}^i$

R^i：IF $x_4^f(k)$ is M_4^i and $x_2^f(k)$ is M_2^i，THEN

$$\boldsymbol{u}(k)=\sum_{i=1}^{r}\mu_i\boldsymbol{K}_i\boldsymbol{x}(k) \tag{10.12}$$

其中，$\boldsymbol{K}_i$ 为待定的库存状态反馈增益矩阵。

10.4　数值算例与分析

在本章中，采用定理 6.1 抑制制造/再制造供应链系统的牛鞭效应，本章库存模糊分划如图 10.2 所示，假定 $F_4^t\left(x_4^f(k)\right)(t=1,2)$ 和 $F_2^l(x_2^f(k))(l=1,2)$ 都满足标准模糊分划的条件，这里设定 $M_4^1=M_4^2=F_4^1$，$M_4^3=M_4^4=F_4^2$，$M_2^1=M_2^3=F_2^1$，$M_2^2=M_2^4=F_2^2$。S_0 和 S_1 分别是制造商新产品库存所设定的安全库存值和期望库存值，D_0 和 D_1 是两个设定的值。

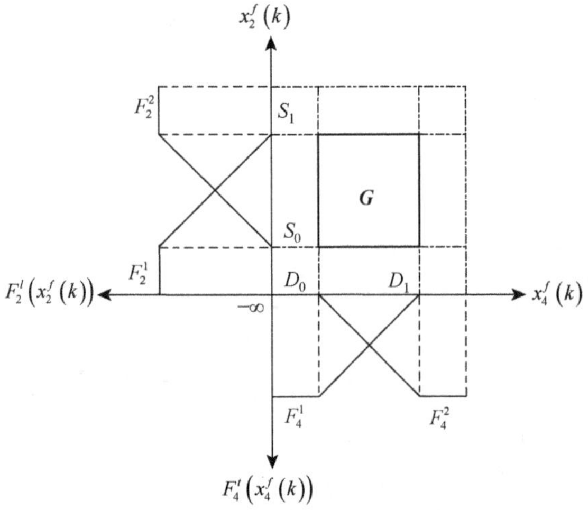

图 10.2　库存模糊分划

鉴于此，数值算例与分析的主要目的是通过鲁棒控制提高供应链系统的动态性能，作者认为强调在不同情形下供应链子系统间的切换行为比强调算例参数的准确性更加重要。根据实际情况设定该供应链的如下参数：$\lambda = 70\%$，$\mu_1 = 30\%$，$\mu_2 = 2\%$，$\zeta_1 = 20\%$，$\zeta_2 = 21\%$，$\zeta_3 = 31\%$，$\zeta_4 = 41\%$，$\chi_1 = 30\%$，$\chi_2 = 21\%$，$\chi_3 = 20\%$，$\chi_4 = 19\%$，$\chi_5 = 10\%$，$\sigma_1 = 2.5$，$\sigma_2 = 2$，$\sigma_3 = 1.5$，$\sigma_4 = 1$，$\sigma_5 = 0.5$，$\kappa_1 = 65\%$，$\kappa_2 = 30\%$，$\kappa_3 = 91\%$，$\kappa_4 = 15\%$，$\kappa_5 = 65\%$，$\rho = 27$；$c_a = 0.055$，$c_d = 0.1$，$c_g = 1.2$，$c_f = 8$，$c_h = 4.87$，$c_u = 1.8$，$c_v = 1.22$，$c_l = 1.2$，$c_{n1} = 0.3$，$c_{n2} = 0.4$，$c_{n3} = 0.5$，$c_{n4} = 0.6$，$c_{n5} = 0.7$，$c_p = 0.5$，$c_q = 1.2$，$c_r = 0.9$，$c_s = 1.4$，$c_t = 1.8$（单位：$\times 10^2$元）；$d = 7$（单位：天）；$D_0 = 0.5$，$D_1 = 1.5$，$S_0 = 0.5$，$S_1 = 1.5$（单位：$\times 10^5$台）。

应用软件 MATLAB 的 LMI 工具箱中的 feasp 求解器来求解定理 6.1 中的式(6.7)和式（6.8），结果如下：

$$\boldsymbol{K}_1 = \begin{bmatrix} -0.8905 & -4.8518 & -4.8630 & -1.1388 & -0.9428 \\ -0.0034 & -0.4710 & -0.4746 & -0.1120 & -0.1037 \\ -0.0155 & 0.1771 & -0.6729 & -0.0497 & -0.0769 \\ 0.0132 & 0.5189 & 0.5164 & 0.5372 & -0.3035 \\ 0.0133 & 0.5273 & 0.5248 & 0.5356 & 0.6798 \end{bmatrix}$$

$$\boldsymbol{K}_2 = \begin{bmatrix} -0.8906 & -4.8671 & -4.8785 & -1.1391 & -0.9461 \\ -0.0035 & -0.4741 & -0.4777 & -0.1121 & -0.1039 \\ -0.0154 & 0.1780 & -0.6720 & -0.0496 & -0.0770 \\ 0.0135 & 0.5227 & 0.5200 & 0.5280 & -0.3046 \\ 0.0134 & 0.5275 & 0.5249 & 0.5258 & 0.6780 \end{bmatrix}$$

$$\boldsymbol{K}_3 = \begin{bmatrix} -0.8906 & -4.8485 & -4.8596 & -1.1118 & -0.9397 \\ -0.0034 & -0.4707 & -0.4742 & -0.1089 & -0.1034 \\ -0.0155 & 0.1773 & -0.6727 & -0.0485 & -0.0767 \\ 0.0132 & 0.5194 & 0.5169 & 0.4374 & -0.3030 \\ 0.0132 & 0.5278 & 0.5253 & 0.4367 & 0.6803 \end{bmatrix}$$

$$\boldsymbol{K}_4 = \begin{bmatrix} -0.8586 & -0.3068 & -0.2830 & -0.0546 & -0.0605 \\ -0.0035 & -0.4901 & -0.4938 & -0.1143 & -0.1080 \\ -0.0138 & 0.4079 & -0.4403 & 0.0045 & -0.0270 \\ 0.0186 & 1.3095 & 1.3135 & 0.5253 & -0.1302 \\ 0.0182 & 1.2854 & 1.2892 & 0.5198 & 0.8510 \end{bmatrix}$$

此时，对供应链系统不确定因素干扰的抑制率为$\gamma = 0.45$。

根据求出的可行解可知，定理 6.1 能够实现制造/再制造供应链系统的鲁棒稳定。本次实验得出的结果为偏差值，根据电子废弃物回收数据，设该供应链系统$k = 0$时的状态值为$x_1(0) = 1.2$，$x_2(0) = 0.5$，$x_3(0) = 0.3$，$x_4(0) = 0.1$，$x_5(0) = 0.2$（单位：$\times 10^3$台）。

在不同顾客需求情况下，对供应链系统进行鲁棒控制数值计算：①不确定需求满足突变型顾客需求扰动，即宽脉冲型突变需求扰动（$d_k = \begin{cases} 2.5, & 5 \leqslant t \leqslant 10 \\ 0.5, & \text{其他} \end{cases}$，$t$为时间(单位：天))，如图 10.3 所示；②不确定需求满足干扰分布($d_k \sim 6N(5,1^2)$)，如图 10.4 所示；③不确定需求满足正态需求扰动$d_k \sim N(9.5, 0.2^2)$[185]，如图 10.5～图 10.8 所示。

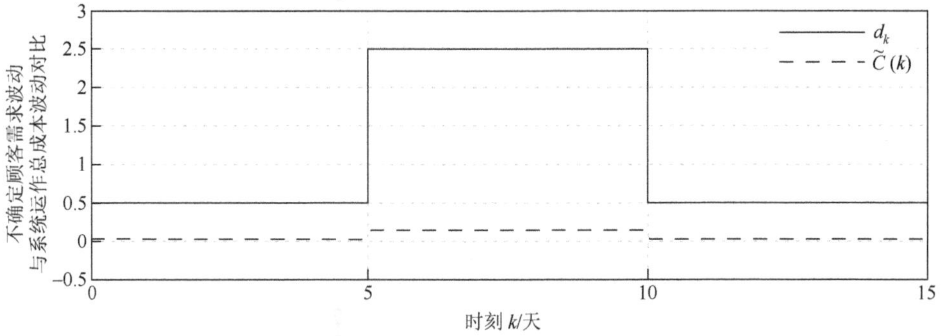

图 10.3　不确定顾客需求波动与系统运作总成本波动对比（突变型顾客需求扰动）

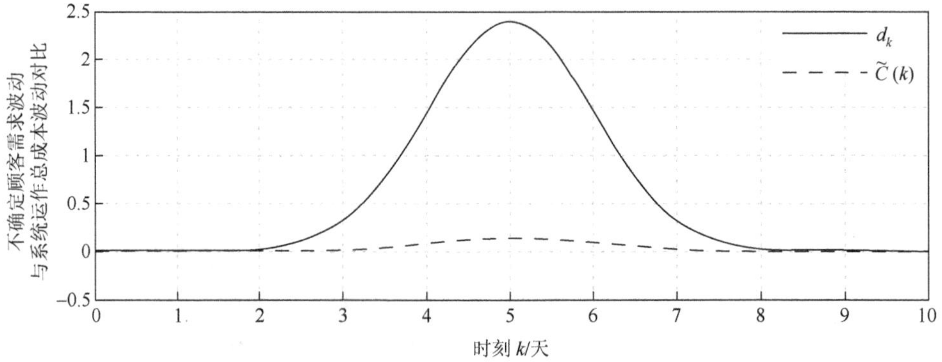

图 10.4　不确定顾客需求波动与系统运作总成本波动对比（干扰分布）

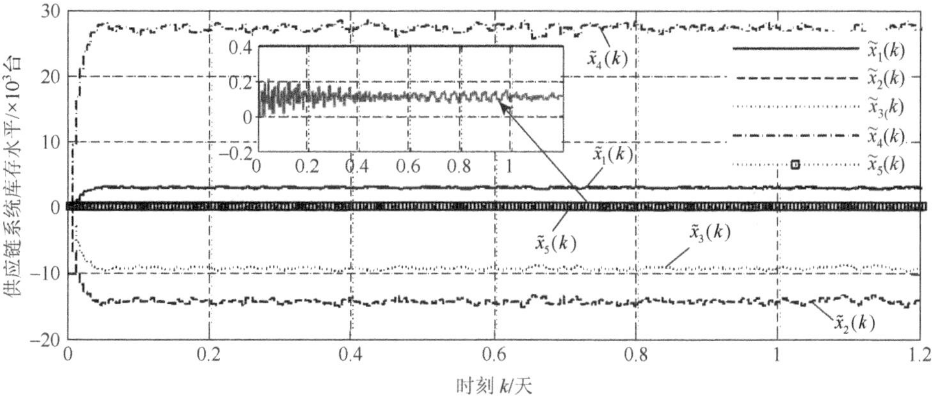

图 10.5　模糊鲁棒控制下的库存量 1（正态需求扰动）

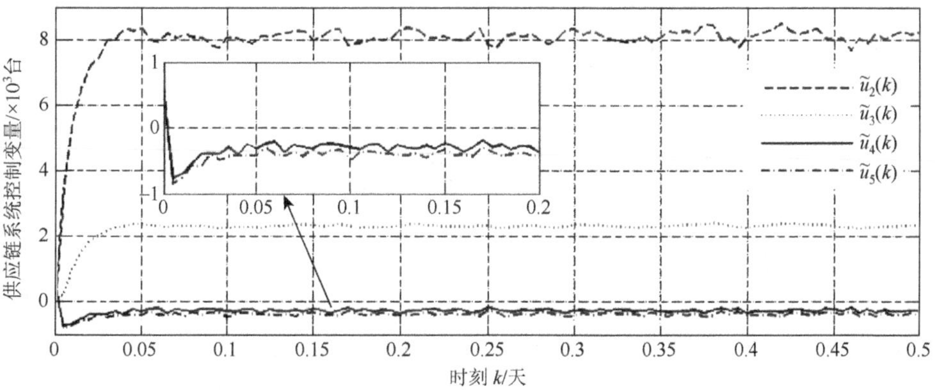

图 10.6　模糊鲁棒控制下的控制量 2（正态需求扰动）

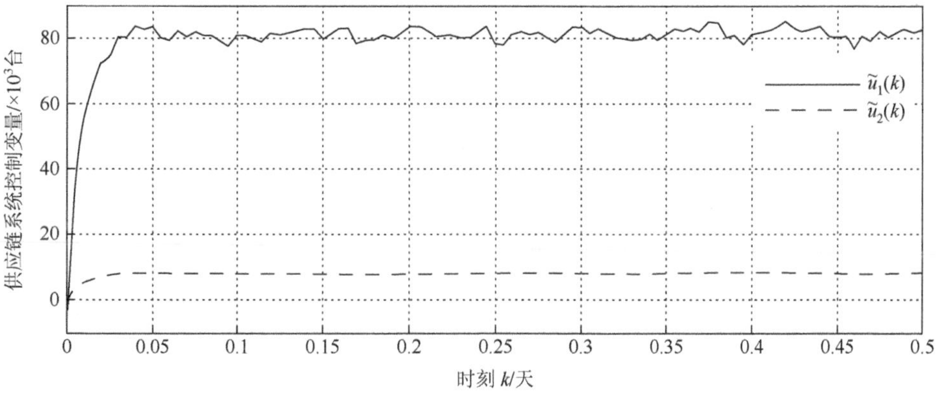

图 10.7　模糊鲁棒控制下的控制量 3（正态需求扰动）

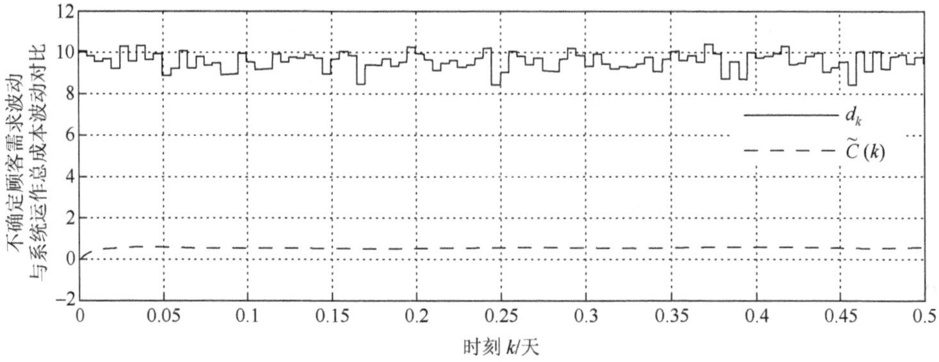

图 10.8　不确定顾客需求波动与系统运作总成本波动对比图（正态需求扰动）

由图 10.3～图 10.8 可知，在不同的顾客需求扰动情况下，随着时间的变化，制造商、分销商和回收商会对库存决策做出一定的调整，供应链不确定因素得到有效抑制，电子电器产品供应链系统运作总成本保持持续稳定水平。

10.5　本 章 小 结

原材料/零部件采购、产品销售双渠道、废旧产品回收和检验、消费者不满意退货和不确定因素（市场需求和再制造提前期）等极大地增加了制造/再制造供应链系统动态性的研究难度。本章在考虑上述因素以及制造商的安全库存和期望库存对生产策略影响的基础上，建立了制造/再制造供应链动态模型，利用模糊鲁棒 H_∞ 控制方法设计了供应链系统各节点的库存策略，通过数值算例验证了模糊鲁棒 H_∞ 控制在改善供应链整体动态性能方面的作用。

第 11 章　含再制造时变提前期的制造/再制造供应链库存运作稳定性研究

11.1　引　　言

在第 10 章所构建的制造/再制造供应链库存系统模型中，再制造时滞是非时变的，而在现实供应链系统中，再制造提前期由于回收产品质量水平不同而具有明显时变性，这些时变性将加剧制造/再制造供应链系统的牛鞭效应，增加供应链系统的动态性和复杂性，使得针对供应链系统的分析变得更加困难，而且在理论界和实业界中针对具有时变特征的供应链系统的分析与控制一直是一个热点和难点问题。针对这些问题，本章将考虑再制造时滞为时变的情况。

在制造/再制造供应链系统中，供应链系统的正常运行受到来自系统内部运作不确定性和外部突发应急事件不确定性的直接影响，而在这些不确定性之中，具有再制造时变提前期的供应链比具有再制造定常提前期的供应链更为普遍，再制造提前期的时变加剧了供应链系统的牛鞭效应，这会误导上游企业成员的生产和库存决策，导致过多的库存和较低的顾客满意度。

原材料/零部件供应商、制造商以及分销商等通过设定安全库存来应对不确定顾客需求，抑制再制造时变提前期对供应链系统的影响。首先，虽然增加企业安全库存能够减少顾客流失率和库存短缺造成的损失，但是也导致企业库存成本的上升，增加产品库存积压的风险，造成了资源闲置和资金浪费；其次，制造/再制造供应链中存在牛鞭效应，导致供应链系统部分企业面临顾客需求放大现象；再次，鉴于回收废旧产品的质量水平各不相同，再制造时变提前期比再制造定常提前期更加符合实际情况；最后，再制造提前期直接影响制造商生产计划的制订和库存管理的实施，因此，供应链系统中再制造时变提前期是制造/再制造供应链库存控制中需要考虑的因素，研究具有再制造时变提前期的供应链库存系统将更有意义。

近几年，一些学者在供应链提前期的研究中取得了一定的成果：针对定常提前期的情形，文献[231]研究了具有多阶段不稳定提前期的供应链系统，并使用紧急订货方式改进了库存补货策略；文献[232]基于随机灰色变量，提出了制造/再制造系统生产提前期时变条件下的生产–库存控制模型，并提出了集成随机灰色模拟、神经网络、遗传算法的混合智能优化算法；文献[233]基于经济模型预测控制给出了具有 2 步时延供应链管理系统的优化方法。针对时变提前期的情形，文献[118]在供应链库存的自适应控制中，应用内模控制方法进行了实时辨识，采用数值算例验证了所提出方法可改善库存控制系统的性能；文献[234]研究了含有时变时滞的供应链库存系统，提出了相关控制策略。

当制造/再制造供应链系统中存在时变参数时，系统的鲁棒性会较差。模糊控制系统可以利用专家的经验构建模糊规则，针对系统不同的状态，采用不同的控制策略，因而该系统可以大大降低再制造时变提前期对控制效果的影响，具有较强的鲁棒性。

本章针对制造/再制造供应链系统运作过程中的再制造时变提前期，应用模糊鲁棒控制方法来抑制不确定市场需求和再制造时变提前期对供应链系统的影响：①考虑再制造时变提前期和顾客需求不确定性，建立制造商和分销商不同库存状态下的动态供应链模型；②考虑安全库存值和期望库存值对制造商和分销商制造/再制造策略和订购策略的影响；③运用模糊鲁棒控制方法降低再制造时变提前期对供应链系统稳定性的影响，使供应链系统鲁棒运作，通过数值算例证明所提出控制方法的有效性和可行性。

11.2　含再制造时变提前期的制造/再制造供应链动态模型构建

11.2.1　含再制造时变提前期的制造/再制造供应链动态模型

在第 10 章所构建的制造/再制造供应链库存系统模型的基础上，考虑再制造提前期的时变性，建立制造/再制造供应链动态模型，如图 10.1 所示。此供应链系统是分段线性系统，也称为非线性系统。

1. 情形 1

在此情形下，制造商产品的销售量很低，制造商新产品的实际库存量小于安全库存值，所以制造商不仅生产新产品，而且再回收原材料/零部件和再制造产品。本章中供应链系统部分符号的含义与第 10 章中供应链系统符号的含义相同。

在此情形下，制造/再制造供应链系统各节点企业的库存状态模型和整个供应链系统的运作总成本模型为

$$
\begin{cases}
x_1(k+1)=x_1(k)+u_1(k)+\sum_{\tau=1}^{5}\chi_\tau\sigma_\tau\kappa_1x_5(k-\tau(k))-\rho u_2(k)-\rho\kappa_2x_5(k-\tau(k)) \\
x_2(k+1)=x_2(k)+u_2(k)+\kappa_2x_5(k-\tau(k))+\mu_1x_4(k)-u_3(k)-\lambda w_1(k) \\
x_3(k+1)=x_3(k)+u_3(k)+\mu_2x_4(k)-(1-\lambda)w_1(k) \\
x_4(k+1)=x_4(k)+w_1(k)-\zeta_1x_4(k)-u_4(k)-(\mu_1+\mu_2)x_4(k) \\
x_5(k+1)=x_5(k)+u_4(k)-\kappa_1x_5(k-\tau(k))-\kappa_2x_5(k-\tau(k))-u_5(k)
\end{cases} \tag{11.1}
$$

其中，$x_5(k-\tau(k))$是具有再制造时变提前期$\tau(k)$的回收废旧产品的实际库存，由再制造的时间延迟形成时变提前期$\tau(k)$，满足$0<d_m\leqslant\tau(k)\leqslant d_M$，$d_m$和$d_M$为给定的正整数，分别是再制造时变提前期的最小值和最大值。

$$
\begin{aligned}
C(k)=&c_ax_1(k)+c_gx_2(k)+c_vx_3(k)+(c_r+c_p)x_5(k)\\
&+\sum_{\tau=1}^{5}c_{n\tau}\chi_\tau\sigma_\tau\kappa_1x_5(k-\tau(k))+c_du_1(k)+c_fu_2(k)+c_qu_4(k)\\
&+c_su_5(k)+c_h\kappa_2x_5(k-\tau(k))+c_u\mu_1x_4(k)\\
&+c_l\mu_2x_4(k)+c_t\left[\rho\kappa_1x_5(k-\tau(k))-\sum_{\tau=1}^{5}\chi_\tau\sigma_\tau\kappa_1x_5(k-\tau(k))\right]
\end{aligned} \tag{11.2}
$$

2. 情形 2

在此情形下，制造商产品的销售量很低，制造商的新产品实际库存量超过安全库存值且低于期望库存值，因此，制造商生产新产品和再回收原材料/零部件。

制造/再制造供应链系统各节点企业的库存状态模型和整个供应链系统的运作总成本模型为

$$
\begin{cases}
x_1(k+1)=x_1(k)+u_1(k)+\sum_{\tau=1}^{5}\chi_\tau\sigma_\tau\kappa_3x_5(k-\tau(k))-\rho u_2(k) \\
x_2(k+1)=x_2(k)+u_2(k)+\mu_1x_4(k)-u_3(k)-\lambda w_1(k) \\
x_3(k+1)=x_3(k)+u_3(k)+\mu_2x_4(k)-(1-\lambda)w_1(k) \\
x_4(k+1)=x_4(k)+w_1(k)-\zeta_2x_4(k)-u_4(k)-(\mu_1+\mu_2)x_4(k) \\
x_5(k+1)=x_5(k)+u_4(k)-\kappa_3x_5(k-\tau(k))-u_5(k)
\end{cases} \tag{11.3}
$$

$$
\begin{aligned}
C(k)=&c_ax_1(k)+c_gx_2(k)+c_vx_3(k)+(c_r+c_p)x_5(k)\\
&+\sum_{\tau=1}^{5}c_{n\tau}\chi_\tau\sigma_\tau\kappa_3x_5(k-\tau(k))+c_du_1(k)+c_fu_2(k)+c_qu_4(k)+c_su_5(k)\\
&+c_u\mu_1x_4(k)+c_l\mu_2x_4(k)\\
&+c_t\left[\rho\kappa_3x_5(k-\tau(k))-\sum_{\tau=1}^{5}\chi_\tau\sigma_\tau\kappa_3x_5(k-\tau(k))\right]
\end{aligned} \tag{11.4}
$$

3. 情形 3

在此情形下，消费者虚拟库存值超过某个特定值，同时，制造商新产品的实际库存量小于安全库存值，所以制造商不仅进行新产品生产，而且回收废旧产品再制造。

制造/再制造供应链系统各节点企业的库存状态模型和整个供应链系统的运作总成本模型为

$$\begin{cases} x_1(k+1)=x_1(k)+u_1(k)+\sum_{\tau=1}^{5}\chi_\tau\sigma_\tau\kappa_1x_5(k-\tau(k))-\rho u_2(k)-\rho\kappa_2x_5(k-\tau(k)) \\ x_2(k+1)=x_2(k)+u_2(k)+\kappa_2x_5(k-\tau(k))+\mu_1x_4(k)-u_3(k)-\lambda w_1(k) \\ x_3(k+1)=x_3(k)+u_3(k)+\mu_2x_4(k)-(1-\lambda)w_1(k) \\ x_4(k+1)=x_4(k)+w_1(k)-\zeta_3x_4(k)-u_4(k)-(\mu_1+\mu_2)x_4(k) \\ x_5(k+1)=x_5(k)+u_4(k)-\kappa_1x_5(k-\tau(k))-\kappa_2x_5(k-\tau(k))-u_5(k) \end{cases} \tag{11.5}$$

$$\begin{aligned} C(k)=&c_ax_1(k)+c_gx_2(k)+c_vx_3(k)+(c_r+c_p)x_5(k) \\ &+\sum_{\tau=1}^{5}c_{n\tau}\chi_\tau\sigma_\tau\kappa_1x_5(k-\tau(k))+c_du_1(k)+c_fu_2(k)+c_qu_4(k)+c_su_5(k) \\ &+c_u\mu_1x_4(k)+c_l\mu_2x_4(k)+c_h\kappa_2x_5(k-\tau(k)) \\ &+c_t\left[\rho\kappa_1x_5(k-\tau(k))-\sum_{\tau=1}^{5}\chi_\tau\sigma_\tau\kappa_1x_5(k-\tau(k))\right] \end{aligned} \tag{11.6}$$

4. 情形 4

在此情形下，制造商产品的销售量上升到一定值，制造商新产品的实际库存量超过安全库存值且低于期望库存值，因此，制造商仅仅回收废旧产品再制造。

制造/再制造供应链系统各节点企业的库存状态模型和整个供应链系统的运作总成本模型为

$$\begin{cases} x_1(k+1)=x_1(k)+u_1(k)+\sum_{\tau=1}^{5}\chi_\tau\sigma_\tau\kappa_1x_5(k-\tau(k))-\rho u_2(k)-\rho\kappa_2x_5(k-\tau(k)) \\ x_2(k+1)=x_2(k)+u_2(k)+\kappa_2x_5(k-\tau(k))+\mu_1x_4(k)-u_3(k)-\lambda w_1(k) \\ x_3(k+1)=x_3(k)+u_3(k)+\mu_2x_4(k)-(1-\lambda)w_1(k) \\ x_4(k+1)=x_4(k)+w_1(k)-\zeta_3x_4(k)-u_4(k)-(\mu_1+\mu_2)x_4(k) \\ x_5(k+1)=x_5(k)+u_4(k)-\kappa_1x_5(k-\tau(k))-\kappa_2x_5(k-\tau(k))-u_5(k) \end{cases} \tag{11.7}$$

$$
\begin{aligned}
C(k)= & c_a x_1(k)+c_g x_2(k)+c_v x_3(k)+(c_r+c_p) x_5(k) \\
& +\sum_{\tau=1}^5 c_{n\tau} \chi_\tau \sigma_\tau \kappa_4 x_5(k-\tau(k))+c_d u_1(k)+c_q u_4(k)+c_s u_5(k) \\
& +c_u \mu_1 x_4(k)+c_l \mu_2 x_4(k)+c_h \kappa_5 x_5(k-\tau(k)) \\
& +c_t\left[\rho \kappa_4 x_5(k-\tau(k))-\sum_{\tau=1}^5 \chi_\tau \sigma_\tau \kappa_5 x_5(k-\tau(k))\right]
\end{aligned} \tag{11.8}
$$

11.2.2　含再制造时变提前期的制造/再制造供应链 T-S 模糊模型

为了构建制造/再制造供应链库存系统模型并抑制系统的较大波动，运用 T-S 模糊模型对式（11.1）～式（11.8）建立如下第 i 个制造/再制造供应链动态模型一般形式。

R^i：IF $x_4(k)$ is M_4^i and $x_2(k)$ is M_2^i，THEN

$$
\begin{cases}
\boldsymbol{x}(k+1)=\boldsymbol{A}_i \boldsymbol{x}(k)+\boldsymbol{A}_{di} \boldsymbol{x}(k-\tau(k))+\boldsymbol{B}_i \boldsymbol{u}(k)+\boldsymbol{B}_{wi} \boldsymbol{w}(k) \\
\boldsymbol{z}(k)=\boldsymbol{C}_i \boldsymbol{x}(k)+\boldsymbol{C}_{di} \boldsymbol{x}(k-\tau(k))+\boldsymbol{D}_i \boldsymbol{u}(k)+\boldsymbol{D}_{wi} \boldsymbol{w}(k)
\end{cases} \tag{11.9}
$$

$$\boldsymbol{x}(k)=\boldsymbol{\varphi}(k), \quad i=1,2,3,4$$

其中，$\boldsymbol{x}^{\mathrm{T}}(k-\tau(k))=\begin{bmatrix}0 & 0 & 0 & 0 & x_5(k-\tau(k))\end{bmatrix}$。

制造/再制造供应链系统稳定性容易受到不确定顾客需求（d_k）影响，各节点企业库存量、采购量、生产量、订购量、回收量和废弃处理量等方面发生相应变化，这些变化量分别是 $x_1^f(k)$、$x_2^f(k)$、$x_3^f(k)$、$x_4^f(k)$、$x_5^f(k)$、$x_5^f(k-\tau(k))$、$u_1^f(k)$、$u_2^f(k)$、$u_3^f(k)$、$u_4^f(k)$ 和 $u_5^f(k)$。

制造/再制造供应链系统各节点企业的库存状态模型和整个供应链系统的运作总成本模型如下。

R^i：IF $x_4^f(k)$ is M_4^i and $x_2^f(k)$ is M_2^i，THEN

$$
\begin{cases}
\boldsymbol{x}^f(k+1)=\boldsymbol{A}_i \boldsymbol{x}^f(k)+\boldsymbol{A}_{di} \boldsymbol{x}^f(k-\tau(k))+\boldsymbol{B}_i \boldsymbol{u}^f(k)+\boldsymbol{B}_{wi}[\boldsymbol{w}(k)+\boldsymbol{d}(k)] \\
\boldsymbol{z}^f(k)=\boldsymbol{C}_i \boldsymbol{x}^f(k)+\boldsymbol{C}_{di} \boldsymbol{x}^f(k-\tau(k))+\boldsymbol{D}_i \boldsymbol{u}^f(k)+\boldsymbol{D}_{wi}[\boldsymbol{w}(k)+\boldsymbol{d}(k)]
\end{cases} \tag{11.10}
$$

其中，$\boldsymbol{x}^f(k-\tau(k))=\begin{bmatrix}0 & 0 & 0 & 0 & x_5{}^f(k-\tau(k))\end{bmatrix}^{\mathrm{T}}$。

因此，考虑系统（11.9）和系统（11.10），具有不可预测或未知顾客需求的制造/再制造供应链系统偏差量如下。

R^i：IF $x_4^f(k)$ is M_4^i and $x_2^f(k)$ is M_2^i，THEN

$$
\begin{cases}
\tilde{\boldsymbol{x}}(k+1)=\boldsymbol{A}_i \tilde{\boldsymbol{x}}(k)+\boldsymbol{A}_{di} \tilde{\boldsymbol{x}}(k-\tau(k))+\boldsymbol{B}_i \tilde{\boldsymbol{u}}(k)+\boldsymbol{B}_{wi} \boldsymbol{d}(k) \\
\tilde{\boldsymbol{z}}(k)=\boldsymbol{C}_i \tilde{\boldsymbol{x}}(k)+\boldsymbol{C}_{di} \tilde{\boldsymbol{x}}(k-\tau(k))+\boldsymbol{D}_i \tilde{\boldsymbol{u}}(k)
\end{cases} \tag{11.11}
$$

11.3 含再制造时变提前期的制造/再制造供应链系统的模糊鲁棒控制策略

对式（11.11）所示的制造/再制造供应链模糊系统进行 T-S 模糊控制器设计。

Controller Rule $\boldsymbol{K}^i$

R^i：IF $x_4^f(k)$ is M_4^i and $x_2^f(k)$ is M_2^i，THEN

$$\tilde{\boldsymbol{u}}(k)=\sum_{i=1}^{r}\mu_i\boldsymbol{K}_i\tilde{\boldsymbol{x}}(k) \tag{11.12}$$

其中，$\boldsymbol{K}_i$ 为待定的状态反馈增益矩阵。

运用 T-S 模糊模型对式（11.10）建立如下第 i 个制造/再制造供应链动态模型一般形式。

R^i：IF $x_1^f(k)$ is M_1^i and ⋯ and $x_n^f(k)$ is M_n^i，THEN

$$\begin{cases}\tilde{\boldsymbol{x}}(k+1)=\boldsymbol{A}_i\tilde{\boldsymbol{x}}(k)+\boldsymbol{A}_{di}\tilde{\boldsymbol{x}}(k-\tau(k))+\boldsymbol{B}_i\tilde{\boldsymbol{u}}(k)+\boldsymbol{B}_{wi}\boldsymbol{d}(k)\\ \tilde{\boldsymbol{z}}(k)=\boldsymbol{C}_i\tilde{\boldsymbol{x}}(k)+\boldsymbol{C}_{di}\tilde{\boldsymbol{x}}(k-\tau(k))+\boldsymbol{D}_i\tilde{\boldsymbol{u}}(k)\end{cases} \tag{11.13}$$

其中，$R^i(i=1,2,\cdots,r)$、$M_j^i(j=1,2,\cdots,n)$和 r 分别是第 i 条模糊规则、模糊集合和模糊规则数；$\tilde{\boldsymbol{x}}^{\mathrm{T}}(k)=\begin{bmatrix}\tilde{x}_1(k) & \tilde{x}_2(k) & \cdots & \tilde{x}_n(k)\end{bmatrix}$为供应链系统中各节点企业库存量，是状态向量；$\tilde{\boldsymbol{x}}(k-\tau(k))$ 是具有再制造时变提前期 $\tau(k)$ 的状态向量；$\tilde{\boldsymbol{u}}^{\mathrm{T}}(k)=\begin{bmatrix}\tilde{u}_1(k) & \tilde{u}_2(k) & \cdots & \tilde{u}_n(k)\end{bmatrix}$表示供应链系统中各节点企业的采购量、生产量、订购量、回收量以及废弃处理量，为系统的控制输入向量；$\boldsymbol{d}(k)$ 表示供应链末端的需求扰动值，为外部扰动向量；$\tilde{\boldsymbol{z}}(k)$ 表示供应链系统运作总成本，为模糊系统的控制输出变量；n 为供应链中节点企业的个数；$\boldsymbol{A}_i$、$\boldsymbol{A}_{di}$、$\boldsymbol{B}_i$、$\boldsymbol{B}_{wi}$、$\boldsymbol{C}_i$、$\boldsymbol{C}_{di}$ 和 $\boldsymbol{D}_i$ 是适当维数的常数矩阵；$\tau(k)$ 是时变提前期参数，且满足 $0<d_m\leqslant\tau(k)\leqslant d_M$。

对于式（11.13），采用单点模糊化、乘积推理以及加权平均反模糊化的推理方法，可得最终模糊时滞系统的状态方程和输出方程为

$$\begin{cases}\tilde{\boldsymbol{x}}(k+1)=\sum_{i=1}^{r}\mu_i(x)\left[\boldsymbol{A}_i\tilde{\boldsymbol{x}}(k)+\boldsymbol{A}_{di}\tilde{\boldsymbol{x}}(k-\tau(k))+\boldsymbol{B}_i\tilde{\boldsymbol{u}}(k)+\boldsymbol{B}_{wi}\boldsymbol{d}(k)\right]\\ \tilde{\boldsymbol{z}}(k)=\sum_{i=1}^{r}\mu_i(x)\left[\boldsymbol{C}_i\tilde{\boldsymbol{x}}(k)+\boldsymbol{C}_{di}\tilde{\boldsymbol{x}}(k-\tau(k))+\boldsymbol{D}_i\tilde{\boldsymbol{u}}(k)\right]\end{cases} \tag{11.14}$$

其中，$\mu_i(x)=\dfrac{h_i(x)}{\sum_{i=1}^{r}h_i(x)}$，$h_i(x)=\prod_{j=1}^{n}M_j^i(x_j(k))\ (i=1,2,\cdots,r)$，$M_j^i(x_j(k))$ 是 $x_j(k)$ 关

于模糊集合 M_j^i 的隶属度函数，$\mu_i(x)$ 是第 i 条规则的隶属度。

定理 11.1：对于给定的标量 $d_M \geqslant d_m > 0$ 和 $\gamma > 0$，式（11.13）在平衡点大范围渐近稳定的充分条件是在各最大交叠规则组中分别存在矩阵 $\boldsymbol{L}_l = \boldsymbol{L}_l^{\mathrm{T}} \geqslant \boldsymbol{0}$，$\boldsymbol{W}_{1l} = \boldsymbol{W}_{1l}^{\mathrm{T}} > \boldsymbol{0}$，$\boldsymbol{W}_{2l} = \boldsymbol{W}_{2l}^{\mathrm{T}} > \boldsymbol{0}$，$\boldsymbol{W}_{3l} = \boldsymbol{W}_{3l}^{\mathrm{T}} > \boldsymbol{0}$，$\boldsymbol{R}_l = \boldsymbol{R}_l^{\mathrm{T}} > \boldsymbol{0}$，$\boldsymbol{J}_l = \boldsymbol{J}_l^{\mathrm{T}} > \boldsymbol{0}$，$\boldsymbol{G}_{1l}$，$\boldsymbol{G}_{2l}$，$\boldsymbol{G}_{3l}$，$\boldsymbol{G}_{4l}$，$\boldsymbol{G}_{5l}$，$\boldsymbol{G}_{6l}$，$\boldsymbol{H}_{1l}$，$\boldsymbol{H}_{2l}$，$\boldsymbol{H}_{3l}$，$\boldsymbol{H}_{4l}$，$\boldsymbol{H}_{5l}$，$\boldsymbol{H}_{6l}$，$\boldsymbol{V}_{jl}$ 满足如下不等式：

$$\boldsymbol{\Omega}_{lii} < \boldsymbol{0} \tag{11.15}$$

$$\boldsymbol{\Omega}_{lij} + \boldsymbol{\Omega}_{lji} < \boldsymbol{0}, \quad i < j, i, j \in \boldsymbol{I}_l \tag{11.16}$$

其中：

$$\boldsymbol{\Omega}_{lij} = \begin{bmatrix} \boldsymbol{\Pi}_{11} & \boldsymbol{\Pi}_{12} & \boldsymbol{\Pi}_{13} & \boldsymbol{\Pi}_{14} & \boldsymbol{\Pi}_{15} & \boldsymbol{\Pi}_{16} & d_M\boldsymbol{G}_{1l} & (d_M - d_m)\boldsymbol{H}_{1l} & \boldsymbol{\Pi}_{19} & d_M\boldsymbol{S}_{1l}^{\mathrm{T}} & \boldsymbol{S}_{1l}^{\mathrm{T}} \\ * & \boldsymbol{\Pi}_{22} & \boldsymbol{\Pi}_{23} & \boldsymbol{\Pi}_{24} & \boldsymbol{\Pi}_{25} & \boldsymbol{\Pi}_{26} & d_M\boldsymbol{G}_{2l} & (d_M - d_m)\boldsymbol{H}_{2l} & \boldsymbol{0} & d_M\boldsymbol{S}_{2l}^{\mathrm{T}} & \boldsymbol{S}_{2l}^{\mathrm{T}} \\ * & * & \boldsymbol{\Pi}_{33} & \boldsymbol{\Pi}_{34} & \boldsymbol{\Pi}_{35} & \boldsymbol{\Pi}_{36} & d_M\boldsymbol{G}_{3l} & (d_M - d_m)\boldsymbol{H}_{3l} & \boldsymbol{L}_l\boldsymbol{C}_{di}^{\mathrm{T}} & \boldsymbol{0} & \boldsymbol{0} \\ * & * & * & \boldsymbol{\Pi}_{44} & \boldsymbol{\Pi}_{45} & \boldsymbol{\Pi}_{46} & d_M\boldsymbol{G}_{4l} & (d_M - d_m)\boldsymbol{H}_{4l} & \boldsymbol{0} & \boldsymbol{0} & \boldsymbol{0} \\ * & * & * & * & \boldsymbol{\Pi}_{55} & \boldsymbol{\Pi}_{56} & d_M\boldsymbol{G}_{5l} & (d_M - d_m)\boldsymbol{H}_{5l} & \boldsymbol{0} & \boldsymbol{0} & \boldsymbol{0} \\ * & * & * & * & * & \boldsymbol{\Pi}_{66} & d_M\boldsymbol{G}_{6l} & (d_M - d_m)\boldsymbol{H}_{6l} & \boldsymbol{0} & \boldsymbol{0} & \boldsymbol{0} \\ * & * & * & * & * & * & -d_M\boldsymbol{J}_l & \boldsymbol{0} & \boldsymbol{0} & \boldsymbol{0} & \boldsymbol{0} \\ * & * & * & * & * & * & * & -(d_M - d_m)\boldsymbol{J}_l & \boldsymbol{0} & \boldsymbol{0} & \boldsymbol{0} \\ * & * & * & * & * & * & * & * & -\boldsymbol{I} & \boldsymbol{0} & \boldsymbol{0} \\ * & * & * & * & * & * & * & * & * & -d_M\boldsymbol{R}_l & \boldsymbol{0} \\ * & * & * & * & * & * & * & * & * & * & -\boldsymbol{L}_l \end{bmatrix},$$

$\boldsymbol{\Pi}_{11} = (d_{mM} + 1)\boldsymbol{W}_{1l} + \boldsymbol{W}_{2l} + \boldsymbol{W}_{3l} + \boldsymbol{S}_{1l} + \boldsymbol{S}_{1l}^{\mathrm{T}} + \boldsymbol{G}_{1l} + \boldsymbol{G}_{1l}^{\mathrm{T}}$，　$\boldsymbol{\Pi}_{12} = \boldsymbol{S}_{2l} - \boldsymbol{S}_{1l}^{\mathrm{T}} + \boldsymbol{L}_l\left(\boldsymbol{A}_i - \boldsymbol{I}\right)^{\mathrm{T}} + \boldsymbol{V}_{jl}^{\mathrm{T}}\boldsymbol{B}_i^{\mathrm{T}} + \boldsymbol{G}_{2l}^{\mathrm{T}}$，$\boldsymbol{\Pi}_{13} = \boldsymbol{G}_{3l}^{\mathrm{T}} - \boldsymbol{G}_{1l} + \boldsymbol{H}_{1l}$，$\boldsymbol{\Pi}_{14} = \boldsymbol{G}_{4l}^{\mathrm{T}} - \boldsymbol{H}_{1l}$，$\boldsymbol{\Pi}_{15} = \boldsymbol{G}_{5l}^{\mathrm{T}}$，$\boldsymbol{\Pi}_{16} = \boldsymbol{G}_{6l}^{\mathrm{T}}$，$\boldsymbol{\Pi}_{19} = \boldsymbol{L}_l\boldsymbol{C}_i^{\mathrm{T}} + \boldsymbol{V}_{jl}^{\mathrm{T}}\boldsymbol{D}_i^{\mathrm{T}}$，$\boldsymbol{\Pi}_{22} = -\boldsymbol{S}_{2l} - \boldsymbol{S}_{2l}^{\mathrm{T}}$，$\boldsymbol{\Pi}_{23} = \boldsymbol{A}_{di}\boldsymbol{L}_l - \boldsymbol{G}_{2l} + \boldsymbol{H}_{2l}$，$\boldsymbol{\Pi}_{24} = -\boldsymbol{H}_{2l}$，$\boldsymbol{\Pi}_{25} = \boldsymbol{0}$，$\boldsymbol{\Pi}_{26} = \boldsymbol{B}_{wi}$，　$\boldsymbol{\Pi}_{33} = -\boldsymbol{W}_{1l} - \boldsymbol{G}_{3l} - \boldsymbol{G}_{3l}^{\mathrm{T}} + \boldsymbol{H}_{3l} + \boldsymbol{H}_{3l}^{\mathrm{T}}$，　$\boldsymbol{\Pi}_{34} = -\boldsymbol{G}_{4l}^{\mathrm{T}} + \boldsymbol{H}_{4l}^{\mathrm{T}} - \boldsymbol{H}_{3l}$，　$\boldsymbol{\Pi}_{35} = -\boldsymbol{G}_{5l}^{\mathrm{T}} + \boldsymbol{H}_{5l}^{\mathrm{T}}$，$\boldsymbol{\Pi}_{36} = -\boldsymbol{G}_{6l}^{\mathrm{T}} + \boldsymbol{H}_{6l}^{\mathrm{T}}$，$\boldsymbol{\Pi}_{44} = -\boldsymbol{W}_{2l} - \boldsymbol{H}_{4l} - \boldsymbol{H}_{4l}^{\mathrm{T}}$，$\boldsymbol{\Pi}_{45} = -\boldsymbol{H}_{5l}^{\mathrm{T}}$，$\boldsymbol{\Pi}_{46} = -\boldsymbol{H}_{6l}^{\mathrm{T}}$，$\boldsymbol{\Pi}_{55} = -\boldsymbol{W}_{3l}$，$\boldsymbol{\Pi}_{56} = \boldsymbol{0}$，$\boldsymbol{\Pi}_{66} = -\gamma^2\boldsymbol{I}$，$d_{mM} = d_M - d_m$，则存在式（11.12）所示的模糊控制器，使得含再制造时变提前期的制造/再制造供应链 T-S 模糊控制系统（11.14）渐近稳定，且 H_∞ 范数小于给定的界 γ，$\boldsymbol{G}_l$ 为第 l 个最大交叠规则组，$l = 1, 2, \cdots, \prod_{j=1}^{n}(m_j - 1)$，$m_j$ 为第 j 个输入变量模糊分划数，并且控制律增益为

$$\boldsymbol{K}_{jl} = \boldsymbol{V}_{jl}\boldsymbol{L}_l^{-1} \tag{11.17}$$

证明：设式（11.13）的状态输入向量为 $\boldsymbol{x}^f(k) = \left[x_1^f(k) \quad x_2^f(k) \quad \cdots \quad x_n^f(k)\right]^{\mathrm{T}}$，系统共有 e 个交叠规则组，任一交叠规则组的作用域为 $\boldsymbol{g}_c\,(c = 1, 2, \cdots, e)$，$\boldsymbol{L}_c = \{\,\boldsymbol{g}_c$

中包含的规则序号}。

若 $\boldsymbol{x}^f(k)$ 与 $\boldsymbol{x}^f(k+1)$ 在同一交叠规则组，则系统在第 c 个交叠规则组上的局部模型为

$$\begin{cases}\tilde{\boldsymbol{x}}(k+1)=\sum\limits_{i\in L_c}\mu_{ci}\left[\boldsymbol{A}_i\tilde{\boldsymbol{x}}(k)+\boldsymbol{A}_{di}\tilde{\boldsymbol{x}}(k-\tau(k))+\boldsymbol{B}_i\tilde{\boldsymbol{u}}(k)+\boldsymbol{B}_{wi}\boldsymbol{d}(k)\right]\\ \qquad\qquad=\overleftarrow{\boldsymbol{A}}_{ij}\tilde{\boldsymbol{x}}(k)+\overleftarrow{\boldsymbol{A}}_{di}\tilde{\boldsymbol{x}}(k-\tau(k))+\overleftarrow{\boldsymbol{B}}_{wi}\boldsymbol{d}(k)\\ \tilde{\boldsymbol{z}}(k)=\sum\limits_{i\in L_c}\mu_{ci}\left[\boldsymbol{C}_i\tilde{\boldsymbol{x}}(k)+\boldsymbol{C}_{di}\tilde{\boldsymbol{x}}(k-\tau(k))+\boldsymbol{D}_i\tilde{\boldsymbol{u}}(k)\right]\\ \qquad=\overleftarrow{\boldsymbol{C}}_{ij}\tilde{\boldsymbol{x}}(k)+\overleftarrow{\boldsymbol{C}}_{di}\tilde{\boldsymbol{x}}(k-\tau(k))\end{cases}\tag{11.18}$$

其中，$\overleftarrow{\boldsymbol{A}}_{ij}=\sum\limits_{i\in L_c}\sum\limits_{j\in L_c}\mu_{ci}\mu_{cj}(\boldsymbol{A}_i+\boldsymbol{B}_i\boldsymbol{K}_{jl})$；$\overleftarrow{\boldsymbol{A}}_{di}=\sum\limits_{i\in L_c}\boldsymbol{A}_{di}$；$\overleftarrow{\boldsymbol{C}}_{ij}=\sum\limits_{i\in L_c}\sum\limits_{j\in L_c}\mu_{ci}\mu_{cj}(\boldsymbol{C}_i+\boldsymbol{D}_i\boldsymbol{K}_{jl})$；$\overleftarrow{\boldsymbol{C}}_{di}=\sum\limits_{i\in L_c}\mu_{ci}\boldsymbol{C}_{di}$；$\overleftarrow{\boldsymbol{B}}_{wi}=\sum\limits_{i\in L_c}\mu_{ci}\boldsymbol{B}_{wi}$；$\overleftarrow{\boldsymbol{D}}_{wi}=\sum\limits_{i\in L_c}\mu_{ci}\boldsymbol{D}_{wi}$。

定义任意一个交叠规则组 $\boldsymbol{g}_c$ 的能量函数为

$$\boldsymbol{V}_c=\boldsymbol{V}_{1c}+\boldsymbol{V}_{2c}+\boldsymbol{V}_{3c}+\boldsymbol{V}_{4c}\tag{11.19}$$

其中：

$\boldsymbol{V}_{1c}=\tilde{\boldsymbol{x}}^{\mathrm{T}}(k)\boldsymbol{P}_l\tilde{\boldsymbol{x}}(k)$；$\boldsymbol{V}_{2c}=\sum\limits_{\theta=-d_M+1}^{0}\sum\limits_{j=k-1+\theta}^{k-1}\boldsymbol{y}^{\mathrm{T}}(j)\boldsymbol{Z}_l\boldsymbol{y}(j)$；$\boldsymbol{V}_{3c}=\sum\limits_{\theta=-d_M+2}^{-d_m+1}\sum\limits_{j=k-1+\theta}^{k-1}\tilde{\boldsymbol{x}}^{\mathrm{T}}(j)\boldsymbol{Q}_{1l}\tilde{\boldsymbol{x}}(j)$ $+\sum\limits_{\theta=k-d(k)}^{k-1}\tilde{\boldsymbol{x}}^{\mathrm{T}}(\theta)\boldsymbol{Q}_{1l}\tilde{\boldsymbol{x}}(\theta)$；$\boldsymbol{V}_{4c}=\sum\limits_{\theta=k-d_m}^{k-1}\tilde{\boldsymbol{x}}^{\mathrm{T}}(\theta)\boldsymbol{Q}_{3l}\tilde{\boldsymbol{x}}(\theta)+\sum\limits_{\theta=k-d_M}^{k-1}\tilde{\boldsymbol{x}}^{\mathrm{T}}(\theta)\boldsymbol{Q}_{2l}\tilde{\boldsymbol{x}}(\theta)$；矩阵 $\boldsymbol{P}_l=\boldsymbol{P}_l^{\mathrm{T}}>\boldsymbol{0}$，$\boldsymbol{Q}_{1l}=\boldsymbol{Q}_{1l}^{\mathrm{T}}>\boldsymbol{0}$，$\boldsymbol{Q}_{2l}=\boldsymbol{Q}_{2l}^{\mathrm{T}}>\boldsymbol{0}$，$\boldsymbol{Z}_l=\boldsymbol{Z}_l^{\mathrm{T}}>\boldsymbol{0}$，是未知矩阵。令 $\Delta\boldsymbol{V}(k)=\boldsymbol{V}(k+1)-\boldsymbol{V}(k)$，对所有的 $\boldsymbol{x}^f(k)\neq 0$，由式（11.19）及 $\mu_{ci}>0$，可推出

$$\begin{aligned}\Delta\boldsymbol{V}_{1c}(k)&=\tilde{\boldsymbol{x}}^{\mathrm{T}}(k+1)\boldsymbol{P}_l\tilde{\boldsymbol{x}}(k+1)-\tilde{\boldsymbol{x}}^{\mathrm{T}}(k)\boldsymbol{P}_l\tilde{\boldsymbol{x}}(k)\\&=2\tilde{\boldsymbol{x}}^{\mathrm{T}}(k)\boldsymbol{P}_l\boldsymbol{y}(k)+\boldsymbol{y}^{\mathrm{T}}(k)\boldsymbol{P}_l\boldsymbol{y}(k)\end{aligned}\tag{11.20}$$

$$\begin{aligned}\Delta\boldsymbol{V}_{2c}(k)&=\sum_{\theta=-d_M+1}^{0}\sum_{j=k+\theta}^{k}\boldsymbol{y}^{\mathrm{T}}(j)\boldsymbol{Z}_l\boldsymbol{y}(j)-\sum_{\theta=-d_M+1}^{0}\sum_{j=k-1+\theta}^{k-1}\boldsymbol{y}^{\mathrm{T}}(j)\boldsymbol{Z}_l\boldsymbol{y}(j)\\&=d_M\boldsymbol{y}^{\mathrm{T}}(k)\boldsymbol{Z}_l\boldsymbol{y}(k)-\sum_{j=k-d_M}^{k-1}\boldsymbol{y}^{\mathrm{T}}(j)\boldsymbol{Z}_l\boldsymbol{y}(j)\\&=d_M\boldsymbol{y}^{\mathrm{T}}(k)\boldsymbol{Z}_l\boldsymbol{y}(k)-\sum_{j=k-d(k)}^{k-1}\boldsymbol{y}^{\mathrm{T}}(j)\boldsymbol{Z}_l\boldsymbol{y}(j)-\sum_{j=k-d_M}^{k-d(k)-1}\boldsymbol{y}^{\mathrm{T}}(j)\boldsymbol{Z}_l\boldsymbol{y}(j)\end{aligned}\tag{11.21}$$

$$\Delta\boldsymbol{V}_{3c}(k)\leqslant(d_M-d_m+1)\tilde{\boldsymbol{x}}^{\mathrm{T}}(k)\boldsymbol{Q}_{1l}\tilde{\boldsymbol{x}}(k)-\tilde{\boldsymbol{x}}^{\mathrm{T}}(k-\tau(k))\boldsymbol{Q}_{1l}\tilde{\boldsymbol{x}}(k-\tau(k))\tag{11.22}$$

$$\Delta V_{4c}(k)=\tilde{\boldsymbol{x}}^{\mathrm{T}}(k)(\boldsymbol{Q}_{2l}+\boldsymbol{Q}_{3l})\tilde{\boldsymbol{x}}(k)-\tilde{\boldsymbol{x}}^{\mathrm{T}}(k-d_M)\boldsymbol{Q}_{2l}\tilde{\boldsymbol{x}}(k-d_M)-\tilde{\boldsymbol{x}}^{\mathrm{T}}(k-d_m)\boldsymbol{Q}_{3l}\tilde{\boldsymbol{x}}(k-d_m) \tag{11.23}$$

根据 $\boldsymbol{y}(k)=\tilde{\boldsymbol{x}}(k+1)-\tilde{\boldsymbol{x}}(k)$ 以及式（11.18），可得下列等式：

$$\boldsymbol{y}(k)=\tilde{\boldsymbol{x}}(k+1)-\tilde{\boldsymbol{x}}(k)=\left(\overleftarrow{\boldsymbol{A}}_{ij}-\boldsymbol{I}\right)\tilde{\boldsymbol{x}}(k)+\overleftarrow{\boldsymbol{A}}_{di}\tilde{\boldsymbol{x}}(k-\tau(k))+\overleftarrow{\boldsymbol{B}}_{wi}\boldsymbol{d}(k) \tag{11.24}$$

$$\overleftarrow{\boldsymbol{\eta}}_1=2\bar{\boldsymbol{\xi}}^{\mathrm{T}}(k)\overline{\boldsymbol{N}}_l\left[\tilde{\boldsymbol{x}}(k)-\tilde{\boldsymbol{x}}(k-\tau(k))-\sum_{m=k-\tau(k)}^{k-1}\boldsymbol{y}(m)\right]=\boldsymbol{0} \tag{11.25}$$

$$\overleftarrow{\boldsymbol{\eta}}_2=2\bar{\boldsymbol{\xi}}^{\mathrm{T}}(k)\overline{\boldsymbol{M}}_l\left[\tilde{\boldsymbol{x}}(k-\tau(k))-\tilde{\boldsymbol{x}}(k-d_M)-\sum_{m=k-d_M}^{k-\tau(k)-1}\boldsymbol{y}(m)\right]=\boldsymbol{0} \tag{11.26}$$

其中，$\bar{\boldsymbol{\xi}}(k)=\left[\tilde{\boldsymbol{x}}^{\mathrm{T}}(k)\quad \boldsymbol{y}^{\mathrm{T}}(k)\quad \tilde{\boldsymbol{x}}^{\mathrm{T}}(k-\tau(k))\quad \tilde{\boldsymbol{x}}^{\mathrm{T}}(k-d_M)\quad \tilde{\boldsymbol{x}}^{\mathrm{T}}(k-d_m)\quad \boldsymbol{d}^{\mathrm{T}}(k)\right]^{\mathrm{T}}$；$\overline{\boldsymbol{N}}_l=\left[\boldsymbol{N}_{1l}^{\mathrm{T}}\quad \boldsymbol{N}_{2l}^{\mathrm{T}}\quad \boldsymbol{N}_{3l}^{\mathrm{T}}\quad \boldsymbol{N}_{4l}^{\mathrm{T}}\quad \boldsymbol{N}_{5l}^{\mathrm{T}}\quad \boldsymbol{N}_{6l}^{\mathrm{T}}\right]^{\mathrm{T}}$；$\overline{\boldsymbol{M}}_l=\left[\boldsymbol{M}_{1l}^{\mathrm{T}}\quad \boldsymbol{M}_{2l}^{\mathrm{T}}\quad \boldsymbol{M}_{3l}^{\mathrm{T}}\quad \boldsymbol{M}_{4l}^{\mathrm{T}}\quad \boldsymbol{M}_{5l}^{\mathrm{T}}\quad \boldsymbol{M}_{6l}^{\mathrm{T}}\right]^{\mathrm{T}}$；$\boldsymbol{M}_{ql}$ 和 $\boldsymbol{N}_{ql}$（$q=1,2,\cdots,6$）为适当维数的矩阵。

由式（11.24）可知，存在矩阵 $\boldsymbol{T}_{il}(i=1,2)$ 使得式（11.27）成立：

$$\overleftarrow{\boldsymbol{\eta}}_3=2\left[\tilde{\boldsymbol{x}}^{\mathrm{T}}(k)\boldsymbol{T}_{1l}+\boldsymbol{y}^{\mathrm{T}}(k)\boldsymbol{T}_{2l}\right]\left[\boldsymbol{y}(k)-(\overleftarrow{\boldsymbol{A}}_{ij}-\boldsymbol{I})\tilde{\boldsymbol{x}}(k)-\overleftarrow{\boldsymbol{A}}_{di}\tilde{\boldsymbol{x}}(k-\tau(k))-\overleftarrow{\boldsymbol{B}}_{wi}\boldsymbol{d}(k)\right]=\boldsymbol{0} \tag{11.27}$$

同时，注意到如下所示的式（11.28）和式（11.29）成立：

$$\begin{aligned}
&\sum_{j=k-\tau(k)}^{k-1}\left[\bar{\boldsymbol{\xi}}^{\mathrm{T}}(k)\overline{\boldsymbol{N}}_l+\boldsymbol{y}^{\mathrm{T}}(j)\boldsymbol{Z}_l\right]\boldsymbol{Z}_l^{-1}\left[\overline{\boldsymbol{N}}_l^{\mathrm{T}}\bar{\boldsymbol{\xi}}(k)+\boldsymbol{Z}_l\boldsymbol{y}(j)\right]\\
&=\tau(k)\bar{\boldsymbol{\xi}}^{\mathrm{T}}(k)\overline{\boldsymbol{N}}_l\boldsymbol{Z}_l^{-1}\overline{\boldsymbol{N}}_l^{\mathrm{T}}\bar{\boldsymbol{\xi}}(k)+2\bar{\boldsymbol{\xi}}^{\mathrm{T}}(k)\overline{\boldsymbol{N}}_l\sum_{j=k-\tau(k)}^{k-1}\boldsymbol{y}(j)+\sum_{j=k-\tau(k)}^{k-1}\boldsymbol{y}^{\mathrm{T}}(j)\boldsymbol{Z}_l\boldsymbol{y}(j) \qquad (11.28)\\
&\leqslant d_M\bar{\boldsymbol{\xi}}^{\mathrm{T}}(k)\overline{\boldsymbol{N}}_l\boldsymbol{Z}_l^{-1}\overline{\boldsymbol{N}}_l^{\mathrm{T}}\bar{\boldsymbol{\xi}}(k)+2\bar{\boldsymbol{\xi}}^{\mathrm{T}}(k)\overline{\boldsymbol{N}}_l\sum_{j=k-\tau(k)}^{k-1}\boldsymbol{y}(j)+\sum_{j=k-\tau(k)}^{k-1}\boldsymbol{y}^{\mathrm{T}}(j)\boldsymbol{Z}_l\boldsymbol{y}(j)
\end{aligned}$$

$$\begin{aligned}
&\sum_{j=k-d_M}^{k-\tau(k)-1}\left[\bar{\boldsymbol{\xi}}^{\mathrm{T}}(k)\overline{\boldsymbol{M}}_l+\boldsymbol{y}^{\mathrm{T}}(j)\boldsymbol{Z}_l\right]\boldsymbol{Z}_l^{-1}\left[\overline{\boldsymbol{M}}_l^{\mathrm{T}}\boldsymbol{\xi}(k)+\boldsymbol{Z}_l\boldsymbol{y}(j)\right]\\
&=\left[d_M-\tau(k)\right]\bar{\boldsymbol{\xi}}^{\mathrm{T}}(k)\overline{\boldsymbol{M}}_l\boldsymbol{Z}_l^{-1}\overline{\boldsymbol{M}}_l^{\mathrm{T}}\bar{\boldsymbol{\xi}}(k)+2\bar{\boldsymbol{\xi}}^{\mathrm{T}}(k)\overline{\boldsymbol{M}}_l\sum_{j=k-d_M}^{k-\tau(k)-1}\boldsymbol{y}(j)\\
&\quad+\sum_{j=k-d_M}^{k-\tau(k)-1}\boldsymbol{y}^{\mathrm{T}}(j)\boldsymbol{Z}_l\boldsymbol{y}(j) \qquad (11.29)\\
&\leqslant(d_M-d_m)\bar{\boldsymbol{\xi}}^{\mathrm{T}}(k)\overline{\boldsymbol{M}}_l\boldsymbol{Z}_l^{-1}\overline{\boldsymbol{M}}_l^{\mathrm{T}}\bar{\boldsymbol{\xi}}(k)+2\bar{\boldsymbol{\xi}}^{\mathrm{T}}(k)\overline{\boldsymbol{M}}_l\sum_{j=k-d_M}^{k-\tau(k)-1}\boldsymbol{y}(j)\\
&\quad+\sum_{j=k-d_M}^{k-\tau(k)-1}\boldsymbol{y}^{\mathrm{T}}(j)\boldsymbol{Z}_l\boldsymbol{y}(j)
\end{aligned}$$

针对式（11.19），根据式（11.20）～式（11.29）可得

$$
\begin{aligned}
&\Delta V_{1c}+\Delta V_{2c}+\Delta V_{3c}+\Delta V_{4c}+\overleftarrow{\eta}_1+\overleftarrow{\eta}_2+\overleftarrow{\eta}_3\\
&\leqslant \bar{\xi}^{\mathrm{T}}(k)\left[\overleftarrow{\Phi}+d_M\overline{N_l}Z_l^{-1}\overline{N_l}^{\mathrm{T}}+(d_M-d_m)\overline{M_l}Z_l^{-1}\overline{M_l}^{\mathrm{T}}\right]\bar{\xi}(k)\\
&\quad-\sum_{j=k-\tau(k)}^{k-1}\left[\bar{\xi}^{\mathrm{T}}(k)\overline{N_l}+y^{\mathrm{T}}(j)Z_l\right]Z_l^{-1}\left[\overline{N_l}^{\mathrm{T}}\bar{\xi}(k)+Z_l y(j)\right]\\
&\quad-\sum_{j=k-d_M}^{k-\tau(k)-1}\left[\bar{\xi}^{\mathrm{T}}(k)\overline{M_l}+y^{\mathrm{T}}(j)Z_l\right]Z_l^{-1}\left[\overline{M_l}^{\mathrm{T}}\bar{\xi}(k)+Z_l y(j)\right]\\
&\leqslant \bar{\xi}^{\mathrm{T}}(k)\left[\overleftarrow{\Phi}+d_M\overline{N_l}Z_l^{-1}\overline{N_l}^{\mathrm{T}}+(d_M-d_m)\overline{M_l}Z_l^{-1}\overline{M_l}^{\mathrm{T}}\right]\bar{\xi}(k)
\end{aligned}
\tag{11.30}
$$

其中：

$$
\overleftarrow{\Phi}=\begin{bmatrix}
\Phi_{11} & \Phi_{12} & \Phi_{13} & \Phi_{14} & \Phi_{15} & \Phi_{16}\\
* & \Phi_{22} & \Phi_{23} & \Phi_{24} & \Phi_{25} & \Phi_{26}\\
* & * & \Phi_{33} & \Phi_{34} & \Phi_{35} & \Phi_{36}\\
* & * & * & \Phi_{44} & \Phi_{45} & \Phi_{46}\\
* & * & * & * & \Phi_{55} & \Phi_{56}\\
* & * & * & * & * & 0
\end{bmatrix},\quad \Phi_{11}=(d_{mM}+1)Q_{1l}+Q_{2l}+Q_{3l}-T_{1l}(\overleftarrow{A_{ij}}-I)
$$

$-(\overleftarrow{A}_{ij}-I)^{\mathrm{T}}T_{1l}^{\mathrm{T}}+N_{1l}+N_{1l}^{\mathrm{T}}$，$\Phi_{12}=P_l+T_{1l}-(\overleftarrow{A}_{ij}-I)^{\mathrm{T}}T_{2l}^{\mathrm{T}}+N_{2l}^{\mathrm{T}}$，$\Phi_{13}=N_{3l}^{\mathrm{T}}-T_{1l}\overleftarrow{A}_{di}-N_{1l}+M_{1l}$，$\Phi_{14}=N_{4l}^{\mathrm{T}}-M_{1l}$，$\Phi_{15}=N_{5l}^{\mathrm{T}}$，$\Phi_{16}=N_{6l}^{\mathrm{T}}-T_{1l}\overleftarrow{B}_{wi}$，$\Phi_{22}=P_l+d_M Z_l+T_{2l}+T_{2l}^{\mathrm{T}}$，$\Phi_{23}=-T_{2l}\overleftarrow{A}_{di}-N_{2l}+M_{2l}$，$\Phi_{24}=-M_{2l}$，$\Phi_{25}=0$，$\Phi_{26}=-T_{2l}\overleftarrow{B}_{wi}$，$\Phi_{33}=-Q_{1l}-N_{3l}-N_{3l}^{\mathrm{T}}+M_{3l}+M_{3l}^{\mathrm{T}}$，$\Phi_{34}=-N_{4l}^{\mathrm{T}}+M_{4l}^{\mathrm{T}}-M_{3l}$，$\Phi_{35}=-N_{5l}^{\mathrm{T}}+M_{5l}^{\mathrm{T}}$，$\Phi_{36}=-N_{6l}^{\mathrm{T}}+M_{6l}^{\mathrm{T}}$，$\Phi_{44}=-Q_{2l}-M_{4l}^{\mathrm{T}}-M_{4l}$，$\Phi_{45}=-M_{5l}^{\mathrm{T}}$，$\Phi_{46}=-M_{6l}^{\mathrm{T}}$，$\Phi_{55}=-Q_{3l}$，$\Phi_{56}=0$。

因此，根据式（11.19）～式（11.30），不等式（11.31）成立：

$$
\begin{aligned}
&\Delta V_c+z^{\mathrm{T}}(k)z(k)-\gamma^2 d^{\mathrm{T}}(k)d(k)\\
&\leqslant \bar{\xi}^{\mathrm{T}}(k)\left[\overline{\overline{\Phi}}+d_M\overline{N_l}Z_l^{-1}\overline{N_l}^{\mathrm{T}}+\left(d_M-d_m\right)\overline{M_l}Z_l^{-1}\overline{M_l}^{\mathrm{T}}\right]\bar{\xi}(k)\\
&\quad-\sum_{j=k-\tau(k)}^{k-1}\left[\bar{\xi}^{\mathrm{T}}(k)\overline{N_l}+y^{\mathrm{T}}(j)Z_l\right]Z_l^{-1}\left[\overline{N_l}^{\mathrm{T}}\bar{\xi}(k)+Z_l y(j)\right]\\
&\quad-\sum_{j=k-d_M}^{k-\tau(k)-1}\left[\bar{\xi}^{\mathrm{T}}(k)\overline{M_l}+y^{\mathrm{T}}(j)Z_l\right]Z_l^{-1}\left[\overline{M_l}^{\mathrm{T}}\bar{\xi}(k)+Z_l y(j)\right]\\
&\leqslant \bar{\xi}^{T}(k)\left[\overline{\overline{\Phi}}+d_M\overline{N_l}Z_l^{-1}\overline{N_l}^{\mathrm{T}}+\left(d_M-d_m\right)\overline{M_l}Z_l^{-1}\overline{M_l}^{\mathrm{T}}\right]\bar{\xi}(k)
\end{aligned}
\tag{11.31}
$$

其中，$\overline{\overline{\boldsymbol{\Phi}}}=\begin{bmatrix} \boldsymbol{\Phi}_{11}+\overleftarrow{\boldsymbol{C}}_{ij}^{\mathrm{T}}\overleftarrow{\boldsymbol{C}}_{ij} & \boldsymbol{\Phi}_{12} & \boldsymbol{\Phi}_{13}+\overleftarrow{\boldsymbol{C}}_{ij}^{\mathrm{T}}\overleftarrow{\boldsymbol{C}}_{di} & \boldsymbol{\Phi}_{14} & \boldsymbol{\Phi}_{15} & \boldsymbol{\Phi}_{16} \\ * & \boldsymbol{\Phi}_{22} & \boldsymbol{\Phi}_{23} & \boldsymbol{\Phi}_{24} & \boldsymbol{\Phi}_{25} & \boldsymbol{\Phi}_{26} \\ * & * & \boldsymbol{\Phi}_{33}+\overleftarrow{\boldsymbol{C}}_{di}^{\mathrm{T}}\overleftarrow{\boldsymbol{C}}_{di} & \boldsymbol{\Phi}_{34} & \boldsymbol{\Phi}_{35} & \boldsymbol{\Phi}_{36} \\ * & * & * & \boldsymbol{\Phi}_{44} & \boldsymbol{\Phi}_{45} & \boldsymbol{\Phi}_{46} \\ * & * & * & * & \boldsymbol{\Phi}_{55} & \boldsymbol{\Phi}_{56} \\ * & * & * & * & * & \boldsymbol{\Phi}_{66} \end{bmatrix}$，$\boldsymbol{\Phi}_{66}=-\gamma^2\boldsymbol{I}$。

若不等式 $\Delta\boldsymbol{V}_{1c}(k)+\Delta\boldsymbol{V}_{2c}(k)+\Delta\boldsymbol{V}_{3c}(k)+\Delta\boldsymbol{V}_{4c}(k)+\overleftarrow{\boldsymbol{\eta}}_1+\overleftarrow{\boldsymbol{\eta}}_2+\overleftarrow{\boldsymbol{\eta}}_3+\tilde{\boldsymbol{z}}^{\mathrm{T}}(k)\tilde{\boldsymbol{z}}(k)-\gamma^2\boldsymbol{w}^{\mathrm{T}}(k)\times\boldsymbol{w}(k)<\boldsymbol{0}$ 成立，则

$$\overline{\overline{\boldsymbol{\Phi}}}+d_M\overline{\boldsymbol{N}}_l\boldsymbol{Z}_l^{-1}\overline{\boldsymbol{N}}_l^{\mathrm{T}}+(d_M-d_m)\overline{\boldsymbol{M}}_l\boldsymbol{Z}_l^{-1}\overline{\boldsymbol{M}}_l^{\mathrm{T}}<\boldsymbol{0} \tag{11.32}$$

运用 Schur 补引理，式（11.32）等价于式（11.33）：

$$\begin{bmatrix} \boldsymbol{\Phi}_{11} & \boldsymbol{\Phi}_{12} & \boldsymbol{\Phi}_{13} & \boldsymbol{\Phi}_{14} & \boldsymbol{\Phi}_{15} & \boldsymbol{\Phi}_{16} & d_M\boldsymbol{N}_{1l} & d_{mM}\boldsymbol{M}_{1l} & \overleftarrow{\boldsymbol{C}}_{ij}^{\mathrm{T}} \\ * & \boldsymbol{\Phi}_{22} & \boldsymbol{\Phi}_{23} & \boldsymbol{\Phi}_{24} & \boldsymbol{\Phi}_{25} & \boldsymbol{\Phi}_{26} & d_M\boldsymbol{N}_{2l} & d_{mM}\boldsymbol{M}_{2l} & \boldsymbol{0} \\ * & * & \boldsymbol{\Phi}_{33} & \boldsymbol{\Phi}_{34} & \boldsymbol{\Phi}_{35} & \boldsymbol{\Phi}_{36} & d_M\boldsymbol{N}_{3l} & d_{mM}\boldsymbol{M}_{3l} & \overleftarrow{\boldsymbol{C}}_{di}^{\mathrm{T}} \\ * & * & * & \boldsymbol{\Phi}_{44} & \boldsymbol{\Phi}_{45} & \boldsymbol{\Phi}_{46} & d_M\boldsymbol{N}_{4l} & d_{mM}\boldsymbol{M}_{4l} & \boldsymbol{0} \\ * & * & * & * & \boldsymbol{\Phi}_{55} & \boldsymbol{\Phi}_{56} & d_M\boldsymbol{N}_{5l} & d_{mM}\boldsymbol{M}_{5l} & \boldsymbol{0} \\ * & * & * & * & * & \boldsymbol{\Phi}_{66} & d_M\boldsymbol{N}_{61} & d_{mM}\boldsymbol{M}_{6l} & \boldsymbol{0} \\ * & * & * & * & * & * & -d_M\boldsymbol{Z}_l & \boldsymbol{0} & \boldsymbol{0} \\ * & * & * & * & * & * & * & -d_{mM}\boldsymbol{Z}_l & \boldsymbol{0} \\ * & * & * & * & * & * & * & * & -\boldsymbol{I} \end{bmatrix}<\boldsymbol{0} \tag{11.33}$$

由引理 8.1 可知，$\boldsymbol{V}_c(0)=\boldsymbol{0}$，则不等式（11.34）成立：

$$\sum_{k=0}^{N}\tilde{\boldsymbol{z}}^{\mathrm{T}}(k)\tilde{\boldsymbol{z}}(k)-\gamma^2\sum_{k=0}^{N}\boldsymbol{d}^{\mathrm{T}}(k)\boldsymbol{d}(k)<-\boldsymbol{V}_c(N+1)\leqslant\boldsymbol{0},\quad \forall N>0 \tag{11.34}$$

并且将文献[235]定理 1 中的 $\boldsymbol{A}_i$、$\boldsymbol{A}_{di}$ 变为 $\overleftarrow{\boldsymbol{A}}_{ij}$、$\overleftarrow{\boldsymbol{A}}_{di}$，采用与文献[235]定理 1 相同的证明方法可以得到一个在 $\boldsymbol{d}(k)\equiv\boldsymbol{0}$ 的情况下式（11.13）渐近稳定的充分条件，即式（11.33）的简化形式：

$$\begin{bmatrix} \boldsymbol{\Phi}_{11} & \boldsymbol{\Phi}_{12} & \boldsymbol{\Phi}_{13} & \boldsymbol{\Phi}_{14} & \boldsymbol{\Phi}_{15} & d_M\boldsymbol{N}_{1l} & d_{mM}\boldsymbol{M}_{1l} \\ * & \boldsymbol{\Phi}_{22} & \boldsymbol{\Phi}_{23} & \boldsymbol{\Phi}_{24} & \boldsymbol{\Phi}_{25} & d_M\boldsymbol{N}_{2l} & d_{mM}\boldsymbol{M}_{2l} \\ * & * & \boldsymbol{\Phi}_{33} & \boldsymbol{\Phi}_{34} & \boldsymbol{\Phi}_{35} & d_M\boldsymbol{N}_{3l} & d_{mM}\boldsymbol{M}_{3l} \\ * & * & * & \boldsymbol{\Phi}_{44} & \boldsymbol{\Phi}_{45} & d_M\boldsymbol{N}_{4l} & d_{mM}\boldsymbol{M}_{4l} \\ * & * & * & * & \boldsymbol{\Phi}_{55} & d_M\boldsymbol{N}_{5l} & d_{mM}\boldsymbol{M}_{5l} \\ * & * & * & * & * & -d_M\boldsymbol{Z}_l & \boldsymbol{0} \\ * & * & * & * & * & * & -d_{mM}\boldsymbol{Z}_l \end{bmatrix}<\boldsymbol{0}$$

综上所述，式（11.33）满足定义 6.1 的条件，即控制律（11.12）称为模糊时滞系统（11.13）的一个γ次优鲁棒H_∞控制律。

接下来，本章将式（11.33）转化为线性矩阵不等式。

由式（11.33）可得，$\boldsymbol{\Phi}_{22}<\mathbf{0}$，由于$\boldsymbol{P}_l>\mathbf{0}$，$\boldsymbol{Z}_l>\mathbf{0}$，$d_M>0$，可得$\boldsymbol{T}_{2l}+\boldsymbol{T}_{2l}^{\mathrm{T}}<\mathbf{0}$，因此矩阵$\boldsymbol{T}_{2l}$为非奇异矩阵。

定义$\boldsymbol{U}_l=\begin{bmatrix}\boldsymbol{P}_l & \mathbf{0}\\ -\boldsymbol{T}_{1l}^{\mathrm{T}} & -\boldsymbol{T}_{2l}^{\mathrm{T}}\end{bmatrix}$，$\overline{\boldsymbol{U}}_l=\boldsymbol{U}_l^{-1}=\begin{bmatrix}\boldsymbol{L}_l & \mathbf{0}\\ \boldsymbol{S}_{1l} & \boldsymbol{S}_{2l}\end{bmatrix}$。对式（11.33）分别左乘和右乘对角矩阵$\mathrm{diag}\left[\overline{\boldsymbol{U}}_l^{\mathrm{T}},\boldsymbol{L}_l,\boldsymbol{L}_l,\boldsymbol{L}_l,\boldsymbol{I},\boldsymbol{L}_l,\boldsymbol{L}_l,\boldsymbol{I}\right]$，令$\overline{\boldsymbol{G}}_l=\mathrm{diag}\left[\overline{\boldsymbol{U}}_l^{\mathrm{T}},\boldsymbol{L}_l,\boldsymbol{L}_l,\boldsymbol{L}_l,\boldsymbol{I}\right]\cdot\overline{\boldsymbol{N}}_l\cdot\boldsymbol{L}_l$，$\boldsymbol{W}_{1l}=\boldsymbol{L}_l\boldsymbol{Q}_{1l}\boldsymbol{L}_l$，$\overline{\boldsymbol{H}}_l=\mathrm{diag}\left[\overline{\boldsymbol{U}}_l^{\mathrm{T}},\boldsymbol{L}_l,\boldsymbol{L}_l,\boldsymbol{L}_l,\boldsymbol{I}\right]\cdot\overline{\boldsymbol{M}}_l\cdot\boldsymbol{L}_l$，$\boldsymbol{W}_{2l}=\boldsymbol{L}_l\boldsymbol{Q}_{2l}\boldsymbol{L}_l$，$\boldsymbol{W}_{3l}=\boldsymbol{L}_l\boldsymbol{Q}_{3l}\boldsymbol{L}_l$，$\boldsymbol{J}_l=\boldsymbol{L}_l\boldsymbol{Z}_l\boldsymbol{L}_l$，$\boldsymbol{R}_l=\boldsymbol{Z}_l^{-1}$，$\boldsymbol{V}_{jl}=\boldsymbol{K}_{jl}\boldsymbol{L}_l$，其中，$\overline{\boldsymbol{G}}_l=\begin{bmatrix}\boldsymbol{G}_{1l}^{\mathrm{T}} & \boldsymbol{G}_{2l}^{\mathrm{T}} & \boldsymbol{G}_{3l}^{\mathrm{T}} & \boldsymbol{G}_{4l}^{\mathrm{T}} & \boldsymbol{G}_{5l}^{\mathrm{T}} & \boldsymbol{G}_{6l}^{\mathrm{T}}\end{bmatrix}^{\mathrm{T}}$，$\overline{\boldsymbol{H}}_l=\begin{bmatrix}\boldsymbol{H}_{1l}^{\mathrm{T}} & \boldsymbol{H}_{2l}^{\mathrm{T}} & \boldsymbol{H}_{3l}^{\mathrm{T}} & \boldsymbol{H}_{4l}^{\mathrm{T}} & \boldsymbol{H}_{5l}^{\mathrm{T}} & \boldsymbol{H}_{6l}^{\mathrm{T}}\end{bmatrix}^{\mathrm{T}}$，然后利用矩阵的 Schur 补性质分解，可整理得到下列矩阵不等式：

$$\boldsymbol{\Omega}=\sum_{i=1,i\in L_c}\mu_i^2\boldsymbol{\Omega}_{lii}+\sum_{i=1,i\in L_c}\sum_{\substack{i<j,\,j\in L_c,\\ i\in L_c}}\mu_i\mu_j(\boldsymbol{\Omega}_{lji}+\boldsymbol{\Omega}_{lij})<\mathbf{0},\quad i,j\in\boldsymbol{I}_l \tag{11.35}$$

即可得到式（11.15）和式（11.16）。

若$\boldsymbol{x}^f(k+1)$与$\boldsymbol{x}^f(k)$不在同一个交叠规则组，则在各交叠规则组上定义如下特征函数：

$$\lambda_c=\begin{cases}1,\ \boldsymbol{x}^f(k)\in\boldsymbol{g}_c\\ 0,\ \boldsymbol{x}^f(k)\notin\boldsymbol{g}_c\end{cases},\quad \sum_{c=1}^{f}\lambda_c=1$$

则模糊系统在整个输入论域上的总体模型可表示为

$$\begin{cases}\tilde{\boldsymbol{x}}(k+1)=\sum\limits_{c=1}^{e}\lambda_c\left\{\sum\limits_{i\in L_c}\sum\limits_{j\in L_c}\mu_i\mu_j\left[\overleftarrow{\boldsymbol{A}}_{ij}\tilde{\boldsymbol{x}}(k)+\overleftarrow{\boldsymbol{A}}_{di}\tilde{\boldsymbol{x}}(k-\tau(k))+\overleftarrow{\boldsymbol{B}}_{wi}\boldsymbol{d}(k)\right]\right\}\\ \tilde{\boldsymbol{z}}(k)=\sum\limits_{c=1}^{e}\lambda_c\left\{\sum\limits_{i\in L_c}\sum\limits_{j\in L_c}\mu_i\mu_j\left[\overleftarrow{\boldsymbol{C}}_{ij}\tilde{\boldsymbol{x}}(k)+\overleftarrow{\boldsymbol{C}}_{di}\tilde{\boldsymbol{x}}(k-\tau(k))\right]\right\}\end{cases}$$

令$\boldsymbol{P}=\sum_{c=1}^{e}\lambda_c\boldsymbol{P}_l$，$\boldsymbol{Q}_1=\sum_{c=1}^{e}\lambda_c\boldsymbol{Q}_{1l}$，$\boldsymbol{Q}_2=\sum_{c=1}^{e}\lambda_c\boldsymbol{Q}_{2l}$，$\boldsymbol{Q}_3=\sum_{c=1}^{e}\lambda_c\boldsymbol{Q}_{3l}$，在整个论域上构造 Lyapunov-Krasovskii 函数：

$$\begin{aligned}
V(k) &= \tilde{x}^{\mathrm{T}}(k)P\tilde{x}(k) + \sum_{\theta=k-d_m}^{k-1}\tilde{x}^{\mathrm{T}}(\theta)Q_3\tilde{x}(\theta) + \sum_{\theta=-d_M+1}^{0}\sum_{j=k-1+\theta}^{k-1}y^{\mathrm{T}}(j)Zy(j) \\
&\quad + \sum_{\theta=k-d_M}^{k-1}\tilde{x}^{\mathrm{T}}(\theta)Q_2\tilde{x}(\theta) + \sum_{\theta=-d_M+2}^{-d_m+1}\sum_{j=k-1+\theta}^{k-1}\tilde{x}^{\mathrm{T}}(j)Q_1\tilde{x}(j) + \sum_{\theta=k-\tau(k)}^{k-1}\tilde{x}^{\mathrm{T}}(\theta)Q_1\tilde{x}(\theta) \\
&= \tilde{x}^{\mathrm{T}}(k)\left(\sum_{c=1}^{e}\lambda_c P_l\right)\tilde{x}(k) + \sum_{\theta=k-d_m}^{k-1}\tilde{x}^{\mathrm{T}}(\theta)\left(\sum_{c=1}^{e}\lambda_c Q_{3l}\right)\tilde{x}(\theta) \\
&\quad + \sum_{\theta=-d_M+1}^{0}\sum_{j=k-1+\theta}^{k-1}y^{\mathrm{T}}(j)\left(\sum_{c=1}^{e}\lambda_c Z_l\right)y(j) + \sum_{\theta=k-d_M}^{k-1}\tilde{x}^{\mathrm{T}}(\theta)\left(\sum_{c=1}^{e}\lambda_c Q_{2l}\right)\tilde{x}(\theta) \\
&\quad + \sum_{\theta=-d_M+2}^{-d_m+1}\sum_{j=k-1+\theta}^{k-1}\tilde{x}^{\mathrm{T}}(j)\left(\sum_{c=1}^{e}\lambda_c Q_{1l}\right)\tilde{x}(j) + \sum_{\theta=k-\tau(k)}^{k-1}\tilde{x}^{\mathrm{T}}(\theta)\left(\sum_{c=1}^{e}\lambda_c Q_{1l}\right)\tilde{x}(\theta) \\
&= \sum_{c=1}^{e}\lambda_c\Bigg[\tilde{x}^{\mathrm{T}}(k)P\tilde{x}(k) + \sum_{\theta=k-d_m}^{k-1}\tilde{x}^{\mathrm{T}}(\theta)Q_3\tilde{x}(\theta) + \sum_{\theta=-d_M+1}^{0}\sum_{j=k-1+\theta}^{k-1}y^{\mathrm{T}}(j)Zy(j) \\
&\quad + \sum_{\theta=k-d_M}^{k-1}\tilde{x}^{\mathrm{T}}(\theta)Q_2\tilde{x}(\theta) + \sum_{\theta=-d_M+2}^{-d_m+1}\sum_{j=k-1+\theta}^{k-1}\tilde{x}^{\mathrm{T}}(j)Q_1\tilde{x}(j) + \sum_{\theta=k-\tau(k)}^{k-1}\tilde{x}^{\mathrm{T}}(\theta)Q_1\tilde{x}(\theta)\Bigg] \\
&= \sum_{c=1}^{e}\lambda_c V_c(k)
\end{aligned}$$

在 $d(k)\equiv 0$ 的情况下，作如下计算：

$$\begin{aligned}
\Delta V(k) &= V(k+1) - V(k) \\
&= \sum_{c=1}^{e}\lambda_c V_c(k+1) - \sum_{c=1}^{e}\lambda_c V_c(k) \\
&= \sum_{c=1}^{e}\lambda_c[V_c(k+1) - V_c(k)] \\
&= \sum_{c=1}^{e}\lambda_c \Delta V_c < 0
\end{aligned}$$

$V(k)$ 也满足引理 8.1 中的条件（1）～（4），因此，系统大范围渐近稳定。

在 $d(k)\neq 0$ 的情况下，作如下计算：

$$\begin{aligned}
&\Delta V(k) + \tilde{z}^{\mathrm{T}}(k)\tilde{z}(k) - \gamma^2 d^{\mathrm{T}}(k)d(k) = V(k+1) - V(k) + \tilde{z}^{\mathrm{T}}(k)\tilde{z}(k) - \gamma^2 d^{\mathrm{T}}(k)d(k) \\
&= \sum_{c=1}^{e}\lambda_c V_c(k+1) - \sum_{c=1}^{e}\lambda_c V_c(k) \\
&= \sum_{c=1}^{e}\lambda_c[V_c(k+1) - V_c(k)] + \tilde{z}^{\mathrm{T}}(k)\tilde{z}(k) - \gamma^2 d^{\mathrm{T}}(k)d(k) \\
&= \sum_{c=1}^{e}\lambda_c \Delta V_c(k) + \tilde{z}^{\mathrm{T}}(k)\tilde{z}(k) - \gamma^2 d^{\mathrm{T}}(k)d(k) \\
&= \sum_{c=1}^{e}\lambda_c\left[\Delta V_c(k) + \tilde{z}^{\mathrm{T}}(k)\tilde{z}(k) - \gamma^2 d^{\mathrm{T}}(k)d(k)\right] < 0
\end{aligned}$$

综上所述，$V(k)$ 也满足定义 6.1 的条件。再由文献[215]中的性质 2 可知，在各最大交叠规则组中存在矩阵 $\boldsymbol{L}_l = \boldsymbol{L}_l^{\mathrm{T}} \geqslant \boldsymbol{0}$，$\boldsymbol{W}_{1l} = \boldsymbol{W}_{1l}^{\mathrm{T}} > \boldsymbol{0}$，$\boldsymbol{W}_{2l} = \boldsymbol{W}_{2l}^{\mathrm{T}} > \boldsymbol{0}$，$\boldsymbol{W}_{3l} = \boldsymbol{W}_{3l}^{\mathrm{T}} > \boldsymbol{0}$，$\boldsymbol{R}_l = \boldsymbol{R}_l^{\mathrm{T}} > \boldsymbol{0}$，$\boldsymbol{G}_{1l}$，$\boldsymbol{G}_{2l}$，$\boldsymbol{G}_{3l}$，$\boldsymbol{G}_{4l}$，$\boldsymbol{G}_{5l}$，$\boldsymbol{G}_{6l}$，$\boldsymbol{H}_{1l}$，$\boldsymbol{H}_{2l}$，$\boldsymbol{H}_{3l}$，$\boldsymbol{H}_{4l}$，$\boldsymbol{H}_{5l}$，$\boldsymbol{H}_{6l}$，$\boldsymbol{V}_{jl}$ 使式（11.13）在平衡点大范围渐近稳定。证毕。

11.4 数值算例与分析

在本章中，作者运用定理 11.1 抑制制造/再制造供应链系统中的牛鞭效应，本章的库存模糊分划如图 10.2 所示，假定 $F_4^t(x_4^f(k))$ $(t=1,2)$ 和 $F_2^l(x_2^f(k))$ $(l=1,2)$ 都满足标准模糊分划的条件，这里设定 $M_4^1 = M_4^2 = F_4^1$，$M_4^3 = M_4^4 = F_4^2$，$M_2^1 = M_2^3 = F_2^1$，$M_2^2 = M_2^4 = F_2^2$。S_0 和 S_1 分别是制造商新产品库存所设定的安全库存值和期望库存值，D_0 和 D_1 是两个设定的值。

鉴于此，数值算例与分析的主要目的是通过鲁棒控制提高供应链系统的动态性能，作者认为强调在不同情形下供应链子系统间的切换行为比强调数值参数的准确性更加重要。根据实际情况设定该供应链的如下参数：λ=70%，μ_1=3%，μ_2=2%，ζ_1=20%，ζ_2=21%，ζ_3=31%，ζ_4=41%，χ_1=30%，χ_2=21%，χ_3=20%，χ_4=19%，χ_5=10%，σ_1=2.5，σ_2=2，σ_3=1.5，σ_4=1，σ_5=0.5，κ_1=65%，κ_2=30%，κ_3=91%，κ_4=15%，κ_5=65%，ρ=27；$c_a=0.055$，$c_d=0.1$，$c_g=1.2$，$c_f=8$，$c_h=4.87$，$c_u=1.8$，$c_v=1.22$，$c_l=1.2$，$c_{n1}=0.3$，$c_{n2}=0.4$，$c_{n3}=0.5$，$c_{n4}=0.6$，$c_{n5}=0.7$，$c_p=0.5$，$c_q=1.2$，$c_r=0.9$，$c_s=1.4$，$c_t=1.8$（单位：$\times 10^2$ 元）；$D_0=0.5$，$D_1=1.5$，$S_0=0.5$，$S_1=1.5$（单位：$\times 10^5$ 台）。

（1）针对再制造时变提前期最大值与最小值的不同取值（d_M 和 d_m），供应链系统对于外界不确定顾客需求的抑制程度 γ 的最小值如表 11.1 所示。

表 11.1 对于再制造时变提前期最大值与最小值的不同取值，供应链系统对外界不确定顾客需求的抑制程度的最小值

d_m /天	d_M /天	$\gamma_{\min}$	d_m /天	d_M /天	$\gamma_{\min}$
1	2	0.0483	1	6	0.1174
1	5	0.0739	1	10	0.3451
1	8	0.1283	1	14	0.4931
1	12	0.3617	2	10	0.3214
1	16	0.5328	4	8	0.1127
1	2	0.0410	6	7	0.1028

从表 11.1 中可以看出，制造/再制造供应链系统稳定鲁棒性和再制造时变提前期的最大值与最小值有着紧密的联系。随着再制造提前期的最大值与最小值的增加，供应链系统的性能逐渐恶化，而且再制造提前期的最大值与最小值的极差也影响供应链系统的性能，极差越大，供应链系统性能越差，因此，表 11.1 说明制造/再制造供应链系统性能随着再制造提前期最大值、最小值和极差的增加而迅速恶化，表明随着提前期的增加，该制造/再制造供应链系统的牛鞭效应逐渐增大。

（2）为了验证库存状态反馈控制策略对于含再制造时变提前期的制造/再制造供应链系统的控制能力，本章随机选取一组数据，根据得到的控制增益对制造/再制造供应链系统进行实验，$d_m = 1$，$d_M = 14$（单位：天），下面运用软件 MATLAB 的 LMI 工具箱中的 feasp 求解器来求解式（11.15）和式（11.16），数值算例结果如下：

$$\boldsymbol{K}_1 = \begin{bmatrix} -0.5851 & -23.6498 & -23.8291 & 0.0442 & -20.1895 \\ -0.0204 & -0.8851 & -0.8922 & 0.0004 & -1.0000 \\ -0.0044 & -0.3730 & -0.4313 & 0.0193 & -0.3856 \\ 0.0642 & 3.1716 & 3.1926 & -0.0328 & -8.8240 \\ 0.0642 & 3.1716 & 3.1926 & -0.0328 & -8.7740 \end{bmatrix}$$

$$\boldsymbol{K}_2 = \begin{bmatrix} -0.5851 & -23.6501 & -23.8293 & 0.0456 & -27.9678 \\ -0.0204 & -0.8851 & -0.8922 & 0.0004 & -1.0000 \\ -0.0044 & -0.3729 & -0.4312 & 0.0191 & -0.4626 \\ 0.0642 & 3.1716 & 3.1926 & -0.0329 & -8.9860 \\ 0.0642 & 3.1716 & 3.1926 & -0.0329 & -8.6863 \end{bmatrix}$$

$$\boldsymbol{K}_3 = \begin{bmatrix} -0.5853 & -23.6526 & -23.8316 & 0.0601 & -20.1984 \\ -0.0204 & -0.8851 & -0.8922 & 0.0004 & -1.0000 \\ -0.0044 & -0.3722 & -0.4305 & 0.0175 & -0.3862 \\ 0.0642 & 3.1717 & 3.1927 & -0.0335 & -8.8236 \\ 0.0642 & 3.1717 & 3.1927 & -0.0335 & -8.7737 \end{bmatrix}$$

$$\boldsymbol{K}_4 = \begin{bmatrix} -0.0736 & -1.4811 & -1.4823 & 0.0654 & 15.6699 \\ -0.0204 & -0.8851 & -0.8922 & 0.0004 & -1.0000 \\ -0.0014 & -0.2405 & -0.2978 & 0.0160 & 0.0304 \\ -0.0183 & -0.4048 & -0.4124 & -0.0325 & -5.1317 \\ -0.0183 & -0.4044 & -0.4120 & -0.0325 & -4.9313 \end{bmatrix}$$

此时，对供应链系统不确定因素干扰的抑制率为$\gamma = 0.1411$。

根据求出的可行解可知，定理 11.1 能够实现供应链系统的鲁棒稳定。本次实验得出的结果为偏差值，根据电子废弃物回收数据，设该电子电器产品供应链系统$k = 0$时的状态值为$x_1(0) = 2$，$x_2(0) = 2.5$，$x_3(0) = 1.5$，$x_4(0) = 1$，$x_5(0) = 0.6$（单位：$\times 10^3$台）。

在不同顾客需求情况下，对供应链系统进行鲁棒控制数值算例计算：①不确定顾客需求满足干扰分布$(d_k \sim 6N(5,1^2))$，如图 11.1～图 11.3 所示；②不确定顾客需求满足正态需求扰动$d_k \sim N(9.5,0.2^2)$ [185]，如图 11.4～图 11.6 所示。

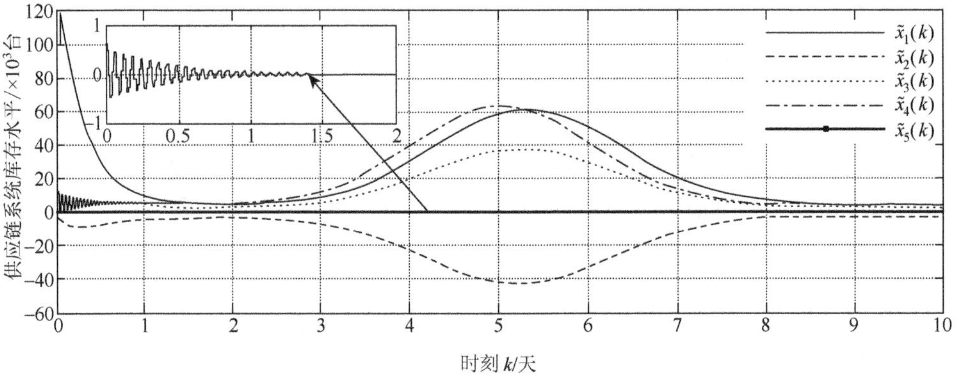

图 11.1　顾客需求扰动符合①的供应链系统库存状态

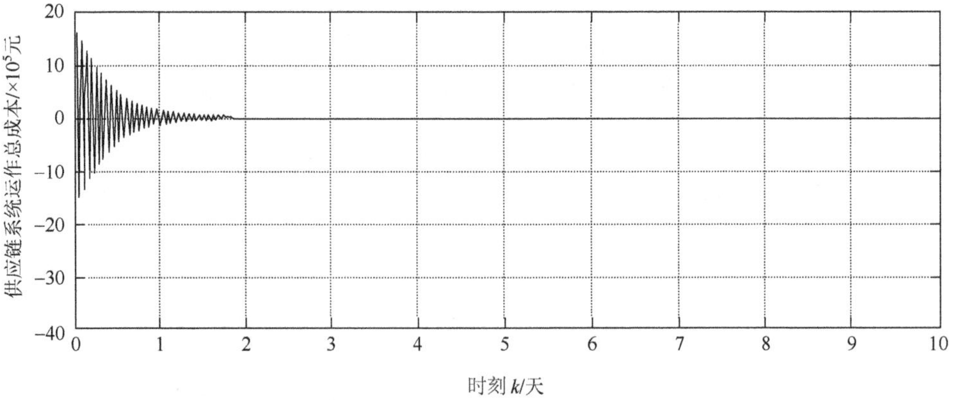

图 11.2　顾客需求扰动符合①的供应链系统运作总成本

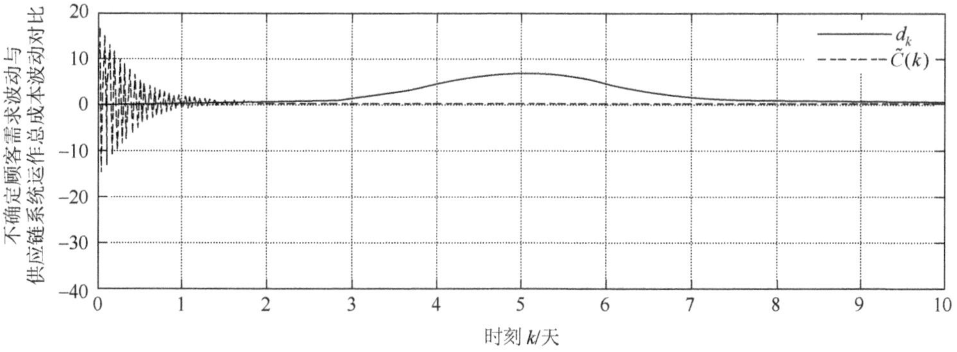

图 11.3　顾客需求扰动符合①的不确定顾客需求波动与供应链系统运作总成本波动对比

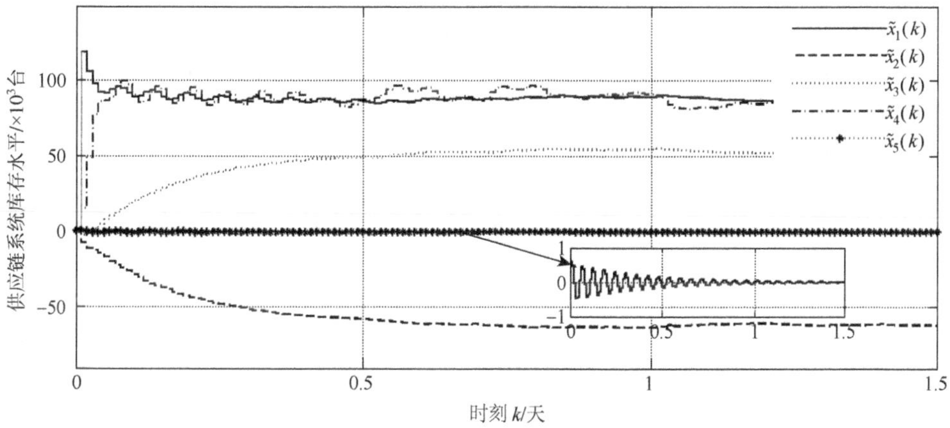

图 11.4　顾客需求扰动符合②的供应链系统库存状态

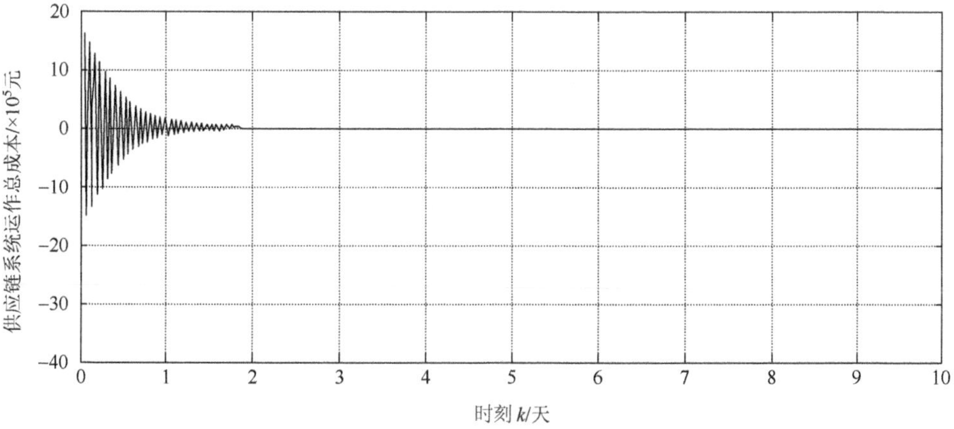

图 11.5　顾客需求扰动符合②的供应链系统运作总成本

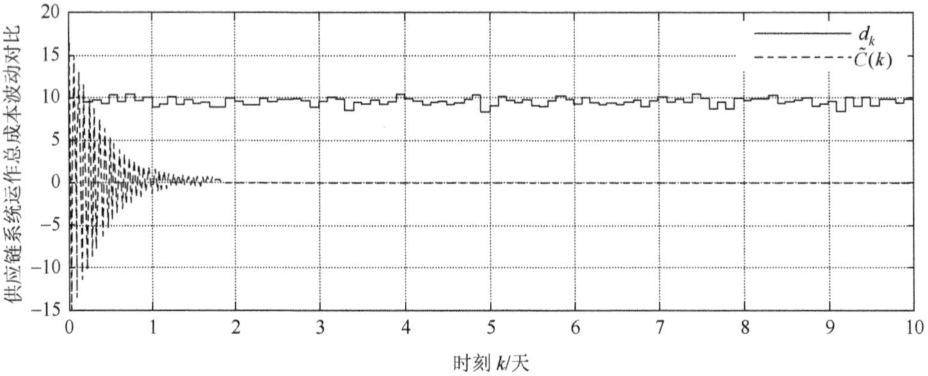

图 11.6　顾客需求扰动符合②的不确定顾客需求波动与供应链系统运作总成本波动对比

从图 11.1～图 11.6 可以看出，在不同的顾客需求扰动情况下，随着时间的变化，制造商、分销商和回收商会对库存决策做出一定的调整，使得供应链系统运作总成本在本章所希望的较小范围内波动，供应链的不确定因素得到有效抑制，供应链系统运作总成本保持持续稳定水平。

11.5　本 章 小 结

本章在第 10 章所构建的供应链模型的基础上，考虑再制造提前期的时变性，建立了含再制造时变提前期的制造/再制造供应链动态模型，利用模糊鲁棒 H_∞ 控制方法设计了供应链中各节点企业的库存策略，通过数值计算，验证了模糊鲁棒 H_∞ 控制在改善供应链整体动态性方面的作用。

第 12 章　考虑经济性能约束及不确定性的制造/再制造供应链库存运作稳定性研究

12.1　引　言

本章在第 10 章制造/再制造供应链模型的基础上，考虑经济性能约束和生产/再制造提前期，构建制造/再制造供应链系统库存状态转移模型以及相应的经济性能评价指标，研究库存控制策略优化设计问题，并给出数值算例。

12.2　考虑经济性能约束及不确定性的制造/再制造供应链动态模型构建

12.2.1　考虑经济性能约束及不确定性的制造/再制造供应链动态模型

本章所建立的考虑经济性能约束及不确定性的制造/再制造动态供应链系统的基本模型已在第 10 章和第 11 章中提出，在此基础上，本章考虑供应链的经济性能约束和新产品生产提前期（图 12.1），建立供应链动态模型，此供应链系统是分段线性系统，也称为非线性系统。本章中的符号含义与第 10 章和第 11 章相同。

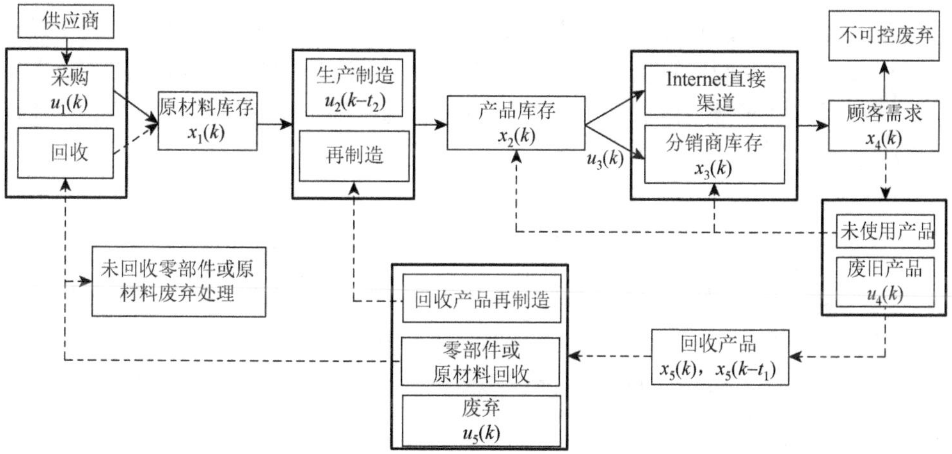

图 12.1　考虑经济性能约束及不确定性的制造/再制造供应链动态模型

1. 情形 1

在此情形下，制造商产品的销售量很低，制造商新产品的实际库存量小于安全库存值，所以制造商不仅生产新产品，而且再回收原材料/零部件和再制造生产。在此情形下，考虑经济性能约束及不确定性的制造/再制造供应链系统各节点企业的库存状态模型和整个供应链系统的运作总成本模型为

$$\begin{cases} x_1(k+1)=x_1(k)+u_1(k)+\sum_{\tau=1}^{5}\chi_\tau\sigma_\tau\kappa_1x_5(k-t_1)-\rho_1u_2(k-t_2)-\rho_2\kappa_2x_5(k-t_1) \\ x_2(k+1)=x_2(k)+u_2(k-t_2)+\kappa_2x_5(k-t_1)+\mu_1x_4(k)-u_3(k)-\lambda w_1(k) \\ x_3(k+1)=x_3(k)+u_3(k)+\mu_2x_4(k)-(1-\lambda)w_1(k) \\ x_4(k+1)=x_4(k)+w_1(k)-\zeta_1x_4(k)-u_4(k)-(\mu_1+\mu_2)x_4(k) \\ x_5(k+1)=x_5(k)+u_4(k)-\kappa_1x_5(k-t_1)-\kappa_2x_5(k-t_1)-u_5(k) \end{cases} \tag{12.1}$$

其中，$x_5(k-t_1)$ 是具有再制造提前期 $t_1(0\leqslant t_1<\infty)$ 的回收废旧产品的实际库存；$u_2(k-t_2)$ 表示具有生产提前期 $t_2(0\leqslant t_2<\infty)$ 的新产品生产量。

$$\begin{aligned} C(k)=&c_ax_1(k)+c_gx_2(k)+c_vx_3(k)+(c_r+c_p)x_5(k)+\sum_{\tau=1}^{5}c_{n\tau}\chi_\tau\sigma_\tau\kappa_1x_5(k-t_1) \\ &+c_du_1(k)+c_fu_2(k-t_2)+c_qu_4(k)+c_su_5(k)+c_h\kappa_2x_5(k-t_1) \\ &+c_u\mu_1x_4(k)+c_l\mu_2x_4(k)+c_t\left[\rho_1\kappa_1x_5(k-t_1)-\sum_{\tau=1}^{5}\chi_\tau\sigma_\tau\kappa_1x_5(k-t_1)\right] \end{aligned} \tag{12.2}$$

2. 情形 2

在此情形下，制造商产品的销售量很低，制造商新产品的实际库存量超过安全库存值且低于期望库存值，因此，制造商生产新产品和再回收原材料/零部件。在此情形下，供应链系统各节点企业的库存状态模型和整个供应链系统的运作总成本模型为

$$\begin{cases} x_1(k+1)=x_1(k)+u_1(k)+\sum_{\tau=1}^{5}\chi_\tau\sigma_\tau\kappa_3x_5(k-t_1)-\rho_1u_2(k-t_2) \\ x_2(k+1)=x_2(k)+u_2(k-t_2)+\mu_1x_4(k)-u_3(k)-\lambda w_1(k) \\ x_3(k+1)=x_3(k)+u_3(k)+\mu_2x_4(k)-(1-\lambda)w_1(k) \\ x_4(k+1)=x_4(k)+w_1(k)-\zeta_2x_4(k)-u_4(k)-(\mu_1+\mu_2)x_4(k) \\ x_5(k+1)=x_5(k)+u_4(k)-\kappa_3x_5(k-t_1)-u_5(k) \end{cases} \tag{12.3}$$

$$C(k)=c_a x_1(k)+c_g x_2(k)+c_v x_3(k)+(c_r+c_p)x_5(k)+\sum_{\tau=1}^{5} c_{n\tau}\chi_\tau\sigma_\tau\kappa_3 x_5(k-t_1) \\ +c_d u_1(k)+c_f u_2(k-t_2)+c_q u_4(k)+c_s u_5(k)+c_u\mu_1 x_4(k)+c_l\mu_2 x_4(k) \\ +c_t\left[\rho_1\kappa_3 x_5(k-t_1)-\sum_{\tau=1}^{5}\chi_\tau\sigma_\tau\kappa_3 x_5(k-t_1)\right] \tag{12.4}$$

3. 情形 3

在此情形下，消费者虚拟库存值超过某个特定的值，制造商的实际库存量小于安全库存值，制造商进行新产品生产和回收产品再制造。供应链系统各节点企业的库存状态模型和整个供应链系统的运作总成本模型为

$$\begin{cases} x_1(k+1)=x_1(k)+u_1(k)+\sum_{\tau=1}^{5}\chi_\tau\sigma_\tau\kappa_1 x_5(k-t_1)-\rho_1 u_2(k-t_2) \\ \qquad -\rho_2\kappa_2 x_5(k-t_1) \\ x_2(k+1)=x_2(k)+u_2(k-t_2)+\kappa_2 x_5(k-t_1)+\mu_1 x_4(k)-u_3(k)-\lambda w_1(k) \\ x_3(k+1)=x_3(k)+u_3(k)+\mu_2 x_4(k)-(1-\lambda)w_1(k) \\ x_4(k+1)=x_4(k)+w_1(k)-\zeta_3 x_4(k)-u_4(k)-(\mu_1+\mu_2)x_4(k) \\ x_5(k+1)=x_5(k)+u_4(k)-\kappa_1 x_5(k-t_1)-\kappa_2 x_5(k-t_1)-u_5(k) \end{cases} \tag{12.5}$$

$$C(k)=c_a x_1(k)+c_g x_2(k)+c_v x_3(k)+(c_r+c_p)x_5(k)+\sum_{\tau=1}^{5} c_{n\tau}\chi_\tau\sigma_\tau\kappa_1 x_5(k-t_1) \\ +c_d u_1(k)+c_f u_2(k-t_2)+c_q u_4(k)+c_s u_5(k)+c_u\mu_1 x_4(k)+c_l\mu_2 x_4(k) \\ +c_h\kappa_2 x_5(k-t_1)+c_t\left[\rho_1\kappa_1 x_5(k-t_1)-\sum_{\tau=1}^{5}\chi_\tau\sigma_\tau\kappa_1 x_5(k-t_1)\right] \tag{12.6}$$

4. 情形 4

在此情形下，制造商产品的销售量上升到一定值，制造商的实际库存量超过安全库存值且低于期望库存值，因此，制造商仅仅回收废旧产品再制造。在此情形下，供应链系统各节点企业的库存状态模型和整个供应链系统的运作总成本模型为

$$\begin{cases} x_1(k+1)=x_1(k)+u_1(k)+\sum_{\tau=1}^{5}\chi_\tau\sigma_\tau\kappa_4 x_5(k-t_1)-\rho_2\kappa_5 x_5(k-t_1) \\ x_2(k+1)=x_2(k)+\kappa_5 x_5(k-t_1)+\mu_1 x_4(k)-u_3(k)-\lambda w_1(k) \\ x_3(k+1)=x_3(k)+u_3(k)+\mu_2 x_4(k)-(1-\lambda)w_1(k) \\ x_4(k+1)=x_4(k)+w_1(k)-\zeta_4 x_4(k)-u_4(k)-(\mu_1+\mu_2)x_4(k) \\ x_5(k+1)=x_5(k)+u_4(k)-\kappa_4 x_5(k-t_1)-\kappa_5 x_5(k-t_1)-u_5(k) \end{cases} \tag{12.7}$$

$$C(k)=c_a x_1(k)+c_g x_2(k)+c_v x_3(k)+(c_r+c_p)x_5(k)+\sum_{\tau=1}^{5}c_{n\tau}\chi_\tau\sigma_\tau\kappa_4 x_5(k-t_1)$$
$$+c_d u_1(k)+c_q u_4(k)+c_s u_5(k)+c_u\mu_1 x_4(k)+c_l\mu_2 x_4(k)+c_h\kappa_4 x_5(k-t_1) \quad (12.8)$$
$$+c_t\left[\rho_1\kappa_4 x_5(k-t_1)-\sum_{\tau=1}^{5}\chi_\tau\sigma_\tau\kappa_5 x_5(k-t_1)\right]$$

12.2.2 考虑经济性能约束及不确定性的制造/再制造动态供应链 T-S 模糊模型

为了构建制造/再制造供应链系统并抑制动态系统的较大波动，运用 T-S 模糊模型对式（12.1）～式（12.8）建立如下第 i 个制造/再制造供应链动态模型一般形式。

R^i：IF $x_4(k)$ is M_4^i and $x_2(k)$ is M_2^i，THEN

$$\begin{cases}\boldsymbol{x}(k+1)=\boldsymbol{A}_i\boldsymbol{x}(k)+\boldsymbol{A}_{di}\boldsymbol{x}(k-t_1)+\boldsymbol{B}_i\boldsymbol{u}(k)+\boldsymbol{B}_{di}\boldsymbol{u}(k-t_2)+\boldsymbol{B}_{wi}\boldsymbol{w}(k)\\ \boldsymbol{z}(k)=\boldsymbol{C}_i\boldsymbol{x}(k)+\boldsymbol{C}_{di}\boldsymbol{x}(k-t_1)+\boldsymbol{D}_i\boldsymbol{u}(k)+\boldsymbol{D}_{di}\boldsymbol{u}(k-t_2)\end{cases} \quad (12.9)$$

其中，$\boldsymbol{x}^{\mathrm{T}}(k-t_1)=[0\ \ 0\ \ 0\ \ 0\ \ x_5(k-t_1)]$；$\boldsymbol{u}^{\mathrm{T}}(k-t_2)=[0\ \ u_2(k-t_2)\ \ 0\ \ 0\ \ 0]$。

供应链系统稳定性容易受到不确定顾客需求影响(d_k)，各节点企业库存量、采购量、生产量、订购量、回收量和废弃处理量等方面发生相应变化，这些变化量分别是$x_1^f(k)$、$x_2^f(k)$、$x_3^f(k)$、$x_4^f(k)$、$x_5^f(k)$、$x_5^f(k-t_1)$、$u_1^f(k)$、$u_2^f(k-t_2)$、$u_3^f(k)$、$u_4^f(k)$和$u_5^f(k)$。

制造/再制造供应链系统各节点企业的库存状态模型和整个供应链系统的运作总成本模型如下。

R^i：IF $x_4^f(k)$ is M_4^i and $x_2^f(k)$ is M_2^i，THEN

$$\begin{cases}\boldsymbol{x}^f(k+1)=\boldsymbol{A}_i\boldsymbol{x}^f(k)+\boldsymbol{A}_{di}\boldsymbol{x}^f(k-t_1)+\boldsymbol{B}_i\boldsymbol{u}^f(k)+\boldsymbol{B}_{di}\boldsymbol{u}^f(k-t_2)\\ \qquad\qquad +\boldsymbol{B}_{wi}[\boldsymbol{w}(k)+\boldsymbol{d}(k)]\\ \boldsymbol{z}^f(k)=\boldsymbol{C}_i\boldsymbol{x}^f(k)+\boldsymbol{C}_{di}\boldsymbol{x}^f(k-t_1)+\boldsymbol{D}_i\boldsymbol{u}^f(k)+\boldsymbol{D}_{di}\boldsymbol{u}^f(k-t_2)\end{cases} \quad (12.10)$$

其中，$\boldsymbol{x}^f(k-t_1)=\left[0\ \ 0\ \ 0\ \ 0\ \ x_5^f(k-t_1)\right]^{\mathrm{T}}$；$\boldsymbol{u}^f(k-t_2)=\left[0\ u_2^f(k-t_2)\ 0\ \ 0\ \ 0\right]^{\mathrm{T}}$。

因此，考虑系统（12.9）和系统（12.10），具有不可预测或未知顾客需求的供应链系统偏差量如下。

R^i：IF $x_4^f(k)$ is M_4^i and $x_2^f(k)$ is M_2^i，THEN

$$\begin{cases}\tilde{\boldsymbol{x}}(k+1)=\boldsymbol{A}_i\tilde{\boldsymbol{x}}(k)+\boldsymbol{A}_{di}\tilde{\boldsymbol{x}}(k-t_1)+\boldsymbol{B}_i\tilde{\boldsymbol{u}}(k)+\boldsymbol{B}_{di}\tilde{\boldsymbol{u}}(k-t_2)+\boldsymbol{B}_{wi}\boldsymbol{d}(k)\\ \tilde{\boldsymbol{z}}(k)=\boldsymbol{C}_i\tilde{\boldsymbol{x}}(k)+\boldsymbol{C}_{di}\tilde{\boldsymbol{x}}(k-t_1)+\boldsymbol{D}_i\tilde{\boldsymbol{u}}(k)+\boldsymbol{D}_{di}\tilde{\boldsymbol{u}}(k-t_2)\end{cases} \tag{12.11}$$

对于考虑经济性能约束及不确定性的供应链系统模糊模型（12.11），采用单点模糊化、乘积推理以及加权平均反模糊化的推理方法，可得最终模糊时滞系统的状态方程和输出方程为

$$\begin{cases}\tilde{\boldsymbol{x}}(k+1)=\sum\limits_{i=1}^{r}\mu_i(\boldsymbol{x}^f(k))\left[\boldsymbol{A}_i\tilde{\boldsymbol{x}}(k)+\boldsymbol{A}_{di}\tilde{\boldsymbol{x}}(k-t_1)+\boldsymbol{B}_i\tilde{\boldsymbol{u}}(k)+\boldsymbol{B}_{di}\tilde{\boldsymbol{u}}(k-t_2)+\boldsymbol{B}_{wi}\boldsymbol{d}(k)\right]\\ \tilde{\boldsymbol{z}}(k)=\sum\limits_{i=1}^{r}\mu_i(\boldsymbol{x}^f(k))\left[\boldsymbol{C}_i\tilde{\boldsymbol{x}}(k)+\boldsymbol{C}_{di}\tilde{\boldsymbol{x}}(k-t_1)+\boldsymbol{D}_i\tilde{\boldsymbol{u}}(k)+\boldsymbol{D}_{di}\tilde{\boldsymbol{u}}(k-t_2)\right]\end{cases} \tag{12.12}$$

在实际制造/再制造供应链系统中，库存控制策略的选择与实施受到供应链系统经济效益的影响，本章采用第 8 章中提出的供应链系统经济性能指标函数（8.4）。

12.3　考虑经济性能约束及不确定性的制造/再制造供应链系统的模糊鲁棒控制策略

对考虑经济性能约束及不确定性的制造/再制造供应链模糊系统（12.12）进行 T-S 模糊控制器设计。

Controller Rule $\boldsymbol{K}^i$

R^i：IF $x_4^f(k)$ is M_4^i and $x_2^f(k)$ is M_2^i，THEN

$$\begin{cases}\boldsymbol{u}(k)=\sum\limits_{i=1}^{r}\mu_i\boldsymbol{K}_i\boldsymbol{x}(k)\\ \boldsymbol{u}(k-t_2)=\sum\limits_{i=1}^{r}\mu_i\boldsymbol{K}_i\boldsymbol{x}(k-t_2)\end{cases} \tag{12.13}$$

其中，$\boldsymbol{K}_i$ 为待定的库存状态反馈增益矩阵。

12.4　数值算例与分析

在本章中，作者运用定理 8.1 抑制制造/再制造供应链系统中的牛鞭效应，本章采用图 10.2 所示的库存模糊分划。鉴于此，数值算例与分析的主要目的是通过鲁棒控制提高考虑经济性能约束及不确定性的供应链系统的动态性能，作者认为强调在不同情形下供应链子系统间的切换行为比强调算例参数的准确性更加重要。根据实际情况设定该供应链的如下参数：λ=72%，μ_1=18%，μ_2=16%，

ζ_1=20%，ζ_2=21%，ζ_3=31%，ζ_4=41%，χ_1=30%，χ_2=21%，χ_3=20%，χ_4=19%，χ_5=10%，σ_1=2.5，σ_2=2，σ_3=1.5，σ_4=1，σ_5=0.5，κ_1=65%，κ_2=30%，κ_3=91%，κ_4=15%，κ_5=65%，ρ_1=27，ρ_2=12；$c_a=0.0055$，$c_d=0.01$，$c_g=0.12$，$c_f=0.8$，$c_h=0.487$，$c_u=0.18$，$c_v=0.122$，$c_l=0.12$，$c_{n1}=0.03$，$c_{n2}=0.04$，$c_{n3}=0.05$，$c_{n4}=0.06$，$c_{n5}=0.07$，$c_p=0.05$，$c_q=0.12$，$c_r=0.09$，$c_s=0.14$，$c_t=0.18$，$Q=\{0.1\times10^{-5},0.03,0.01,0.1\times10^{-5},0.1\times10^{-4}\}$（单位：$\times10^3$ 元）；$D_0=0$，$D_1=1$，$S_0=0$，$S_1=1$（单位：$\times10^5$ 台）。图 12.2 为不同再制造提前期t_1和生产提前期t_2的供应链系统经济性能指标上界值。

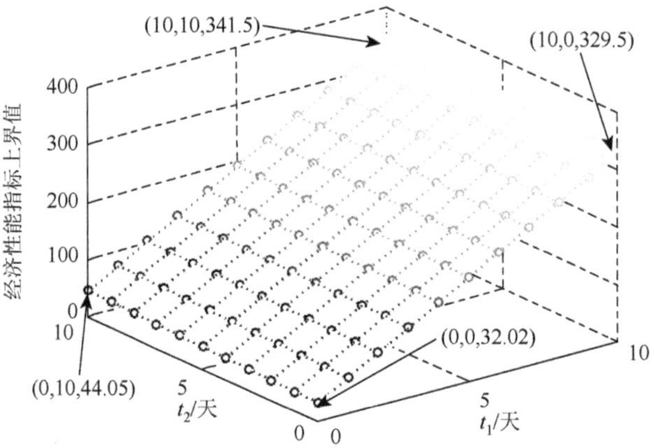

图 12.2　经济性能指标上界值

下面应用软件 MATLAB 求解式（12.9）和式（12.10），结果如下：

$$\boldsymbol{K}_1=\begin{bmatrix}-0.7494 & -71.6614 & -71.4342 & -9.5458 & -8.4237\\ 0 & 0 & 0 & 0 & 0\\ 0.0022 & 0.9673 & 0.0852 & 0.0625 & 0.0613\\ 0.0169 & 3.3601 & 3.3387 & 0.4857 & -0.6132\\ 0.0169 & 3.3588 & 3.3374 & 0.4855 & 0.3867\end{bmatrix}$$

$$\boldsymbol{K}_2=\begin{bmatrix}-0.7490 & -71.6138 & -71.3867 & -9.4612 & -8.4743\\ 0 & 0 & 0 & 0 & 0\\ 0.0022 & 0.9674 & 0.0853 & 0.0621 & 0.0533\\ 0.0169 & 3.3598 & 3.3384 & 0.4813 & -0.6150\\ 0.0169 & 3.3591 & 3.3377 & 0.4812 & 0.3848\end{bmatrix}$$

$$K_3=\begin{bmatrix}-0.7494 & -71.6564 & -71.4287 & -8.6783 & -8.4811\\ 0 & 0 & 0 & 0 & 0\\ 0.0022 & 0.9676 & 0.0856 & 0.0579 & 0.0521\\ 0.0169 & 3.3603 & 3.3389 & 0.4384 & -0.6150\\ 0.0169 & 3.3590 & 3.3376 & 0.4383 & 0.3849\end{bmatrix}$$

$$K_4=\begin{bmatrix}-0.7484 & -71.5388 & -71.3117 & -7.8754 & -8.4661\\ 0 & 0 & 0 & 0 & 0\\ 0.0022 & 0.9668 & 0.0848 & 0.0536 & 0.0531\\ 0.0170 & 3.3702 & 3.3488 & 0.3967 & -0.6150\\ 0.0170 & 3.3697 & 3.3483 & 0.3967 & 0.3850\end{bmatrix}$$

此时，对制造/再制造供应链系统不确定因素干扰的抑制率为$\gamma=0.8434$。

根据求出的可行解可知，定理 8.1 能够实现供应链系统的鲁棒稳定。本次实验得出的结果为偏差值，根据电子废弃物的回收数据，设该电子电器产品供应链系统在 $k=0$ 时的状态值为 $x_1(0)=1.2$， $x_2(0)=0.5$， $x_3(0)=0.3$， $x_4(0)=0.1$， $x_5(0)=0.2$（单位：$\times10^3$ 台）。

在不同顾客需求情况下，对供应链系统进行鲁棒控制算例计算：①顾客产品需求预测准确，即 $d_k=0$；②不确定顾客需求符合突变型顾客需求，即宽脉冲型突变需求$\left(d_k=\begin{cases}2.5, & 5\leqslant t\leqslant 10\\ 0.5, & \text{其他}\end{cases}, t\text{为时间(单位：天)}\right)$；③不确定顾客需求符合正态需求扰动 $d_k\sim N(9.5,0.2^2)$ [185]，如图 12.3～图 12.7 所示。

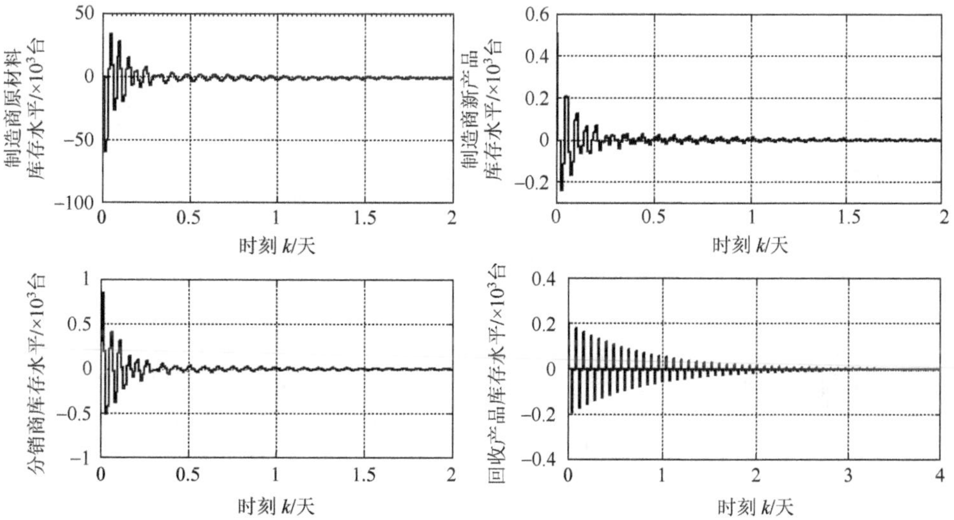

图 12.3　顾客需求扰动符合①的供应链系统库存状态（$t_1=3, t_2=3$）

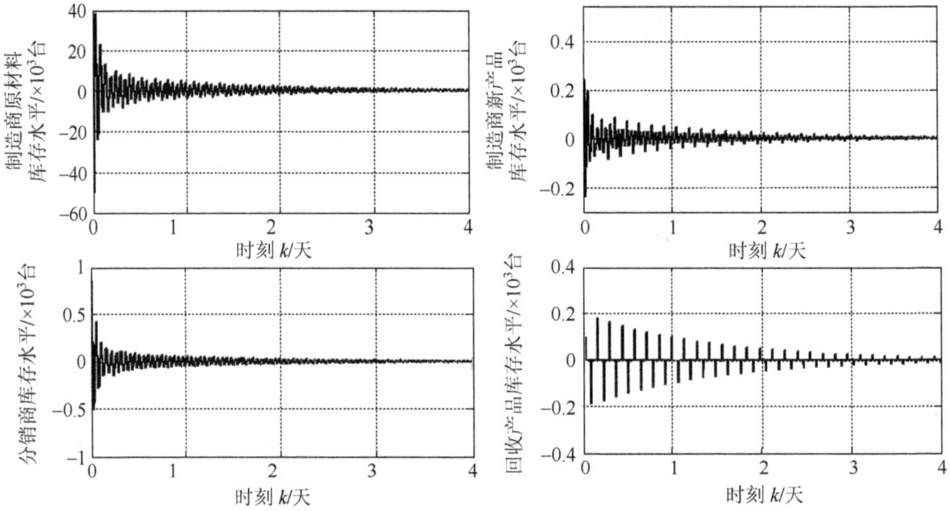

图 12.4　顾客需求扰动符合②的供应链系统库存状态（$t_1 = 6, t_2 = 3$）

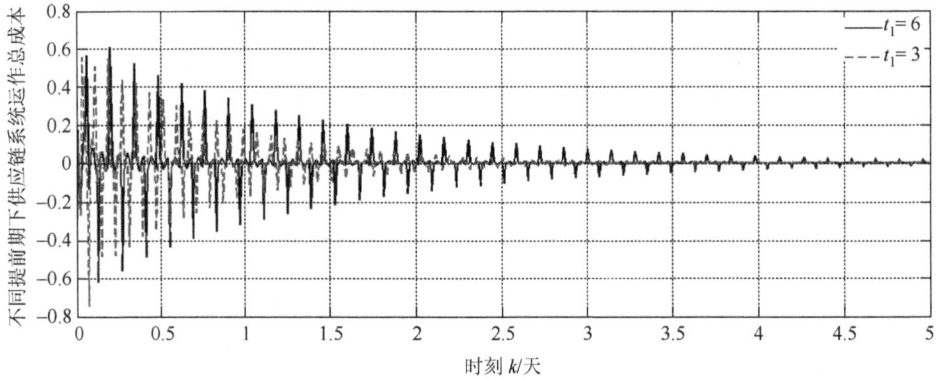

图 12.5　顾客需求扰动符合①的供应链系统运作总成本对比（$t_1 = 6$ 或 $t_1 = 3, t_2 = 3$）

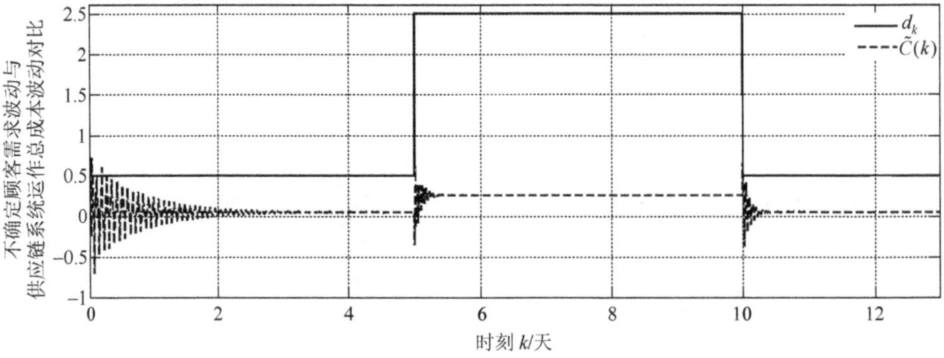

图 12.6　顾客需求扰动符合②的不确定顾客需求波动与供应链系统运作总成本波动对比

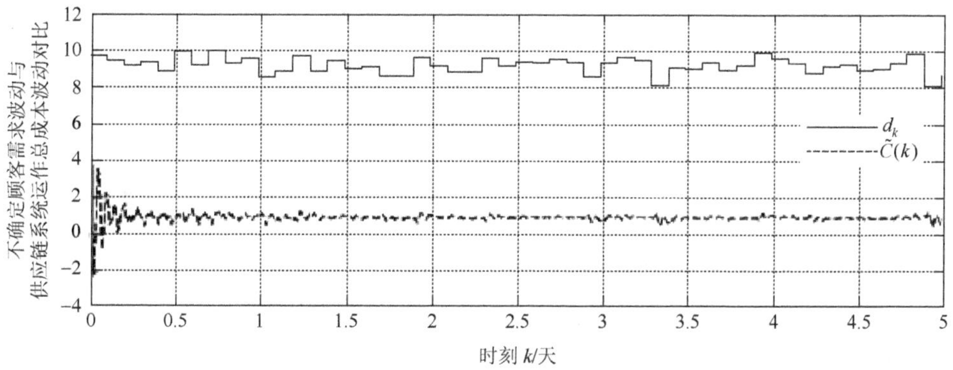

图 12.7　顾客需求扰动符合③的不确定顾客需求波动与供应链系统运作总成本波动对比

12.5　本 章 小 结

本章分析了考虑原材料/零部件采购过程的制造/再制造供应链系统，探讨了考虑经济性能约束和生产/再制造提前期的供应链系统牛鞭效应问题，构建了供应链系统的库存状态转移模型，并引入不确定市场需求、制造商和分销商的安全库存值和期望库存值对生产策略和销售策略的影响、产品销售双渠道、再制造提前期和生产提前期等内外不确定因素，在模型分析的基础上，提出了基于库存水平波动的库存控制策略和相应的经济性能指标，设计了模糊鲁棒控制方法，研究了供应链系统鲁棒控制问题，数值算例结果证明了所提出的库存控制策略的有效性和实用性。

参 考 文 献

[1] 刘吉双. 国外农业降低化石能源消耗模式比较. 行政与法，2015，（12）：60-61.

[2] 李建中. 民族经济全面转型发展战略研究. 北京：中国财政经济出版社，2012.

[3] 尚红云，周生军. 循环经济发展评价与政策设计. 北京：中国财政经济出版社，2008.

[4] 曹光辉，齐建国. 循环经济的技术经济范式与政策研究. 数量经济技术经济研究，2006，23（5）：112-121.

[5] 胡鞍钢.中国资源与经济发展.国情报告，2012，8：340-354.

[6] 张帆. 不确定性下闭环供应链稳定性研究. 上海：东华大学，2015.

[7] 彭绪庶，李文军，葛新权.中国循环经济发展报告（2013～2015）. 北京：社会科学文献出版社，2016.

[8] 白世贞. 供应链复杂系统资源流建模与仿真. 北京：科学出版社，2008.

[9] 赵林度. 供应链与物流管理理论与实务. 北京：机械工业出版社，2003.

[10] Marsh J，Hudson M，Hole D. Re-designing a complex，multi-customer supply chain.Logistics Information Management，1996，9：31-35.

[11] 沈厚才，陶青，陈煜波. 供应链管理理论与方法. 中国管理科学，2000，8：1-9.

[12] Guide V D R，Harrison T P，van Wassenhove L N. The challenge of closed-loop supply chains. Interfaces，2003，33：3-6.

[13] Amin S H，Zhang G，Akhtar P. Effects of uncertainty on a tire closed-loop supply chain network. Expert Systems with Applications，2017，73：82-91.

[14] Battini D，Bogataj M，Choudhary A. Closed loop supply chain（CLSC）：Economics，modelling，management and control. International Journal of Production Economics，2017，183：319-321.

[15] Zhou L，Naim M M，Disney S M. The impact of product returns and remanufacturing uncertainties on the dynamic performance of a multi-echelon closed-loop supply chain. International Journal of Production Economics，2017，183：487-502.

[16] 陈军，田大钢. 闭环供应链模型下的产品回收模式选择. 中国管理科学，2017，25：88-97.

[17] 刘光富，刘文侠. 双渠道再制造闭环供应链差异定价策略. 管理学报，2017，14：625-632.

[18] Govindan K，Soleimani H，Kannan D. Reverse logistics and closed-loop supply chain：A comprehensive review to explore the future. European Journal of Operational Research，2015，240：603-626.

[19] Hariga M，As'ad R，Khan Z. Manufacturing-remanufacturing policies for a centralized two stage supply chain under consignment stock partnership. International Journal of Production Economics，2017，183：362-374.

[20] Kenné J P，Dejax P，Gharbi A. Production planning of a hybrid manufacturing-remanufacturing system under uncertainty within a closed-loop supply chain. International Journal of Production Economics，2012，135：81-93.

[21] Rubio S，Corominas A. Optimal manufacturing-remanufacturing policies in a lean production environment. Computers & Industrial Engineering，2008，55：234-242.

[22] 夏西强，朱庆华，赵森林.政府补贴下制造/再制造竞争机理研究. 管理科学学报，2017，20：71-83.

[23] 许民利，梁红燕，简惠云. 产品质量和 WTP 差异下的制造/再制造生产决策.控制与决策，2016，（3）：467-476.

[24] 王伟. 闭环供应链渠道最优选择问题研究. 长春：吉林大学，2011.
[25] Wong C W Y，Lai K H，Lun Y H V，et al. Environmental Management：The Supply Chain Perspective. Switzerland：Springer International Publishing，2015：127-140.
[26] 魏杰，赵静. 不确定环境下制造再制造供应链定价与协调问题研究. 模糊系统与数学，2012，26：165-174.
[27] Fleischmann M，Bloemhof-Ruwaard J M，Dekker R，et al. Quantitative models for reverse logistics：A review. European Journal of Operational Research，1997，103：1-17.
[28] Fleischmann M，Krikke H R，Dekker R，et al. A characterisation of logistics networks for product recovery. Omega，2000，28：653-666.
[29] Guide V D R，Srivastava R. An evaluation of order release strategies in a remanufacturing environment. Computers & Operations Research，1997，24：37-47.
[30] Krikke H，Blanc H M L，Velde S V D. Creating value from returns? The impact of product life cycle management on circular supply chains and reverse. Discussion Paper，2003，2：1-30.
[31] Abbey J D，Guide V D R. Closed-loop supply chains：A strategic overview// Bouchery Y，Corbett C J，Fransoo J C，et al. Sustainable Supply Chains：A Research-Based Textbook on Operations and Strategy. Switzerland：Springer International Publishing，2017：375-393.
[32] 刘彦平. 逆向物流与闭环供应链管理问题研究. 南京社会科学，2006，(5)：28-32.
[33] 李博洋，李金惠. 日本废弃电器电子产品回收处理：经验与启示. 中国科技投资，2010，(4)：73-75.
[34] Spicer A J，Johnson M R. Third-party demanufacturing as a solution for extended producer responsibility. Journal of Cleaner Production，2004，12：37-45.
[35] 魏洁，李军. EPR 下的逆向物流回收模式选择研究. 中国管理科学，2005，13：18-22.
[36] 于璇. 首批废弃电器电子产品处理补贴发放. 电器，2013，(11)：42-43.
[37] 穆东. 供应链系统的复杂性与评价方法研究. 北京：清华大学出版社，2010.
[38] 尤建新，隋明刚. 闭环供应链的经济学解释. 同济大学学报（社会科学版），2005，16：102-106.
[39] Fleischmann M，Beullens P，Bloemhof-Ruwaard J M，et al. The impact of product recovery on logistics network design. Production and Operations Management，2001，10（2）：156-173.
[40] Fleischmann M，van Nunen J A，Gräve B. Integrating closed-loop supply chains and spare-parts management at IBM. Interfaces，2003，33：44-56.
[41] Guide V D R，Jayaraman V，Linton J D. Building contingency planning for closed-loop supply chains with product recovery. Journal of Operations Management，2003，21：259-279.
[42] Savaskan R C，Bhattacharya S，van Wassenhove L N. Closed-loop supply chain models with product remanufacturing. Management Science，2004，50：239-252.
[43] Krikke H，Bloemhof-Ruwaard J M，van Wassenhove L N. Design of Closed Loop Supply Chains：A Production and Return Network for Refrigerators. Rotterdam：Erasmus Research Institute of Management（ERIM）Rotterdam，2001.
[44] Klausner M，Grimm W M，Horvath A. Integrating product takeback and technical service. Proceedings of the 1999 IEEE International Symposium on Electronics and the Environment，Danvers，1999：48-53.
[45] 贺超，庄玉良，王文宾. 基于闭环供应链的再制造管理体系探讨. 技术经济与管理研究，2012，11：54-57.
[46] 包莉丽，胡正华. 基于机会约束规划的制造/再制造混合系统生产决策. 中国管理科学，2006，14（z1）：152-155.
[47] Jen E. Stable or robust? What's the difference?. Complexity，2003，8：12-18.
[48] Sugeno M，Murakami K. Fuzzy parking control of model car. The IEEE Conference on Decision and Control，Las

Vegas，1984：902-903.

[49] Sugeno M，Yasukawa T. A fuzzy-logic-based approach to qualitative modeling. IEEE Transactions on Fuzzy Systems，1993，1（1）：7.

[50] Takagi T，Sugeno M. Fuzzy identification of systems and its applications to modeling and control. IEEE Transactions on System，man，and Cybern，1985，15：387-403.

[51] 王立新. 自适应模糊系统与控制：设计与稳定性分析. 北京：国防工业出版社，1995.

[52] 孙予明. 模糊离散时滞系统的控制方法研究. 无锡：江南大学，2008.

[53] 刘毅，赵军. 一类不确定切换模糊时滞系统的鲁棒控制. 控制工程，2010，17：618-620.

[54] 刘毅，冯佳昕，赵军. 一类不确定离散切换模糊时滞系统的鲁棒输出反馈控制. 东北大学学报（自然科学版），2009，30：13-16.

[55] Ohtake H，Tanaka K，Wang H O. Switching fuzzy controller design based on switching Lyapunov function for a class of nonlinear systems. A Fuzzy-Logic-Based Approach to Qualitative Modeling，2006，36：13-23.

[56] Chiou J S，Wang C J，Cheng C M，et al. Stability analysis and controller design of the nonlinear switched systems via TS discrete-time fuzzy model. International Journal of Fuzzy Systems，2010，11：213-224.

[57] Yang H，Zhao J. Robust control for a class of uncertain switched fuzzy systems. Journal of Control Theory and Applications，2007，5：184-188.

[58] 修智宏. 模糊控制器的解析研究及在减摇鳍控制中的应用. 大连：大连海事大学，2005.

[59] 张春杨. 基于 T-S 模糊模型的动态供应链网络鲁棒控制研究. 哈尔滨：哈尔滨商业大学，2015.

[60] Zhang S. A relaxed stability analysis and controller design of T-S fuzzy systems with standard fuzzy partition inputs. International Journal on Information，2012，15：51-58.

[61] 张松涛. 模糊多模型船舶运动控制系统的研究. 大连：大连海事大学，2006.

[62] Li C M，Tian X M. H_∞ control based on LMIs for a class of time-delay switched systems. Journal of Measurement Science & Instrumentation，2010，1：293-296.

[63] 张涛，孙林岩. 供应链不确定性管理：技术与策略. 北京：清华大学出版社，2005.

[64] Blumberg D F. Strategic examination of reverse logistics and repair service requirements，needs，market size，and opportunities. Journal of Business Logistics，1999，20：141-159.

[65] 黄小原，晏妮娜，邱若臻. 一类参数和时滞不确定的闭环供应链动态模型与鲁棒 H_∞控制. 计算机集成制造系统，2007，13：1313-1321.

[66] 汪云峰，马士华. 供应链上的不确定因素与库存. 工业工程与管理，1999，（5）：37-40.

[67] 丁雪峰，但斌，何伟军. 考虑歧视性回收的双渠道闭环供应链决策. 计算机集成制造系统，2013，19：2292-2299.

[68] Ayres R，Ferrer G，van Leynseele T. Eco-efficiency，asset recovery and remanufacturing. European Management Journal，1997，15：557-574.

[69] Ferrer G. The economics of tire remanufacturing. Resources，Conservation and Recycling，1997，19：221-255.

[70] Panagiotidou S，Nenes G，Zikopoulos C，et al. Joint optimization of manufacturing/remanufacturing lot sizes under imperfect information on returns quality. European Journal of Operational Research，2017，258：537-551.

[71] Polotski V，Kenne J P，Gharbi A. Production and setup policy optimization for hybrid manufacturing-remanufacturing systems. International Journal of Production Economics，2017，183：322-333.

[72] Mitra S. Optimal pricing and core acquisition strategy for a hybrid manufacturing/remanufacturing system. International Journal of Production Research，2016，54：1285-1302.

[73] Han S，Ma W，Zhao L，et al. A robust optimisation model for hybrid remanufacturing and manufacturing systems under uncertain return quality and market demand. International Journal of Production Research，2016，54：5056-5072.

[74] Georgiadis P，Besiou M. Environmental and economical sustainability of WEEE closed-loop supply chains with recycling：A system dynamics analysis. The International Journal of Advanced Manufacturing Technology，2010，47：475-493.

[75] Hong I H，Yeh J S. Modeling closed-loop supply chains in the electronics industry：A retailer collection application. Transportation Research Part E：Logistics and Transportation Review，2012，48：817-829.

[76] Neto J Q F，Walther G，Bloemhof J，et al. From closed-loop to sustainable supply chains：the WEEE case. International Journal of Production Research，2010，48：4463-4481.

[77] Yoshida F，Yoshida H. Japan，the European Union，and waste electronic and electrical equipment recycling：Key lessons learned. Environmental Engineering Science，2010，27：21-28.

[78] Ruan J，Xu Z. Environmental friendly automated line for recovering the cabinet of waste refrigerator. Waste Management，2011，31：2319-2326.

[79] Tanskanen P. Management and recycling of electronic waste. Acta Materialia，2013，61：1001-1011.

[80] Taurino R，Pozzi P，Zanasi T. Facile characterization of polymer fractions from waste electrical and electronic equipment（WEEE）for mechanical recycling.Waste Management，2010，30：2601-2607.

[81] Ruan J，Xue M，Xu Z. Risks in the physical recovery system of waste refrigerator cabinets and the controlling measure. Environmental Science & Technology，2012，46：13386-13392.

[82] Khetriwal D S，Kraeuchi P，Widmer R. Producer responsibility for e-waste management：Key issues for consideration—Learning from the Swiss experience. Journal of Environmental Management，2009，90：153-165.

[83] Walther G，Steinborn J，Spengler T S，et al. Implementation of the WEEE-directive-economic effects and improvement potentials for reuse and recycling in Germany. The International Journal of Advanced Manufacturing Technology，2010，47：461-474.

[84] Huisman J，Maesen M V D，Eijsbouts R，et al. The Dutch WEEE flows. Bonn：United Nations University，2012.

[85] Yang J，Lu B，Xu C. WEEE flow and mitigating measures in China. Waste Management，2008，28：1589-1597.

[86] Aizawa H，Yoshida H，Sakai S I. Current results and future perspectives for Japanese recycling of home electrical appliances. Resources，Conservation and Recycling，2008，52：1399-1410.

[87] Ylä-Mella J，Poikela K，Lehtinen U，et al. Implementation of waste electrical and electronic equipment directive in Finland：Evaluation of the collection network and challenges of the effective WEEE management. Resources，Conservation and Recycling，2014，86：38-46.

[88] Atasu A，Subramanian R. Extended producer responsibility for E-waste：Individual or collective producer responsibility?. Production & Operations Management，2012，21：1042-1059.

[89] Rahman S，Subramanian N. Factors for implementing end-of-life computer recycling operations in reverse supply chains. International Journal of Production Economics，2012，140：239-248.

[90] Atasu A，Özdemir Ö，van Wassenhove L N. Stakeholder perspectives on E-waste take-back legislation. Production & Operations Management，2013，22：382-396.

[91] Gui L. Efficient implementation of collective extended producer responsibility legislation. Management Science，2016，62：1098-1123.

[92] Atasu A，Toktay L B，van Wassenhove L N. How collection cost structure drives a manufacturer's reverse channel

choice. Production & Operations Management，2013，22：1089-1102.
[93] Toyasaki F，Boyacı T，Verter V. An analysis of monopolistic and competitive take-back schemes for WEEE recycling. Production & Operations Management，2011，20：805-823.
[94] Jacobs B W，Subramanian R. Sharing responsibility for product recovery across the supply chain. Production & Operations Management，2012，21：85-100.
[95] Esenduran G，Kemahlioğlu-Ziya E. A comparison of product take-back compliance schemes. Production & Operations Management，2015，24：71-88.
[96] Devika K，Jafarian A，Nourbakhsh V. Designing a sustainable closed-loop supply chain network based on triple bottom line approach：A comparison of metaheuristics hybridization techniques. European Journal of Operational Research，2014，235：594-615.
[97] Zhang S，Zhao X. Fuzzy robust control for an uncertain switched dual-channel closed-loop supply chain model. IEEE Transactions on Fuzzy Systems，2015，23：485-500.
[98] Feng Z，Wang Z，Chen Y. The equilibrium of closed-loop supply chain supernetwork with time-dependent parameters.Transportation Research Part E：Logistics and Transportation Review，2014，64：1-11.
[99] Giannoccaro I，Pontrandolfo P，Scozzi B. A fuzzy echelon approach for inventory management in supply chains. European Journal of Operational Research，2003，149：185-196.
[100] Lee H L，Billington C. Material management in decentralized supply chains. Operations Research，1993，41：835-847.
[101] 魏永长. 供应链库存控制系统的动态建模与分析. 武汉：华中科技大学，2012.
[102] Tapiero C S，Soliman M A. Multi-commodities transportation schedules over time. Networks，1972，2：311-327.
[103] Bidhandi H M，Yusuff R M. Integrated supply chain planning under uncertainty using an improved stochastic approach. Applied Mathematical Modelling，2011，35：2618-2630.
[104] Al-Othman W B E，Lababidi H M S，Alatiqi I M，et al. Supply chain optimization of petroleum organization under uncertainty in market demands and prices. European Journal of Operational Research，2008，189：822-840.
[105] Mostard J，Teunter R，de Koster R. Forecasting demand for single-period products：A case study in the apparel industry. European Journal of Operational Research，2011，211：139-147.
[106] Zhao X，Xie J，Leung J. The impact of forecasting model selection on the value of information sharing in a supply chain. European Journal of Operational Research，2002，142：321-344.
[107] 柳键. 基于时变需求的一对一供应链库存决策研究. 管理科学学报，2006，9：38-46.
[108] Georgiadis M C，Tsiakis P，Longinidis P，et al. Optimal design of supply chain networks under uncertain transient demand variations. Omega，2011，39：254-272.
[109] 闵杰，周永务，刘耀玺，等. 时变需求下基于两层次信用支付策略的供应链库存模型. 系统工程理论与实践，2011，31：262-269.
[110] Banerjee S，Sharma A. Optimal procurement and pricing policies for inventory models with price and time dependent seasonal demand. Mathematical and Computer Modelling，2010，51：700-714.
[111] Azaron A，Brown K N，Tarim S A，et al. A multi-objective stochastic programming approach for supply chain design considering risk. International Journal of Production Economics，2008，116：129-138.
[112] Disney S M. Demand forecasting for inventory management：Supply chain aperiodicity，bullwhip and stability analysis with Jury's inners. IMA Journal of Management Mathematics，2008，19：101-116.
[113] 刘会新，王红卫，费奇. 一类库存控制系统的稳定性分析. 计算机集成制造系统，2004，10：1396-1401.

[114] Li C，Liu S. A robust optimization approach to reduce the bullwhip effect of supply chains with vendor order placement lead time delays in an uncertain environment. Applied Mathematical Modelling，2013，37：707-718.

[115] 景熠，王旭，李文川，等. 考虑异质需求的再制造系统动态模型与鲁棒H_∞控制. 计算机集成制造系统，2012，18：1306-1314.

[116] Gallego G，Jin Y，Muriel A，et al. Optimal ordering policies with convertible lead times. European Journal of Operational Research，2007，176：892-910.

[117] 杨飞雪，胡劲松. 模糊随机提前期的连续盘点存储策略研究. 计算机集成制造系统，2009，15：566-575.

[118] Garcia C A，Ibeas A，Herrera J，et al. Inventory control for the supply chain：An adaptive control approach based on the identification of the lead-time. Omega，2012，40：314-327.

[119] Handfield R，Warsing D，Wu X. Inventory policies in a fuzzy uncertain supply chain environment. European Journal of Operational Research，2009，197：609-619.

[120] 纪鹏程，宋士吉，吴澄. 随机需求和提前期环境下的精确库存成本建模. 计算机集成制造系统，2008，14：2129-2133.

[121] 袁江. 具混合回收渠道的再制造闭环供应链定价模型研究. 广州：暨南大学，2009.

[122] 易余胤，梁家密. 奖惩机制下的闭环供应链混合回收模式. 计算机集成制造系统，2014，20：215-223.

[123] 易余胤，袁江. 基于混合回收的闭环供应链协调定价模型. 管理评论，2011，23：169-176.

[124] 程晋石，李帮义. 混合回收渠道下的闭环供应链市场结构分析. 计算机应用研究，2013，30：720-723.

[125] 李文川，景熠，王旭，等. 混合回收渠道下的再制造系统动态模型与鲁棒H_∞控制. 系统工程，2012，(9)：51-56.

[126] Zhang S，Li X，Zhang C. A fuzzy control model for restraint of bullwhip effect in uncertain closed-loop supply chain with hybrid recycling channels. IEEE Transactions on Fuzzy Systems，2017，25（2）：475-482.

[127] 张松涛，李雪，张春杨. 含提前期的混合回收闭环供应链牛鞭效应抑制. 计算机集成制造系统，2016，22：2001-2010.

[128] 李雪. 混合回收的闭环供应链牛鞭效应抑制研究. 哈尔滨：哈尔滨商业大学，2016.

[129] Hong X，Wang Z，Wang D，et al. Decision models of closed-loop supply chain with remanufacturing under hybrid dual-channel collection. The International Journal of Advanced Manufacturing Technology，2013，68：1851-1865.

[130] Guiltinan J P，Nwokoye N G. Developing distribution channels and systems in the emerging recycling industries. International Journal of Physical Distribution，1975，6：28-38.

[131] Pohlen T L，Farris M T. Reverse logistics in plastics recycling. International Journal of Physical Distribution & Logistics Management，1992，22：35-47.

[132] de Brito M P，Dekker R. Framework for reverse logistics// Dekker R，Fleischmann M，Inderfurth K，et al.Reverse Logistics：Quantitative Models for Closed-Loop Supply Chains. Berlin：Springer Berlin Heidelberg，2004：3-27.

[133] Krikke H，Pappis C P，Tsoulfas G T，et al. Extended Design Principles for Closed Loop Supply Chains：Optimising Economic，Logistic and Environmental Performance. Berlin：Springer Berlin Heidelberg，2002.

[134] Fleischmann M，van Nunen J A E E，GräveIntegrating B. Closed-loop supply chains and spare-parts management at IBM. Interfaces，2003，33：44-56.

[135] Barros A I，Dekker R，Scholten V. A two-level network for recycling sand：A case study. European Journal of Operational Research，1998，110（2）：199-214.

[136] Listes O，Dekker R. A stochastic approach to a case study for product recovery network design. European Journal of Operational Research，2005，160（1）：268-287.

[137] Jayaraman V，Guide V D R，Srivastava R. A closed-loop logistics model for remanufacturing. Journal of the Operational Research Society，1999，50：497-508.

[138] Savaskan R C，van Wassenhove L N. Reverse channel design：The case of competing retailers. Management Science，2006，52：1-14.

[139] 姚卫新. 闭环供应链的设计原则. 物流技术，2003，（5）：18-20.

[140] 姚卫新. 电子商务环境下闭环供应链的原子模型研究. 管理科学，2003，16：65-68.

[141] 姚卫新. 再制造条件下逆向物流回收模式的研究. 管理科学，2004，17：76-79.

[142] 孙国华，陈秋双，徐海涛，等. 再制造/制造集成系统中的制造商-零售商协调决策问题. 计算机集成制造系统，2006，12：127-132.

[143] 周垂日. 逆向物流管理的问题研究. 合肥：中国科学技术大学，2006.

[144] Ray S，Boyaci T，Aras N. Optimal prices and trade-in rebates for durable，remanufacturable products. Manufacturing & Service Operations Management，2005，7：208-228.

[145] Guide V D R. Production planning and control for remanufacturing：Industry practice and research needs. Journal of Operations Management，2000，18：467-483.

[146] Ferguson M，Guide V D R，Souza G C. Supply chain coordination for false failure returns. Manufacturing & Service Operations Management，2006，8：376-393.

[147] Aras N，Boyaci T，Verter V. The effect of categorizing returned products in remanufacturing. IIE Transactions，2004，36（4）：319-331.

[148] Guide V D R，Teunter R H，van Wassenhove L N. Matching demand and supply to maximize profits from remanufacturing. Manufacturing & Service Operations Management，2003，5：303-316.

[149] Guide V D R，Teunter R H，van Wassenhove L N. Matching demand and supply to maximize profits from remanufacturing. Manufacturing and Service Operations Management，2003，5（4）：303-316.

[150] Robotis A，Bhattacharya S，van Wassenhove L N. The effect of remanufacturing on procurement decisions for resellers in secondary markets. European Journal of Operational Research，2005，163：688-705.

[151] Zikopoulos C，Tagaras G. Impact of uncertainty in the quality of returns on the profitability of a single-period refurbishing operation. European Journal of Operational Research，2007，182：205-225.

[152] Jaber M Y，Zanoni S，Zavanella L E. A consignment stock coordination scheme for the production，remanufacturing and waste disposal problem. International Journal of Production Research，2014，52：50-65.

[153] Jing Y，Wang X，Li W，et al. Application of fuzzy set to lot-sizing production planning with remanufacturing and heterogeneous demands. Proceedings of the Institution of Mechanical Engineers Part B：Journal of Engineering Manufacture，2014，228：784-800.

[154] Han S H，Dong M Y，Lu S X，et al. Production planning for hybrid remanufacturing and manufacturing system with component recovery. Journal of the Operational Research Society，2013，64：1447-1460.

[155] Cai X，Lai M，Li X，et al. Optimal acquisition and production policy in a hybrid manufacturing/remanufacturing system with core acquisition at different quality levels. European Journal of Operational Research，2014，233：374-382.

[156] Debo L G，Toktay L B，van Wassenhove L N. Joint life-cycle dynamics of new and remanufactured products. Production & Operations Management，2006，15：498-513.

[157] 张曙红. 基于鲁棒控制的闭环供应链交互库存补货策略. 中国管理科学，2015，23：525-530.

[158] Bayindir Z P，Erkip N，Güllü R. Assessing the benefits of remanufacturing option under one-way substitution and

capacity constraint. Physical Review，2003，154：898-920.

[159] Li Y，Chen J，Cai X. Uncapacitated production planning with multiple product types，returned product remanufacturing，and demand substitution. OR Spectrum，2006，28：101-125.

[160] 景熠，王旭，李文川，等. 多重不确定环境下考虑产品差异的再制造批量生产计划. 计算机集成制造系统，2012，18：2650-2658.

[161] 黄小原. 供应链运作：协调、优化与控制. 北京：科学出版社，2007.

[162] 黄小原，葛汝刚. 动态供应链与控制问题研究进展. 控制与决策，2008，23：1201-1205.

[163] 邱若臻，黄小原. 闭环供应链结构问题研究进展. 管理评论，2007，19：49-55.

[164] 郭敏. 王红卫. 供应链系统复杂性研究. 系统工程理论与实践，2008，28：132-141.

[165] 郭伟，鹿红娟，邵宏宇，等. 基于再制造的闭环供应链研究现状及发展. 西安电子科技大学学报（社会科学版），2011，21：11-17.

[166] Simon H A. On the application of servomechanism theory in the study of production control. Econometrica，1952，20：53-81.

[167] 孙晓晨，陈秋双，李响，等. 再制造系统废旧产品回收的最优控制策略. 计算机集成制造系统，2007，13：1820-1825.

[168] 赵晓敏，黄培清，林英晖. 混合型制造/再制造系统建模及仿真研究. 信息与控制，2007，36：739-745.

[169] 赵晓敏，帅萍，骆建文. 单级闭环供应链系统建模分析. 系统工程，2007，25：21-27.

[170] 尤建新，隋明刚，霍佳震. 闭环供应链牛鞭效应分析. 系统工程理论与实践，2007，27：111-116.

[171] 陈金志，涂生. 产品回收系统库存容量有限时的随机最优控制研究. 南开大学学报（自然科学版），2004，37：54-58.

[172] Nakashima K，Arimitsu H，Nòse T，et al. Optimal control of a remanufacturing system. International Journal of Production Research，2004，42：3619-3625.

[173] Nakashima K，Gupta S M. Optimal control of a remanufacturing system with consideration for product life cycle. Proceedings of SPIE-The International Society for Optical Engineering，2004，42（17）：15-19.

[174] Dobos I. Optimal production-inventory strategies for a HMMS-type reverse logistics system. International Journal of Production Economics，2003，81：351-360.

[175] Thonemann U W. Analyzing the effect of inventory policies on the nonstationary performance with transfer functions. IIE Transactions，2007，39：911-924.

[176] Zhou L，Naim M M，Tang O，et al. Dynamic performance of a hybrid inventory system with a Kanban policy in remanufacturing process. Omega，2006，34：585-598.

[177] Duan Q，Liao T W. Optimization of replenishment policies for decentralized and centralized capacitated supply chains under various demands. International Journal of Production Economics，2013，142：194-204.

[178] Ivanov D，Dolgui A，Sokolov B. Applicability of optimal control theory to adaptive supply chain planning and scheduling. Annual Reviews in Control，2012，36：73-84.

[179] 周伟华，吴晓波，杜健. 服务多类需求串行供应链的最优控制策略. 管理科学学报，2010，13：19-28.

[180] Chen Y J，Sheu J B，Lirn T C. Fault tolerance modeling for an e-waste recycling supply chain. Transportation Research Part E：Logistics and Transportation Review，2012，48：897-906.

[181] Schwartz J D，Rivera D E. A process control approach to tactical inventory management in production-inventory systems. International Journal of Production Economics，2010，125：111-124.

[182] 张松涛，李双双，李雪. 考虑提前期压缩的动态供应链鲁棒控制. 计算机集成制造系统，2017，23（9）：

2020-2027.

[183] 黄小原，邱若臻. 基于再制造的闭环供应链动态模型及其鲁棒 H∞控制. 控制与决策，2007，22：667-669.

[184] 邱若臻. 供应链契约协调与鲁棒 H∞控制问题研究. 沈阳：东北大学，2007.

[185] Huang X Y，Yan N N，Qiu R Z. Dynamic models of closed-loop supply chain and robust H∞ control strategies. International Journal of Production Research，2009，47：2279-2300.

[186] 郭海峰，徐家旺. 再制造系统模型及其牛鞭效应 H∞控制. 系统工程与电子技术，2008，30：914-916.

[187] Guo H，Bo S. H-infinity control for dual-channel closed-loop supply chain model with B2B E-market and reverse logistics. International Conference on Intelligent Networks and Intelligent Systems，Shenyang，2010：353-356.

[188] 刘秀英，张雪峰，冯闪. 闭环供应链动态模型及其鲁棒 H∞控制. 曲阜师范大学学报（自然科学版），2011，37：31-36.

[189] 侯玲，陈东彦，腾春贤. 集群式闭环供应链系统动态模型及牛鞭效应分析. 工业工程与管理，2011，16：28-33.

[190] 张松涛，赵晓伟. 基于成本切换的闭环供应链离散动态模型及其模糊鲁棒控制. 计算机集成制造系统，2013，19：1385-1396.

[191] Zhang S，Zhao X，Zhang J. Dynamic model and fuzzy robust control of uncertain closed-loop supply chain with time-varying delay in remanufacturing. Industrial & Engineering Chemistry Research，2014，53：9805-9811.

[192] 张曙红，魏永长. 再制造闭环供应链的混合库存动态模型及其鲁棒控制. 计算机应用研究，2015，(9)：2647-2650.

[193] Wang H O，Tanaka K，Griffin M. Parallel distributed compensation of nonlinear systems by Takagi-Sugeno fuzzy model. Proceedings of 1995 IEEE International Conference on Fuzzy Systems，Yokohama，1995：531-538.

[194] Callender A，Hartree D R，Porter A. Time-lag in a control system. Philosophical Transactions of the Royal Society of London，Series A，Mathematical and Physical Sciences，1936，235：415-444.

[195] Azuma T，Ikeda K，Kondo T，et al. Memory state feedback control synthesis for linear systems with time delay via a finite number of linear matrix inequalities. Computers & Electrical Engineering，2002，28：217-228.

[196] Moon Y S，Park P，Kwon W H. Robust stabilization of uncertain input-delayed systems using reduction method. Automatica，2001，37：307-312.

[197] Zheng F，Cheng M，Gao W B. Variable structure control of time-delay systems with a simulation study on stabilizing combustion in liquid propellant rocket motors. Automatica，1995，31：1031-1037.

[198] 陈志盛，孙克辉，张泰山，等. 基于 LMI 的不确定离散模糊时滞系统鲁棒控制. 控制与决策，2006，21：352-355.

[199] 陈珺. 基于 T-S 模型的非线性系统模糊控制器设计及应用. 无锡：江南大学，2009.

[200] Gao H，Liu X，Lam J. Stability analysis and stabilization for discrete-time fuzzy systems with time-varying delay. IEEE Transactions on Systems，Man，and Cybernetics，Part B（Cybernetics），2009，39：306-317.

[201] Wu H N. Delay-dependent H∞ fuzzy observer-based control for discrete-time nonlinear systems with state delay. Fuzzy Sets and Systems，2008，159：2696-2712.

[202] Chen C L，Feng G，Guan X P. Delay-dependent stability analysis and controller synthesis for discrete-time T-S fuzzy systems with time delays. IEEE Transactions on Fuzzy Systems，2005，13：630-643.

[203] 巩诚. T-S 模糊时滞系统的鲁棒 H∞控制及滤波. 哈尔滨：哈尔滨工业大学，2008.

[204] 初叶萍，张曙红. 闭环供应链混合切换库存控制模型研究.计算机应用研究，2017，34：1690-1693.

[205] 张雪峰，刘秀英，刘海霞. 双渠道闭环供应链动态模型及其鲁棒 H_∞控制. 曲阜师范大学学报(自然科学版)，2011，32：31-36.

[206] Crabtree D E，Haynsworth E V. An identity for the Schur complement of a matrix. Proceedings of the American Mathematical Society，1969，22：364.

[207] Risen T. America's toxic electronic waste trade. http://www.usnews.com/news/articles/ 2016-04-22/the-rising-cost-of-recycling-not-exporting-electronic-waste[2016-04-22].

[208] Gurita N，Bongaerts J C. Cost-benefit analysis of WEEE recycling in Germany. The IMRE Journal，2015，9：24-32.

[209] 田晖，刘福中，段广洪，等. 中国废弃电气电子产品回收处理及综合利用行业白皮书 2015. 北京：中国家用电器研究院，2016.

[210] 中国产业调研网. 2016 年中国废旧手机市场现状调研与发展前景预测分析报告. 北京：中国产业调研网，2016.

[211] Liu X D，Zhang Q L. Approaches to quadratic stability conditions and H∞ control designs for T-S fuzzy systems. IEEE Transactions on Fuzzy Systems，2003，11：830-839.

[212] Xia Z L，Li J M. Delay-dependent H∞ control for T-S fuzzy systems based on a switching fuzzy model and piecewise Lyapunov function. Acta Automatica Sinica，2009，35：1235-1239.

[213] Zhang S，Zhao X，Zhang J. Stability and stabilization of discrete T-S fuzzy time-delay system based on maximal overlapped-rules group. Journal of Systems Engineering and Electronics，2016，27：201-210.

[214] Zhang S，Zhao X，Zhang J. New robust H∞ control approach for discrete T-S fuzzy time-delay system. International Journal of Automation and Control，2015，9：333-354.

[215] 修智宏，任光. T-S 模糊控制系统的稳定性分析及系统化设计. 自动化学报，2004，30：731-741.

[216] Ferrer G，Swaminathan J M. Managing new and differentiated remanufactured products. European Journal of Operational Research，2010，203：370-379.

[217] Forrester J W. Industrial Dynamics. Cambridge：The MIT Press，1961.

[218] Miragliotta G. Layers and mechanisms：A new taxonomy for the bullwhip effect. International Journal of Production Economics，2006，104：365-381.

[219] Geary S，Disney S M，Towill D R. On bullwhip in supply chains-historical review，present practice and expected future impact. International Journal of Production Economics，2006，101：2-18.

[220] 路应金，唐小我，张勇. 供应链中牛鞭效应的分形特征研究. 系统工程学报，2006，21：463-469.

[221] Ketzenberg M. The value of information in a capacitated closed loop supply chain. European Journal of Operational Research，2009，198：491-503.

[222] Carbonneau R，Laframboise K，Vahidov R. Application of machine learning techniques for supply chain demand forecasting. European Journal of Operational Research，2008，184：1140-1154.

[223] 刘红，王平. 基于不同预测技术的供应链牛鞭效应分析. 系统工程理论与实践，2007，27：26-33.

[224] Pishvaee M S，Rabbani M，Torabi S A. A robust optimization approach to closed-loop supply chain network design under uncertainty. Applied Mathematical Modelling，2011，35：637-649.

[225] Tanaka K，Sugeno M. Stability analysis and design of fuzzy control systems. Fuzzy Sets and Systems，1992，45：135-156.

[226] Tanaka K，Wang H O. LMI control performance conditions and designs//Fuzzy Control Systems Design and Analysis. New York：John Wiley & Sons，Inc.，2002：49-82.

[227] Petersen I R，McFarlane D C. Optimal guaranteed cost control and filtering for uncertain linear systems. IEEE Transactions on Automatic Control，1994，39：1971-1977.

[228] Petersen I R，McFarlane D C，Rotea M A. Optimal guaranteed cost control of discrete-time uncertain linear

systems. International Journal of Robust and Nonlinear Control，1998，8：649-657.

[229] Geyer R，Blass V D. The economics of cell phone reuse and recycling. The International Journal of Advanced Manufacturing Technology，2010，47：515-525.

[230] Ferguson M，Guide V D，Koca E，et al. The value of quality grading in remanufacturing. Production & Operations Management，2009，18：300-314.

[231] Gaukler G M，Özer Ö，Hausman W H. Order progress information：Improved dynamic emergency ordering policies. Production & Operations Management，2008，17：599-613.

[232] 刘东波，陈玉娟，黄道，等. 随机灰色提前期条件下制造/再制造混合系统库存优化. 华东理工大学学报（自然科学版），2007，33：529-535.

[233] Subramanian K，Rawlings J B，Maravelias C T. Economic model predictive control for inventory management in supply chains. Computers & Chemical Engineering，2014，64：71-80.

[234] 仇翔，俞立，刘安东. 时滞供应链网络系统的牛鞭效应切换控制方法. 系统科学与数学，2016，36：810-821.

[235] 张松涛，赵晓伟，侯嫣婷. 离散模糊时滞系统时滞相关稳定性判别与控制. 电机与控制学报，2013，17：89-97.

后　　记

近年来，废旧产品的回收再利用已经受到广泛关注，大多数国家通过制定相关法律法规，提出生产商延伸责任制等来节约全球资源和保护生态环境，在此背景下，制造商开始对废旧产品进行原材料/零部件回收、翻新、再制造等，使传统供应链系统逐渐变为制造/再制造供应链系统，因此，对制造/再制造供应链系统的研究逐渐得到了众多学者和企业家的关注。

但是，在现实生活中，废旧产品的回收存在多种渠道，许多企业采用回收渠道切换或者回收渠道混合的回收模式。从市场特征来看，消费者对新产品和再制造产品存在不同的异质需求，异质需求使制造商必须重新考虑再制造产品与新产品的市场定位，而且制造/再制造供应链系统运作中的某些特征（如原材料采购、回收产品分类、产品销售双渠道、消费者不满意退货等）会影响实际供应链系统的正常运行，在所构建的供应链动态模型中考虑这些特征可以更加准确地描述真实供应链系统的行为。

针对影响制造/再制造供应链系统鲁棒性的各种复杂因素，本书考虑了顾客需求、成本、提前期等多种不确定因素，研究了废旧产品回收渠道、消费者对新产品和再制造产品的异质需求等对供应链库存系统运作稳定性和鲁棒性的影响，通过构建供应链库存状态动态演变模型，将模糊控制理论应用到制造/再制造供应链系统中，提出了相应的库存控制方法和管理策略，使得供应链系统的运作总成本能够持续保持稳定状态。

本书的主要结论如下。

（1）针对废旧产品回收渠道切换和回收渠道混合存在的情形，考虑了产品销售双渠道、消费者不满意退货、制造商和分销商的安全库存值和期望库存值对生产策略和订购策略的影响，以及供应链系统运作过程中存在的多种不确定因素，这些不确定因素来源于制造过程（生产提前期、成本参数）、客户需求过程（顾客需求）和回收过程（再制造提前期、成本参数、再制造率、废弃率和不满意退货率等），建立了制造/再制造供应链动态模型，分析了供应链系统鲁棒运作问题，给出了模糊鲁棒控制策略，进行了相关数值算例分析，结果表明，所制订的库存控制策略不仅能抑制制造/再制造供应链系统中的多种不确定因素，而且可保持供应链系统的运作总成本处于长期稳定状态，保证供应链系统鲁棒稳定运作。

（2）针对消费者对再制造产品存在不同于新产品的异质需求的现状，在混合回收制造/再制造供应链基本模型的基础上，建立了含再制造提前期的混合回收供应链模型；进一步考虑供应链经济性能约束等因素，构建了相应的制造/再制造供应链动态模型，分析其经济性能；并在该模型的基础上将供应链系统运作不确定性考虑进去，这些不确定因素来源于制造过程（生产提前期、成本参数）、客户需求过程（顾客需求）和回收过程（再制造提前期、成本参数、再制造率、废弃率和不满意退货率），构建了含不确定性的制造/再制造供应链模型；基于离散 T-S 模糊控制系统，分别建立了供应链系统的时滞模糊模型，提出新的模糊鲁棒控制方法，给出相应的库存控制策略；通过与常规鲁棒控制方法相对比，算例分析证明模糊鲁棒控制方法不仅可以更好地抑制牛鞭效应，而且使制造/再制造供应链的运作总成本持续稳定。

（3）针对制造/再制造供应链系统中原材料/零部件采购过程，考虑回收产品分类等因素，构建了供应链动态模型，在该模型的基础上，考虑再制造提前期的时变性，构建了含再制造时变提前期的供应链模型，进一步考虑供应链经济性能约束和生产提前期等因素，构建了相应的制造/再制造供应链动态模型，并分析其经济性能，应用模糊理论对该系统进行分析，设计了新的模糊鲁棒控制方法，并且通过数值算例，说明了该控制方法可以有效地抑制供应链系统中的多种不确定因素干扰，使得供应链系统运作总成本能够持续保持稳定状态。

本书运用模糊鲁棒控制理论对制造/再制造供应链库存系统的运作稳定性进行了系统研究，考虑了供应链系统内外的多种不确定因素，分析了废旧产品回收渠道、消费者对再制造产品和新产品的异质需求以及原材料/零部件采购等对供应链系统的影响，在本书研究工作的基础上，未来的研究工作可以在以下几方面进行扩展。

（1）政府职能对制造/再制造动态供应链系统的影响。政府相关环保法律法规、政府奖惩机制、“以旧换新”和“以旧还再”政策等都是政府职能对制造/再制造供应链系统影响的研究扩展方向。

（2）考虑供应链系统中的学习行为。在实际的决策过程中，供应链管理人员会根据自身经验知识去避免一些错误的管理方式，在学习过程中会不断改善供应链系统的动态性，此外，人的行为、心理等因素会间接影响人的决策方式，到目前为止，罕有文献研究学习行为对供应链系统动态性的影响。

（3）制造/再制造供应链网络的动态建模与分析。现实中的供应链网络要复杂很多，例如，供应链网络系统中的企业会共享需求与库存等信息，而信息共享的程度与范围也会影响整体动态性，而且本书提出的是基于库存水平的生产策略和订货策略，相对来说比较简单，而现实中的库存策略则要复杂得多。

（4）考虑制造/再制造供应链系统中的多种不确定性（衔接不确定性与运作不确定性）。本书所研究的制造/再制造供应链动态模型只考虑了有限的不确定性和提前期，且提前期大部分为定常提前期，而现实中多为时变提前期和时变不确定性。